Aggressionen bewältigen für Dummies – Schummelseite

Wie man die Ruhe bewahrt

Wenn Sie merken, dass Sie sich ärgern, ist es Zeit zu handeln. Mit folgenden Sofortmaßnahmen brauchen nicht länger als 90 Sekunden, um Ihrem Ärger den Hahn abzudrehen:

1. **Ordnen Sie Ihren Ärger auf einer Skala von 1 bis 10 ein.**

   Ein Wert zwischen 1 und 3 bedeutet Verstimmung, 4 bis 6 ist Ärger und 7 bis 10 entspricht Wut.

2. **Reagieren Sie nicht sofort.**

   Reflexartige verärgerte Reaktionen bringen nichts. Reagieren Sie bewusst und zeigen Sie, dass Sie mit Bedacht, überlegt und kontrolliert handeln.

3. **Geben Sie sich Zeit.**

   Gefühle gehen vorbei, auch dann, wenn Sie nicht danach handeln. Die Zeit ist Ihr Verbündeter.

4. **Entspannen Sie sich.**

   Atmen Sie tief ein und zählen Sie langsam bis zehn.

5. **A**

6. **Sie später zurück, um über Ihren Ärger zu reden.**

7. **Reagieren Sie jetzt.**

   An diesem Punkt sind Sie eher in der Lage, auf Ihren Ärger konstruktiv zu reagieren.

8. **Belohnen Sie sich dafür, dass Sie Ruhe bewahrt haben.**

Den Ärger zum Verbündeten machen

Ihr Ärger kann Ihnen helfen, ein glücklicheres, gesünderes und produktiveres Leben zu führen. Damit das funktionieren kann, müssen Sie nur:

- ✔ **Entscheiden, wie Sie sich fühlen möchten, nachdem Sie Ihren Ärger ausgedrückt haben.** Wollen Sie sich schämen oder peinlich berührt sein? Oder wollen Sie das Gefühl haben, denjenigen, über den Sie sich geärgert haben, besser zu verstehen?
- ✔ **Erkennen Sie Ihren Ärger an.** Es ist völlig in Ordnung zu sagen: »Ich ärgere mich.«
- ✔ **Konzentrieren Sie Ihren Ärger auf das Problem, nicht auf eine Person.** Versuchen Sie, Ihren Ärger nicht an einer Person festzumachen (etwa indem Sie so etwas sagen wie »Dieser Idiot!«). Bleiben Sie bei der Sache, die Ihren Ärger ausgelöst hat: »Er beantwortet meine E-Mails nicht, obwohl er weiß, dass es sich um eine Terminsache handelt.«
- ✔ **Benennen Sie die Quelle Ihres Ärgers.** Das ist der wichtigste Schritt überhaupt. Die Quelle Ihres Ärgers sind immer Sie selbst. Sie hat etwas mit Ihrer Denkweise, mit Stress, schlechtem Schlaf, der Unfähigkeit zu vergeben und vielen anderen Faktoren zu tun.
- ✔ **Akzeptieren Sie, dass alle Probleme gelöst werden können.** Die meisten benutzen ihren Ärger dazu, andere Menschen zu »lösen«. Versuchen Sie stattdessen, Probleme zu lösen, dann wird Ihr Leben weit weniger emotional verlaufen.
- ✔ **Versuchen Sie, die Perspektive anderer Menschen einzunehmen.** Wie alle Gefühle ist Ärger subjektiv. Wenn Sie die Dinge aus der Perspektive der jeweils anderen Person betrachten, ärgern Sie sich vielleicht gar nicht mehr so sehr.
- ✔ **Arbeiten Sie mit dem zusammen, über den Sie sich ärgern.** Fragen Sie Ihr Gegenüber: »Was können wir wegen meines Ärgers tun?« Oder noch besser: »Wie können wir das Problem lösen und mir weiteren Ärger ersparen?«
- ✔ **Behalten Sie einen höflichen Ton bei.** Niemand lässt sich gerne anschreien. Davon abgesehen geht bei höherer Lautstärke auch Ihre Botschaft unter.
- ✔ **Bringen Sie anderen Respekt entgegen.** Auf keinen Fall mit den Augen rollen, mit dem Finger zeigen, schimpfen, belehren oder seufzen.
- ✔ **Lassen Sie beide Seiten zu Wort kommen.** Ärgern Sie sich nicht *über* jemandem, ärgern Sie sich *mit* ihm. Dazu muss aber auch Ihr Gegenüber zu Wort kommen. Fragen Sie, wie er Ihren Ärger empfindet – hält er ihn für gerechtfertigt?

Aggressionen bewältigen für Dummies – Schummelseite

Aggressionen: Was geht und was nicht

- ✔ **Wettbewerb ist in Ordnung.** Alle erfolgreichen Menschen sind wettbewerbsorientiert. Es kommt nur darauf an, *wann* und *wie*.
- ✔ **Nehmen Sie andere nicht auf die Hörner.** Nicht alles im Leben kann man mit einem feindseligen Gesichtsausdruck erreichen. Menschen neigen dazu, Konfrontationen aus dem Weg zu gehen, also werden sie Ihnen auch bald aus dem Weg gehen.
- ✔ **Verfolgen Sie Ihre Ziele nicht mit Gewalt.** Leidenschaft und Dynamik führen zum Erfolg. Es reicht nicht aus, leistungsorientiert zu sein, Sie müssen leistungsgetrieben sein.
- ✔ **Übertreiben Sie nicht.** Kämpfen Sie Ihre Mitstreiter nicht nieder. Das führt zur Erschöpfung – auf beiden Seiten.
- ✔ **Verlieren Sie nicht aus den Augen, was Sie erreichen wollen.** Wenn Sie mit etwas anfangen, dann bleiben Sie auch dabei. Lassen Sie sich nicht von Ihrem Ärger vom Kurs abbringen oder zum Aufgeben bewegen.
- ✔ **Seien Sie nicht ungeduldig.** Geben Sie anderen eine Chance, mit Ihnen eine Lösung des Problems zu finden. Machen Sie die Zeit zu Ihrem Verbündeten, nicht zu Ihrem Feind. Schrecken Sie nicht davor zurück, einen Schritt zurückzutreten, um einen besseren Überblick zu erlangen.
- ✔ **Sagen Sie, was Sache ist.** Lassen Sie die anderen wissen, was Sie denken und fühlen – im Großen wie im Kleinen. Überlassen Sie es nicht anderen, herauszufinden, ob Sie sich ärgern und warum. Und sagen Sie nicht, dass alles in Ordnung ist, wenn dem nicht so ist.
- ✔ **Verlangen Sie nicht zu viel.** Menschen sind kooperativer und igeln sich weniger ein, wenn Sie sie bitten, etwas zu tun, anstatt sie herumzukommandieren.
- ✔ **Seien Sie bestimmt.** Vertreten Sie das, was Sie sagen und tun, entschlossen und standhaft. Bestimmtheit ist eine Charaktereigenschaft, die von anderen bewundert wird.
- ✔ **Dominieren Sie andere nicht.** Erschlagen Sie andere Menschen nicht mit Ihrer Meinung und Ihren Vorstellungen. Gehen Sie nicht davon aus, dass Sie immer das letzte Wort haben müssen. Unterbrechen Sie andere nicht und versuchen Sie öfter, aktiv zuzuhören.

Leitfaden: Wie man ein zufriedenerer Mitarbeiter wird

Wenn Sie die Nase voll davon haben, am Arbeitsplatz verstimmt, unzufrieden und entmutigt zu sein, können Sie diesem Problem folgendermaßen zu Leibe rücken:

- ✔ **Akzeptieren Sie die Situation, wie sie ist.** Nicht alles in einer Arbeitsumgebung kann man ändern. Denken Sie nicht immer daran, wie die Dinge sein sollten, sondern versuchen Sie, mit dem zurechtzukommen, was da ist.
- ✔ **Nehmen Sie es nicht persönlich.** Nur weil Sie nicht die erhoffte Gehaltserhöhung bekommen haben oder nicht in die Unternehmensgrundsätze passen, heißt das nicht, dass alle anderen es auf Sie abgesehen hätten. Denken Sie an das Zitat aus *Der Pate*: »Das ist nichts Persönliches, Sonny. Das ist rein geschäftlich.«
- ✔ **Schreiben Sie auf, was Sie fühlen.** Nehmen Sie sich jeden Tag ein paar Minuten Zeit und schreiben Sie all Ihre negativen Gefühle auf – auch Ihren Ärger –, die Sie an diesem Tag erlebt haben. Das verhindert, dass sich etwas aufbaut, was dann irgendwann explodiert.
- ✔ **Fahren Sie herunter.** Sie müssen nicht 120 Prozent leisten. Halten Sie die Energie, die Sie in Ihre Arbeit investieren, in gesunden Grenzen – behalten Sie noch etwas übrig für die schöne Dinge des Lebens wie Familie, Freunde, Erholung und Ihr Privatleben.
- ✔ **Grübeln Sie zur Abwechslung mal über etwas Positives nach.** Anstatt an all die Dinge zu denken, die Sie an Ihrer Arbeit nicht mögen, denken Sie an das, was Sie gut finden – etwas, das Sie in der Hand haben, einen Teil Ihres Lebens, in dem Sie sich nicht als Opfer fühlen.
- ✔ **Finden Sie einen Nutzen in dem, was Sie am Arbeitsplatz machen.** Keine Arbeit ist nur schlecht. Was ist positiv an der Arbeit, mit der Sie Ihre Brötchen verdienen? Gibt es etwas, wofür Sie dankbar sind?
- ✔ **Treiben Sie Sport.** Mit regelmäßiger, maßvoller Bewegung können Sie sich von Ihrem Ärger am Arbeitsplatz befreien. Diese ☒5 Minuten Sport auf dem Heimweg von der Arbeit können sich wohltuend auf Ihren Abend auswirken.
- ✔ **Vergeben Sie.** Den perfekten Job gibt es nicht. Es ist wichtig, dass Sie Ihrem Arbeitgeber dafür vergeben! Und wenn Sie schon dabei sind, vergeben Sie auch sich selbst dafür, eine Arbeit angenommen zu haben, die schwierig und frustrierend sein kann.

Aggressionen bewältigen für Dummies

W. Doyle Gentry

Aggressionen bewältigen für Dummies

Sonderausgabe

Übersetzung aus dem Amerikanischen von Hartmut Strahl

Fachkorrektur von Dr. Frank Jacobi

WILEY

WILEY-VCH Verlag GmbH & Co. KGaA

Bibliografische Information der Deutschen Nationalbibliothek
Die Deutsche Nationalbibliothek verzeichnet diese Publikation in der Deutschen Nationalbibliografie; detaillierte bibliografische Daten sind im Internet über http://dnb.d-nb.de abrufbar.

Coverfoto: © istock.com / LuisPortugal
Korrektur Petra Heubach-Erdmann und Jürgen Erdmann, Düsseldorf
Satz Mitterweger & Partner, Plankstadt

Print ISBN: 978-3-527-71045-4

Über den Autor

W. Doyle Gentry, PhD ist klinischer Psychologe und Direktor des Institute for Anger-Free-Living in Lynchburg, Virginia. Er ist Mitglied der American Psychological Association und war der erste Herausgeber des »Journal of Behavioral Medicine«. Während seiner vierzigjährigen Karriere als Wissenschaftler und praktizierender Psychologe veröffentlichte er über 100 Schriften, darunter acht Bücher. Er gilt als Pionier in den Bereichen Gesundheitspsychologie, Verhaltensmedizin und Ärgermanagement. Doyle Gentry war an den Fakultäten des Duke University Medical Center und des Medical Branch der Universität von Texas in Galveston tätig. Er hat in den Vereinigten Staaten, Kanada und Europa zahlreiche Seminare für Laien und Fachleute durchgeführt und sich als Unternehmensberater auf Fragen der Konfliktlösung, der Teambildung und der Gesundheitsförderung spezialisiert. Zahlreiche Artikel in Magazinen beziehen sich regelmäßig auf die Arbeiten von Dr. Gentry und auch in Radio und Fernsehen wird er immer wieder befragt, wie man Ärger aus seinem Leben verbannen kann.

Cartoons im Überblick

von Rich Tennant

»Ein sehr großer Teil unseres Wissens ist leider nur theoretischer Natur«.

Seite 31

»Ich war in den letzten Jahren oft ohne Grund wütend auf Sie. Dafür möchte ich mich entschuldigen. Ich mache jetzt eine Therapie, aber ich habe gerade erst angefangen, deshalb sollten Sie sich lieber beeilen.«

Seite 71

»Diese Haltung hilft, wenn man innere Ruhe finden, sich einen klaren Kopf verschaffen und etwas hinter dem Kühlschrank hervorholen will.«

Seite 113

»Schauen wir doch mal, ob wir einigen Faktoren in Ihrem Alltagsleben auf die Spur kommen können, die bei Ihnen Wut auslösen. Sie erwähnten da einen großen Wolf, der immer mal wieder auftaucht und versucht, Ihr Haus umzupusten ...«

Seite 181

»Wir sind Ihrer Wut nun mit einer Diät und Meditationen zuleibe gerückt. Ich würde jetzt gerne noch versuchen, einige Ihrer Schrauben zu lockern. Vielleicht hilft das ja.«

Seite 203

»Im Moment bekämpfe ich meinen Ärger, indem ich Medikamente schlucke, meditiere und meine unglaublich nervende Nachbarin nur noch selten besuche.«

Seite 287

In dem Bestreben, dem mit seinem gefährlichen Beruf verbundenen Stress ein Schnippchen zu schlagen, schulte Günther »die Peitsche« Lowinski vom Raubtierdompteur zum Ballonraubtierdompteur um.

Seite 333

www.the5thwave.com
E-Mail: rich@the5thwave.com

Inhaltsverzeichnis

Kapitel 11 Ärger konstruktiv nutzen 165

Teil IV Längst vergangenen Ärger bewältigen 181

Kapitel 12 Warum es so schwer ist, loszulassen 183

Einführung

Ärger und Wut gehören zum Leben – genau wie unser Gedächtnis, das Glück und das Mitgefühl. Niemand ärgert sich freiwillig oder weil es Spaß macht. Ärger und Wut sind Reaktionen, die in unserem Nervensystem fest integriert sind. Sie gehören sogar zu den ersten Gefühlsregungen, die Mütter an ihren neugeborenen Kindern erkennen. Sie sehen, man kann mit dem Ärgermanagement gar nicht früh genug anfangen.

Ärger und Wut sagen mehr über Sie selbst als über andere Menschen aus. Sie verraten etwas über Ihr Temperament, Ihre Weltanschauung, die Ausgeglichenheit Ihres Lebens und Ihre Bereitschaft, anderen zu vergeben. Sie müssen sich Ihrem eigenen Ärger nicht wehrlos ergeben. Sie haben vielmehr die Wahl, wie Sie Ihrem Ärger Ausdruck verleihen wollen, genau so wie Sie selbst entscheiden können, was Sie morgens anziehen, was Sie frühstücken und wann Sie nachmittags joggen gehen. Sie können auch selbst entscheiden, wie viel Sie von Ihrem gestrigen Ärger mit in die Zukunft schleppen wollen und wie viel Ärger Sie morgen wohl ertragen müssen. Wenn ich davon nicht überzeugt wäre, hätte ich die letzten 40 Jahre meines Berufslebens sicher ganz anders zugebracht!

Niemand ist gegen Probleme mit Ärger und Wut gefeit. Ärger und Wut sind sehr demokratische Gefühle – sie piesacken Männer und Frauen, Kindern und alte Menschen, Reiche und Arme, Gebildete und Ungebildete, Menschen aller Hautfarben und Rassen, Gläubige und Ungläubige. Millionen von Menschen leiden Tag für Tag unnötig unter dem, was ich *toxischen Ärger* nenne – Ärger, der ihr Leben buchstäblich vergiftet.

Ärger und Wut kann – und sollte – man nicht heilen. Sie müssen nur lernen, wie man gut damit umgeht – zu Hause, am Arbeitsplatz und im Zusammenleben mit geliebten Menschen. Nur dann können Sie davon profitieren. *Nicht ärgern für Dummies* erklärt Ihnen, wie Sie durch die Konzentration auf das Positive Ihren Ärger in den Griff bekommen, wie Sie nachts gut schlafen, wie Sie Ihr Leben neu entdecken können, warum es besser ist, sich zu seinem Ärger zu bekennen, als sich einfach nur Luft zu machen, wie man aus Konflikten Herausforderungen macht und vieles andere mehr. Ärgermanagement geht weit über die allzu einfachen, wenn auch gut gemeinten Ratschläge hinaus, ruhig bis zehn zu zählen oder ein paar Mal tief Luft zu holen – das sind doch wunderbare Neuigkeiten!

Über dieses Buch

Woher wissen Sie, ob Sie sich zu oft und zu viel ärgern? Entscheiden Sie das selbst oder überlassen Sie die Entscheidung anderen? Wenn Sie nicht körperlich aggressiv sind und andere Menschen körperlich verletzen oder Löcher in die Wand pulen, bedeutet das, dass Sie keinen Ärger und keine Wut verspüren? Hilft es wirklich, Dampf abzulassen, oder ist es besser, wenn Sie Ihren Ärger um des lieben Friedens willen herunterschlucken? Können ständig verärgerte Menschen sich wirklich ändern oder müssen sie eben ein Leben lang leiden, weil sie nun mal so sind? Und was machen Sie am besten, wenn Sie zu denen gehören, über die sich andere ärgern? Das sind allesamt wichtige Fragen, die *Nicht ärgern für Dummies* Ihnen beantwortet.

Als ich *Nicht ärgern für Dummies* geschrieben habe, hatte ich mir vier Ziele gesetzt:

- ✔ **Ich wollte herausarbeiten, dass Ärger und Wut mehr sind als laute Schimpfworte – sie sind äußerst komplexe Gefühle, die mehr bedeuten als die harten und verletzenden Worte, die ihnen Ausdruck verleihen.** Kern des Ärgermanagements ist es, zu verstehen, was Ihr Ärger über Sie aussagt.
- ✔ **Ich wollte veranschaulichen, in welch unterschiedlicher Weise Ärger und Wut Ihr Leben negativ beeinflussen können, wenn sie zu häufig und zu intensiv auftreten.**
- ✔ **Ich wollte aufzeigen, dass Ärgermanagement drei verschiedene Zeiträume betrifft – gestern, heute und morgen.** Die Strategien, die ich Ihnen hier im Hinblick auf die Bewältigung von Ärger und Wut vorstelle, unterscheiden sich natürlich je nachdem, ob Sie alten Ärger abschütteln, aktuellen Ärger in den Griff bekommen oder zukünftigen Ärger vermeiden (Sie haben richtig gehört: vermeiden!) wollen, den Sie andernfalls höchstwahrscheinlich erleben werden.
- ✔ **Ich wollte Ihnen klar machen, dass Sie nicht auf professionelle Hilfe angewiesen sind, sondern dass es in Ihrer Macht liegt, mit Ihrem Ärger fertig zu werden, wenn Sie bereit sind, Ihre Lebensart so zu ändern, wie dieses Buch es umreißt.** Es spielt dabei keine Rolle, wie alt Sie sind und wie viel Ärger und Wut Sie in Ihrem bisherigen Leben erlebt haben – es ist nie zu spät für das Ärgermanagement.

Nicht ärgern für Dummies gehört nicht zu den Büchern, die Sie von vorne bis hinten durchlesen müssen, um davon profitieren zu können. Es ist randvoll mit den Erfahrungen, die ich in 40 Jahren in meiner psychologischen Praxis und im Rahmen wissenschaftlicher Forschungen zum Thema Ärgermanagement zusammengetragen habe. Sie müssen nicht mit dem ersten Kapitel anfangen und sich bis zum Ende durcharbeiten. Sehen Sie sich das Inhaltsverzeichnis an, suchen Sie, was Sie interessiert, und fangen Sie dort an zu lesen. Vielleicht möchten Sie sich zunächst auf das konzentrieren, was Ihnen momentan die meisten Probleme bereitet, etwa Ihren Ärger am Arbeitsplatz unter Kontrolle zu bekommen. Oder Sie steuern direkt auf das Kapitel zu, in dem es um Stressbewältigung geht – Stress ist eine der häufigsten Ursachen für Ärger. Ich werde Ihnen noch nicht einmal empfehlen, alles in diesem Buch zu lesen – das ist ganz allein Ihre Sache. Machen Sie es wie meine Hunde und lassen Sie sich von Ihrer Nase führen (vielleicht verlassen Sie sich doch besser auf Ihre Augen!). Vertrauen Sie mir, Sie werden schon finden, was Sie suchen.

Konventionen in diesem Buch

Ich wollte in jedem Fall vermeiden, dass *Nicht ärgern für Dummies* eines dieser Bücher von Psychologen für Psychologen wird. Dieses Buch soll ganz normalen Menschen zeigen, wie sie ein Leben ohne Ärger und Wut führen können. Deshalb habe ich grundsätzlich auf Fachchinesisch verzichtet und Begriffe und Formulierungen gewählt, die – wie es einer meiner Dozenten an der Uni immer sagte – »auch meine Oma versteht«.

Ich habe mich bemüht, *Nicht ärgern für Dummies* so zu schreiben, dass Sie beim Lesen auch Spaß haben. Nur weil Ärger und Wut ernste Themen sind, heißt das ja nicht, dass man mit todernstem Gesicht an die Sache herangehen muss. Eine der denkwürdigsten Erfahrungen während meiner Ausbildung machte ich, als ein Dozent – der berüchtigte Arzt Patch Adams (Sie kennen vielleicht den gleichnamigen Film mit Robin Williams) – alle unsere Nasen rot anmalte, bevor er mit seiner Vorlesung begann.

Ganz wichtig ist, dass *Nicht ärgern für Dummies* voller Geschichten über ganz normale Menschen steckt, die ein Leben voller Ärger hinter sich gelassen haben. Die Menschen, von denen Sie hier lesen, existieren so nicht wirklich. Ich habe sie aus zahlreichen Verwandten, Freunden und Klienten zusammengesetzt (anders als Frankenstein brauchte ich dafür keine Unmengen Strom), die ich im Laufe der Jahre kennen gelernt habe und die mir viel über den Umgang mit Ärger und Wut beigebracht haben. Die Zitate und Dialoge, die Teil dieser Geschichten sind, basieren auf meinen Erinnerungen an Begegnungen mit diesen Menschen.

Sie müssen nicht über psychologisches Fachwissen verfügen, um dieses Buch verstehen zu können. Ich stütze mich nur auf ein paar Konventionen, die ich Ihnen hiermit präsentiere:

- ✔ Wenn ich einen neuen Begriff einführe, schreibe ich das betreffende Wort *kursiv*. Die jeweilige Definition folgt dann umgehend (gewöhnlich in Klammern).
- ✔ E-Mail-Adressen und Webadressen erkennen Sie daran, dass sie in `einer besonderen Schrift` gedruckt sind. So wissen Sie stets genau, was Sie tippen müssen.

Das ist auch schon alles!

Was Sie nicht lesen müssen

Von wem der Satz »Ein halbes Brot ist besser als gar nichts« auch immer stammt: Er hatte recht. Sie müssen nicht jedes einzelne Wort, jeden Satz oder jedes Kapitel dieses Buches lesen, um etwas davon zu haben. Und wenn Sie am Seitenrand die Hand mit der Schleife am Zeigefinger sehen, müssen Sie nicht denken, dass ich von Ihnen erwarte, dass Sie sich den betreffenden Abschnitt auf jeden Fall merken. Niemand wird Sie abfragen, wenn Sie das Buch aus der Hand legen!

Sie werden zahlreiche grau unterlegte Kästen im Buch verstreut finden. Darin habe ich all das festgehalten, was für die Gesamtbotschaft des Buches zwar nicht unbedingt erforderlich, aber dennoch für den einen oder anderen von Ihnen interessant sein könnte. Betrachten Sie sie einfach als Beilagen zum Hauptgericht und entscheiden Sie je nach Appetit, ob Sie etwas davon lesen möchten. Wenn nicht, verpassen Sie nichts für das Thema Wesentliches.

Überspringen können Sie auch die Abschnitte, die mit dem Symbol für Technische Aspekte markiert sind (siehe den Abschnitt *Symbole, die in diesem Buch verwendet werden* weiter hinten in diesem Kapitel).

Törichte Annahmen über den Leser

Ich habe mir ein paar Gedanken über Sie gemacht, als ich dieses Buch schrieb:

- ✔ **Sie haben möglicherweise Probleme mit Ärger oder Wut – falls nicht, dann kennen oder lieben Sie jemanden, der Probleme mit Ärger oder Wut hat.** Wenn Sie dieses Buch nicht für sich selbst gekauft haben, dann haben Sie es für Ihren Mann, Ihre Frau, Ihren Bruder, Ihre Schwester, Ihren Sohn, Ihre Tochter, Ihren Vater, Ihre Mutter, einen Freund oder einen Kollegen erworben. Vielleicht hat aber auch eine dieser Personen das Buch für Sie gekauft.
- ✔ **Sie wollen nicht alles über Ärger und Wut wissen – Sie interessieren sich nur für Informationen, die Ihnen dabei helfen können, Ihren Ärger und Ihre Wut wirksam in den Griff zu bekommen.** Die Wissenschaft hat sich schon lange dieses Themas angenommen. Dennoch werden Sie sich in den folgenden Kapiteln nicht mit wissenschaftlichem Fachchinesisch herumschlagen müssen. Ich konzentriere mich voll und ganz auf bewährte Strategien, die Ihnen den Umgang mit Ihrem Ärger erleichtern, mehr nicht.

Wie dieses Buch aufgebaut ist

Ich habe *Nicht ärgern für Dummies* in sieben Teile gegliedert, die insgesamt 25 Kapitel umfassen. Was Sie in den einzelnen Teilen erwartet, können Sie den folgenden Abschnitten entnehmen.

Teil I: Wut und Ärger: Die Grundlagen

In den ersten drei Kapiteln mache ich Sie mit einigen grundlegenden Informationen zu Ärger und Wut als universalen Gefühlen bekannt. Sie erfahren, welche Rolle Gefühle wie Ärger in Ihrem Leben spielen und lernen einzuschätzen, ob Ärger und Wut Ihre Gesundheit, Karriere und Beziehungen vergiften. Kapitel 2 erläutert, wie man Ärger und Wut quantifiziert und wie man zwischen toxischem und nicht toxischem Ärger unterscheidet. Ich möchte Sie in die Lage versetzen, auf Ärger überlegt reagieren zu können, anstatt wie ein Hampelmann vorhersehbare, gedankenlose Reflexe zu zeigen, die Sie fast immer in eine Lage bringen, in die Sie eigentlich nicht geraten wollen.

Teil II: Mit Wut und Ärger im Alltag fertig werden

In diesem Teil möchte ich Sie an die Aufgabe heranführen, sich mit aufkommendem Ärger *unmittelbar* auseinanderzusetzen. Die meisten Menschen geraten ins Trudeln, weil sie nicht wissen, was sie tun sollen, wenn Ärger in ihnen hochsteigt. Gerade das, was Sie nicht wissen (etwa dass alle Gefühle vorübergehender Natur sind) und was Sie nicht tun (zum Beispiel den anderen das letzte Wort haben lassen), führt zu einem falschen Umgang mit Ärger und Wut.

Kapitel 6 bietet Ihnen ein geordnetes, wirkungsvolles Schritt-für-Schritt-Verfahren an, das Ihnen hilft, einen kühlen Kopf zu bewahren.

Teil III: Wut und Ärger zukünftig vermeiden

Die Kapitel 8 bis 11 zeigen Ihnen, wie Sie mit Wut und Ärger umgehen können, *bevor diese Gefühle in Ihnen hochkommen*. Das ist ein völlig neuer Ansatz – die meisten Ärgermanagement-Strategien setzen erst dann ein, wenn das Kind bereits in den Brunnen gefallen ist (was recht schwierig ist – versuchen Sie mal, bis zehn zu zählen, wenn Sie mitten in einem Wutanfall stecken!). Für mich persönlich ist einer der aufregendsten Aspekte des Ärgermanagements, dass man Wut und Ärger bereits im Vorfeld den Hahn zudrehen kann. Außerdem komme ich in diesem Teil darauf , was Sie vernünftigerweise von der Welt erwarten können und was Sie bereit sind, in Ihrem Umfeld zu tolerieren, warum es wichtig ist, dass Sie aufhören, mit Ihrem Ärger hinter dem Berg zu halten, und einfach sagen, wie Sie sich fühlen (aber höflich!), wie Sie sich zu Ihrem Ärger bekennen, wie Sie zu einem Menschen werden, der den Ärger nicht mehr so anzieht und – was vielleicht am wichtigsten ist – wie Sie Ihren Ärger für sich arbeiten lassen können. Wenn Sie den Ärger zu Ihrem Verbündeten machen können, müssen Sie sich nicht länger den Kopf darüber zerbrechen, wie Sie ihn vermeiden.

Teil IV: Längst vergangenen Ärger bewältigen

Wenn es Ihnen so geht wie mir, sind Sie oft weit mehr verärgert, als die jeweilige Situation eigentlich hergibt. Und danach fragen Sie sich: »Was ist nur in mich gefahren?« Es kann gut sein, dass da ein alter Groll wieder hochgekocht ist, den Sie in Ihrem Unterbewusstsein immer noch hegen und pflegen (Freud hatte recht!) und der nur auf eine Gelegenheit wartet, wieder herauszuplatzen. In Kapitel 12 gebe ich Ihnen Tipps, wie Sie vermeiden, dass aus dem Ärger von heute der Ärger von morgen wird – zu diesen Strategien gehört etwa »Entschuldigen Sie sich!« und die 10-Minuten-Schimpftirade. In Kapitel 13 geht es um die Frage, wie man Vergebung in das Ärgermanagement mit einbezieht. Dabei betrachte ich Vergebung nicht aus religiöser Perspektive, sondern als eine Möglichkeit, den Ärger vergangener Tage loszulassen, der längst jeglichen Nutzen eingebüßt hat.

Teil V: Weniger Wut und Ärger durch Verbesserung des Lebensstils

Wissen Sie, was ich glaube? Gesunde Menschen sind seltener verärgert. In diesem Teil mache ich Ihnen deutlich, dass toxischer Ärger ein Nebenprodukt eines toxischen Lebensstils ist. Wenn der Stress Sie in die Knie zu zwingen droht, wenn Sie beinahe nur noch Koffein und Alkohol zu sich nehmen (und damit die Mischung stimmt, auch noch ein bisschen Nikotin!), wenn Ihr Leben aus dem Gleichgewicht geraten ist (zu viel Arbeit für zu wenig Geld), wenn Sie nicht mehr richtig schlafen können, wenn Sie die ganze Welt auf Ihren Schultern tragen, weil Sie nicht an eine höhere Macht glauben, und wenn Sie in Depressionen versinken, warum in aller Welt sollten Sie dann nicht verärgert und wütend sein? Ändern Sie all das und Sie werden sehen, dass sich auch Ihr Ärger verändert.

Teil VI: Ärger und Wut in wichtigen Beziehungen bewältigen

Die meisten Menschen teilen ihr Alltagsleben in die Bereiche ein, in denen sie die überwiegende Zeit verbringen – den Arbeitsplatz, das Zuhause und die Beziehungen zu geliebten Menschen. Die drei Kapitel dieses Teils zielen auf situationsspezifische Fragen des Ärgermanagements – was am Arbeitsplatz funktioniert, kann zu Hause völlig daneben sein. Der Abbau von Konflikten, den eine gemeinsame Mahlzeit im Kreis der Familie bewirken kann, lässt sich im Rahmen einer Abteilungsleiterrunde nicht erreichen. Allen drei Kapiteln gemeinsam ist jedoch, dass sie Strategien anbieten, mit deren Hilfe man Feindseligkeiten abbauen und Harmonie erreichen kann.

Teil VII: Der Top-Ten-Teil

Wenn Sie nach Ideen und Anhaltspunkten suchen, wie man etwa Kinder gegen Ärger impft oder etwas gegen Ärger im Straßenverkehr tun kann, oder ein paar eingängige und leicht zu merkende Gedanken brauchen, die den Ärger aus Ihrem Kopf vertreiben, sind Sie in diesem Teil richtig.

Symbole, die in diesem Buch verwendet werden

Mit Symbolen meine ich die kleinen Bildchen, die Sie in diesem Buch überall an den Seitenrändern finden und die Ihre Aufmerksamkeit auf bestimmte Informationen lenken sollen:

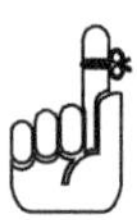

Dieses Symbol weist auf wichtige Ideen und Begriffe hin, die Sie sich vielleicht merken möchten und auf die Sie zurückgreifen können, wenn Sie *Nicht ärgern für Dummies* gerade mal nicht zur Hand haben.

Ab und zu werden Wissenschaftler ein wenig geschwätzig. In diesen Fällen bediene ich mich dieses Symbols, damit Sie wissen, dass Sie die betreffenden Abschnitte zwar lesen können, aber nicht müssen, denn die darin enthaltenen Informationen sind für das Verständnis der Sache nicht unbedingt erforderlich.

Dieses Symbol weist auf praktische Strategien im Umgang mit Wut und Ärger hin.

Dieses Symbol taucht immer dann auf, wenn ich der Ansicht bin, dass in einem Punkt Vorsicht geboten ist oder Sie möglicherweise professionelle Hilfe in Anspruch nehmen sollten.

Wie es weitergeht

Jeder Teil und jedes Kapitel dieses Buches können auch alleine für sich als Diskussionsbeitrag zum Thema Ärgermanagement stehen. Während des Schreibens bin ich ebenfalls hin und her gesprungen und habe die Kapitel nicht in einer bestimmten Reihenfolge verfasst. Wenn ich eines abgeschlossen hatte, warf ich einen Blick auf das Inhaltsverzeichnis, überlegte, was mich als Nächstes interessierte und machte dann damit weiter. Sie können das beim Lesen auch so machen – entscheiden Sie, was Sie interessiert, und schon sind Sie mittendrin.

Wenn Sie *Nicht ärgern für Dummies* ganz gelesen haben und immer noch mit Ihrem Ärger kämpfen, sollten Sie ernsthaft überlegen, ob Sie sich nicht professionell beraten lassen wollen. Ärgermanagement ist noch nicht so weit verbreitet. Es ist jedoch wichtig, dass Sie jemanden finden, der in diesem Bereich Erfahrung hat und über das nötige Wissen verfügt. Wenn Sie an der Behandlung einer ausgeprägten Wutstörung interessiert sind – die auch eine medikamentöse Therapie mit einschließt –, ist ein in diesem Bereich spezialisierter Psychiater die richtige Wahl. Sind Sie mehr an *psychotherapeutischen Strategien* interessiert (bei denen sich Veränderungen aus der direkten Zusammenarbeit mit einem Therapeuten ergeben), sollten Sie nach einem psychologischen Psychotherapeuten Ausschau halten. Welchen Weg Sie auch immer wählen, holen Sie sich die Hilfe, die Sie brauchen.

Teil I

Wut und Ärger: Die Grundlagen

»Ein sehr großer Teil unseres Wissens ist leider nur theoretischer Natur«.

In diesem Teil ...

kläre ich Sie darüber auf, warum Wut ein universelles Gefühl ist, und gebe Ihnen Anhaltspunkte an die Hand, wie Sie zwischen emotionalen Reflexen und emotionalen Reaktionen unterscheiden können. Ich zeige Ihnen, wie Sie mit Hilfe zweier einfacher Fragen, nämlich »Wie oft bin ich verärgert oder wütend?« und »Wie stark sind mein Ärger und meine Wut?«, ermitteln, wie viel Raum Ärger und Wut in Ihrem Leben einnehmen. Wenn Sie diesen Teil gelesen haben, werden Sie auch ohne einen Doktor in Psychologie beurteilen können, ob Ärger und Wut bei Ihnen Schaden anrichten oder nicht.

Entdecken können Sie in diesem Teil, in welch vielfältiger Hinsicht Ärger und Wut Ihr Leben vergiften können – sie zapfen Ihnen Energie ab, beeinträchtigen Ihre Gesundheit, sägen an der Karriereleiter und schaden denen, die Sie lieben. Sie werden überrascht sein, was dies alles für Ihr jetziges und zukünftiges Leben bedeutet.

Ärger und Wut: Universelle Emotionen

1

In diesem Kapitel

- Bekannte Mythen über Ärger und Wut unter der Lupe
- Was sind überhaupt Emotionen?
- Holen Sie sich Hilfe, wenn es nötig ist

Was haben Studenten, Geschäftsführer, Hausfrauen und Stammesangehörige in Borneo und Neuguinea gemeinsam? Sie alle erkennen ein zorniges Gesicht, wenn sie eines sehen. Ärger und Wut sind – wie Freude, Angst, Trauer und Überraschung – universelle Emotionen. Bei allen Völkern und Kulturen der Erde gehören Ärger und Wut zu den alltäglichen Erfahrungen.

Ärger und Wut gehören zu den Überlebensmechanismen des Menschen. Im Angesicht einer Bedrohung ergreift der Mensch – wie andere Tiere auch – die Flucht oder er greift an. Ärger und Wut liefern für einen Angriff die nötige Energie. Sie können aber auch nach hinten losgehen und für unser vorzeitiges Ableben sorgen. In Kapitel 3 gehe ich darauf ein, wie übermäßiger Ärger zu Herzinfarkten, schweren Arbeitsunfällen und riskantem sexuellem Verhalten führen kann. Ärger und Wut sind also eine zweischneidige Angelegenheit.

Weg mit überkommenen Mythen

Bevor Sie sich daran machen, Ihren Ärger in den Griff zu bekommen, sollten Sie sich darüber im Klaren sein, was Ärger ist und was nicht. Leider sind Ärger und Wut von zahlreichen Mythen umrankt, mit denen ich gerne von vorneherein aufräumen möchte:

- ✔ **Männer zeigen mehr Ärger und Wut als Frauen.** Was die Häufigkeit betrifft, stimmt es sicher nicht, dass Männer mehr Ärger und Wut zeigen als Frauen. Umfragen belegen eindeutig, dass Frauen genauso oft verärgert sind wie Männer – im Durchschnitt etwa ein oder zwei Mal die Woche. Auf der anderen Seite scheinen Männer sich *intensiver* zu ärgern, während Frauen dazu neigen, *länger* verärgert zu sein.
- ✔ **Ärger und Wut sind schlecht.** Ärger und Wut erfüllen verschiedene positive Aufgaben im Bereich der Stressbewältigung. Sie mobilisieren Energie, verbessern die Kommunikation mit anderen Menschen, fördern das Selbstbewusstsein und schützen vor Angst und Unsicherheit. (Jesus, Gandhi und Martin Luther King steckten voller Ärger – aber sie wandelten diesen Ärger in gesellschaftliche Reformen um, die unsere Welt verbesserten.)
- ✔ **Ärger und Wut sind gut.** Wenn sie zu häuslicher Gewalt, Sachbeschädigung, sexuellem Missbrauch, Drogenabhängigkeit, Magengeschwüren und Selbstverstümmelung führen, sind sie sicher nicht gut.

- **Ärger und Wut sind nur dann problematisch, wenn man sie offen zeigt.** Nur etwa zehn Prozent aller Menschen leben den Ärger aus, den sie in sich verspüren. Die anderen 90 Prozent unterdrücken (»Ich möchte nicht darüber sprechen«) oder verdrängen ihren Ärger (»Ich bin gar nicht verärgert – wirklich nicht«). Menschen, die ihren Ärger zeigen, fallen auf und ziehen die Aufmerksamkeit der Umwelt auf sich. Menschen, die ihren Ärger unterdrücken oder verdrängen, können ebenfalls vom Ärgermanagement profitieren.
- **Je älter man wird, desto eher ärgert man sich.** Es ist genau anders herum – mit zunehmendem Alter berichten Menschen davon, dass sie seltener negative Emotionen erleben und ihre Emotionen besser unter Kontrolle haben. Auch Menschen – nicht nur Wein und Käse – scheinen im reifen Alter besser zu werden.
- **Ärger und Wut spielen sich nur im Kopf ab.** Das hat mit der Wahrheit wirklich überhaupt nichts zu tun. Emotionen sind hauptsächlich körperlicher Natur. Wenn Ärger und Wut nur Geisteszustände wären, warum sagt man dann: »Wenn ich verärgert bin, liegt mir das ganz schön auf dem Magen.«? Glauben Sie mir, wenn Sie der Zorn packt, spüren Sie das sofort in der gesamten Muskulatur, an den Haaren in Ihrem Nacken, am Blutdruck, am Blutzuckerspiegel, am Puls, an der Atemfrequenz, im Magen und sogar an der Temperatur Ihrer Finger (sie steigt) – und das schon lange, bevor Ihnen bewusst ist, was mit Ihnen los ist.
- **Bei Ärger und Wut geht es um Rache.** Als häufigstes Motiv für Ärger und Wut hat man das Bedürfnis ermittelt, Autorität und Unabhängigkeit zu demonstrieren oder das eigene Image aufzupolieren. Jemandem schaden möchte man meist gar nicht. Rache ist ein sekundäres Motiv. Ein drittes Motiv ist, nach fortgesetztem Frust einmal ordentlich Dampf ablassen zu wollen – auch dies ist meist nicht mit dem Ziel verbunden, anderen zu schaden.
- **Nur bestimmte Menschengruppen haben Probleme mit Ärger und Wut.** Auf der Grundlage meiner praktischen Erfahrungen mit Menschen, denen ich geholfen habe, ihren Ärger in den Griff zu bekommen, kann ich Ihnen sagen, dass Menschen aus allen Lebensbereichen Probleme mit Ärger und Wut haben – LKW-Fahrer, Professoren, Ärzte, Hausfrauen, Omas und Opas, Rechtsanwälte, Polizisten, Kriminelle, arme Menschen, Millionäre, Kinder, alte Menschen, Menschen verschiedener Hautfarbe, Nationalitäten und Religionen. Ärger und Wut sind universelle Emotionen!
- **Ärger und Wut entstehen aus zwischenmenschlichen Konflikten.** Das trifft manchmal zu, manchmal auch nicht. Ein führender Experte in Sachen Ärger und Wut hat herausgefunden, dass Menschen Ärger empfinden können, wenn sie mit üblen Gerüchen, Schmerzen oder heißen Temperaturen konfrontiert werden – all das hat nichts mit dem Handeln anderer Menschen zu tun und kann auch meist niemandem in die Schuhe geschoben werden.

Verstehen Sie, welche Rolle Emotionen in Ihrem Leben spielen

Emotion ist ein zusammengesetztes Wort. Das *E* steht für Energie und *Motio* bedeutet Bewegung. Emotionen bewegen Sie dazu, sich so zu verhalten, dass Sie sich gegen eine Bedrohung verteidigen, sie führen zu zwischenmenschlichen Beziehungen und zur Fortpflanzung, Sie bringen Sie dazu, Ihr Vergnügen zu suchen, sie bringen Sie nach einem schweren Verlust wieder ins Leben zurück und lassen Sie Ihre Umgebung erkunden. Ohne Emotionen wäre nicht viel los in unserem Leben.

Die Psychiater haben ein Wort für Menschen, denen jegliche Emotionen zu fehlen scheinen – auch Ärger und Wut: Es heißt *Alexithymie*. Alexithymiker neigen dazu:

- ✔ Verschiedene Gefühlsarten nicht richtig identifizieren zu können
- ✔ In Beziehungen zu anderen Menschen steif und hölzern zu wirken
- ✔ Kein emotionales Bewusstsein zu haben
- ✔ Keine Freude zu empfinden
- ✔ Nicht zwischen Emotionen und Körperempfindungen unterscheiden zu können
- ✔ In Entscheidungsfindungsprozessen übertrieben logisch vorzugehen
- ✔ Kein Mitgefühl für andere Menschen aufbringen zu können
- ✔ Mit den Gefühlen anderer Menschen nichts anfangen zu können
- ✔ Von Kunst, Literatur und Musik völlig unberührt zu bleiben
- ✔ Kaum emotionale Erinnerungen (etwa an ihre Kindheit) zu haben

Sie wollen also sicher Ihre Emotionen behalten, aber Sie wollen ihnen nicht ausgeliefert sein. Sie wollen, dass Ihr Ärger Sie dazu bewegt, einen Leserbrief an die Zeitung zu schreiben, wenn Ihnen ein gesellschaftliches Unrecht aufstößt. Sie wollen, dass Ihr Ärger Sie dazu bewegt, Ihre eigenen Interessen zu vertreten, wenn Ihre Talente am Arbeitsplatz ausgebeutet werden. Der Ärger, der Ihrem Partner sagt, »Sag mal, ich glaube, so kommen wir nicht weiter«, ist gut für Ihre Beziehung. Wenn Ihr Ärger Sie aber nur dazu bewegt, andere zu verletzen, dann haben Sie wirklich ein Problem. Sehen Sie Ihren Ärger als ein Instrument, das Ihnen im Laufe Ihres Lebens helfen kann, wenn Sie es richtig einsetzen. Und sehen Sie *Nicht ärgern für Dummies* als Leitfaden, der Ihnen sagt, wie Sie dieses Instrument am besten nutzen.

Holen Sie sich die Hilfe, die Sie brauchen

Jeder braucht Hilfe und Unterstützung. Niemand kann sein Leben ganz alleine bewältigen. Wenn Sie Ihr Leben gravierend verändern wollen, sind Sie besonders auf die Unterstützung anderer Menschen angewiesen. Und glauben Sie mir, Ihren Ärger unter Kontrolle zu bekommen, ist eine gravierende Veränderung.

Unterstützung kann ganz unterschiedliche Formen annehmen. Wenn Sie Ihren Ärger erfolgreich bewältigen wollen, brauchen Sie die folgenden Hilfestellungen:

- ✔ **Emotionale Unterstützung:** Sie brauchen Menschen, die voll und ganz hinter Ihnen stehen, Menschen, die Ihre Probleme mit Ärger und Wut kennen und Ihnen Mut zusprechen und Sie anfeuern, während Sie versuchen herauszufinden, wie Sie am besten mit Ihrem Ärger umgehen.

- **Unterstützung durch Informationen:** Sie können die besten Absichten haben, aber wenn Ihnen die nötigen Informationen über Ärger und Wut und den Umgang damit fehlen, werden Sie nicht weit kommen. Zum Glück halten Sie alle notwendigen Informationen gerade in Ihrer Hand.
- **Handfeste Unterstützung:** Manchmal braucht man praktische Hilfe. Eine verärgerte Mutter, die kurz davor steht, die Fassung zu verlieren und ihr Kind zu schlagen, ist sicher froh über einen Nachbarn, der kurz einspringen und die Aufsicht übernehmen kann, damit sie aus der Schusslinie treten und sich beruhigen kann.
- **Unterstützung durch Lob:** Sie brauchen Menschen, die Ihnen ein ehrliches Feedback geben, wie Sie mit Ihrem Ärger umgehen, und Sie auch mal loben, wenn Sie Fortschritte gemacht haben, egal wie klein sie auch sein mögen.

Und so können Sie die notwendige Unterstützung bekommen, damit Sie Ihren Ärger erfolgreich in den Griff bekommen:

- **Denken Sie daran, dass die meisten Menschen gerne helfen – sie warten nur darauf, dass Sie ihnen eine Chance geben.** Ergreifen Sie die Initiative und bitten Sie Ihre besten Freunde oder Familienmitglieder um Unterstützung. Nicht anerkannte oder ungenutzte Unterstützung hilft Ihnen nicht. Die meisten Menschen haben mehr Unterstützung, als sie nutzen. Gedanken wie »Ich will niemandem zur Last fallen« sind jetzt nicht an der Tagesordnung. Glauben Sie mir, Sie sind eine größere Last, wenn Sie ständig verärgert sind!
- **Seien Sie bereit, auch Ihre Freunde und Familienangehörigen zu unterstützen.** Unterstützung ist keine Einbahnstraße. Wer von anderen etwas haben will, muss auch selber etwas geben.
- **Denken Sie daran, dass ein einzelner Mensch nicht alle von Ihnen benötigten Hilfestellungen leisten kann.** Der eine kann Ihnen besser emotionale Unterstützung geben, ein anderer gibt vielleicht lieber praktische Hilfe.

Seien Sie nicht allzu überrascht, wenn es anfangs vielleicht etwas schwierig ist, Unterstützung für Ihre Bemühungen zu mobilisieren, Ihren Ärger in den Griff zu bekommen. Machen Sie sich bewusst, dass Sie über die Jahre wahrscheinlich viele Menschen mit Ihrem Zorn verletzt haben. Da gibt es sicher noch Unmut, Angst und Unsicherheit. Das ist normal. Wenn Sie erkennen lassen, dass Sie es wirklich ernst meinen mit Ihren Bemühungen, stehen die Chancen aber nicht schlecht, dass Sie den einen oder anderen für Ihre Sache gewinnen können.

Worauf kommt es an?

Während meiner akademischen Karriere war ich, wie viele andere Psychologen auch, in die Debatte darüber verstrickt, ob man Ärger und Wut am besten für sich behalten oder lieber herauslassen soll. Meine Forschungen konzentrierten sich damals auf die Frage, wie Menschen ihrem Ärger Ausdruck verleihen und wie er sich auf die Gesundheit auswirkt. Ich gehörte zur Raus-mit-dem-Ärger-Fraktion (und war stolz darauf!), die felsenfest davon überzeugt war, dass der einzig richtige Weg darin bestand, seinem Ärger Luft zu machen – lieber laut protestieren als an hohem Blutdruck leiden, dachte ich.

Rückblickend betrachtet muss ich eingestehen, dass meine Kollegen und ich mit dieser Einschätzung falsch lagen. Ich habe seit dieser Zeit – mehr aus der Erfahrung heraus als aufgrund wissenschaftlicher Analyse – entdeckt, dass es im Wesentlichen darauf ankommt, wie viel Ärger und Wut ein Mensch erlebt. Das ist eine einfache Logik: Wenn Sie sich kaum einmal ärgern, wenn Sie sich nicht allzu viel ärgern und wenn Ihr Ärger nach einer Minute bereits verraucht ist, macht es kaum einen Unterschied, ob Sie ihn zeigen oder nicht. Es ist einfach nicht genug Ärger, um Ihnen oder anderen Menschen Probleme zu bereiten.

Wenn Sie auf der anderen Seite mehrmals täglich verärgert sind und Ihren Ärger dabei sehr intensiv empfinden und dies den ganzen Tag über und darüber hinaus so bleibt, macht es ebenfalls keinen großen Unterschied, ob Sie Ihren Ärger herunterschlucken oder herauslassen – Sie haben in jedem Fall ein Problem. Wenn Sie so viel Ärger in sich aufstauen, werden Sie in irgendeiner Form dafür bezahlen – mit Depressionen, Herzinfarkten, Verbitterung und so weiter. Wenn Sie den ganzen Ärger herauslassen, bezahlen Sie einen anderen Preis – in Form von Bußgeldern, Scheidungen, Entlassungen und so weiter. Wie Sie Ihren Ärger ausdrücken, wirkt sich einfach nur auf die Konsequenzen aus, die Sie zu tragen haben.

Wenn Sie es geschafft haben, werden Sie es merken

Oft haben Menschen, die ihren Ärger erfolgreich in den Griff bekommen haben, Probleme damit einzuschätzen, wie weit sie in ihrer emotionalen Entwicklung vorangekommen sind. Ich habe in der Bewältigung meines Ärgers in den letzten Jahren große Fortschritte gemacht – meine Frau und meine Kinder sind sehr glücklich darüber! Wie positiv sich das auf meine Gesundheit ausgewirkt hat, habe ich aber erst gemerkt, als ich kürzlich bei einem gesellschaftlichen Ereignis einen schlimmen Wutanfall bekam. Ich war so wütend, dass ich vor lauter Angst vor den schlimmen und verletzenden Dingen, die da aus mir herauszubrechen drohten, kein Wort herausbrachte, und als wäre das noch nicht genug, spürte ich leichte Schmerzen in der Brust, die erst nach etwa einer Stunde wieder verschwanden.

Ich musste tatsächlich alle Strategien anwenden, die ich Ihnen in diesem Buch vorstelle, um mich wieder zu beruhigen und so etwas wie ein emotionales Gleichgewicht zu erreichen. Nachdem die Aufregung abgeklungen war und ich darüber nachdachte, wurde mir klar, dass der Grund dafür, dass mich dieses Ereignis so mitgenommen hatte, darin zu suchen war, dass ich einen solchen Zustand, der früher leider bei mir an der Tagesordnung war, seit Jahren nicht mehr erlebt hatte.

Ein Hinweis darauf, dass Sie mit der Bewältigung Ihres Ärgers Fortschritte machen, liegt in der Erkenntnis, dass Dinge, die Sie früher auf die Palme brachten, Sie jetzt kaum noch aufregen. Ein anderer Fingerzeig ist, dass Menschen, die Sie gut kennen, Ihnen unaufgefordert sagen, dass sich Ihre Stimmungslage deutlich gebessert hat. Dass Sie es geschafft haben, werden Sie schließlich daran merken, dass die geballte Faust, die Sie sonst tagtäglich in Ihrer Brust spürten, nicht mehr da ist – dort hat sich jetzt ein innerer Frieden breitgemacht.

In vielerlei Hinsicht kommt man mit dem Ärgermanagement nie an ein Ende – Sie werden immer ein unvollendetes Bauwerk sein. Aber jeder Tag bietet Ihnen die Möglichkeit, Ihre Ärgermanagement-Muskeln spielen zu lassen.

Gewohnheit: Manchmal ein echtes Miststück

Das Schlimmste an negativen Faktoren – abgesehen von der schlechten Laune, die sie verbreiten – ist, dass man sich daran gewöhnt und dann umso schwerer wieder davon loskommt. Übergewichtige Menschen wissen, dass sie einige Pfunde abnehmen müssen, essen aber trotzdem nach wie vor zu viel (und bewegen sich zu wenig). Raucher wissen, dass sie sich mit jeder Zigarette langsam umbringen, aber nur die Wenigsten hören damit auf. Dasselbe gilt für Alkoholiker, Drogensüchtige und Spieler. Menschen gewöhnen sich sogar an Armut und Analphabetentum. Schreiben Sie es der Gefälligkeit, Trägheit, der fehlenden Willenskraft oder dem Unwillen zu, Bequemlichkeiten nicht aufgeben zu wollen – es kommt alles auf dasselbe heraus: Es gibt einen inneren Widerstand gegen Veränderungen.

Ich glaube, dass es gut ist, wenn ich ehrlich mit meinen Klienten umgehe. Deshalb sage ich ihnen von vorneherein, dass es viel einfacher ist, alles beim Alten zu lassen, als etwas zu ändern. Wenn Sie also den leichten Weg wählen wollen, sollten Sie so bleiben, wie Sie sind und mit den Konsequenzen leben. Das verlangt keine Energie, keine Motivation und kein Engagement von Ihnen – Veränderungen verlangen das schon. Wenn Sie Veränderungen wollen, haben Sie das richtige Buch aufgeschlagen – Sie werden sich wundern, was Sie alles erreichen können. Einer meiner Freunde, der sich jahrelang mit seinem aufbrausenden Temperament herumschlug, meinte zu mir: »Seit ich meinen Ärger kontrollieren kann, habe ich inneren Frieden gefunden. Wenn ich abends ins Bett gehe, muss ich nicht länger darüber nachdenken, wie ich es anderen heimzahlen kann.« Sagt das nicht einiges über die Macht des Ärgermanagements aus?

Wann werden Ärger und Wut zum Problem

2

In diesem Kapitel

- Ermitteln Sie, wie oft Sie sich ärgern
- Die drei Kategorien toxischen Ärgers
- Finden Sie heraus, ob Sie Probleme mit toxischem Ärger bekommen könnten

Woher wissen Sie, wann Ärger und Wut bei Ihnen ein problematisches Stadium erreicht haben? Für manche ist bereits jeder Anflug von Ärger ein Problem. Andere würden dem entgegenhalten, dass Ärger kein Problem ist, solange er darauf hinweist, dass in Ihrem Leben etwas nicht in Ordnung ist.

Gerhard kam zu mir, weil seine Frau Ellen (und ihr Therapeut) der Meinung waren, er wäre nicht emotional genug. Sie wollte, dass er sich mehr mit seinen Gefühlen auseinandersetzte, damit die beiden sich in ihrer Ehe näher kommen konnten. Nun ja, ihr Wunsch wurde erfüllt. Recht schnell erzählte Gerhard von allen möglichen Gefühlen, die er jahrelang unterdrückt hatte. Eines Tages fragte Ellen, ob sie bei einer Sitzung dabei sein konnte. Gerhard war einverstanden, und so kam sie mit. Sie erklärte mir frei heraus, wie unzufrieden (sprich: verärgert) sie über den Verlauf von Gerhards Therapie war. »Er erzählt mir nur noch, dass ich ihn nerve, ich kann es einfach nicht mehr hören«, klagte sie. »Aber ich dachte, Sie wollten, dass er seine Gefühle mehr zeigt«, entgegnete ich. »Ja, sicher, aber sein Ärger interessiert mich nicht – ich will die positiven Gefühle. Seinen Ärger soll er für sich behalten. Das ist *sein* Problem«, beharrte sie.

Ellen zeigt sich selten verärgert – dafür ist sie ein zu netter Mensch. Noch nie hat sie jemanden heruntergeputzt oder in einem Anfall von Wut nach jemandem geschlagen. Auf der anderen Seite ist sie manchmal ihrer selbst überdrüssig, hadert mit dem Leben an sich und ist von all dem, was ihr am Arbeitsplatz widerfährt, desillusioniert. Ellen hat ganz sicher ein Problem mit Ärger und Wut, aber man muss schon detektivisch vorgehen, um darauf zu kommen – sie verbirgt ihren Ärger.

In diesem Kapitel werden Sie feststellen, dass die Frage, wer sich zu viel ärgert und wer nicht, kein Mysterium ist. Jeder kann seine Erfahrungen mit Ärger und Wut ohne Weiteres beziffern, so dass man schließlich sagen kann, ob ein Problem vorliegt, das einer besonderen Behandlung bedarf. Sie müssen dazu nur ein paar einfache Fragen beantworten, ein bisschen rechnen und – voilà! – liegt die Antwort auf dem Tisch.

Ich wünschte, es wäre ganz einfach

Jeder Leser hätte auf die Frage »Warum bin ich ständig verärgert, und gibt es nicht eine wirksame Maßnahme, die ich dagegen ergreifen kann?« gerne eine einfache Antwort. Sicher hoffen Sie, dass Sie diese Antwort in einem der Kapitel dieses Buches finden werden. Aber leider läuft die Sache nicht so.

Ärger und Wut sind komplexe menschliche Emotionen. Wenn Sie dieses Buch lesen, können Sie verstehen lernen, woher Ihr Ärger kommt – das heißt, wie viele der bei Ihnen persönlich zutreffenden Faktoren eine Rolle spielen. Es können drei Faktoren sein: Jugend, schlechte Kommunikation und der Missbrauch von Substanzen etwa. Es kann aber auch ein halbes Dutzend sein – mangelnde Lebensbewältigungskompetenzen, ein zynisches Weltbild, zu wenig Unterstützung, die Tatsache, dass Sie ein Mann sind, und sehr viel Stress am Arbeitsplatz. An diesem Punkt ist es entscheidend, die richtigen Rezepte für das Ärgermanagement zu finden und die Informationen und Quellen in diesem Buch dazu zu nutzen, Ihr Gefühlsleben neu auszurichten.

Wie verärgert sind Sie?

Jeder ärgert sich schon einmal. Schließlich gehören Ärger und Wut zu den universalen Gefühlen – wie Trauer, Freude und Angst –, die alle Menschen auf der Welt verstehen, wenn sie damit konfrontiert werden. Sie werden Ärger vielleicht nicht im selben Maße empfinden wie ich, und genau da liegt das Problem, mit dem sich dieses Buch beschäftigt. Sie müssen herausfinden, in welchem Maße Sie verärgert sind.

Dazu müssen wir uns zunächst darauf einigen, was Ärger ist und was nicht. Ärger wird oft folgendermaßen definiert:

- ✔ Das Gefühl, das man für seine Feinde übrig hat
- ✔ Das Gefühl, das häufig aggressives Verhalten begleitet oder ihm vorausgeht
- ✔ Das Gefühl, das das menschliche Nervensystem dazu bringt, in Gefahrensituationen zu kämpfen anstatt die Flucht zu ergreifen
- ✔ Das Gegenteil von Angst
- ✔ Das Gefühl, das sich in Rache äußert
- ✔ Das Gefühl, das mit Schuld assoziiert wird
- ✔ Das Gefühl, das sich negativ äußert
- ✔ Das Gefühl, das Ihre Gesundheit bis zum Tode schädigen kann
- ✔ Das Gefühl, das Ihr Blut zum Wallen bringt
- ✔ Das Gefühl, das Sie am meisten fürchten

- ✔ Das Gefühl, das den kämpferischen Teil Ihrer Persönlichkeit repräsentiert
- ✔ Das Gefühl, das alle um Sie herum am meisten fürchten
- ✔ Das Gefühl, das mehr schadet als nutzt

Auf der anderen Seite ist Ärger *nicht* dasselbe wie:

- ✔ **Feindseligkeit:** Eine feindselige Haltung, die auch als Zynismus, Misstrauen und Paranoia bezeichnet wird.
- ✔ **Aggression oder Gewalt:** Verschiedene Verhaltensweisen, die immer bewusst anderen Menschen schaden sollen.

Unterscheiden muss man auch zwischen Ärger als Erfahrung und dem Ausdruck von Ärger. In diesem Kapitel sollen Sie sich nur auf das Ausmaß des Ärgers konzentrieren, das Sie erleben – wie oft Sie dieses Gefühl verspüren und wie stark es dabei ist. In anderen Kapiteln dieses Buches wird es darum gehen, wie Sie Ihren Ärger ausdrücken – was Sie damit machen.

Wie oft ärgern Sie sich?

Beantworten Sie erst einmal die folgenden Fragen.

Wie oft waren Sie in den letzten Monaten in einer typischen Woche genervt, wütend oder verärgert?

A. Überhaupt nicht

B. Ein oder zwei Mal in der Woche

C. Drei bis fünf Mal in der Woche

D. Ein oder zwei Mal am Tag

E. Drei Mal am Tag

F. Vier oder fünf Mal am Tag

G. Sechs bis zehn Mal am Tag

H. Öfter als zehn Mal am Tag

Seien Sie ehrlich zu sich selbst. Und denken Sie nicht nur an die Male, bei denen Sie fast an die Decke gegangen sind – berücksichtigen Sie jeden *noch so kleinen* Anflug von Ärger.

Wenn Sie mit A, B oder C geantwortet haben, bewegt sich Ihr Ärger im normalen, gesunden Rahmen. Wenn Sie mit D, E, F, G oder H geantwortet haben, sind Sie wahrscheinlich übertrieben oft verärgert (jedenfalls sind Sie öfter verärgert als 75 Prozent der Menschen, die ich untersucht habe).

Die meisten Menschen neigen dazu, die Intensität ihrer Gefühle zu unterschätzen. Das liegt zu einem Teil am menschlichen Gedächtnis – wir erinnern uns am deutlichsten an die dramatischen Ereignisse in unserem Leben. Dazu kommt, dass Ärger und Wut zu den Gefühlen gehören, die man am liebsten ganz schnell vergisst. Achten Sie darauf, dass Sie ehrlich mit sich selbst sind und möglichst keinen Ärger unterschlagen.

Verstimmungen zählen auch

Im Rahmen einer Studie wurden 50 Studenten gebeten festzuhalten, wie oft sie in der Woche verstimmt oder verärgert waren. Insgesamt traten diese Gefühle 1.536 Mal auf. Im Durchschnitt gab jeder Student an, sieben Mal in der Woche verärgert gewesen zu sein, also etwa ein Mal pro Tag. Allerdings schlugen auch durchschnittlich 24 Verstimmungen pro Woche zu Buche, immerhin drei pro Tag. Mit anderen Worten hatten sich die Probanden vier Mal mehr geärgert, wenn man auch die weniger heftig ausfallenden Verstimmungen mitzählt.

Wie intensiv ärgern Sie sich?

Jetzt müssen Sie die Intensität Ihres Ärgers bewerten. Erinnern Sie sich, wie stark Ihre Gefühle in der Regel sind, wenn Sie sich ärgern, und beantworten Sie die Frage ehrlich:

Wie intensiv ist Ihr Ärger im Durchschnitt, wenn Sie verärgert sind? Kreisen Sie den Wert ein.

1	2	3	4	5	6	7	8	9	10
schwach									extrem

Liegt die Intensität bei Ihnen bei dem Wert 6 oder niedriger, bewegt sich Ihr Ärger in einem normalen, gesunden Rahmen. Darüber liegende Werte weisen dagegen auf ein Problem mit Ärger und Wut hin.

Natürlich kann es sein, dass Ihr Ärger in bestimmten Situationen stärker ist als in anderen. Im Großen und Ganzen pendelt sich die Gefühlsintensität von einem Ereignis zum nächsten um denselben Wert ein. Wir Menschen sind halt Gewohnheitstiere!

Ist Ihr Ärger toxisch?

Ich habe den Begriff *toxischer Ärger* geprägt, um deutlich zu machen, dass bestimmte Unterarten des Ärgers für den Menschen Gift sein und sogar tödlich wirken können (in Kapitel 3 finden Sie eine umfassende Darstellung des toxischen Ärgers). Andere Ausprägungen des Ärgers sind gutartig (nicht toxisch) und können keinen nennenswerten Schaden anrichten. Wichtig ist nur, dass man beide Arten auseinanderhalten kann.

Werfen Sie zunächst noch einmal einen Blick auf den Abschnitt *Wie oft ärgern Sie sich?* weiter vorne in diesem Kapitel, wo Sie ermittelt haben, wie oft Sie sich in einer typischen Woche ärgern. Wenn Sie A, B oder C angekreuzt haben – also »überhaupt nicht« bis »drei bis fünf Mal in der Woche« – kann man Ihren Ärger als von Natur aus vorübergehend oder *episodisch* einstufen. Haben Sie eine der anderen Antworten angekreuzt – »ein oder zwei Mal am Tag« bis »mehr als zehn Mal am Tag« –, ist Ihr Ärger *chronisch*. Allgemein kann man sagen, dass episodischer Ärger unproblematisch und chronischer Ärger problematisch ist.

Nun werfen Sie noch einmal einen Blick auf den Abschnitt *Wie intensiv ärgern Sie sich?*, wo Sie die Intensität Ihres Ärgers bewertet haben. Liegt Ihre Einschätzung zwischen 1 und 3, können Sie das als *Reizbarkeit* einstufen. Liegt der Wert zwischen 4 und 6, sprechen wir von *Ärger*. Und wenn Sie sich für einen Wert zwischen 7 und 10 entschieden haben, muss man das als *Wut* bezeichnen. *Wut ist immer ein Problem.*

Wenn zwei oder mehr Menschen zugeben, verärgert zu sein, sprechen sie natürlich nicht von einer identischen emotionalen Erfahrung. Ärger ist zunächst nur ein Wort – ein relativ unscharfer Begriff –, solange man es nicht als quantifizierbare Faktoren darstellen kann.

Jetzt wird es interessant. Ob Sie nun ein Problem mit dem Ärger haben, stellt sich heraus, wenn Sie die Ergebnisse Ihrer beiden Selbstbewertungen miteinander kombinieren. Die sich daraus ergebenden sechs Unterkategorien des Ärgers sehen Sie in Tabelle 2.1 abgebildet.

	Intensität		
Häufigkeit	1–3	4–6	7–10
Weniger als einmal am Tag	Episodische Reizbarkeit	Episodischer Ärger	Episodische Wut
Wenigstens einmal am Tag	Chronische Reizbarkeit	Chronischer Ärger	Chronische Wut

Tabelle 2.1: Unterschiedliche Arten, Ärger zu erleben

In welche Kategorie fallen Sie? Wird das Problem dadurch realer, dass man all diese Etiketten darauf kleben kann? Nach meiner Erfahrung können die meisten Menschen mit Begriffen wie *reizbar* und *verärgert* gut leben, das Etikett *Wut* wird jedoch gar nicht gerne gesehen. Genau so beunruhigend ist die Bezeichnung *chronisch*. Wenn Sie dann auch noch beide kombinieren, springen die Leute empört auf! Lassen Sie mich in den folgenden Abschnitten erläutern, was hinter diesen Etiketten steckt.

Episodische Reizbarkeit

In einer repräsentativen Gruppe mit 284 Probanden konnte ich ungefähr 25 Prozent dieser Kategorie zuordnen. Das heißt, jeder vierte ist wie Katharina, eine Frau jenseits der 60, die nur selten leichte Verärgerung empfindet. Sie wird von ihren Mitmenschen gemeinhin als optimistisch, fröhlich, gelassen und umgänglich beschrieben. Wenn Sie in diese Kategorie fallen, ist Ihr Ärger nicht toxisch.

Schüler gegen Lehrer

Wenn Sie wissen wollen, warum es in unseren Schulen heute so viele Probleme gibt, sollten Sie sich die folgenden Fakten zu Gemüte führen. Ich habe sowohl Lehrer als auch Schüler untersucht und herausgefunden, dass nur fünf Prozent der Lehrer angaben, Wut zu empfinden. Dem standen 30 Prozent der Schüler gegenüber. Zweifelsohne steckt eine Menge Wut in unserem heutigen Schulsystem – und die Lehrer sind dabei in der Unterzahl.

Episodischer Ärger

Etwas mehr als ein Drittel (36 Prozent) der Vergleichsgruppe gaben an, mehrmals in der Woche Ärger zu empfinden. Allerdings sammelt sich, wie bei Peter, der Ärger nicht zunehmend an. Sicher, Peter ärgert sich gelegentlich – etwa wenn ihm seine Sekretärin schon früh am Morgen mit einer negativen Bemerkung die Laune verdirbt –, aber er hält sich nicht lange damit auf und vergisst die Sache schnell wieder. Wenn Sie in diese Kategorie fallen, ist Ihr Ärger nicht toxisch.

Episodische Wut

Hier schimmert jetzt zum ersten Mal das durch, was ich toxischen Ärger nenne. Etwa 15 Prozent der Vergleichsgruppe gaben zu, gelegentlich dermaßen verärgert zu sein, wenn auch nicht täglich. Ich bezeichne solche Menschen gerne als *schlafende Löwen* – sie sind so lange verträglich, wie man sie nicht reizt, aber dann muss man aufpassen!

Chronische Reizbarkeit

Sie denken sicher, dass chronische Reizbarkeit ein Problem sei, aber toxisch ist sie nun wirklich nicht. Ihre Mitmenschen betrachten Sie vielleicht als launisch oder zickig, aber meistens können sie es mit Ihnen ganz gut aushalten. Interessanterweise fielen etwa zwei Prozent der Vergleichsgruppe in diese Kategorie – Gott sei Dank.

Chronischer Ärger

Dies ist die zweite Kategorie des toxischen Ärgers. Elf Prozent der Vergleichsgruppe waren davon betroffen. Einer davon war Norbert, ein Kaufmann im Ruhestand, der sich jeden Tag immer wieder über irgendetwas ärgert. »Ich ärgere mich, wenn meine Frau zu lange für ihre Einkäufe braucht, wenn Dinge im Haushalt kaputt gehen, wenn die Gaspreise steigen – einfach über alles, was mir nicht passt«, gibt er zu Protokoll. »Aber verstehen Sie mich nicht falsch – ich drehe nicht etwa durch und springe im Dreieck.« Wie viele andere Menschen glaubt auch Norbert, dass er kein Ärgerproblem hat, weil er dabei nie die Kontrolle verliert, aber das ist eine falsche Einschätzung. Es ist einfach nicht gesund, so häufig verärgert zu sein, wie das bei ihm der Fall ist.

Chronische Wut

Kommen wir zur schlimmsten Ausprägung des toxischen Ärgers. Leider fielen zwölf Prozent der Vergleichsgruppe in diese Kategorie. Wenn Sie auch dazu gehören, ist Ihr Ärger *unberechenbar* (wie ein Vulkan!) und es besteht kein Zweifel daran, dass der Ärger Ihr Leben vollständig vergiftet. Diese Art Ärger ist gefährlich und hat nicht den geringsten Nutzen.

Der Begriff *Ärgermanagement* ist eigentlich nicht ganz treffend. Die überwiegende Mehrzahl der Menschen, für die eine solche Therapie angeraten ist, erlebt Wut, nicht Ärger. Wenn ich sie so weit bringen könnte, auf Provokationen nur verärgert zu reagieren, wäre das bereits ein Fortschritt.

Die Risiken toxischen Ärgers einschätzen

Wie groß Ihr Risiko ist, toxischem Ärger ausgesetzt zu sein, können Sie sich ausrechnen. Lesen Sie dazu die folgenden Abschnitte und ermitteln Sie, wie viele Faktoren auf Sie zutreffen.

Sind Sie ein Mann?

Männer und Frauen erleben Ärger etwa gleich oft. Männer erleben Ärger aber tendenziell intensiver als Frauen, und zwar in allen Altersstufen. Deshalb ist die Wahrscheinlichkeit, über Reizbarkeit und Ärger hinaus Wut zu erleben, bei Männern höher als bei Frauen.

Sind Sie jünger als 40 Jahre?

Das Älterwerden bringt auch einige Vorteile mit sich. Wie Sie Tabelle 2.2 entnehmen können, verzeichnen Häufigkeit und Intensität des Ärgers mit zunehmendem Alter eine abnehmende Tendenz – der Mensch wird mit den Jahren reifer und abgeklärter. In der Pubertät und in der frühen Phase des Erwachsenenlebens (im Alter von 13 bis 39 Jahren) ist Ärger ein weit größeres Problem. Danach lässt die Problematik bei den meisten Menschen kontinuierlich nach. Es ist nichts Ungewöhnliches, wenn Kinder und junge Erwachsene Wutanfälle erleben, wenn das bei Ihnen aber mit 60 Jahren noch der Fall ist, haben Sie definitiv ein Problem.

Alter	Durchschnittliche Häufigkeit	Durchschnittliche Intensität
13–19	Täglich	6 (sehr verärgert)
20–29	Täglich	6 (sehr verärgert)
30–39	3–5 Mal pro Woche	5 (mäßig verärgert)
40–49	1–2 Mal pro Woche	5 (mäßig verärgert)
50–59	1–2 Mal pro Woche	4 (leicht verärgert)
60 +	1–2 Mal pro Woche	3 (genervt, verstimmt)

Tabelle 2.2: Altersbezogene Veränderungen in Bezug auf Ärger

Wie steht es mit Ihrem Temperament?

Unter Temperament versteht man erbliche, angeborene Eigenschaften, die im Grunde die Ausprägung der emotionalen Reaktionen eines Menschen beschreiben. Die beiden Eigenschaften, die dem toxischen Ärger einen günstigen Nährboden schaffen, sind *Impulsivität* (die Unfähigkeit, Belohnungen hinauszuschieben oder Frustrationen zu ertragen, wenn die eigenen Bedürfnisse nicht unmittelbar befriedigt werden) und *Erregbarkeit* (die Geschwindigkeit, mit der Emotionen ausgelöst werden). Auch hier gibt es eine frohe Botschaft: Beides nimmt mit dem Alter ab.

Haben Sie zu viele Gelegenheiten, sich aufzuregen?

Es liegt auf der Hand, dass man umso mehr Gelegenheiten hat sich aufzuregen, je mehr Provokationen man sich im Alltag aussetzt. Denken Sie nur an Polizisten, die Tag für Tag darauf achten, dass die Bürger die Gesetze einhalten, und dabei oft erleben müssen, dass Recht und Ordnung mit Füßen getreten werden. Und wie sieht es mit Lehrern aus, die sich mit aufsässigen, unmotivierten Kindern herumplagen müssen? In Familien und Beziehungen sieht es ähnlich aus – die einen sind mehr mit Problemen belastet als andere.

Betrachten Sie Ihr Leben falsch?

Ärger liegt im Auge des Betrachters. Es kommt nicht so sehr auf die Ereignisse an, die Sie verärgern, als auf Ihre Reaktion auf diese Ereignisse. Die folgenden vier Perspektiven, aus denen man die Welt betrachten kann, rufen schnell Ärger hervor:

- ✔ **Zynismus:** Wachen Sie jeden Morgen auf und rechnen mit dem Schlimmsten (und bereiten sich darauf vor)? Gehen Sie davon aus, dass vom heutigen Tag für Sie nichts Gutes zu erwarten ist? Misstrauen Sie Ihren Mitmenschen – selbst denen, die Sie lieben? Sind Sie ständig auf der Hut, dass Sie niemand ausnutzt? Wenn Ihnen das bekannt vorkommt, sind Sie jederzeit bereit, verärgert zu reagieren.
- ✔ **Katastrophendenken:** Stimmen Sie mir zu, wenn ich sage, es gibt keine kleinen Spannungen im Leben? Sie haben sich mit einem Bekannten zum Essen verabredet und er kommt zehn Minuten zu spät – das ist alles so furchtbar! Was andere leicht verstimmt aufnehmen, wächst sich bei Ihnen gleich zur Lebenskrise aus. Wenn das so ist, spiegelt die Intensität Ihrer Gefühle – Panik, Wut – wider, dass Sie sich meist überwältigt fühlen.
- ✔ **Zwanghaftigkeit:** Sind Sie ein Anhänger der Philosophie, dass es im Leben nur zwei Alternativen gibt: Schwarz und Weiß? Geht es entweder nach Ihrer Nase oder überhaupt nicht? Verlangen Sie von sich selbst und allen anderen Menschen Perfektion? Kennen Sie nur Arbeit und kein Spiel? Gibt es in Ihrem Leben nur eins: Kontrolle? Sind Sie immer erschöpft und können nicht entspannen? Da wundert es niemanden, wenn Sie so schnell verärgert sind.

- **Egozentrik:** Dreht sich in Ihrem Leben alles um Sie? Sind Sie das Zentrum Ihres eigenen kleinen Universums? Sind alle anderen um Sie herum nur dazu da, Ihre Bedürfnisse zu erfüllen? Und wenn sie das gut machen, ist alles wunderbar, nicht wahr? Wenn man Ihnen aber nicht sagt, was Sie hören wollen, Ihnen nicht das Gefühl vermittelt, etwas Besonderes zu sein oder – wenn ich das sagen darf –, gar von sich selbst redet, wird man dafür bezahlen. Wenn Ihnen das bekannt vorkommt, lässt der Ärger nicht lange auf sich warten.

Haben Sie eine aggressive Persönlichkeit?

Wenn ja, dann erleben Sie relativ mehr Ärger. Woher wissen Sie, dass Sie eine aggressive Persönlichkeit haben? Wenn die folgenden Aussagen auf Sie zutreffen, haben Sie eine aggressive Persönlichkeit:

- Sie sind wettbewerbsorientiert.
- Sie haben gerne das Sagen.
- Sie sind ungeduldig.
- Sie sind angespannt.
- Sie sind fordernd.
- Sie nehmen immer alles auf die Hörner.
- Sie verfolgen Ihre Ziele mit vollem Einsatz.

Wenn Sie sich nicht sicher sind, fragen Sie jemanden, der Sie gut kennt, wie er Sie einschätzt – regen Sie sich aber nicht auf, wenn er Ihnen die Wahrheit sagt!

Sicher sind Sie verärgert – Sie haben es nach oben geschafft

Im Rahmen einer Beratung sprach ich mit dem Leiter eines Unternehmens, der Probleme hatte, seine Top-Leute dazu zu bringen, ihre Verärgerung während des Tagesgeschäfts im Zaum zu halten. Einigermaßen verzweifelt schilderte er, wie er mehr als einmal seine beiden Vizepräsidenten zur Ordnung rufen musste, nachdem es auf der Herrentoilette zu handgreiflichen Auseinandersetzungen gekommen war. Er fragte mich: »Ich zahle diesen Jungs gutes Geld, sie haben alle Freiheiten, die man sich nur denken kann. Warum in aller Welt verhalten sie sich so?« Ich musste nicht lange überlegen, um eine Antwort zu finden. Die Sache war eigentlich klar. Die beiden Kontrahenten hatten beide eine äußerst aggressive Persönlichkeit, die ihnen den Aufstieg in die Unternehmensspitze durch eine Kombination von Leistungswillen und Kampfverhalten ermöglicht hatte. Ihr Ärger war der Treibstoff – die Munition sozusagen –, der sie nach oben gebracht hatte und dort hielt.

Nehmen Sie Drogen?

Drogen – auch legale Drogen und Medikamente – verändern die Gehirnchemie und können Ärger hervorrufen. Mit den folgenden Drogen müssen Sie besonders aufpassen:

- ✔ Alkohol
- ✔ Koffein
- ✔ Nikotin
- ✔ Tranquilizer (etwa Valium)
- ✔ Kokain
- ✔ Chemische Inhalationsmittel
- ✔ Phencyclidin (PCP, eine Designerdroge)
- ✔ Hypnotika
- ✔ Sedativa

Bleiben Sie reizbar?

Mit reizbar meine ich nicht genervt. Für das Wort reizbar gibt es zahlreiche Synonyme. Hier sind einige davon:

- ✔ Grantig
- ✔ Empfindlich
- ✔ Zickig
- ✔ Quergebürstet
- ✔ Nervös
- ✔ Unruhig
- ✔ Angespannt
- ✔ Mürrisch
- ✔ Griesgrämig
- ✔ Schlecht drauf
- ✔ Fahrig

Reizbarkeit ist ein unspezifischer Zustand, in dem man sich körperlich und geistig unwohl fühlt, und ist oft ein Nebenprodukt der Lebensumstände – heißes Klima, unsichere Finanzlage, Übelkeit, Krankheit, chronische Schmerzen bei Arthritis oder Migräne, Langeweile, Mitrauchen, Erinnerungen an unangenehme Erlebnisse der Vergangenheit, Übergewicht und so weiter. Worauf ich hinauswill, ist, dass reizbare Menschen geradezu darauf warten, Ärger zu empfinden.

Leiden Sie an Depressionen?

Stimmungen und Gefühle gehen Hand in Hand. Wenn Sie sich in einer positiven, euphorischen Stimmung befinden, bringt das meist Gefühle der Freude und der Erregung mit sich. Sind Sie dagegen in einer negativen Stimmung gefangen, trifft das Gegenteil zu – Sie müssen sich mit Gefühlen wie Trauer und Ärger herumplagen. Man muss also nicht studiert haben, um zu verstehen, warum Depressionen und Ärger so eng miteinander verbunden sind. Wenn Sie an etwas leiden, was die Psychiatrie *agitierte Depression* nennt, erleben Sie oft Ärger und drücken ihn auf sehr verstörende Weise aus. Leiden Sie an einer *retardierten Depression*, ziehen Sie sich in Ihre eigene Welt zurück und grollen still vor sich hin. In jedem Fall ist Ärger jedoch ein wesentlicher Teil Ihrer Erkrankung.

Haben Sie Schwierigkeiten, sich mitzuteilen?

Fällt es Ihnen schwer zu sagen, was Ihnen durch den Kopf geht, während Sie auf der anderen Seite mit emotionalen Rundumschlägen schnell bei der Hand sind? Sagen Sie oft Sätze wie »Lasst mich doch in Ruhe, verdammt noch mal!« oder »Mir reicht's jetzt mit euch – ihr macht mich krank!«, wo Sie doch eigentlich sagen sollten »Ich habe Angst, meinen Job zu verlieren«, »Ich habe Angst vor der Zukunft« und »Ich weiß nicht mehr weiter.« Ärger lässt sich immer gut kommunizieren, aber er bringt Sie nicht weiter.

Fehlt es Ihnen an Problemlösungskompetenzen?

Gehören Sie zu den Menschen, die sich ohne Ende ärgern, anstatt die Ärmel hochzukrempeln und ihr Leben wieder auf das richtige Gleis zu bringen? Wenn ja, geht es Ihnen wie vielen Menschen. Offen gesagt habe ich nie verstanden, wie man mit Ärger Rechnungen bezahlt, platte Reifen repariert oder sich aus einer schädlichen Beziehung befreit. Sie vielleicht? Wäre es nicht besser, sich den Ärger zu sparen oder ihn wenigstens konstruktiv zu nutzen, indem man etwa seinen finanziellen Rahmen ausrechnet, den Reifen repariert oder seinem Partner sagt, er solle sich gefälligst mehr Mühe geben oder verduften?

Haben Sie zu viel Stress?

Das Leben bringt von Natur aus einiges an Stress mit sich – man muss aber fairerweise zugestehen, dass manche Menschen mehr Stress ausgesetzt sind als andere. Im Grunde sind es die kleinen Irritationen im Leben (die Psychologen sprechen von Alltagsproblemen), die uns am meisten aufregen. Mit dem großen Stress (den so genannten *kritischen Ereignissen* im Leben) können die meisten Menschen ganz gut umgehen. Außerdem gibt es verschiedene Arten von Stress, von denen einige mehr mit Ärger verbunden sind als andere. Wirklich gefährlich ist Stress, der über längere Zeit anhält (*chronisch*), der sich über einen gewissen Zeitraum aufbaut (*kumulativ*) und der außerhalb unserer Kontrolle liegt und uns deshalb meist überwältigt (*katastrophisch*). Kommt Ihnen das bekannt vor?

Schuld = Ärger = Schmerz

Seit über 40 Jahren arbeite ich mit Patienten, die unter chronischen Schmerzen leiden, die sie oft stark behindern und meist von Arbeitsunfällen herrühren. Ich kann bestätigen, dass diese Menschen extremen Ärger empfinden. 52 Prozent der Teilnehmer an meinem fünfwöchigen ambulanten Rehabilitationsprogramm gaben beispielsweise an, entweder episodische oder chronische Wut zu erleben. Warum ist das wichtig? Weil Studien gezeigt haben, dass Patienten mit Arbeitsverletzungen, sofern sie jemandem die Schuld für ihre Verletzung geben, ihren Arbeitsplatz mit geringerer Wahrscheinlichkeit behalten, mit größerer Wahrscheinlichkeit glauben, dass sie von einer medizinischen Behandlung nicht profitieren werden, mit größerer Wahrscheinlichkeit psychisch leiden, mit größerer Wahrscheinlichkeit davon ausgehen, dass sie auch in Zukunft Schmerzen und Behinderungen ertragen müssen, und wenig optimistisch im Hinblick auf Verbesserungen ihrer Lage sind.

Urteilen Sie zu viel?

Ärger ist, wie andere Emotionen auch, ein Urteil oder eine Bewertung. Wenn Sie sich ärgern, beurteilen Sie andere Menschen (»Du hast mich schlecht behandelt«) und Situationen (»Das passt mir jetzt nicht«). Ärger beinhaltet eine Aussage – *Ihre* Aussage – über richtig und falsch. Je mehr Sie die Welt beurteilen, desto wahrscheinlicher werden Sie sich ärgern – über irgendetwas.

Stellen Sie zu oft die Schuldfrage?

Sind Sie schnell mit Schuldzuweisungen bei der Hand, wenn Sie Missstände erleiden müssen? Glauben Sie ernsthaft, dass es nicht auch Zufälle und Unglücksfälle im Leben gibt – dass alle Ereignisse auf das Bestreben von Menschen zurückzuführen sind, andere zu frustrieren, zu täuschen oder ihnen zu schaden? Wollen Sie für alle Zeiten Menschen, die etwas sagen oder tun, was die Gefühle anderer Menschen verletzt, unlautere Motive unterstellen? Sind Sie ein Verfechter der Idee, dass wir alle Opfer einer Verschwörung sind? Dann wundert es mich nicht, dass Sie ständig verärgert sind – und ständig darüber nachdenken, wie Sie mit den anderen gleichziehen können.

Sind Sie ständig erschöpft?

Geht es Ihnen wie Ralf, einem 32-jährigen Fabrikarbeiter, der sich selbst eine Ärgermanagement-Therapie verordnete, weil er glaubte, seine Ehe zu gefährden? Ralf hatte keine Ahnung, warum er immer so gereizt war und seine Frau wegen jeder Kleinigkeit angriff. Ich fragte ihn unter anderem, ob er seine Arbeit mochte. Er antwortete: »Die Arbeit ist in Ordnung, abgesehen davon, dass wir sieben Tage die Woche zehn Stunden am Tag schuften müssen.« Und wie lange lief das schon so? Fünf Monate. Der arme Kerl war nicht nur müde – er war erschöpft! Das war auch der Grund, warum er alles andere in seinem Umfeld als Belastung empfand. Wie lautete die Botschaft, die hinter Ralfs Ärger steckte? Ganz einfach: »Ich bin tot. Ich kann nicht mehr. Ich brauche eine Pause!«

Bekommen Sie keine ausreichende Unterstützung?

Ich kann mir nur vorstellen, dass Ihr Leben ein Kampf ist – bei mir ist das jedenfalls so. Und in diesem Kampf brauchen wir Unterstützung. Das kann ein aufmunterndes Wort sein, praktische Hilfe (etwa eine Fahrt zum Arzt oder einen Vorschuss bis zur nächsten Gehaltszahlung), das Gefühl, Teil eines großen Ganzen zu sein, oder jemand, der uns in schwierigen Zeiten das Gefühl gibt, dass wir in Ordnung sind und dass auch diese Krise vorbeigehen wird.

Was aber, wenn man diese Unterstützung nicht hat? Was, wenn man ganz alleine dasteht und mit allem selbst fertig werden muss? Wären Sie da nicht verärgert – verärgert, dass Sie nicht das haben, was andere haben, verärgert, dass Sie die Hand nach Hilfe ausstrecken müssen, weil niemand Ihnen die Hand reicht, verärgert, dass Gott erlaubt, dass es in Ihrem Leben so weit gekommen ist? Sicher wären Sie verärgert – und Sie sind es auch.

Was haben Sie gesagt?

Wenn ich meine erste Sitzung mit einem neuen Klienten habe – insbesondere bei den Klienten, denen ich helfen soll, mit ihrem Ärger fertig zu werden –, stelle ich am Schluss immer die Frage »Was macht Ihnen Spaß?« Auf diese Frage bekomme ich immer eine der vier folgenden Antworten:

- ✔ »Häh?«
- ✔ »Was haben Sie gesagt?«
- ✔ »Ich bezahle Ihnen 85 Dollar die Stunde.«
- ✔ »Nichts.«

Und genau da liegt das Problem.

Ist Ihr Leben stark aus dem Gleichgewicht geraten?

Gibt es in Ihrem Leben nur Yin und kein Yang? Geht es zu oft bergab und zu selten bergauf? Sieht es so aus, als würden Sie immer mehr geben als zurückbekommen? Haben Sie nur Arbeit und keinen Spaß? Gibt es in Ihrem Leben keinen Platz für Vergnügen, Leichtigkeit oder Momente, in denen Sie einfach die albernen Seiten des Lebens genießen können? Verbringen Sie mehr Zeit mit Klienten und Kunden als mit Freunden und geliebten Menschen? Wenn ja, dann ist Ihr Leben offensichtlich aus dem Gleichgewicht geraten. Solange Sie dieses Gleichgewicht nicht wieder herstellen, sind Sie, was den Ärger betrifft, eine tickende Zeitbombe.

Vergiftet Ärger Ihr Leben?

3

In diesem Kapitel

- Ärger zapft Ihnen Energien ab
- Ärger führt zu physischen und psychischen Erkrankungen
- Ärger ruiniert die berufliche Entwicklung
- Der Ärger anderer Menschen kann Sie krank machen
- Gesundheit geht vor Ärger

Ärger tötet (*Anger Kills*). So lautet der Titel eines Buches, das ein Kollege, Dr. Redford Williams, zusammen mit seiner Frau Virginia geschrieben hat. Für Dirk, der im Alter von nur 41 Jahren starb, hat sich das bitter bewahrheitet. Dirk zog sich vor elf Jahren bei einem Arbeitsunfall eine schwere Rückenverletzung zu, die ihn zum Invaliden machte. Er hatte nicht nur ständig Schmerzen, er war fortan auch ein sehr wütender Mann – wütend darüber, dass er sich verletzt hatte, wütend, dass die Ärzte seinen Rücken nicht heilen konnten, wütend, weil er sich von seinem Arbeitgeber ungerecht behandelt fühlte, und wütend auf Gott, weil er es geschehen ließ, dass sich dieses Unglück so früh in seinem Leben ereignete.

Dirk zog sich von der Welt zurück. Die meiste Zeit verschanzte er sich in seiner Wohnung, rief seine Freunde nicht mehr an und grübelte nur noch darüber, wie schlecht es ihm im Leben erging. Man musste ihm nur eine Frage zu seinem früheren Leben stellen (etwa »Sehen Sie ab und zu noch Ihre alten Kollegen?«) und schon schwoll ihm sichtbar der Kamm. Sein Gesicht bekam einen verzerrten Ausdruck, Tränen stiegen ihm in die Augen und seine Antwort schrie er beinahe hinaus: »Natürlich nicht!«

Mit 36 Jahren erlitt Dirk seinen ersten Herzinfarkt. Er spazierte gerade die Straße entlang, als ihm einer seiner »Feinde« begegnete, ein ehemaliger Arbeitskollege. Dirk konnte sich nur noch an die Brust greifen und fiel zu Boden. Nachdem er mit Blaulicht ins Krankenhaus transportiert worden war, erklärte er seinem Hausarzt, dass er zunächst intensiven Ärger und dann einen stechenden Schmerz in der Brust verspürt habe, als er seinen Ex-Kollegen sah. Sein Arzt nahm ihm das nicht ab.

Dirk ließ sein Leben weiter von Ärger und Wut bestimmen und erlitt schließlich mit 41 Jahren einen weiteren Herzinfarkt. Am Krankenbett stellten ihm sein Kardiologe, sein Psychologe, der Priester seiner Gemeinde und seine Frau ein Ultimatum: »Tu etwas gegen deinen Ärger, sonst wirst du sterben. Dein Herz macht das nicht länger mit.« Wieder verzog er sein Gesicht und sagte mit Tränen in den Augen seinen eigenen Tod voraus: »Niemals. Ich kann meinen Ärger nicht begraben. Er wird mich begraben.«

Drei Wochen später schlug dann der dritte Herzinfarkt zu, als Dirk gerade wütend ins Telefon schrie. Wenig später fand seine Frau ihn tot auf dem Boden liegend, den Hörer noch in der Hand.

In diesem Kapitel erläutere ich Ihnen, auf welch vielfältige Weise Ärger und Wut ihre toxische Wirkung entfalten können – sie sind genau so gefährlich für Ihre Gesundheit wie das Passivrauchen. Wenn Sie das Gefühl haben, Ihre Akkus sind leer, wenn Sie nicht abnehmen oder mit dem Rauchen aufhören können, wenn Sie ständig Kopfschmerzen haben oder Medikamente zur Regulierung Ihres Blutdrucks nehmen, wenn Sie sich um Ihre Gesundheit und die Ihrer Lieben sorgen oder wenn Sie beruflich von einer Panne in die andere stolpern, werden Sie in diesem Kapitel ganz bestimmt fündig werden.

Energieverluste

Ärger und Müdigkeit sind eng miteinander verbunden. Gefühle verbrauchen Energie. Der Körper braucht Energie, um seine Angriffshaltung einnehmen zu können – der Puls geht hoch, der Blutdruck steigt und die Muskeln spannen sich von Kopf bis Fuß an. Ärger sorgt für einige Aufregung in Ihrem Körper. Adrenalin wird ausgeschüttet. Daran schließt sich eine Erholungsphase an, während der Sie spüren, dass Sie körperlich ausgelaugt sind – erschöpft.

Menschen, die an chronischem Ärger leiden, durchlaufen mehrmals täglich diesen Teufelskreis von Erregung und Erschöpfung. Können Sie sich vorstellen, wie viel Energie für dieses aufdringliche Gefühl draufgeht? Ich werde schon müde, wenn ich nur daran denke.

Wenn Sie nach Beweisen fragen, möchte ich Sie auf eine Studie verweisen, bei der 67 Prozent nicht sehr verärgerter Probanden jeden Morgen frisch und ausgeruht aufwachten. In der Vergleichsgruppe der verärgerten Probanden gaben nur 33 Prozent an, sich morgens frisch und ausgeruht zu fühlen. Auf die Frage, ob sie sich gelegentlich fühlten, als seien ihre Akkus leer, antworteten 56 Prozent der nicht sehr verärgerten Probanden mit Ja. Bei den verärgerten Probanden waren es 78 Prozent.

Stefan stand in einer recht vollen Apotheke und beobachtete einen älteren Mann, der dem Apotheker beinahe an den Hals sprang, weil die Bearbeitung seines Rezepts ihm zu lange dauerte. »Sie scheinen nicht zu wissen, was Sie da machen«, »Sie sind unfähig« und »Ich habe keine Zeit, hier herumzustehen, nur weil Sie Ihre Arbeit nicht auf die Reihe kriegen können«, waren einige seiner hitzigen Kommentare. Als der Mann sich schließlich entnervt auf einen Stuhl in einer Beratungsecke fallen ließ, weil der Apotheker zwischenzeitlich andere Kunden bediente, meinte Stefan verständnisvoll: »Sie fühlen sich furchtbar, nicht wahr? Ausgelaugt. Erschöpft von diesen ganzen Gefühlen. Ich weiß. Das hatte ich auch. Aber wissen Sie, das ist es nicht wert. Wirklich nicht.« Später erzählte er seiner Frau: »Rate mal, wen ich heute getroffen habe!? Mein altes, verärgertes Ich!«

Vitale Erschöpfung

Niederländische Mediziner prägten zur Beschreibung eines Symptombündels – starke Müdigkeit, gesteigerte Reizbarkeit und Niedergeschlagenheit – den Begriff der *vitalen Erschöpfung*. Die vitale Erschöpfung geht oft Herzinfarkten voraus. Die Wissenschaftler fanden heraus, dass vitale Erschöpfung und chronischer Ärger je für sich betrachtet das Risiko eines plötzlichen Herztods um 42 Prozent steigerten. Wirken beide Faktoren *zusammen*, steigt das Risiko sogar noch weiter an – um bedrohliche 69 Prozent. Das gilt auch dann noch, wenn man andere Risikofaktoren wie Bluthochdruck, Rauchen, Diabetes und Cholesterin mit einbezieht.

Ärger macht krank

Zwischen emotionaler und körperlicher Gesundheit gibt es sowohl direkte als auch indirekte Verbindungen. Ärger wirkt sich beispielsweise unmittelbar auf Ihren Blutdruck aus – dieser Effekt ist allerdings eher kurzfristiger Natur und richtet in der Regel keinen unmittelbaren Schaden an. Indirekt wirkt sich Ärger auf den Blutdruck in Verbindung mit Nikotinkonsum und Fettlebigkeit aus – und dieser Effekt ist *dauerhaft*.

Die nachfolgenden Abschnitte sollen Ihnen näher bringen, wie Ärger Ihrer Gesundheit schaden kann.

Indirekte Auswirkungen auf die Gesundheit

Das beste Beispiel dafür, wie Ärger sich indirekt auf Ihre Gesundheit auswirken kann, ist die Erhöhung des Herzinfarktrisikos. Wer raucht, übergewichtig ist, einen hohen Blutdruck und überhöhte Cholesterinwerte hat oder Alkohol trinkt (oder bei wem mehrere dieser Faktoren zutreffen), der hat ein erhöhtes Risiko, von Herzproblemen betroffen zu werden – Schmerzen in der Brust, Herzinfarkt und Schlaganfall in Verbindung mit Herzerkrankungen. Ärger und Wut verstärken all diese Risikofaktoren.

Ihr Risiko hängt dabei nicht von einem dieser Faktoren, sondern vielmehr davon ab, wie viele davon in der jeweiligen Lebensphase wirksam sind. Beantworten Sie einmal die folgenden Fragen:

- ✔ Haben Sie in den letzten 30 Tagen geraucht?
- ✔ Trinken Sie zwei oder mehr alkoholische Getränke hintereinander?
- ✔ Hat Ihr Arzt Ihnen schon einmal gesagt, dass Sie hohen Blutdruck haben?
- ✔ Werden Sie momentan wegen Bluthochdruck behandelt?
- ✔ Hat Ihr Arzt Ihnen schon einmal gesagt, dass Ihre Cholesterinwerte zu hoch sind?
- ✔ Werden Sie momentan wegen zu hoher Cholesterinwerte behandelt?

- Halten Sie sich für übergewichtig?
- Halten Sie sich für fettleibig?

Sie werden vielleicht überrascht sein, dass sich an Ihren Antworten auf diese Fragen möglicherweise ablesen lässt, wie viel Ärger Sie in Ihrem Leben mit sich herumschleppen. Lassen Sie mich das in den nachfolgenden Abschnitten näher erklären.

Rauchen

Bei Personen, die intensiven Ärger (Wut) erleben, ist das Risiko, Raucher zu werden, 65 Prozent höher als bei denjenigen, die es eher mit weniger stark ausgeprägtem Ärger (Reizbarkeit) zu tun haben.

Die Wirkung des Nikotins verringert die Wahrscheinlichkeit, dass Sie auf Provokationen mit Ärger reagieren. So weit die gute Nachricht. Die schlechte Nachricht ist, dass Rauchen das Infarktrisiko erhöht (und das Krebsrisiko!). Verärgerte Raucher sind bei ihren Versuchen, das Rauchen aufzugeben, weniger erfolgreich als nicht verärgerte Raucher. Eine Studie kam zu dem Ergebnis, dass verärgerte Raucher die Entwöhnung zwölf Mal häufiger abbrachen oder danach wieder mit dem Rauchen anfingen als nicht verärgerte. Dazu kommt, dass Ex-Raucher am zweithäufigsten wegen Ärger und Wut wieder mit dem Rauchen anfangen – am häufigsten aufgrund von Stress und Angst, weniger häufig dagegen bei Depressionen.

Eine Nikotinabhängigkeit kann auch auf eine regelrechte Abhängigkeit von Ärger und Wut hindeuten.

Trinken

Alkohol ist ein Risikofaktor für Herzerkrankungen. Menschen, die mit intensivem Ärger zu kämpfen haben, trinken mehr Alkohol. Menschen mit weniger stark ausgeprägtem Ärger trinken nur in 22 Prozent aller Fälle mehr als zwei alkoholische Getränke hintereinander. Bei den stärker von Ärger betroffenen Menschen sind dies immerhin 44 Prozent.

Alkohol wirkt bei intensiven Gefühlszuständen betäubend. Menschen trinken nicht nur, um zu vergessen, sondern auch, um ihren momentanen Gefühlen zu entfliehen – Trauer, Angst, Scham, Schuld und Ärger. Je mehr sie trinken, desto weiter entfernen sie sich von diesen Gefühlen. Die meisten Menschen trinken nicht, damit sie sich besser fühlen. Sie trinken, damit sie sich weniger schlecht fühlen.

Annika war schon Mitte vierzig, als sie sich eingestand, dass sie ein Alkoholproblem hatte, und sich die nötige Hilfe holte. Jahrelang hatte sie ihren übermäßigen Alkoholkonsum auf ihre dominante Mutter und ihren gleichermaßen von Ärger zerfressenen und herrischen Ehemann geschoben – beide lieferten ihr eine bequeme Ausrede für ihr Trinken. Sie hatte all die Zeit nicht erkannt, dass der Grund für die Trinkerei ihre Wut und ihr Ärger waren, die sie mit Hilfe des Alkohols unterdrückte. Der Alkohol erlaubte Annika, nett zu den Menschen zu sein, über die sie sich am meisten ärgerte. Ironischerweise kam das alles erst ans Tageslicht, als sie ihren

Mann zu seiner Ärgermanagement-Therapie begleitete, zu der er sich bereit erklärt hatte, nachdem Annika es geschafft hatte, trocken zu werden. Gerade hatte ihr Mann es geschafft, seinen Ärger in den Griff zu bekommen, da verlor sie jede Beherrschung.

Wenn Sie vorhaben, weiter Alkohol zu trinken, sich aber wegen Ihres Ärgers Sorgen machen, sollten Sie sich Folgendes bewusst machen:

- ✔ **Entgegen der verbreiteten Überzeugung wirkt Alkohol zunächst stimulierend und steigert die Reizbarkeit der trinkenden Person.** Diese gesteigerte Reizbarkeit kann dazu führen, dass man auf ein an sich harmloses Ereignis verärgert reagiert.
- ✔ **Alkohol kann selbst in kleinen Mengen zu einer Fehleinschätzung der Motive und Handlungen anderer Menschen führen.** Was sonst als unabsichtlich oder zufällig eingeschätzt wird, wird dann als böswillig interpretiert.
- ✔ **Alkohol wirkt sich enthemmend auf Gefühle und Handlungen aus.** Die Hemmschwelle für emotionale Erfahrungen im Nervensystem werden durch Alkoholkonsum herabgesetzt: Man fühlt Dinge, die man im nüchternen Zustand nicht fühlt. Auch das Verhalten kann sich ändern. Man hat das Gefühl, das Recht zu haben, anders zu reagieren, als man es sonst tut – ruhige Menschen werden laut, eher unterwürfige Menschen zeigen dominantes Verhalten und nette Menschen lassen ihrem Ärger freien Lauf.
- ✔ **Alkohol wirkt sich auf die Stimmung nach dem Trinken aus.** Wer viel trinkt, muss damit rechnen, im nüchternen Zustand depressiver zu sein als jemand, der weniger Alkohol konsumiert.
- ✔ **Wenn Sie zu den so genannten Ärgertrinkern gehören – Sie bauen Ärger auf, wenn Sie trinken –, müssen Sie mit einem stärker ausgeprägten Kater rechnen.** Ärgertrinker neigen häufiger zu Kopfschmerzen, Übelkeit, Durchfall, Zittern und Nervosität, wenn sie wieder nüchtern werden. Das gilt besonders für Männer, die allerdings auch besonders oft dem Profil des Ärgertrinkers entsprechen.

Zwei alkoholische Getränke am Tag gelten als mäßiger Alkoholgenuss. Was darüber hinausgeht, ist bereits übermäßig.

Übergewicht

Rennen Sie regelmäßig zum Kühlschrank oder zum nächsten Schnellimbiss, wenn Ihnen etwas tierisch auf die Nerven geht? Wenn ja, dann sind Sie nicht alleine! Essen ist leider die Lösung, zu der Millionen zur Besänftigung ihres Ärgers greifen. Starkes Übergewicht (auch Adipositas genannt) ist ein weiterer Risikofaktor für Herzerkrankungen.

Marlene ist eine nette Frau Mitte vierzig und nach eigener Einschätzung eine emotionale Esserin. Im Moment wiegt sie 50 Kilo mehr als bei ihrer Heirat vor 20 Jahren. Sie verkneift sich ständig jegliche Gefühlsäußerung – selbst positive –, weil ihr Mann so etwas unangenehm findet. Für Marlene ist es unnatürlich, ihre Gefühle hinter der Maske des netten Menschen zu verstecken, weil sie aus einer Familie kommt, in der man zusammen am Tisch saß und seine Gedanken und Gefühle mit den anderen teilte. So lebt sie Tag für Tag in emotionaler Isolation und therapiert sich mit Essen, um ihren aufgestauten Ärger zu besänftigen. »Ich halte meine Verärgerung so lange wie möglich zurück – meist drei bis sechs Monate lang –, aber dann explodiere ich und lasse alles auf einmal heraus«, erzählt sie. Danach fängt dann alles wieder von vorne an. Das Resultat: »Ich weiß nicht, wie viele hundert Pfund ich schon zugenommen und wieder abgenommen habe, nur weil ich mich so ärgere, aber es müssen viele gewesen sein.«

Menschen wie Marlene essen nicht nur, um sich zu beruhigen, wenn sie sich über irgendetwas aufregen, sondern auch, um sich abzulenken – in Marlenes Fall von dem Ärger, den sie über ihren Mann empfindet. Bei dem Versuch, ihren Ärger zu verbergen, hat sich Marlene in eine überlebensgroße Erscheinung verwandelt und damit ihre Gesundheit aufs Spiel gesetzt. Wenn Sie sich ähnlich wie Marlene verhalten, sollten Sie die Kapitel 5 und 8 lesen, in denen es um die Gefahren geht, die mit der Unterdrückung von Ärger einhergehen,

Eine schlechte Einstellung zur eigenen Gesundheit

Forscher am Health Science Center der Universität von Texas in Houston sind zu dem Schluss gekommen, dass übergewichtige Kinder, besonders Mädchen, eine schlechte Einstellung zu ihrer Gesundheit, unter anderem auch zum Ausdruck ihres Ärgers, haben, die zu einer lebenslangen Fettsucht beiträgt. Während normalgewichtige Heranwachsende mit zunehmendem Alter ihren Ärger besser unter Kontrolle haben, hinken übergewichtige Teenager hinterher. Sie können ihre verärgerten Gefühle zwar wahrnehmen, finden aber keine geeignete Ausdrucksmöglichkeit dafür. Für diese Kinder ist Ärgermanagement genauso wichtig wie eine Diät und Sport.

Bluthochdruck

Wer unter Bluthochdruck leidet, hat ein höheres Risiko, eine Herzerkrankung zu entwickeln. Menschen, die oft und regelmäßig verärgert sind, haben wiederum ein höheres Risiko, Bluthochdruck zu entwickeln – das Risiko ist tatsächlich drei Mal so hoch! Nur 15 Prozent aller Menschen, die wenig mit Ärger zu tun haben, leiden unter Bluthochdruck, während 44 Prozent derer, die sich ständig mit Ärger herumschlagen, auch einen hohen Blutdruck haben.

Für den Blutdruck spielt es auch eine Rolle, wie man mit seinem Ärger umgeht. Wenn Sie Ihren Ärger herunterschlucken, liegen Ihre Chancen, Bluthochdruck zu entwickeln, bei 22 Prozent. Lassen Sie Ihren Ärger heraus, stehen die Chancen bei elf Prozent. Natürlich kommt es auch darauf an, wie Sie Ihren Ärger herauslassen (wie Sie das am besten machen, erfahren Sie in Kapitel 11).

Hohe Cholesterinwerte

Ärger verursacht keine hohen Cholesterinwerte, die Sie dann für Herzerkrankungen empfänglicher machen. Meist liegt das in der Familie. Zweifelsohne verschlimmert Ärger jedoch das Problem. Im Rahmen einer Befragung gaben 15 Prozent der Befragten mit wenig ausgeprägtem Hang zum Ärger an, dass sie hohe Cholesterinwerte hätten, während es bei den von Ärger stark Betroffenen immerhin 22 Prozent waren.

Darüber hinaus haben medizinische Studien immer wieder gezeigt, dass bei den so genannten Typ-A-Persönlichkeiten stark ausgeprägter Ärger – und nicht etwa ihr Gefühl für Zeitdruck oder übertriebenes Engagement am Arbeitsplatz – mit einer Erhöhung der Cholesterinwerte insgesamt und des LDL, des »schlechten Cholesterins«, im Besonderen verbunden ist.

Wenn Ihr Arzt Ihnen rät, dass Sie abnehmen und Sport treiben sollen, um Ihre Cholesterinwerte zu senken, sollten Sie diesem Rat folgen. Sie sollten aber auch darüber nachdenken, ob Sie nicht mit Ärgermanagement zum gleichen Ziel gelangen können.

Direkte Auswirkungen auf die Gesundheit

Gefühle lenken nicht nur ab, sondern können auch Ihre Vernunft beeinträchtigen und Sie zu Entscheidungen oder Verhaltensweisen verleiten, die Ihre Gesundheit gefährden. In den folgenden Abschnitten erläutere ich Ihnen drei Verhaltensweisen, die unmittelbar aus unkontrolliertem Ärger erwachsen können.

Ungeschützter Sex

Die meisten Menschen sind sich der Gefahren ungeschützten sexuellen Verkehrs, sexueller Kontakte zu mehreren Partnern oder sexueller Kontakte unter Drogeneinfluss durchaus bewusst. Sie wissen, dass solches Verhalten das Risiko einer HIV-Infektion (von anderen auf sexuellem Weg übertragenen Krankheiten will ich hier gar nicht reden) und sogar eines Todes infolge dieser Infektion erhöht.

Riskantes Verhalten beim Sex, so stellt sich heraus, geht oft auf Ärger zurück. Wenn sich für Frauen beispielsweise eine Möglichkeit ergibt, unsicheren Sex zu haben, und sie nicht gerade verärgert sind, halten sie sich gewöhnlich zurück oder treffen vernünftige Vorsichtsmaßnahmen, indem sie etwa ein Kondom benutzen. Sie wägen die Konsequenzen ab und handeln dementsprechend. Wenn sie aber verärgert oder wütend sind – zum Beispiel weil die Eltern den Kontakt zu ihrem Freund verboten haben –, lassen sie leicht jede Vernunft fahren und flüchten sich in die altbekannte »Ich werde euch zeigen, dass ich tun und lassen kann, was ich will – da habt ihr's«-Mentalität.

Arbeitsunfälle

Die meisten Menschen verbringen die überwiegende Zeit ihres Lebens am Arbeitsplatz. So kommt es, dass sie dort auch am häufigsten von Unfällen betroffen werden – das gilt für alle

Bereiche des Arbeitsmarkts. Was hat das aber mit Ärger und Wut zu tun? Viel, wie Sie gleich sehen werden.

Die Erkenntnisse über Arbeitsunfälle lassen sich wie folgt zusammenfassen:

- ✔ Bis zu einem Drittel der von Arbeitsunfällen betroffenen Menschen gaben an, dass sie kurz vor ihrem Unfall in unterschiedlichem Maße verärgert waren.
- ✔ Je verärgerter sie zu diesem Zeitpunkt waren, desto wahrscheinlicher kamen sie zu Schaden.
- ✔ Wenn sie extrem reizbar waren, lag die Wahrscheinlichkeit eines Unfalls fünf Mal höher als normal.
- ✔ Wenn sie wütend waren, lag die Wahrscheinlichkeit eines Unfalls zwölf Mal höher als normal.
- ✔ Ärger führt bei Männern häufiger zu Arbeitsunfällen als bei Frauen.
- ✔ Ärger erhöht das Risiko, Kollegen oder sich selbst zu verletzen.
- ✔ Oft sind bei Arbeitsunfällen Ärger und Alkohol im Spiel. Jeder dieser Faktoren für sich erhöht das Risiko, von einem Arbeitsunfall betroffen zu werden.

Machen Sie blau?

Im Rahmen einer groß angelegten Befragung stellte ich Angestellten Fragen zu ihrem Ärger und verschiedenen Gesundheitsfaktoren. Bei einer Frage ging es um Fehlzeiten am Arbeitsplatz. Sie lautete: »Waren Sie in den vergangenen drei Monaten aufgrund von Krankheiten vorübergehend nicht arbeitsfähig?«

Interessant war, dass die Befragten, die unter chronischem Ärger litten (sie waren mindestens einmal am Tag verärgert), fünfeinhalb Mal häufiger mit Ja antworteten als die weniger oft verärgerten Angestellten. Und diejenigen, die von ausgeprägtem Ärger (Wut) berichteten, fehlten dreimal häufiger wegen Erkrankungen als die nur von Reizbarkeit Betroffenen.

Solche Ergebnisse lassen mich vermuten, dass viele Berufstätige einfach zu Hause bleiben, wenn sie die Nase voll haben von ihrer Arbeit – Erkrankungen bieten dazu einen legitimen Grund.

Wut am Steuer

Der an der Colorado State University lehrende Psychologe Jerry Deffenbacher hat zwei wichtige Botschaften für uns: Ärger und Wut sind Unfallrisiken, lautet die eine, und cholerische Fahrer sollten sich selbst einen Gefallen tun und sich helfen lassen, die andere.

Einer vorsichtigen Schätzung der AAA-Stiftung für Verkehrssicherheit zufolge wurden auf amerikanischen Straßen in den Jahren zwischen 1990 und 1996 etwa 218 tödliche Unfälle und über 12.000 Unfälle mit Personenschäden von »durchgeknallten« Fahrern verursacht. Beunruhigend ist die Prognose, dass dieses Problem jährlich um fünf bis zehn Prozent zunimmt. Auch in Deutschland ist eine ähnliche Entwicklung zu beobachten. Vier von fünf Verkehrsteilnehmern klagen nach einer vom Verkehrsministerium in Auftrag gegebenen Umfrage über wachsende Rücksichtslosigkeit auf deutschen Straßen. Und was heißt das für Sie? Nun, Sie legen Ihr Schicksal in fremde Hände, sobald Sie sich ans Steuer setzen.

Bei Wut am Steuer geht es nicht um den Verkehr (mehr darüber in Kapitel 24) – es geht um Wut. Nach Dr. Deffenbacher weisen wütende Fahrer die folgenden Eigenschaften auf:

- ✔ Sie bewerten die Fahrweise der anderen Fahrer sehr kritisch.
- ✔ Sie verachten die Fahrweise anderer Fahrer.
- ✔ Sie denken mehr an Rache als andere Fahrer.
- ✔ Sie fahren risikoreicher – überhöhte Geschwindigkeit, Spurwechsel, Drängeln und bei Gelb über die Kreuzung fahren.
- ✔ Sie erleben täglich Ärger (das nenne ich in Kapitel 2 chronischen Ärger).
- ✔ Sie setzen sich mit größerer Wahrscheinlichkeit schon verärgert hinters Steuer.
- ✔ Sie neigen dazu, ihren Ärger deutlich und lautstark auszudrücken – Schreien, Hupen, den Finger zeigen, Drängeln.
- ✔ Sie können ihre Emotionen allgemein schlecht kontrollieren.
- ✔ Sie neigen bei Frustrationen zu impulsiven Reaktionen.

Die meisten so genannten Unfälle passieren nicht zufällig. In manchen Menschen sind Unfälle gewissermaßen bereits angelegt und warten nur darauf, dass sie sich ereignen. Wie sieht es denn bei Ihnen im Straßenverkehr aus? Mal ehrlich. Es geht nicht nur um Ihr eigenes Leben. Es sind täglich Millionen Menschen auf den Straßen unterwegs, deren Leben in Gefahr ist.

Ein Blick auf die Checkliste für Ärger und Gesundheit

Sehen Sie sich die folgende Aufzählung gesundheitlicher Störungen und Krankheiten an, auf die Ärger und Wut sich direkt auswirken können, indem sie entweder eine Erkrankung herbeiführen oder sie verschlimmern. Überlegen Sie, wie viele dieser Punkte auf Sie oder andere von Ärger betroffene Menschen zutreffen, die Sie kennen und lieben:

- ✔ Afterjucken
- ✔ Alkoholismus
- ✔ Arthritis
- ✔ Asthma
- ✔ Bulimie

- Chronischer Juckreiz
- Chronisches Ermüdungssymptom
- Depressionen
- Drogenmissbrauch
- Ekzeme
- Epilepsie
- Erkältungen
- Fettsucht
- Fibromyalgie
- Geschwüre
- Glaukome
- Herzerkrankungen
- Kiefergelenkbeschwerden
- Koliken
- Kopfschmerzen
- Krebs
- Kreuzschmerzen
- Magersucht
- Nesselsucht
- Neurodermitis
- Phobien
- Schizophrenie
- Schlaflosigkeit
- Schlaganfall
- Schuppenflechte
- Spastische Colitis
- Stottern
- Urogenitale Probleme (Probleme mit den Fortpflanzungsorganen)
- Zähneknirschen
- Zwangsstörungen

Brauchen Sie wirklich einen Arzt?

Stellen Sie sich vor, Sie hassen Ihre Arbeit, Sie hätten schon lange eine Gehaltserhöhung bekommen müssen, Ihr Chef überhäuft Sie mit immer mehr Arbeit, Ihre Kollegen sind Idioten, Sie können sich nicht erinnern, wann Sie zuletzt für Ihren Einsatz gelobt worden wären, Sie kommen sich vor wie in einer Sackgasse – und Sie finden das alles nur noch zum Kotzen!

Stellen Sie sich jetzt vor, dass der Wecker morgens um viertel vor sieben klingelt und Sie aufstehen und sich für die Arbeit zurechtmachen müssen. Sie haben nicht gut geschlafen letzte Nacht, sind hundemüde, es kratzt im Hals und Ihr Kopf beginnt zu dröhnen.

Plötzlich kommt Ihnen ein Gedanke: »Ich kann heute nicht arbeiten. Ich bin krank. Ich gehe zum Arzt und lasse ihn mal nachsehen, warum es mir so schlecht geht. Ich brauche einfach etwas Zeit für mich, damit ich mich ausruhen und wieder erholen kann.« Sie rufen also im Büro an und sagen Bescheid, dass Sie krank sind und nicht wissen, wann Sie wieder arbeiten können. Sofort fühlen Sie sich besser!

Wissen Sie, was ich glaube? Sie sind überhaupt nicht krank – jedenfalls sind Sie kein Fall für den Arzt. Ich glaube, Sie haben die Nase voll von Ihrer Arbeit. Sie stecken voller Ärger und Groll und Ihr Körper sagt Ihnen »Das reicht jetzt. Aus und Schluss. Ich brauche eine Pause.«

Gut, Sie brauchen einen Arzt, aber nicht den, an den Sie denken. Ihr Hausarzt kann Sie untersuchen, Ihr Blut analysieren und sogar Röntgenaufnahmen machen, aber wahrscheinlich wird er nicht herausfinden, was mit Ihnen nicht in Ordnung ist. Vielleicht versucht er, Sie zu beschwichtigen: »Ich bin mir nicht sicher, was Ihre Symptome verursacht – vielleicht die Grippe, die gerade im Umlauf ist.« Er schlägt Ihnen vielleicht vor, sich hinzulegen, alle paar Stunden Aspirin zu schlucken und ein oder zwei Tage der Arbeit fernzubleiben. Aber das trifft die Sache nicht, denn was wirklich »im Umlauf ist«, ist Ihre ständige Gereiztheit, wenn Sie täglich acht bis zehn Stunden arbeiten. Mit Aspirin und Bettruhe kriegen Sie die nicht weg! Sie brauchen einen anderen Arzt, einen, der untersucht, wie Sie mit Ihrem Ärger umgehen.

Tiefschläge für die berufliche Karriere

Ärger und Wut können Ihnen nicht nur Ihre Energien rauben und Sie krank machen, sie können sich auch auf Ihre berufliche Karriere auswirken – allerdings nicht so, wie Sie sich das wünschen.

Auf dem Rückweg aus dem Familienurlaub hörte ich im Radio eine Talkshow, in der es um das Thema »berufliche Karriere« ging. Normalerweise interessiere ich mich nicht sonderlich für so etwas, aber es war schon spät, der Rest der Familie schlief und ich hatte noch etwa 160 Kilometer vor mir – abgesehen davon war sonst nichts Vernünftiges zu finden.

Ein 35 Jahre alter Mann rief an und erzählte, er bräuchte dringend einen Rat, wie er eine vernünftige Anstellung finden könnte. Der Moderator fragte ihn nach seinen Qualifikationen – er hatte studiert – und nach seiner letzten Anstellung. Der Mann erklärte, er hätte vorher eine recht gute Stelle als Verwaltungsfachmann in einer Kleinstadt innegehabt.

»Wie lange haben Sie dort gearbeitet?«

»Etwa 18 Monate, und dann habe ich gekündigt«, antwortete der Anrufer.

»Warum haben Sie gekündigt?«, erkundigte sich der Moderator.

»Man wollte mein Gehalt nicht so erhöhen, wie ich es verdient hätte. Das hat mich geärgert, und deshalb habe ich gekündigt«, lautete die Antwort.

»Und was haben Sie davor gemacht?«, wollte der Moderator wissen.

»Das Gleiche – Verwaltungsfachmann in einer anderen Kleinstadt.«

»Wie lange haben Sie da gearbeitet?«, fragte der Moderator nach.

»Ich glaube zwei Jahre, aber auch dort erfüllte man nicht alle meine Forderungen. Ich war verärgert und kündigte.«

So setzte sich das Gespräch fort, bis der Anrufer von sechs guten Stellen berichtet hatte, die er nach seinem Studienabschluss angetreten und verärgert wieder verlassen hatte.

Schließlich meinte der Moderator: »Ich verstehe, aber ich glaube nicht, dass das Ihr Problem ist. Sie haben keine Schwierigkeiten, eine gute Stelle zu finden. Sie hatten ja bereits sechs. Ihr Problem ist, dass Sie Ihr Temperament nicht zügeln können, wenn Ihr Arbeitgeber Ihnen nicht genau das geben kann oder will, was Sie haben wollen.«

Der Anrufer wurde wütend und schrie: »Sie wissen ja nicht, wovon Sie reden. Ich bin nicht das Problem. Die anderen sind das Problem. Sie sind wirklich eine große Hilfe.« Und mit diesen Worten legte er auf. Wie es aussah, war seine vielversprechende Karriere den Bach hinunter – und zwar recht schnell.

In den folgenden Abschnitten möchte ich Sie dafür sensibilisieren, wie Ärger und Wut die berufliche Entwicklung untergraben können.

Früh aus dem Gleis geraten

Wenn Sie heutzutage Erfolg im Arbeitsleben haben wollen, brauchen Sie eine gute Ausbildung. Ohne Ausbildung sind Ihre Chancen stark eingegrenzt und Sie können von Glück sagen, wenn Sie einen dieser körperlich anstrengenden und schlecht bezahlten Gelegenheitsjobs bekommen.

Was hat das mit Ärger und Wut zu tun? Nun, wie es aussieht, brechen übellaunige Jungen und Mädchen ihre Schullaufbahn öfter früher ab als ihre ausgeglicheneren Altersgenossen. So müssen sie auf dem Arbeitsmarkt von vorneherein Nachteile in Kauf nehmen und können ihren Rückstand nie aufholen.

Die falsche Richtung einschlagen

Die meisten wünschen sich ein besseres Leben als das ihrer Eltern und Großeltern. Sie wollen mehr Geld verdienen, mehr Komfort genießen, ein größeres Auto fahren, in einem größeren Haus wohnen, teurere Kleidung tragen, in besseren Restaurants essen und aufwändigere Urlaube machen – das sind die Anreize, die Menschen dazu animieren, Jahr für Jahr länger, härter und intensiver zu arbeiten.

Aber dieser Traum wird nicht für jeden wahr. Manche erleben genau das Gegenteil. In der Mitte ihres Lebens sind sie, was Arbeitsplatzsicherheit, Status und Einkommen betrifft, schlechter dran als ihre Eltern. Warum? Das hängt mit Ärger und Wut zusammen. Wer schnell verärgert ist, wechselt in seinem Leben öfter den Arbeitsplatz, verliert öfter seine Stelle, ist öfter gezwungen, Jobs anzunehmen, die sich gerade bieten (anstatt eine Laufbahn einschlagen zu können), und wird einen unbeständigeren Beschäftigungsverlauf vorweisen können als jemand, der sich nicht so schnell ärgert.

Hinzu kommt, dass viele von Ärger geplagte Erwachsene sich Jobs suchen, bei denen ihre emotionalen Ausbrüche toleriert werden, solange sie ihre Arbeit machen. Sie haben damit eine Art Nische für ihren Ärger gefunden. Leider sind die meisten dieser Jobs für den Körper nicht ungefährlich und schlecht bezahlt.

Die falschen Fragen stellen

Um es einmal mit John F. Kennedy zu sagen: »Frage nicht, was dein Arbeitgeber für dich tun kann, frage, was du für deinen Arbeitgeber tun kannst.« Verärgerte Arbeitnehmer interessieren sich mehr für ihre *eigenen* Bedürfnisse, Erwartungen, Wünsche und Ziele als für die des Unternehmens, für das sie arbeiten. Wenn Ihr Chef kurz vor Schluss zu Ihnen kommt und Sie fragt, ob Sie etwas länger bleiben und einen dringenden Auftrag erledigen können, regen Sie sich dann auf und blaffen ihn an: »Ganz sicher nicht! Ich habe bereits etwas vor. Ich habe alles erledigt, was heute anstand«, und rauschen zur Tür hinaus? Und wenn dann jemand anderes statt Ihnen befördert wird, sind Sie beleidigt und machen fortan nur noch Dienst nach Vorschrift.

Sie stellen immer und immer wieder dieselbe Frage: »Warum werde ich nicht fair behandelt?«

Ihre Frage *sollte* aber lauten: »Warum bin ich immer verärgert, wenn ich nicht kriege, was ich will und wann ich es will?« Ärger ist wie ein Spiegel – ein Spiegel Ihrer Persönlichkeit. Sehen Sie hinein und schauen Sie genau hin. Vielleicht sind Sie verwöhnt oder gehen in Ihren Erwartungen an sich selbst und Ihre Kollegen etwas zu weit. Vielleicht sind nicht die anderen das Problem – vielleicht sind Sie es selbst.

Sehen Sie sich Ihre Kollegen gut an. Erleben sie auch so viel Ärger am Arbeitsplatz wie Sie? Wenn nicht und wenn Ihre Arbeit mit der Ihrer Kollegen vergleichbar ist, sollten Sie sich fragen, warum das so ist. Warum sind Sie verärgert und die anderen nicht?

Entscheiden Sie, ob und wann Sie wieder Arbeit haben wollen

Ab und zu lese ich über Forschungsprojekte zum Thema Ärger, die mich wirklich fesseln, Projekte wie das von Dr. James Pennebaker an der Universität von Texas, das eine Verbindung zwischen emotionalen Bekenntnissen (siehe Kapitel 9) und der Wahrscheinlichkeit herstellt, dass entlassene Arbeiter wieder eine Anstellung fanden. Die Strategie, mit der Pennebaker einer kleinen Gruppe kürzlich entlassener Arbeiter zu helfen versuchte, war recht einfach. Er ließ die 25 Männer eine halbe Stunde lang pro Tag aufschreiben, was sie in Bezug auf ihre Entlassung dachten und fühlten. Hauptsächlich waren die Betroffenen wütend.

Die Männer fühlten sich zwar nach den täglichen Schreibsitzungen unmittelbar entspannter, aber der eigentliche Nutzen war die im Vergleich zu einer anderen Gruppe mit herkömmlicher Unterstützung um drei bis fünf Mal höhere Wahrscheinlichkeit, einige Monate später neue Stellen zu finden. Dr. Pennebaker kam zu dem Schluss, dass die Unterstützung bei der Bewältigung ihres Ärgers über den Verlust ihrer Arbeitsplätze die Männer dazu befähigte, in ihren Vorstellungsgesprächen weniger defensiv und feindselig aufzutreten. Sie waren damit die begehrteren Kandidaten.

Kontraproduktives Verhalten am Arbeitsplatz

Haben Sie sich am Arbeitsplatz in letzter Zeit schon einmal bei einer der folgenden Verhaltensweisen ertappt?

- ✔ Später kommen, ohne das vorher abzusprechen
- ✔ Sich über Kollegen lustig machen
- ✔ Tagträumen nachhängen anstatt zu arbeiten
- ✔ Sich gegenüber Kunden oder Kollegen unhöflich benehmen
- ✔ Einem Kollegen die Unterstützung verweigern
- ✔ Jemand anderen für die eigenen Fehler verantwortlich machen
- ✔ Einen geschäftigen Eindruck machen, obwohl man nichts zu tun hat
- ✔ Eine Pause über die erlaubte Zeit hinaus verlängern
- ✔ Einen Arbeitskollegen nicht zurückrufen
- ✔ Absichtlich Material verschwenden
- ✔ Einem Kollegen etwas stehlen
- ✔ Jemanden schlagen oder stoßen
- ✔ Einem Kollegen gegenüber eine obszöne Geste machen

Wenn Sie eine dieser Fragen mit Ja beantwortet haben, dann weist das auf so genanntes kontraproduktives Verhalten am Arbeitsplatz hin. *Kontraproduktives Verhalten am Arbeitsplatz* ist jegliches Verhalten, das die Absicht verfolgt, das jeweilige Unternehmen oder die Kollegen zu verletzen. Und welche Angestellten werden wohl wahrscheinlich am häufigsten solche Verhaltensweisen an den Tag legen? Die verärgerten natürlich.

Stellen Sie sich einmal folgende Frage: Wenn ich mich am Arbeitsplatz so verhalte, werde ich dann eine erfolgreiche Karriere hinlegen, werde ich mehr Gehalt bekommen, werde ich befördert oder wird mir mein Chef anerkennend auf die Schulter klopfen? Wahrscheinlich nicht.

Kontraproduktives Verhalten am Arbeitsplatz nimmt subtile Formen an und ist nicht immer leicht zu entdecken. Schon aus diesem Grund wird es in Unternehmen kaum auszurotten sein. Die Kosten solchen Verhaltens für die Industrie sind beträchtlich und liegen in den USA bei schätzungsweise 200 Milliarden Dollar im Jahr.

Das Aus für die Ehe

Es ist nicht leicht, mit verärgerten Menschen zusammenzuleben. Ärger und Wut können jedes positive Gefühl abtöten, das verheiratete Paare einander entgegenbringen. Die Vorstellung, dass »Liebe alles überwinden kann«, ist ein Mythos.

Nehmen Sie zum Beispiel Robert, einen jungen Mann, der bis zu seinem 30. Lebensjahr bereits drei Mal verheiratet war. Robert erklärte das damit, dass er einfach immer die falsche Wahl getroffen habe – »Ich scheine eine Schlampe nach der anderen aufzugabeln.« Die Wahrheit war indes, dass Robert an chronischer Wut litt, schnell frustriert war und zu Gewalttätigkeiten neigte, wenn er und seine Frau Stress ausgesetzt waren oder Konflikten gegenüberstanden – Probleme mit dem Haushaltsgeld, quengelige Kinder, seine und ihre Eltern, die zufriedengestellt werden wollten. Das war nichts Neues für Robert – seine Temperamentsausbrüche ließen sich in seine Kindheit zurückverfolgen und waren mit den Jahren immer weiter eskaliert.

Ist Robert ein ungewöhnlicher Fall? Leider nicht. Studien belegen, dass die Scheidungsrate bei Männern und Frauen, die schon als Kinder schnell in die Luft gingen, doppelt so hoch ist wie bei ausgeglichenen Kindern. Warum kommt es zur Scheidung? Aus zwei Gründen:

- ✔ Die Partner sind vernünftig genug, sich nicht länger als Sündenbock für den Ärger des jeweils anderen missbrauchen zu lassen.
- ✔ Ärger und Wut beeinträchtigen die Effektivität, mit der wir als Ehepartner und Eltern unsere Arbeit wahrnehmen können und wirken sich so mindernd auf das Familieneinkommen aus.

Gesunde Entscheidungen treffen

Jeden Tag muss man Entscheidungen treffen. Das sind mal ganz banale Dinge wie die Frage, welche Socken man anzieht oder ob man Nüsse ins Müsli mischt und noch eine Tasse Kaffee trinkt. Andere Entscheidungen sind dagegen schwerer zu treffen. Soll man einen seiner Angestellten entlassen? Soll man einen Teenager zur Rede stellen, weil man Drogen in seiner Jackentasche gefunden hat? Behält man die Nerven – auch wenn man gute Gründe hätte, sie zu verlieren? Offensichtlich sind einige unserer Optionen gut für unsere Gesundheit, andere weniger gut.

Das Gericht schickte einen Mann zu mir in Behandlung, weil er seine Ex-Frau angegriffen hatte. Er war naturgemäß nicht sehr motiviert, denn er war felsenfest davon überzeugt, nichts falsch gemacht zu haben, schon gar nichts, wofür man ihn wie einen Kriminellen verurteilen könnte. Er sah das so: »Im Grunde hasse ich Konflikte. Wenn möglich, gehe ich ihnen aus dem Weg. Das habe ich schon immer so gemacht. Ich sage niemandem – auch nicht meiner Ex-Frau –, dass ich verärgert bin, weil ich die Gefühle anderer nicht verletzen oder ihnen Unbehagen bereiten möchte. Also staut sich mein Ärger auf. Eigentlich wollte ich eine Konfrontation mit ihr vermeiden – ich wollte gehen, anstatt mich mit ihr zu streiten –, aber sie stand in der Tür und versperrte mir den Weg. Es blieb mir nichts anderes übrig, als sie zur Seite zu stoßen. Da rief sie die Polizei.«

Ich fragte ihn: »Wenn Sie wählen müssten, ob Sie die Gefühle Ihrer Ex-Frau – oder Ihrer jetzigen Verlobten – verletzen oder sie körperlich angreifen, wofür würden Sie sich entscheiden?«

Er versuchte, sich um eine Antwort herumzudrücken, und meinte, er würde seine Gefühle für sich behalten, um die Gefühle anderer nicht zu verletzen. Ich bestand auf einer Antwort: »Das verstehe ich, aber ich möchte, dass Sie sich entscheiden, ob Sie ihre Gefühle verletzen oder ob Sie sie körperlich verletzen.«

Wieder versuchte er, eine Entscheidung zu vermeiden. Als ich aber ein zweites Mal nachhakte, sagte er schließlich: »Nun, natürlich würde ich eher ihre Gefühle verletzen.«

»Gut«, antwortete ich, »denn beim letzten Mal haben Sie eine ungesunde Entscheidung getroffen. Deshalb sind Sie hier.«

Wenn man sich entscheidet, seinen Ärger so lange zurückzuhalten, bis man schließlich vor Wut explodiert, sind die Konsequenzen dieser Wut das Ergebnis dieser Entscheidung. Wenn man also mit weniger negativen Konsequenzen leben will, muss man einen Weg finden, gesündere Entscheidungen zu treffen. Darum geht es in diesem Buch. Wir suchen nach Lösungen, wie Sie Ihren Ärger »entgiften« können.

Die Gesundheit Ihrer Lieben

Wenn Sie sich denn nicht darum scheren, dass Ärger und Wut Ihr Leben vergiften, dann sollten Sie sich wenigstens darum kümmern, was Ihr Ärger für die Menschen bedeutet, mit denen Sie zusammenleben und die Sie lieben. Mit einem ständig verärgerten – und manchmal wütenden – Menschen zusammenzuleben, ist wie das Zusammenleben mit einem starken Raucher. Die Ehepartner starker Raucher atmen den ganzen Rauch ein und tragen schließlich ein um 25 Prozent höheres Herzinfarkt- und Krebsrisiko, sogar wenn sie nie selbst auch nur eine Zigarette geraucht haben. Mit Ärger und Wut ist das genau so – der ganze Ärger, den Sie über die Jahre ausspucken, kostet Ihre Familie viel Energie, macht sie krank und ruiniert auch ihre berufliche Entwicklung.

Manchmal kann man deutlich sehen, ob jemand Ehepartner oder Kind eines verärgerten Menschen ist – an blauen Flecken, Knochenbrüchen, Narben oder häufigen Aufenthalten in der Notaufnahme. Meist jedoch treten die Wunden nicht so offen zutage, sind aber dennoch verheerend und führen zu emotionalen Verstümmelungen.

Renates Vater war, wie sie es ausdrückte, »schwierig, immer schwierig«. Später stellte sich heraus, dass er unter chronischer Wut litt. Seit ihrer Kindheit waren Renate und ihre Schwester daran gewöhnt, dass er herumbrüllte und mit Gegenständen um sich warf und dass sie angewidert waren von allem, was er tat. Anders als ihre Schwester, die sich schon als kleines Kind nichts gefallen ließ, flüchtete sich Renate vor den Wutanfällen ihres Vaters in die Unsichtbarkeit – sie lernte, sich so zu verhalten, dass sie keine Aufmerksamkeit auf sich lenkte, und so verhält sie sich auch noch mit 56 Jahren. Zu den anderen Altlasten aus Renates früher Kindheit – die auch bei anderen Opfern einer von Ärger geprägten Erziehung auftreten – gehören

- ✔ Ein schwaches Selbstbewusstsein
- ✔ Mangelnde Identität
- ✔ Unterdrückte Gefühle (besonders Ärger!)
- ✔ Ein Gefühl der Entfremdung und des Unbehagens in Gesellschaft anderer Menschen
- ✔ Ein unstillbares Bedürfnis, andere Menschen zufriedenzustellen
- ✔ Kritische Einschätzung der eigenen Person
- ✔ Unfähigkeit, in späteren Beziehungen Intimität zu erleben
- ✔ Eine defensive Einstellung zum Leben (»Tut mir leid – das war sicher meine Schuld«)
- ✔ Mangelnde Durchsetzungsfähigkeit
- ✔ Neigung zum Tiefstapeln bei der Berufswahl
- ✔ Häufige depressive Attacken

Renate machte noch etwas anderes, was Kinder von verärgerten Eltern oft tun. Sie heiratete einen Mann, der genau so war wie ihr Vater, einen Mann, dem sie sich untergeordnet fühlte, einen Mann, vor dem sie Angst hatte, einen Mann, bei dem sie weiter unsichtbar bleiben konnte. Auf diese Weise nahm sie alle Symptome und Verhaltensweisen ihrer unglücklichen Kindheit in ihr Erwachsenenleben mit. Der Ärger und die Wut ihres Vaters bestimmte jeden Aspekt von Renates Leben – so wie Ihr Ärger jeden Aspekt des Lebens Ihrer Lieben bestimmt.

Die Entscheidungen meines Vaters

Während ich heranwuchs, war meine Familie nicht gerade arm, aber auch nicht weit davon entfernt. Zu viele Kinder, zu wenig Geld. Im Grunde seines Herzens war mein Vater ein guter Mensch, fleißig, intelligent und einfallsreich. Er hatte allerdings mit zwei Widrigkeiten zu kämpfen: Er war Alkoholiker und hatte ein furchtbares Naturell.

Meine Eltern gerieten immer in Streit, wenn es ums Geld ging. Ständig trieb meine Mutter meinen Vater dazu an, mehr Geld zu verdienen, damit sie den Rechnungen hinterherkam und ab und zu uns Kindern etwas Schönes gönnen konnte. Mein Vater reagierte meist damit, dass er sich volllaufen ließ und dann gewalttätig wurde.

Dann erhielt er eines Tages die Chance, kürzer zu treten. Sein Arbeitgeber bot ihm einen Bürojob mit höherem Gehalt an. Wir waren alle aus dem Häuschen, besonders meine Mutter. Aber es lief von Anfang an nicht so besonders. Vater fühlte sich in Schlips und Kragen nicht sonderlich wohl. Er arbeitete lieber mit seinen Händen als mit seinem Kopf und hatte Probleme damit, sich bei schwierigen Kunden zu beherrschen. Schließlich versetzte sein Chef ihn wieder zurück auf seine alte Position im Warenlager.

Wir standen also wieder auf der Schwelle zur Armut. Meine Mutter war wütend auf meinen Vater. Ich glaube, sie hat ihm nie verziehen, dass er diese Stelle verloren hat. Wahrscheinlich war das auch ein Grund, warum sie sich einige Jahre später scheiden ließen.

Mein Vater jedoch schien erleichtert und zufrieden mit sich und der Welt. Er war wieder in seinem Element – er konnte seinen Ärger an seinen Kollegen auslassen, wenn ihm danach war, auf dem Heimweg in seiner Kneipe vorbeischauen und dann mit seiner Frau die ganze Nacht hindurch streiten. Ich glaube, man könnte sagen, dass es für meinen Vater eine gute Entscheidung war, diese einmalige Gelegenheit zum beruflichen Aufstieg zu sabotieren, für seine Familie allerdings nicht. Jahre später starb mein Vater voller Ärger und pleite – so wie er sein ganzes Leben gelebt hatte.

Teil II

Mit Wut und Ärger im Alltag fertig werden

»Ich war in den letzten Jahren oft ohne Grund wütend auf Sie. Dafür möchte ich mich entschuldigen. Ich mache jetzt eine Therapie, aber ich habe gerade erst angefangen, deshalb sollten Sie sich lieber beeilen.«

In diesem Teil ...

mache ich Ihnen bewusst, dass Gefühle wie Ärger und Wut eigentlich vorübergehender Natur sein sollten, und erkläre Ihnen, warum Sie unverzüglich wirksame Maßnahmen ergreifen müssen, wenn Sie die Beherrschung verlieren, damit die Wut nicht die Herrschaft über Ihren Körper und Geist übernimmt. In diesem Teil lernen Sie, warum es nicht immer der Weisheit letzter Schluss ist, das letzte Wort zu haben, und wie Sie Ihren Ärger herunterregeln können.

Beim Ärgermanagement geht es im Grunde immer darum, einen klaren Kopf zu behalten. Es ist wichtig, sich selbst ausreichend Zeit zu geben, auf die eigenen Gefühle zu reagieren, den eigenen Ärger zielgenau zu hinterfragen, zu entscheiden, wie man mit der eigenen Wut umgeht und sich zu fragen, ob man bereit ist, die Konsequenzen eines Wutanfalls zu tragen. Zusammengefasst: Nur weil Sie das Recht haben, verärgert oder wütend zu sein, müssen Sie dieses Recht nicht wahrnehmen!

Sofortmaßnahmen

In diesem Kapitel

- Emotionale Distanz schaffen
- Das Eisen schmieden, solange es heiß ist
- Sich selbst dem Ärger entreißen
- Alte Gewohnheiten korrigieren

4

Wenn Sie Ärger in sich aufsteigen spüren, sollten Sie sofort etwas tun. Sie kennen ja das Sprichwort »Wer zögert, hat schon verloren« – verloren, wie in »die Beherrschung verlieren«. Manchmal reicht es aus, bis zehn zu zählen, ein anderes Mal nicht.

Neunzig Prozent aller Menschen bleiben leider tatenlos, wenn sie sich zu ärgern beginnen. Allzu oft wächst sich dann eine belanglose Verstimmung zu einem dramatischen Wutanfall aus. Dieses Kapitel zeigt Ihnen, wie Sie das verhindern können. Die Vorstellung, dass man Emotionen am besten ihren Lauf lassen sollte, ist ein Ammenmärchen, und ein gefährliches dazu. Je eher Sie Ihren Ärger in den Griff bekommen, desto besser für Sie (und zweifellos auch für die Menschen in Ihrem Umfeld, die Ihren Zorn zu spüren bekommen könnten).

Ziehen Sie einen Schlussstrich – je früher, desto besser

Ärger und Wut sind von ihrer natürlichen Bestimmung her kurzlebiger Natur. Sie kommen und gehen wie Wellen, die an den Strand rollen. Bei den meisten ist nach fünf bis zehn Minuten alles vorbei. Für manche geht es allerdings weiter: Ihr Ärger bleibt nicht nur, er nimmt zu und setzt sie unter Dampf.

Um Ihnen diesen Vorgang etwas näher zu bringen, habe ich hier einen Ausschnitt aus einem Gespräch, das ich mit einem unter Ärger leidenden Klienten hatte:

Gentry: Sie erwähnten einen Vorfall mit Ihrer Freundin, der sich am letzten Wochenende ereignet hat. Erzählen Sie doch mal.

Klient: Eigentlich war gar nichts. Wir hatten uns etwas vorgenommen für dieses Wochenende, und sie hat alles umgekrempelt, ohne mir etwas zu sagen. Da war ich verstimmt.

Gentry: Auf einer Skala von 1 bis 10, wie verstimmt waren Sie, als Sie zum ersten Mal erfuhren, dass sie die Pläne für das Wochenende geändert hatte?

Klient: 4, würde ich sagen.

Gentry: Gut. 4 bedeutet aber, dass Sie nicht verstimmt waren – Sie waren sauer oder verärgert. Was ich als verärgert bezeichne, entspricht einem Wert von 4 bis 6 auf der Skala. 1 bis 3 gilt als verstimmt. Haben Sie Ihrer Freundin gesagt, dass Sie verärgert waren?

Klient: Nein, ich habe es für mich behalten, wie immer.

Gentry: Was passierte dann?

Klient: Wir gingen essen, aber wir mussten ziemlich lange auf unser Essen warten. Das hat meinen Ärger weiter gesteigert.

Gentry: Wie würden Sie diesen Ärger auf der Skala einordnen?

Klient: Ich denke mal, das ging dann schon auf 6 oder 7 hoch.

Gentry: 6 oder 7 ist schon ein Unterschied. 6 bedeutet, dass Sie wirklich verärgert waren – 7 würde bedeuten, dass Sie schon leicht wütend waren. Wut ist etwas anderes.

Klient: Gut, dann sagen wir 6.

Gentry: An diesem Punkt waren Sie also nicht mehr weit davon entfernt, wütend zu werden. Haben Sie dann irgendetwas wegen Ihres Ärgers unternommen?

Klient: Eigentlich nicht – ich habe geschwiegen, und danach wollten wir noch zu einem Baseball-Spiel. Im Auto ist dann ein furchtbarer Streit ausgebrochen. Ich weiß auch nicht mehr, womit es angefangen hat, aber ich wurde so wütend, dass ich auf die Lüftung geschlagen und sie kaputt gemacht habe.

Gentry: Und wie verärgert waren Sie da?

Klient: Oh, das war bestimmt eine 9 oder 10!

Hätte mein Klient sich gleich erklärt, als er sich zum ersten Mal ärgerte, und seiner Freundin gesagt, wie unfair er es fand, dass sie immer wieder ihre Pläne änderte, ohne ihn um seine Meinung zu fragen, dann wäre es zu diesem Wutausbruch wohl nicht gekommen. Aber er hat es *nicht* gemacht, und so ist *es* dann passiert.

Geben Sie sich mit einer Verstimmung zufrieden

Verstimmungen sind die leichteste Form des Ärgers. Am entgegengesetzten Ende des Spektrums ist die Wut angesiedelt. In der Regel muss man sich um Verstimmungen nicht groß kümmern.

Verstimmungen sind verbreiteter als Ärger. Etwa die Hälfte aller untersuchten Personen erzählte mir, dass sie im Laufe einer Woche allenfalls verstimmt waren. Weil Verstimmungen weniger intensiv sind als Ärger, kann man sie schneller wieder aus dem Bewusstsein verdrängen. Davon abgesehen verschwinden die meisten Verstimmungen von selbst wieder.

Kurz gesagt, Verstimmungen sind meist kein Problem – wenn es damit getan ist.

Wie stellt man es an, damit zufrieden zu sein, dass man verstimmt ist? Probieren Sie einfach bei der nächsten Provokation, der Sie ausgesetzt sind, eine der folgenden Möglichkeiten:

- **Nehmen Sie den Vorfall oder die Situation nicht ernster, als sie ist.** Achten Sie auf die Verhältnismäßigkeit. Wenn Sie beim Überholen jemand schneidet, ist das ärgerlich, aber es ist nicht das Ende der Welt.

- ✔ **Nehmen Sie es nicht persönlich.** Der Typ, der Sie geschnitten hat, kennt Sie nicht – wahrscheinlich bemerkt er Sie nicht einmal, und auch wenn er gerade seine kleine Vorstellung als Verkehrsrowdy gibt, geht es dabei nicht um Sie persönlich.
- ✔ **Beschuldigen Sie die andere Person nicht.** Wenn Sie mit Schuldzuweisungen anfangen, führt das schnell dazu, dass Ihre Verstimmung eskaliert. Lassen Sie es einfach gut sein.
- ✔ **Denken Sie nicht an Rache.** Rache ist oft der nächste Schritt nach der Schuldzuweisung. Stecken Sie Ihre Energie in nützlichere Dinge als in Rache.
- ✔ **Versuchen Sie, die Situation ohne Ärger zu lösen.** Sie sind also verstimmt, weil Sie ein anderer Fahrer geschnitten hat. Wie können Sie mit dieser Situation umgehen, ohne sich weiter zu ärgern? Versuchen Sie es mal mit Ihrer Lieblingsmusik oder einem unterhaltsamen Radiosender.
- ✔ **Betrachten Sie sich nicht als wehrloses Opfer.** Tun Sie irgendetwas, um die Situation, die Ihre Verstimmung ausgelöst hat, geradezurücken. Es kommt nicht so sehr darauf an, was Sie tun. Hauptsache, Sie tun etwas – außer nur verärgert zu sein.
- ✔ **Lassen Sie nicht zu, dass eine negative Stimmung – etwa eine Depression – Ihre Gefühle verstärkt.** Sagen Sie sich: Ich lasse nicht zu, dass diese Verstimmung meine schlechte Stimmung weiter verschlechtert. Fragen Sie sich: Was würde ich tun, wenn ich nicht gerade deprimiert wäre? Und tun Sie das dann.

Weit mehr als verstimmt

Ich sprach mit einem Klienten über einen Vorfall, bei dem er die Beherrschung verloren hatte. Schon als ich ihn fragte, was denn seinen Ärger überhaupt provoziert hatte, sprang er buchstäblich vom Sofa auf und sein Gesicht verdüsterte sich. Er sah aus wie ein Panther, der seine Beute jeden Moment anspringen würde. Ich fragte ihn, wie er sich fühlte, worauf er antwortete: »Ich bin schon verstimmt, wenn ich nur davon erzähle.« Ich bat ihn, die Intensität seiner Gefühle auf einer Zehnerskala einzuordnen und er meinte, sie lägen etwa bei 5 ½ oder 6.

»Dann habe ich Neuigkeiten für Sie«, entgegnete ich. »Sie sind weit mehr als verstimmt. 5 oder 6 auf der Skala bedeutet, dass Sie sehr verärgert sind, fast schon wütend.« Spätestens jetzt war mir klar, warum man diesem Mann eine Ärgermanagement-Therapie verordnet hatte. Was er als *verstimmt* einordnete, nennen die meisten Menschen *verärgert*. Und was für ihn *verärgert* war, nennen andere *Wut*. Dieser Mann war nie nur verstimmt.

Warum Ihre Sicherung so schnell durchbrennt

Bei manchen brennen die Sicherungen schnell durch. Ihr Ärger wächst so schnell an, dass sie kaum Gelegenheit haben, ihn in den Griff zu bekommen, bevor es zu spät ist. Wie schnell Ihre Sicherung durchbrennt, hängt von Faktoren wie den folgenden ab:

- **Ihr Temperament:** Sie sind mit einer anderen Ausstattung auf die Welt gekommen als Ihre Geschwister, Ihre Eltern oder Ihre besten Freunde. Und sie sind anders auf die Welt gekommen als Sie. Der eine ist impulsiv (und handelt schnell und ohne großes Nachdenken), während die andere bedächtiger ist (und erst mal gründlich überlegt, bevor sie etwas tut). Möglicherweise sind Sie schneller erregbar, was bedeuten würde, dass Sie schneller körperlich reagieren als diejenigen, die entspannter oder gar phlegmatisch sind. Diese Unterschiede sind bereits vor der Geburt ausgeprägt und bestehen von der Wiege bis zur Bahre. Impulsive und erregbare Menschen verlieren wesentlich schneller die Beherrschung als bedächtige Typen.
- **Ihre Vorbilder:** Meist fällt der Apfel nicht weit vom Stamm. Das Verhalten bei Stress schaut man sich im Verlauf der Kindheit ab, entweder bei den Eltern oder anderen Menschen, mit denen man häufigen und regelmäßigen Kontakt hat. Sucht man sich impulsive Vorbilder aus, ist die Wahrscheinlichkeit groß, dass man ebenso wird.
- **Ihre Persönlichkeit:** Sind Sie ein streitlustiger Mensch? Sind Sie ungeduldig, impulsiv, direkt, fordernd und dominierend in der Art und Weise, wie Sie Ihr Leben angehen? Wenn das so ist, verlieren Sie schnell die Beherrschung, denn Sie sind jederzeit bereit, es mit der Welt aufzunehmen. (Mehr über die Auswirkungen dieser Disposition am Arbeitsplatz können Sie in Kapitel 20 nachlesen.)
- **Ihr Konsum von Wirkstoffen wie Koffein, Nikotin und Alkohol:** Wirkstoffe, die Ihr Gehirn beeinflussen, beeinflussen auch Ihre Gefühle. Zu diesen Wirkstoffen gehören unter anderem Drogen wie Koffein, Nikotin, Alkohol, Koffein und Tranquilizer. Wenn Sie diese Substanzen regelmäßig einnehmen, steigt die Wahrscheinlichkeit, dass Sie die Beherrschung verlieren.
- **Ihre Stimmung:** Da gibt es gar nichts zu deuteln: Wenn Sie an bestimmten Stimmungsstörungen leiden (etwa einer agitierten Depression oder einer bipolaren Störung), braucht es nicht viel, um Sie auf die Palme zu bringen. Ich kann nicht sicher sagen, wie groß der Prozentsatz meiner Ärgermanagement-Klienten ist, die an einer unerkannten und unbehandelten Stimmungsstörung leiden, aber ich weiß, dass er recht hoch ist.
- **Ihre Stressbelastung:** Es gibt den normalen Stress und den unnormalen, zu weit gehenden, extremen Stress. Je weiter man sich vom normalen Stress entfernt, desto leichter verliert man die Beherrschung. Abrupte Gefühlsausbrüche sind oft die Art und Weise, in der Ihr Nervensystem Ihnen sagt: »Stopp! Mehr Stress kann ich nicht ertragen. Das bringt mich um! Schluss jetzt!«
- **Ihre Schlafmenge:** Ohne ausreichenden Schlaf (sieben bis neun Stunden pro Nacht) wird das Leben wirklich anstrengend. Man empfindet alles als mühsam. Die Nerven sind angespannt. Man ist insgesamt weniger effektiv. Und zu allem Überfluss verliert man auch

schneller die Geduld. (Mehr über den Zusammenhang zwischen Schlaf und Ärger erfahren Sie in Kapitel 17.)

- ✔ **Eine defensive Grundhaltung:** Wenn Sie die Welt aus einer zynischen oder ablehnenden Perspektive betrachten – die Dinge werden sich nicht nach Ihren Vorstellungen entwickeln und alle um Sie herum sind potenzielle Feinde –, stehen Sie immer kurz davor, verärgert um sich zu schlagen. Ein kleiner Funke genügt, und Sie gehen in die Luft.

Tranquilizer: Nein danke!

Es ist schon eine Ironie, dass Medikamente, die Ihnen Ihr Arzt zur Beruhigung verschreibt, als unerwünschte Nebenwirkung mit sich bringen können, dass Sie leichter die Beherrschung verlieren. Der zum Beispiel in Valium enthaltene Wirkstoff Diazepam kann zu Kontrollverlusten und aggressivem Verhalten führen. Da drängt sich die Frage auf, ob Tranquilizer in der Behandlung von Ärger und Wut überhaupt etwas zu suchen haben? Meiner Meinung nach nicht. Antidepressiva scheinen jedoch eine sichere und wirksame Möglichkeit zu bieten, das Ärgerpotenzial eines Menschen zu reduzieren. (Mehr darüber erfahren Sie in Kapitel 19.)

Besorgen Sie sich eine stärkere Sicherung

Wie kommen Sie an eine stärkere Sicherung? Natürlich können Sie sich nicht einfach ein anderes Temperament besorgen oder Ihre Kindheit ungeschehen machen, aber Sie können beispielsweise weniger Koffein zu sich nehmen, Alkohol nur noch in Maßen genießen, mehr schlafen, Depressionen behandeln lassen, Stressmanagement-Techniken anwenden (Kapitel 14 zeigt Ihnen, wie Sie sich gegen Stress abhärten), es mit einer optimistischeren Perspektive versuchen und andere Menschen um etwas bitten, anstatt es von ihnen zu fordern. Das sind alles Dinge, die Sie tun können. Und dann gibt es da noch einige andere Techniken, auf die ich in den folgenden Abschnitten kommen werde.

Gehen Sie weg – aber kommen Sie wieder

Der Mensch reagiert auf eine Bedrohung, egal ob es sich um eine körperliche Bedrohung oder eine Bedrohung des Selbstwertgefühls handelt, von Natur aus entweder mit Kampf oder Flucht. Das erklärt, warum man auf Provokationen entweder mit Ärger reagiert (Kampf) oder vor ihnen wegläuft und eventuelle Probleme damit vermeidet (Flucht).

Das Problem ist aber, dass keine dieser beiden Reaktionen Ihnen hilft, mit Ihrem Ärger fertig zu werden. Wenn Sie zum Kampf übergehen, müssen Sie Ihren Ärger so lange aufrechterhalten, bis die Bedrohung überwunden ist. Dabei kann Ihr Ärger schnell anwachsen. Ziehen Sie sich dagegen zurück, nehmen Sie Ihren Ärger mit. Der Bedrohung können Sie damit zwar ein Schnippchen schlagen, Ihren Gefühlen jedoch nicht.

Gibt es einen Ausweg? Es gibt eine dritte geeignete Option für eine sofortige Reaktion. Sie können sich zunächst von der Situation lösen (weggehen), aber später wiederkommen, wenn Sie sich so weit beruhigt haben, dass Sie darüber reden können, wie das betreffende Problem gelöst werden kann. Diese Herangehensweise an mit Ärger verbundenen Problemen zeugt einerseits von der größten Reife, ist aber andererseits auch die, die am seltensten genutzt wird.

Für welche Reaktion Sie sich bei einer Provokation entscheiden, hängt zum größten Teil davon ab, wie verärgert Sie sind. Tabelle 4.1 stellt dar, wie eine Gruppe von Neuntklässlern die Frage beantwortete, wie sie denn reagieren würden, wenn sich ein anderer Schüler ohne erkennbaren Grund über sie aufrege. Je mehr Ärger die Schüler zeigten, desto geringer war die Wahrscheinlichkeit, dass sie nach einer anfänglichen Flucht aus der Situation später noch einmal darüber sprechen wollten. Das ist ein Grund mehr, sich nicht so sehr zu ärgern, wenn es einmal nicht so läuft, wie man es sich vorgestellt hat.

Grad der Verärgerung	Weglaufen (in Prozent)	Verärgert reagieren (in Prozent)	Weglaufen und wiederkommen, um darüber zu sprechen (in Prozent)
Nicht verärgert	38	18	44
Leicht verärgert	21	51	28
Mäßig verärgert	29	58	13
Sehr verärgert	0	87	13

Tabelle 4.1: Die Reaktionen von Neuntklässlern

Sehr aggressive und streitlustige Menschen sind bereit, sich gegen Provokationen zur Wehr zu setzen, anstatt das Feld zu räumen, selbst wenn sie sich dann beruhigen würden. Es widerspricht einfach ihren Instinkten!

Lassen Sie andere das letzte Wort haben

Manche *Dinge nerven* einfach – ein tropfender Wasserhahn, ein Auto, das nicht anspringt –, aber richtig *ärgern* kann man sich über *Menschen*. Ärger taucht deshalb meist im zwischenmenschlichen Bereich auf. Einer hat immer das erste Wort – das ist die Provokation, die den Stein ins Rollen bringt. Die Frage ist nun: Wer hält den Stein auf? Wer hat das letzte Wort?

Wenn Sie merken, dass Sie verärgert sind, können Sie sich entscheiden, demjenigen, der das erste Wort hatte, auch das letzte Wort zu überlassen. Je eher Sie das tun, desto besser, ansonsten riskieren Sie, dass die Auseinandersetzung eine Eigendynamik entwickelt.

Lesen Sie die folgenden beiden Dialoge zwischen einem Elternteil und einem Teenager. Welcher gefällt Ihnen besser? Hier ist der erste:

Elternteil: Ich möchte, dass du vor dem Abendessen dein Zimmer aufräumst.

Teenager: Ich bin gerade beschäftigt.

Elternteil: (gereizt) Ich sagte, ich möchte, dass du dein Zimmer aufräumst.

Teenager: (verärgert) Lass mich in Ruhe.

Elternteil: (verärgert) So einen Ton lasse ich mir von dir nicht bieten. Fang an, dein Zimmer aufzuräumen – *sofort*!

Teenager: (wirft wütend sein Buch durchs Zimmer) Raus aus meinem Zimmer!

Elternteil: (sehr verärgert) *Wag* nicht, mit Sachen nach mir zu werfen. Fang sofort an, dein Zimmer aufzuräumen. Ich sage es nicht noch einmal.

Und hier ist der zweite Dialog:

Elternteil: Ich möchte, dass du vor dem Abendessen dein Zimmer aufräumst.

Teenager: (gereizt) Ich bin gerade beschäftigt.

Elternteil: (gereizt) Ja, das sehe ich, aber ich möchte, dass du dein Zimmer aufräumst.

Teenager: (verärgert) Lass mich in Ruhe.

Elternteil: (gereizt, aber noch nicht verärgert) Kein Problem. Dann hast du die Möglichkeit, mit dem Aufräumen anzufangen.

Teenager: (verärgert) Ich räume auf, wenn ich Lust habe.

Oft sind Menschen so sehr darauf bedacht, bei Streitgesprächen mit anderen das letzte Wort zu haben, dass sie gar nicht merken, wie die Situation ausufert. Beim Ärgermanagement geht es mehr um den Prozess als um das Ergebnis. Wenn Sie den Prozess verbessern können, indem Sie Ihrem Gegenüber das letzte Wort lassen, sollten Sie das in jedem Fall tun.

Wenn Sie darauf bestehen, das letzte Wort zu haben – vielleicht können Sie gerade nicht anders –, dann sollten Sie unter allen Umständen darauf achten, dass es nichts mit dem jeweiligen Streitpunkt zu tun hat. Mein persönlicher Favorit ist »Wie auch immer.« Wenn sich jemand über mich ärgert und sich lang und breit darüber ereifern möchte, was ich doch für ein furchtbarer Mensch bin, lasse ich mich nicht mehr auf Diskussionen ein (wie früher). Ich sage einfach »wie auch immer« – wie auch immer du sagst, wie auch immer du denkst – und lasse ihn stehen. Auf diese Weise muss ich sein verärgertes Spiel nicht mitspielen.

Manchmal lohnt es sich, sich schuldig zu fühlen

Schuld ist nicht unbedingt eine Frage von Gut oder Böse. Es kommt darauf an, ob Sie sich schuldig fühlen, bevor Sie Ihren Ärger ausleben oder nachdem Sie Ihren Ärger ausleben. Halten Schuldgefühle Sie davon ab, andere Menschen in Ihrem Ärger zu verletzen – körperlich oder verbal –, ist das eine gute Sache. Wenn Sie erst dann Schuld empfinden, wenn Sie Ihren Rachedurst gestillt haben, ist das nicht so gut.

Martin ärgert sich über seine Frau, wenn sie im Auto neben ihm sitzt und immer wieder aufschreit: »Pass auf!« Ihre Nervosität hat die beiden bereits ein paar Mal knapp an einem Unfall vorbeischrammen lassen. Manchmal würde er gern zurückschreien »Verdammt noch mal, hör auf damit! Du bringst uns noch ins Grab!« Aber er tut es nicht. Martin liebt seine Frau – sie sind seit 40 Jahren zusammen – und weiß, dass er ihre Gefühle verletzen würde, wenn er sie anschreit. Also atmet er tief durch und lässt es lieber.

Martins Bruder kann *gar nichts* lassen. Wenn er sich über seine Frau ärgert, lässt er sie das unmittelbar und unverblümt merken. Manchmal brüllt er sie einfach an, ab und zu wird er sogar handgreiflich.

Wenn Sie das nächste Mal gereizt sind (oder einfach verärgert, bedenken Sie die Konsequenzen dessen, was Ihnen durch den Kopf geht, bevor Sie handeln. Wenn Sie vorher schon wissen, dass Sie hinterher das Bedürfnis haben werden, sich zu entschuldigen, lassen Sie es lieber. Überlegen Sie, ob Sie Ihre Gefühle auch ausdrücken können, ohne die Gefühle anderer zu verletzen. In einer solchen Situation ist Vorsorge besser als Wiedergutmachung!

Moral und Religion

Ich habe mich mein Leben lang mit Religionen beschäftigt. Geboren bin ich als Protestant und zwischendurch war ich Mitglied der Episkopalkirche, Baptist, Methodist und Presbyterianer. Zudem ging ich die ersten neun Jahre auf eine katholische Schule und habe, wie die anderen Schüler dort, jede Menge Katechismusunterricht hinter mich bringen müssen. Mehrere meiner besten Freunde sind jüdischen Glaubens.

Im Kontakt mit all diesen Religionen habe ich festgestellt, dass die Vorstellung von Schuld *allen* Religionen gemeinsam ist – weil Religion und Moral eng miteinander verbunden sind. Die Moral zeigt den Menschen, was richtig und was falsch ist, was gutes und was schlechtes Verhalten ist und wo im menschlichen Zusammenleben die Grenzen liegen. Schuld, so vermitteln uns die Religionen, ist das, was wir fühlen, wenn wir diese Grenzen überschreiten. Einige dieser Grenzen haben etwas mit Ärger und Gewalt zu tun (etwa »Du sollst nicht töten«) und sie sind heute noch genau so wichtig wie vor Tausenden von Jahren.

Ablenkung bringt's

Der Mensch erlebt das, was die Aufmerksamkeit seines Gehirns fesselt. Wenn Sie also der Ärger packt, wendet Ihr Gehirn die Aufmerksamkeit von anderen Dingen ab und diesem Ärger zu. Deshalb ist Ärger ein so störendes Gefühl. Je stärker ein Gefühl ist, desto mehr ist das Gehirn davon gefesselt. Wenn Sie gereizt sind, können Sie trotzdem noch mit dem weitermachen, womit Sie im Moment beschäftigt sind, aber wenn es um Wut geht, ist das schon eine andere Sache. Intensives emotionales Erleben – positives oder negatives – setzt die Sinne außer Gefecht. Auf diese Weise lassen sich Menschen von der Liebe »blenden« oder geraten in einen Zustand »blinder Wut«. Blind bedeutet in diesem Zusammenhang, dass das Gehirn alles, was außerhalb dieses Gefühls liegt, nicht weiter beachtet.

Das Gute daran ist die Tatsache, dass das Gehirn abgelenkt werden kann. Es kann seine Aufmerksamkeit jederzeit einer anderen Sache zuwenden. Der Trick beim Ärgermanagement besteht also darin, dem Gehirn eine Alternative zum Ärger anzubieten.

Ändern Sie die Situation

Bei den meisten Menschen hängen die Gefühle von der jeweiligen Situation ab. Irgendetwas im Hier und Jetzt verstimmt oder verärgert sie. Das Gefühl selbst ist an die Situation gebunden, aus der heraus es geboren wird. Solange man in dieser herausfordernden Situation bleibt, wird man weiter Ärger empfinden. Verlässt man die Situation, passiert das Gegenteil – das Gefühl beginnt zu verblassen, sobald man sich von der Situation entfernt. Man kann so verhindern, dass man von der Situation beherrscht wird.

Psychologen geben ihren Klienten oft den Rat, sich emotional von dem zu distanzieren, was sie beschäftigt. Das kann man etwa einfach dadurch erreichen, indem man sich *räumlich* von der Quelle seines Ärgers entfernt.

Andreas hat dieses Prinzip im Umgang mit seinem Chef angewandt. Andreas musste zur Ärgermanagement-Therapie, nachdem er zweimal heftig mit seinem Chef aneinandergeraten war. Dabei spielte es keine Rolle, dass er gute Gründe für seine Ausbrüche hatte. Man sagte ihm einfach, beim nächsten Mal sei er seinen Job los. Da er nur noch wenige Jahre bis zur Pensionierung vor sich hatte, wollte Andreas das auf jeden Fall vermeiden. Abgesehen davon hatten seine Temperamentsausbrüche seinen Blutdruck in die Höhe getrieben, und sein Arzt hatte ihn gewarnt, dass er Probleme mit seinem Herz bekommen könnte (zum Beispiel einen Herzinfarkt).

Andreas und ich hatten über praktische Möglichkeiten gesprochen, wie er auch in schwierigen Situationen einen kühlen Kopf bewahren konnte – Situationen, die in seinem Beruf leider an der Tagesordnung waren. Ich bat ihn, mehr auf seine Gefühle zu achten und immer dann, wenn er in Gegenwart seines Chefs eine innere Anspannung in sich aufsteigen spürte, den Raum kurz zu verlassen und sich zu beruhigen. Und was glauben Sie? Es hat funktioniert! Immer wenn Andreas von seinem Chef zur Rede gestellt wurde und er fühlte, wie sein Blut in Wallung geriet, sagte er höflich »Entschuldigen Sie mich kurz. Ich bin gleich zurück« und ging aus dem Raum. Mit Hilfe einiger Techniken, die ich Ihnen in Kapitel 6 vorstelle, beruhigte er sich, kehrte dann zu seinem Chef zurück und sagte: »Da bin ich wieder. Was wollten Sie mir sagen?« Das war vor ein paar Jahren, und Andreas hat seine Stelle immer noch.

Hören Sie auf zu grübeln

Was ist Grübeln und was hat es mit Ärger und Wut zu tun? Gute Frage. Grübeln ist für den Menschen das, was für die Kuh das Wiederkäuen ist. Man kaut auf etwas herum, was man schon geschluckt hatte und dann wieder hochwürgt. (Das ist eklig, ich weiß.) Wenn Sie irgendein Ereignis immer wieder überdenken, von allen Seiten beleuchten, durchleben und aufwärmen, dann grübeln Sie. Und dieses Grübeln stacheln Ihre Emotionen unweigerlich an. Vielleicht sind Sie anfangs nur gereizt, aber wenn Sie immer wieder darüber nachdenken, werden Sie schließlich Ärger und Wut empfinden. Solange Sie nicht von den immer gleichen Gedanken ablassen können, solange werden Sie auch von denselben Gefühlen beherrscht – Sie stecken in einer Sackgasse!

Wie kommen Sie aus dieser Sackgasse wieder heraus? Versuchen Sie es mit der Gedankenstopp-Technik. Wenn Sie sich bewusst werden, dass Sie anfangen, dieselben verärgerten Gedanken immer wieder zu denken, sagen Sie laut zu sich selbst »Stopp!« und lenken Sie Ihre Aufmerksamkeit auf etwas anderes. Wiederholen Sie das Wort so oft wie nötig, bis Sie sich von dem, was Sie so verstimmt hat, losgelöst haben. Wenn Sie diese Technik ohne größeren Verzug anwenden, bevor Sie zu lange auf Ihrem alten Ärger herumgekaut haben, ist es gar nicht so schwer, loszulassen. Im Grunde durchbrechen Sie dabei nur ein unproduktives Denkmuster, das Ihre Lage nur verschlimmern kann.

Wenn die Gedankenstopp-Technik nicht zum Erfolg führt, versuchen Sie, über etwas *anderes* nachzugrübeln als über Ihren Ärger. Sie können auch positiv grübeln – man nennt das auch Tagträumen. Zwei meiner Lieblingstagträume sind ein Spaziergang an einem Strand unter wolkenlosem Himmel und ein bequemer Sessel in einer idyllischen Berghütte mit einem Buch, während es draußen schneit. Als ich noch jünger war – und aggressiver –, träumte ich von Distanzwürfen beim Basketball, die direkt ins Netz trafen. Probieren Sie, was bei Ihnen am besten funktioniert!

Warum Arbeitnehmer Pausen brauchen

Viele Unternehmen haben die Pausenregelungen für ihre Mitarbeiter in den letzten Jahren verschärft. Das hat dazu geführt, dass viele immer dann, wenn sie Ihren Arbeitsplatz verlassen, das Gefühl haben, Geld zu verlieren. Im Großen und Ganzen halte ich das für einen Fehler. Arbeitnehmer brauchen Pausen, und sei es nur, um sich um das dringend nötige Ärgermanagement zu kümmern. Das ist der Grund, warum so viele eine Pause machen und eine Zigarette rauchen oder einen Kaffee trinken – das sind legitime, altehrwürdige Praktiken, mit deren Hilfe man sich von dem Stress befreien kann, von dem man am Arbeitsplatz umgeben ist. Je weniger Pausen man macht, desto heißer geht es im Büro her!

Überwinden Sie Ärger mit Hilfe von Bilderreisen

Es gibt viele Parallelen zwischen dem Ärgermanagement und dem Schmerzmanagement, dem anderen Bereich, dem ich den größten Teil meines Berufslebens gewidmet habe. Ärger und Schmerzen können sehr intensive und auch chronische Erfahrungen sein – und man gerät leicht in Versuchung, darüber nachzugrübeln (mehr über das Grübeln können Sie im vorhergegangenen Abschnitt nachlesen).

Einiges von dem, was ich in der Zusammenarbeit mit meinen Schmerzklienten gelernt habe, lässt sich auch auf das Ärgermanagement anwenden. Philipp war ein Mann in den 50ern und Inhaber einer Obstplantage. Er genoss sein Leben und war von dem erfüllt, was er tat, jedenfalls bis zu dem Tag, an dem er in einen Autounfall verwickelt wurde, der ihm unerträgliche Schmerzen im Rücken und in den Beinen bescherte. Philipp musste nach wie vor in seiner Plantage viel körperlich arbeiten, und das machte seine Schmerzen im Laufe des Tages immer schlimmer. Er brauchte etwas, das ihm half, die Schmerzen zu lindern, wenn sie unerträglich zu werden schienen, damit er seine Arbeit fortführen konnte. Wir probierten es mit einer Bilderreise.

Philipp fand heraus, wie er sich entspannen und dabei seine Lieblingsbeschäftigung vorstellen konnte – am Fischteich sitzen und angeln. Das war seine Vorstellung vom Himmel auf Erden. Immer wenn seine Schmerzen bei der Arbeit ihn zu überwältigen drohten, rief er seiner Frau und seinen Angestellten zu: »Ich gehe jetzt angeln!« Alle wussten, was er damit meinte. Dann zog er sich in den hinteren Bereich der Halle zurück, setzte sich auf den Boden, schloss die Augen und »ging angeln« – er stellte sich vor, wie er an einem Teich saß und angelte. Philipp konnte sich gut Bilder vor sein geistiges Auge rufen. Für ihn war es deshalb fast so, als würde er wirklich angeln. Nach etwa zehn Minuten waren seine Schmerzen so weit abgeklungen, dass er sie wieder ertragen konnte. Er öffnete die Augen, erhob sich und rief den anderen zu: »Ich bin wieder da. Wir können weitermachen.« Eine einfache, aber effektive Methode.

Sie können dasselbe machen, wenn Sie verärgert sind. Ich zeige Ihnen, wie Sie das anstellen.

1. **Suchen Sie einen ruhigen Ort auf.**

   Sie können sich keine Bilder vorstellen, wenn Sie abgelenkt sind. Suchen Sie sich ein ruhiges Plätzchen, an dem Sie wenigstens zehn Minuten lang ungestört sein können. Wenn Sie am Arbeitsplatz sind, kann das Ihr Büro sein – schließen Sie die Tür und hängen Sie ein »Bitte nicht stören«-Schild an die Tür. Oder Sie machen eine Pause und finden woanders Zuflucht – eine Bank in den Außenanlagen, in Ihrem Auto auf dem Parkplatz oder, wie es einer meiner kreativeren Klienten gemacht hat, in einer Kabine auf der Toilette.

2. **Schätzen Sie den Grad Ihrer Verärgerung vor der Bilderreise ein.**

   Ordnen Sie Ihre momentane Verärgerung auf einer Skala von 1 (leicht gereizt) bis 10 (extrem wütend) ein.

3. **Schließen Sie die Augen.**

   Bei einer Bilderreise stellen Sie sich Bilder vor. Wenn Sie sich Bilder vergegenwärtigen wollen, die Ihrem Ärger entgegenwirken, müssen Sie zunächst die optischen Eindrücke Ihrer Umgebung ausblenden. Indem Sie Ihre Augen schließen, lösen Sie sich von Ihrer Umgebung. Das kann unter Umständen schwer fallen, denn Sie müssen sich selbst und Ihrer Umgebung vertrauen.

Wenn Sie sich nicht wohl dabei fühlen, an dem gewählten ruhigen Ort Ihre Augen zu schließen, fühlen Sie sich dort womöglich nicht sicher. Versuchen Sie, einen besser geeigneten Ort zu finden.

4. **Vergessen Sie Ihre Umgebung.**

   Die reale Welt zu vergessen und sich in eine vorgestellte Welt zu begeben, verlangt mehr als nur die Augen zu schließen. Sie müssen auch aufnahmebereit sein und sich erlauben, sich von den Umständen, die Ihren Ärger verursacht haben, und Ihren Gefühlen zu lösen. Etwas Ähnliches tun Sie, wenn Sie die Hände am Steuer etwas lockern, um sich von Ihrem Ärger über andere Verkehrsteilnehmer zu lösen (siehe Kapitel 20).

5. **Stellen Sie sich etwas Positives vor.**

   Jetzt kommen wir zum angenehmen Teil! Sie können sich ganz nach Belieben für ein positives Bild entscheiden. Wo halten Sie sich im Urlaub am liebsten auf, wo sind Sie am entspanntesten und ganz Sie selbst? Für viele Menschen ist das ein Strand oder die Berge. Es kann aber auch die eigene Veranda hinter dem Haus sein. Es muss allerdings ein Ort sein, an dem Sie sich noch nie geärgert haben.

6. **Stellen Sie sich ein möglichst genaues Bild vor.**

   Hier geht es um das Wer, Was und Wo der gewählten Situation. Sind Sie alleine oder mit jemandem zusammen? Wo sind Sie und was tun Sie? Liegen Sie in einer Hängematte? Sitzen Sie im Hafen und angeln? Arbeiten Sie in Ihrem Kräutergarten? Stellen Sie sich vor, welche Kleidung Sie tragen. Sehen Sie die Farben Ihrer Kleidung? Wie ist es draußen – windig, wolkig, warm, regnerisch oder sonnig? Je mehr Einzelheiten Ihr Bild hat, desto eher werden Sie in diese Situation eintauchen können.

7. **Verweilen Sie mindestens fünf Minuten bei diesem Bild.**

   Diese Übung ist nur dazu gedacht, Ärger zu entschärfen, der später möglicherweise nicht mehr beherrschbar ist. Man muss sie nicht über eine längere Zeit durchführen. Sie werden überrascht sein, wie erfrischend eine solche Bilderreise von fünf Minuten Dauer sein kann und wie leicht es ist, in dieser kurzen Zeit Ärger abzubauen.

8. **Bewerten Sie den Grad Ihrer Verärgerung nach der Bilderreise.**

   Bewerten Sie den Grad Ihrer Verärgerung auf einer Zehnerskala, während Sie noch entspannt sind und die Augen geschlossen haben. Bemerken Sie einen Unterschied? Wenn ja, dann hat Ihr Versuch, Ihren Ärger für den Augenblick zu überwinden, Erfolg gehabt. Stellen Sie keine Veränderung fest oder empfinden Sie gar mehr Ärger als vorher, dann hat die Übung nicht funktioniert. Vielleicht müssen Sie noch ein paar Minuten länger bei Ihrem positiven Bild verweilen. Vielleicht sprechen Sie aber auch auf andere Strategien besser an, die ich in anderen Kapiteln vorstelle. Lassen Sie sich auf keinen Fall entmutigen – es gibt keine Patentlösung, die für alle zutrifft.

9. **Lassen Sie den Augenblick noch etwas nachklingen.**

   Wenn die Übung Ihnen das gebracht hat, was Sie wollten, lassen Sie die Wirkung noch etwas nachklingen und genießen Sie die Veränderungen in Ihrem Körper und Ihrem Denken – die nachlassende Anspannung, den inneren Frieden. Überstürzen Sie die Rückkehr in die Realität nicht!

10. **Öffnen Sie die Augen und machen Sie in Ihrem Tagesablauf weiter.**

   Sobald Sie Ihre Augen öffnen, erkennen Sie, dass sich Ihr Umfeld nicht verändert hat – *Sie* waren woanders. Sie haben eine kurze, erfrischende Reise in eine Bilderwelt unternommen, an einen Ort ohne Ärger, der nur Ihnen gehört. Und dabei haben Sie die Umstände, die Ihren Ärger ausgelöst haben, hinter sich gelassen.

Sie können diese Art der Bilderreise auch anders anwenden:

✔ **Anstatt sich selbst gedanklich in eine positive Situation zu versetzen, stellen Sie sich vor, Sie seien in derselben Situation, die Ihren Ärger verursacht hat, nur ohne irgendwelchen Ärger zu empfinden.**

✔ **Stellen Sie sich in der gleichen (oder einen ähnlichen) Situation vor, aber empfinden Sie eine andere negative Emotion (etwa Trauer).** Emotionen stehen im Wettbewerb miteinander. Es ist schwer (wenn nicht unmöglich), zur gleichen Zeit verärgert und traurig zu sein. Viele Menschen empfinden sogar deshalb erst einmal Ärger – sie vermeiden damit, Trauer zu empfinden. Seien Sie zum Beispiel traurig, weil die Person, die Sie gerade angeschrieen hat, nicht sehen kann, was Sie für ein wunderbarer Mensch sind und wie hilfreich Sie sein können.

Wie manche Männer mit Trauer umgehen

Ich habe öfter mit Männern gearbeitet – intelligenten, erfolgreichen Männern –, die nach dem Tod eines ihrer Kinder äußerste Verärgerung und Wut empfanden. Fast ausnahmslos widerstanden diese Männer all meinen Bemühungen, ihre Trauer freizulegen. (Wer wäre nicht traurig, wenn er sein Kind verlieren würde?) Je mehr ich nachbohrte, desto mehr igelten sie sich ein und desto ärgerlicher wurden sie. Ihr Gesichtsausdruck signalisierte mir: »Glauben Sie mir, Sie sollten besser nicht daran rühren.« Eigentlich hieß das: »*Ich* will nicht daran rühren.«

Einer der Männer bedrohte mich sogar und hielt mir entgegen: »Ich warne Sie: Wenn Sie mich noch einmal fragen, was ich nach dem Tod meines Sohnes empfinde, verprügele ich Sie. Ich scherze nicht.« Manchmal ertränken diese Männer ihren Ärger im Alkohol. Andere lassen ihn an ihren Ehepartnern aus und werden schließlich geschieden. Wieder andere entfremden sich von ihren anderen Kindern (und vergrößern damit ihren Verlust nur noch mehr). Und der Rest lebt seinen Ärger am Arbeitsplatz aus und verliert am Ende den Job. Und das alles nur, um keine Trauer empfinden zu müssen.

Lutschen Sie sich frei

Soll ich Ihnen verraten, wie Sie ganz einfach, kostengünstig und praktisch sofort handeln können, wenn der Ärger Sie zu überkommen droht: Lutschen Sie ein Bonbon – aber nicht zerbeißen! Es dauert etwa fünf Minuten, bis es sich aufgelöst hat (je nach Größe, natürlich). In dieser Zeit hindert es Ihren Ärger daran, sich weiter aufzubauen.

Warum funktioniert die Bonbon-Technik?

- **Wenn Sie ein Bonbon lutschen, nutzen Sie die Verbindung zwischen dem Saugreflex und einem Zustand innerer Ruhe aus, wie man sie bei allen Neugeborenen beobachten kann.** Jede Mutter weiß, dass sich ihr Baby sofort beruhigt, wenn sie ihm etwas gibt, woran es saugen kann. Deshalb sind Schnuller so beliebt und deshalb fällt es vielen Kindern später schwer, sich von ihren Schnullern zu verabschieden.
- **Wenn Sie ein Bonbon lutschen, schmecken Sie etwas Süßes (sofern es sich nicht um ein Pfefferminzbonbon handelt) und Süße wird im Gehirn mit Vergnügen assoziiert, also dem Gegenteil von Ärger.** Ein Bonbon versüßt Ihnen gewissermaßen das Leben!
- **Wenn Sie ein Bonbon lutschen, gewinnen Sie Zeit, auf Ihren Ärger bewusst zu reagieren, anstatt einem unmittelbaren Reflex nachzugeben (siehe Kapitel 6).** Ein verärgerter Reflex ist unvermittelt, impulsiv, unbedacht, vorhersagbar und zieht meist unerwünschte Konsequenzen nach sich, die man später bedauert. Eine verärgerte Reaktion ist bewusster, überlegter, nimmt Bezug auf Erfahrungen der Vergangenheit, ist nicht immer vorhersagbar (was in der einen Situation funktioniert, kann in einer anderen unter Umständen nichts bringen) und hat oft positivere Konsequenzen (in Kapitel 11 finden Sie Hinweise, wie man Ärger konstruktiv nutzen kann).
- **Wenn Sie ein Bonbon lutschen, wirken Sie damit dem streitlustigen Verhalten des Typs A entgegen, das bei so vielen Menschen zu beobachten ist.** Lutschen ist eine passive Reaktion, keine aggressive. Den Ärger brauchen Sie nur dann, wenn Sie im Anschluss an eine Provokation Ihr Umfeld angreifen wollen.
- **Wenn Sie sich ein Bonbon in den Mund stecken und es lutschen, können Sie Ihrem Ärger nicht gleich in einer Art und Weise verbal Luft machen, die leicht zur Eskalation und zu unerwünschten Entwicklungen führt.** Es macht wenig Sinn, jemandem zu sagen »Es tut mir leid«, wenn man ihn vorher in wütendem Ton und mit verletzenden Worten angegriffen hat – das hilft weder Ihnen noch dem anderen.

Zerbeißen Sie das Bonbon nicht. Die Übung verliert dabei ihren Sinn, weil Sie dann schneller Ihren Ärger ausleben und Ihrer aggressiven Persönlichkeit nachgeben können. (Aggressive Menschen scheinen dazu zu neigen, sich durchs Leben zu beißen anstatt es auszukosten.)

Hat man da noch Worte?

5

In diesem Kapitel

- Der Versuchung widerstehen, Dampf abzulassen
- Die richtigen Worte finden
- Den Ball flach halten
- Den Finger am Puls haben
- Beim Thema bleiben

Wenn es um Gefühle geht, ist Kommunikation das Wichtigste. Es geht nicht nur darum, *was* Sie sagen, wenn Sie die Beherrschung verlieren, entscheidend ist auch, *wie* Sie es sagen.

Ich möchte Ihnen von Lisa erzählen. Lisa ist 26 Jahre alt und frisch verheiratet. Leider regt sie sich ständig über ihren Mann Thomas auf. Es ist auch schon vorgekommen, dass sie Thomas körperlich angegriffen hat. Zweifelsohne ist Lisa aufgrund einiger Verhaltensweisen ihres Mannes frustriert – ständig hat sie seine Freunde im Haus, er macht nicht mal die einfachsten Handgriffe im Haushalt, er gibt das wenige Geld, das er verdient, für Drogen aus und so weiter und so fort. Wenn Lisa mit Thomas über diese Dinge sprechen möchte, ignoriert er sie entweder oder vertröstet sie auf später. Das ist natürlich nicht die Antwort, die Lisa sich wünscht.

Als Lisa bei mir mit der Ärgermanagement-Therapie begann, äußerte sich ihre Verärgerung über ihren Mann in Flüchen wie »Du @#$% §&kerl!«, anstatt in einer Darstellung der *Gründe*, warum sie sich aufregte. Das ist heute anders. Sie hat mittlerweile gelernt, wie sie ihrem Ärger in weniger aggressiven Worten Ausdruck verleihen kann (zum Beispiel »Ich glaube, ich rege mich viel weniger auf, wenn du mitdenkst und mir hilfst.«). Gleichzeitig hat sie ihren Ton gemäßigt und von wütend auf verärgert heruntergeregelt. Am wichtigsten ist, dass sie jetzt weiß, wie man miteinander redet, statt aufeinander einzuschlagen, und damit ihrer Ehe eine Überlebenschance gegeben hat.

In diesem Kapitel geht es darum, wie man seinen Ärger anderen deutlich macht und dadurch die eigene Gesundheit fördert. Was Sie in diesem Kapitel finden, kann Ihnen im wahrsten Sinne des Wortes ein gebrochenes Herz ersparen.

Lieber keinen Dampf ablassen

Haben Sie schon einmal einen Freund angerufen, nur um mal »Dampf abzulassen«? Im günstigsten Fall lässt man dabei angestaute Emotionen frei. Im ungünstigsten Fall entwickelt sich das Dampfablassen zum Vulkanausbruch. Und glauben Sie mir, Wut hat mit einem Vulkanausbruch viel gemein.

Ist es denn nicht gut, wenn man all die aufgestaute Lava, den Ruß und die Asche auswirft? Lassen Sie sich von mir sagen, dass es entgegen der landläufigen Meinung *keinen großen Nutzen hat, seinem Ärger Luft zu machen*. Weder kommen Sie in den Genuss der erwarteten emotionalen Erleichterung, noch lösen Sie auf diese Weise die Probleme, die Ihren Ärger überhaupt erst verursachen. Leider erreichen Sie damit das Gegenteil: Verärgerte Menschen ärgern sich nur noch mehr, und aggressive Menschen werden nur noch aggressiver.

Wenn man jemanden anschreit und als »Scheißkerl!« bezeichnet, vermittelt man damit nur den blanken Ärger. Die betreffende Person erfährt dabei nichts über die Gründe für diesen Ärger. Sagen Sie jedoch, dass Sie das Verhalten dieser Person als rücksichtslos empfinden, sieht sie sich gezwungen, ihr Verhalten zu überprüfen und herauszufinden, was sie anders machen kann. Nutzen Sie Ihren Ärger konstruktiv (siehe Kapitel 11), dann ist das so, als hielten Sie dem jeweils anderen einen Spiegel vor, in dem er sich und sein Verhalten sehen kann – ein Bild, das meist recht unvorteilhaft, wenn nicht gar abgrundtief hässlich ist. Viele, über die Sie sich ärgern, würden es vorziehen, wenn Sie Ihrem Ärger Luft machten und sie verfluchten, anstatt sie zu zwingen, sich selbst näher zu betrachten. Letztlich tun Sie diesen Menschen einen Gefallen, wenn Sie in die Luft gehen, aber keinen dauerhaften!

Vor dreißig Jahren führte Dr. Arthur Bohart an der Universität von Kalifornien eine Reihe von Experimenten durch, um die Wirksamkeit der *Katharsis* (das ist der psychiatrische Begriff für das Dampfablassen) für den Abbau von Ärger zu untersuchen. In einem dieser Experimente ließ er drei Gruppen verärgerter Probanden eines von drei Dingen tun:

- ✔ Ruhig in einem Raum sitzen und über ihre Gefühle nachdenken.
- ✔ Ihren Ärger auf ein Tonband entladen.
- ✔ Täglich 20 Minuten mit einem Berater darüber sprechen, wie sie sich fühlen.

Dr. Bohart kam zu dem Ergebnis, dass die Gespräche mit einem Berater den Ärger am wirkungsvollsten minderten, weil man dabei seine Gefühle mit einem anderen Menschen teilt und sich verstanden fühlt. Weiter kam er zu dem Ergebnis, dass das Schweigen (den Ärger nicht aussprechen) den Ärger schneller minderte als das Dampfablassen.

Langer Rede, kurzer Sinn: Wenn Sie ständig verärgert sind, bringt es Ihnen am meisten, wenn Sie mit einem Berater über Ihre Gefühle sprechen, die Ursachen erkunden und herausfinden, wie Sie weiterkommen. Sollten Sie sich ab und zu einmal ärgern, ist es besser, in Ruhe darüber nachzudenken, als bei einem Freund Dampf abzulassen.

Ärger ausdrücken, aber richtig

Wenn Sie Ihren Ärger richtig ausdrücken wollen, sind Sie gut beraten, sich an die Erkenntnisse des Psychologen George Bach zu halten, einem Pionier auf dem Gebiet des Ärgermanagements, der die These aufstellte, dass konstruktiver Ärger auch Informationen transportieren müsse, die über die bloße Demonstration von Feindseligkeit hinausgeht. Nutzen Sie Ihren Ärger, um die Person, die diese Gefühle ausgelöst hat, zu informieren, zu erziehen und an dem Teil Ihrer selbst teilhaben zu lassen, der verletzt, traurig, frustriert oder unsicher ist und sich angegriffen fühlt. Diese Botschaft müssen Sie vermitteln – der Ärger ist dafür nur das Vehikel. Im Folgenden habe ich für Sie ein paar Strategien zusammengestellt, die Sie anstelle des Dampfablassens nutzen können.

Was dachte Freud denn so?

Sigmund Freud, der Vater der Psychoanalyse, ging von einem »hydraulischen« Modell der menschlichen Emotionen aus. Er sah die Sache so: Gefühle wie auch Ärger sind ein natürliches Nebenprodukt des Alltagslebens, die allerdings dazu neigen, sich mit der Zeit aufzustauen, wie der Dampf in einem Teekessel (oder Lava in einem Vulkan). Dabei baut sich eine körperliche Anspannung auf, die sich irgendwann zu entladen sucht. Freud dachte, dass Menschen so lange gesund blieben, wie sie ihre Gefühle frei und offen äußern konnten. Wer seine Gefühle nicht auf irgendeine annehmbare, angepasste Weise äußern konnte, dessen Gesundheit würde unter dem aufgestauten Druck der Gefühle leiden.

Das, was seinen Klienten helfen sollte, ihren angestauten Ärger loszuwerden, nannte Freud die *Katharsis*. Der Begriff Katharsis bezeichnet die plötzliche Freisetzung tief verwurzelten Ärgers aus der Vergangenheit – ich nenne das in diesem Buch den *Ärger von gestern*.

Im Grunde hatte Freud schon Recht. Das Problem ist nur, dass die meisten Menschen (darunter auch viele Spezialisten für das Ärgermanagement!) seine Vorstellung von der Katharsis missverstanden. Freud hatte dabei ein therapeutisch begleitetes, strukturiertes erneutes Erfahren des tief in einer Persönlichkeit verwurzelten Ärgers im Sinn und nicht ein einfaches Dampfablassen. Das sind zwei verschiedene Paar Schuhe! Soweit ich weiß, ließ Freud nie einen Klienten mit dem Tennisschläger auf eine Matratze oder eine lebensgroße Gummipuppe eindreschen, Telefonbücher zerreißen oder zu einem Zweikampf auf Leben und Tod mit Schaumstoffkeulen antreten – all das passiert in der konventionellen Ärgermanagement-Therapie.

Sprechen versus Schlagen

Wenn Sie Ihren Ärger nicht artikulieren können (mit Worten klar und deutlich ausdrücken können, wie Sie sich fühlen), bleibt Ihnen nicht viel anderes übrig, als ihn in Form körperlicher Aggressionen deutlich zu machen. Wenn ein Mann seine Faust gegen eine Wand hämmert oder, schlimmer noch, in das Gesicht einer anderen Person, dann besagt das nicht mehr, als dass dieser Mann offensichtlich vor Wut ausrastet. Nutzt ihm dieser Faustschlag irgendetwas? Nein. Verbessert er damit seine Beziehung zu der Person, die seine Faust zu spüren bekommt? Sicher nicht. Wird er ruhiger, wenn er losgezogen ist und auf jemanden (oder eine Wand) eingeschlagen hat? Absolut nicht. Ärger mittels körperlicher Gewalt auszudrücken, bringt nichts, nichts und wieder nichts.

Ist es denn besser, seinen Ärger herauszuschreien, als auf etwas oder jemanden einzuschlagen? Wenn das die einzige Alternative ist, die Sie für sich in der jeweiligen Situation sehen, dann ja. Aber auch verbale Gewalt bringt Sie nicht wirklich weiter. Niemand fühlt sich besser, nachdem er jemand anderes eine ordentliche Standpauke gehalten hat, egal mit welchen Worten. Und die Person, die sich das ganze Geschrei anhören muss, ist auch nicht gerade glücklich.

Was bleibt Ihnen dann noch? Reden – nutzen Sie die Gabe der menschlichen Sprache dazu, Ihren Gefühlen (in diesem Fall Ihrem Ärger) konstruktiv Ausdruck zu verleihen.

Werner lernt gerade erst, über seinen Ärger zu sprechen. Seit seiner Kindheit hatte er immer vermieden zu zeigen, wenn er verärgert war. Er zog sich in sich selbst zurück, sobald sich eine erste Verstimmung abzeichnete, und praktizierte das so lange, bis er nicht mehr an sich halten konnte und schließlich explodierte. Erst kürzlich ging er in seiner Wut auf seine Frau los, die danach verständlicherweise erschüttert war und ernsthafte Zweifel am Fortbestand ihrer Ehe hatte. Im folgenden Dialog wird klar, warum Werner mit Hilfe des Ärgermanagements seinen Ärger unbedingt in den Griff bekommen muss:

Gentry: Sie erwähnten einen Vorfall in der vergangenen Woche, bei dem Sie die Beherrschung verloren haben. Erzählen Sie mir davon.

Werner: Ja, ich war etwas verstimmt wegen meiner Frau, kurz bevor wir das Haus verließen, um uns mit Freunden zu treffen. Als wir bei unseren Freunden ankamen, benahm ich mich allen anderen gegenüber den ganzen Abend lang unmöglich.

Gentry: Was haben Sie in der Zeit gemacht, nachdem Sie das Haus verlassen haben und bevor Sie bei Ihren Freunden eintrafen?

Werner: Nichts. Ich habe nicht mit meiner Frau geredet. Sie hat versucht, ein Gespräch anzufangen, aber ich wollte nicht. Schließlich gab sie auf und wir haben schweigend nebeneinander gesessen, bis wir bei unseren Freunden ankamen.

Gentry: Wie lange fuhren Sie bis zu Ihren Freunden?

Werner: Über eine Stunde.

Gentry: Sie haben über eine Stunde lang schweigend neben Ihrer Frau im Auto gesessen?

Werner: So ist es.

Gentry: Was haben Sie denn gemacht?

Werner: Ich habe darüber nachgedacht, wie verärgert ich war, und mir kam allerlei komisches Zeugs über meine Frau in den Sinn.

Gentry: Und hat das Ihren Ärger gesteigert oder ließ er nach?

Werner: Oh, mein Ärger wuchs immer mehr an. Als wir bei unseren Freunden ankamen, war ich fast auf 180 – ganz angespannt und kurz davor hochzugehen. Ich konnte mich nicht entspannen und habe uns damit den ganzen Abend verdorben.

Gentry: Was denken Sie, wäre passiert, wenn Sie mit Ihrer Frau während der Fahrt über Ihre Gefühle gesprochen hätten?

Werner: Wahrscheinlich hätte mir das geholfen, aber ich habe keine Ahnung, wie ich das anstellen soll – ich weiß nicht, was ich sagen soll. Also schweige ich, und mein Ärger staut sich mehr und mehr auf. Das war bei mir schon immer so, und ich weiß nicht, woran das liegt.

Wenn Sie das nächste Mal so wütend sind, dass Sie das Gefühl haben, etwas oder jemanden schlagen zu müssen, gehen Sie die folgenden Schritte durch:

1. **Geben Sie Ihrem Ärger einen Namen, der etwas über die Intensität Ihrer Gefühle aussagt.**

   Sind Sie verstimmt, gereizt, verärgert, zornig oder wütend? Sagen Sie »Ich fühle mich ...« Sagen Sie nicht »Ich denke ...« Es geht jetzt um Ihre Gefühle und nicht um Ihre Gedanken darüber, wie unausstehlich die andere Person war.

2. **Benennen Sie, was Ihren Ärger verursacht hat.**

   Ein Beispiel: »Jedes Mal, wenn ich nach Hause komme, sind seine Freunde da. Wir haben nie Zeit für uns.« Sprechen Sie weiter und sagen Sie »Ich fühle mich ... (fügen Sie hier das Wort ein, das Sie im ersten Schritt gewählt haben), weil ...«

3. **Fragen Sie sich, was Ihnen helfen könnte, wieder in einen nicht verärgerten Zustand zurückzufinden.**

   Ein Beispiel: »Ich fände es schön, wenn er seine Freunde bitten würde zu gehen, wenn ich nach Hause komme, damit wir etwas Zeit für uns haben können.«

Wenn Sie diese drei Schritte in Ihrem Kopf machen können, sollten Sie versuchen, ein Gespräch mit der Person zu führen, über die Sie sich ärgern.

Aufschreiben versus Reden

Eine sehr nette Frau – ich nenne sie hier Stefanie – kam in meine Praxis und beklagte sich, sie sei emotional »ausgebrannt«. Sie hatte morgens keine Lust aufzustehen, war ungewöhnlich müde, fing häufiger ohne erkennbaren Grund an zu weinen und hatte ständig das Gefühl, in ihrer Brust steckte eine »große Faust«. Sie war zu der Überzeugung gelangt, dass sie an einer Depression litt, und wollte von mir wissen, was sie tun konnte, um sich wieder besser zu fühlen.

Nach einigen Gesprächen fand ich heraus, dass Stefanie in einer äußerst unglücklichen Lage gefangen war: In den vergangenen Jahren hatte sie den größten Teil ihrer Energie dafür verwendet, einem ihrer erwachsenen Söhne bei der Überwindung seiner Drogensucht zu helfen, was trotz ihrer gut gemeinten Bemühungen nicht zum Erfolg führte. Weil sie so in die Probleme ihres Sohnes verstrickt war, hatte sie sich angewöhnt, ihre *eigenen* Bedürfnisse und Wünsche zu vernachlässigen – sie wäre gerne verreist, hätte gerne neue Menschen kennen gelernt und mehr zusammen mit ihrem Mann unternommen. Stattdessen hatte sie ihr Leben dem ihres Sohnes geopfert.

»Sie haben keine Depression«, sagte ich ihr, »Ihr Problem ist, dass Sie eine enorme Menge Ärger in sich aufgestaut haben – Ärger darüber, wie sich Ihr Leben entwickelt hat, Ärger darüber, dass Ihr Sohn es nicht geschafft hat, und vor allen Dingen Ärger über sich selbst, weil Sie so dumm waren, dies alles geschehen zu lassen. Deshalb fühlen Sie diese Faust in Ihrer Brust – Sie wollen damit schlagen, aber Sie können nicht.« Sie gab mir Recht und fügte hinzu, dass sie nie mit jemandem darüber hatte sprechen können, wie sie sich fühlte, und deshalb ihre Gefühle hinter ihrer netten Fassade versteckt hatte.

»Gut«, meinte ich, »fangen wir damit an, dass Sie aufschreiben, was Sie zum Drogenproblem Ihres Sohnes und all den anderen Dingen fühlen, mit denen Sie in Ihrem Leben nicht zufrieden sind.« Ich gab ihr 20 Minuten Zeit, »aus dem Bauch heraus und nicht vom Kopf her« zu schreiben, und bat sie anschließend, still für sich zu lesen, was sie geschrieben hatte, und dabei alle Wörter einzukreisen, die mit Gefühlen zu tun hatten (zum Beispiel *verärgert*, *enttäuscht* oder *aufgeregt*). Nachdem wir über diese Wörter gesprochen hatten, bat ich sie, das Blatt Papier in den Mülleimer zu werfen.

Zwei Dinge traten bei dieser Übung unmittelbar zutage: Zum einen fiel es Stefanie leicht, in kurzer Zeit viele Dinge aufzuschreiben, weil die ganzen Gefühle zwar unter der Oberfläche verborgen, aber da waren. Zum anderen neigte sie dazu, eher Worte einzukreisen, die mit den Problemen zu tun hatten, und weniger solche, die auf Gefühle verwiesen. Das zeigte, wie weit sie sich von ihrer emotionalen Seite entfernt hatte.

»Das ist gut«, resümierte ich, »gehen Sie jetzt nach Hause und wiederholen Sie diese Übung jeden Tag bis zu Ihrem nächsten Termin. So werden wir Ihren Depressionen zu Leibe rücken.«

In Kapitel 9 können Sie Schritt für Schritt nachlesen, wie Sie von Ihrem eigenen aufgestauten Ärger, Ihren Feindseligkeiten und Ihrem Groll schriftlich Zeugnis ablegen können.

Lassen Sie die Schimpfworte weg

Lisa (siehe am Anfang des Kapitels) wäre viel besser dran und weniger gefährdet, gegen ihren Ehemann handgreiflich zu werden, wenn sie ihn als »egoistischen Kerl« bezeichnen würde – einen Mann, der es offenbar nicht für nötig hält, im Haushalt zu helfen oder ungestörte Zeit mit seiner Frau zu verbringen – und nicht als »Scheißkerl«.

Schimpfworte sind per definitionem brandgefährlich. Sie gießen Öl ins Feuer und lassen die Emotionen hochkochen. Von da aus ist es nicht mehr weit bis zu körperlicher Gewalt. Schimpfworte sollen verletzen, nicht andere weiterbringen. Nicht zu vergessen, dass sie die betroffene Person dazu bringen, sich zu verteidigen – entweder durch einen Rückzug (um sich den Worten des »Angreifers« zu entziehen) oder durch ähnliches Verhalten. Am Ende stehen sich dann zwei Menschen gegenüber und beschimpfen sich, was, um es mit Shakespeare zu sagen, nur »Klang und Wut« ohne jede weitere Bedeutung produziert.

Versuchen Sie, sich von wütenden Beschimpfungen fernzuhalten, indem Sie Ihre Sätze mit dem Wort »ich« beginnen anstatt mit »du« – »ich bin wütend« anstatt »du verdammter Idiot«! Noch besser ist es, wenn Sie Ihren emotionalen Wortschatz um einige Synonyme für das Wort »verärgert« erweitern: *gereizt, erzürnt, entnervt, verstimmt, unzufrieden, aufgebracht, empört, angewidert, ärgerlich* oder *pikiert*.

Versetzen Sie sich in die Lage Ihres Gegenübers und fragen Sie sich, wie Sie sich fühlen würden, wenn Sie jemand einen »Scheißkerl« oder gar etwas Schlimmeres schimpfen würde. Wie würden Sie gern von Ihren Mitmenschen erfahren, dass sie sich über Sie ärgern?

Bleiben Sie bei der Sache

Wenn Sie verärgert lospoltern, können Sie leicht das aus den Augen verlieren, was Ihren Ärger ursprünglich ausgelöst hat. Ihr Ärger ufert aus und springt unvermittelt von einem Groll zum anderen weiter. Was mit »Ich hatte dich gebeten, vor dem Laden auf mich zu warten, und du vergisst mich einfach« angefangen hat, wächst sich im nächsten Moment zu »Nie hilfst du mir. Nie hörst du mir zu. Ich bin dir völlig egal. Ich weiß gar nicht, warum wir überhaupt geheiratet haben!« aus.

Sie wären überrascht, wie viele meiner Ärgermanagement-Klienten die erschütterndsten Vorfälle im Zusammenhang mit ihrem Ärger schildern und auf meine Frage, womit der Schlagabtausch denn angefangen habe, antworten: »Keine Ahnung. Ich weiß nur noch, dass wir uns ganz normal unterhalten haben, und plötzlich fing ich an zu schreien und schlug mit der Faust an die Wand.«

Je intensiver Ihr Ärger ist, desto wahrscheinlicher werden Ihre Gefühle Sie von dem zugrunde liegenden Problem ablenken. Blinde Wut (siehe Kapitel 7) ist so ziellos, dass Sie sich, wenn Sie sich erst einmal beruhigt haben, wahrscheinlich nicht mehr erinnern können, was Sie gesagt oder getan haben. Eine Möglichkeit, seinen Ärger unter Kontrolle zu halten, besteht darin, sich auf das zu konzentrieren, weswegen man verärgert ist. Wenn Sie Ihre Augen immer auf den Ball richten, wird Ihnen Ihr Ärger weniger schnell entgleiten.

Fassen Sie sich kurz – und atmen Sie

Ärger konstruktiv auszudrücken ist eine Sache von Geben und Nehmen. Sie äußern Ihre Gefühle und Ihr Gegenüber nimmt entgegen, was Sie meinen. Wenn Sie Ihre Zuhörer möglichst schnell verlieren wollen – und sicher sein wollen, dass Ihre Botschaft *nicht* ankommt –, dann schimpfen Sie und schimpfen und schimpfen. Sprechen Sie Ihren Ärger aus, aber fassen Sie sich kurz. Die Hirnforschung lehrt uns, dass der Mensch Informationen nur in begrenztem Maße aufnehmen (und behalten) kann. Deshalb haben Telefonnummern nicht mehr als sieben Stellen – das menschliche Gehirn kann sich nicht mehr als sieben Ziffern merken. Eine fünf Minuten andauernde Standpauke würde in etwa einer Zahl mit 50 Ziffern entsprechen. Das kann sich niemand merken! Es ist also kein Wunder, dass sich Kinder nicht merken können, was ihre Eltern ihnen sagen, wenn sie verärgert sind – und Sie dachten, sie klappen einfach die Ohren zu. Ich würde Ihnen raten, nicht länger als eine Minute am Stück über Ihren Ärger zu sprechen. Danach sollten Sie erst einmal durchatmen und Ihr Gegenüber zu Wort kommen lassen. Dadurch können Sie auch verhindern, dass sich Ihr Ärger aufschaukelt, das wollen Sie doch, oder? Reagiert Ihr Gegenüber defensiv, lassen Sie ihn gewähren – unterbrechen Sie ihn nicht – und stellen Sie dann eine weitere Minute dar, wie Sie sich fühlen, bevor Sie wieder durchatmen.

Es kommt nicht darauf an, was Sie sagen, sondern, wie Sie es sagen

Je lauter Sie sprechen, desto weniger hören andere hin, was Sie zu sagen haben. Ihre Botschaft geht in Ihrer allzu hitzigen Redeweise unter. Ärger kann ein wirksames Kommunikationsmittel sein, aber wenn Sie Gehör finden wollen, sollten Sie auf zwei Aspekte besonders achten:

- ✔ **Lautstärke:** Die Macht und Fülle Ihrer Worte. Je mehr Sie sich ärgern, desto lauter werden Sie. Jeder erkennt den Unterschied zwischen einem Menschen, der gereizt ist, und einem, der einen Wutanfall hat.
- ✔ **Geschwindigkeit:** Die Geschwindigkeit, mit der Sie sprechen. Wenn Ihr Ärger mit Ihnen durchzugehen beginnt, werden Sie schneller und schneller reden. Alles, was Sie sagen, klingt bedrängt – als ob die Worte nicht schnell genug aus Ihnen herauskommen könnten.

Achten Sie mehr darauf, wie Sie sprechen, wenn Sie verärgert sind. Sobald Sie merken, dass Sie zu laut oder zu schnell reden, oder sich schrill anhören, regeln Sie sich wieder herunter. Betrachten Sie das als eine Anstrengung Ihrerseits, den Ausdruck Ihres Ärgers buchstäblich feiner abzustimmen.

Der Eskalationseffekt

Professor Aron Wolfe Siegman von der Universität von Maryland in Baltimore County hat herausgefunden, dass Menschen, die ihrem Ärger verbal Luft machen, mit der Zeit dazu neigen, lauter und schneller zu sprechen. Ärger und Wut regen unser Nervensystem an und treiben unter anderem den Puls in die Höhe. Wenn das Herz schneller schlägt, feuert es auch die Intensität der verbalen Reaktion an. Je lauter und schneller man dann spricht, desto größer wird die Verärgerung. Da ist man dann schnell in einem Teufelskreis gefangen. (Ich wünschte, ich hätte einen Euro für jeden Klienten, der mir sagte »Ich weiß auch nicht, was passiert ist – ich habe meiner Frau nur gesagt, dass ich gereizt bin, und im nächsten Augenblick bin ich ausgerastet und habe sie fast zu Tode erschreckt.«)

Im Rahmen des Ärgermanagements können Sie die Intensität Ihrer Gefühle dadurch reduzieren, dass Sie die Intensität Ihrer Sprechweise – Ihre Lautstärke und Ihre Sprechgeschwindigkeit also – herunterfahren. Dabei müssen Sie nicht unbedingt den Inhalt Ihrer Äußerungen ändern (es sei denn, sie wären voller Schimpfwörter).

In seinen Experimenten entdeckte Professor Siegman darüber hinaus, dass Menschen dazu neigen, die Mimik und den Sprechstil ihres jeweiligen Gegenübers nachzuahmen. Je lauter Sie in Ihrer Verärgerung werden, desto lauter wird wahrscheinlich auch die Antwort ausfallen. Und so geht das dann weiter. Auch auf diese Weise können Ärger und Wut bis zu einem Punkt vorangetrieben werden, an dem sie kaum noch zu kontrollieren sind.

Dieser Teufelskreis kann sich mit der Zeit auch auf die Gesundheit auswirken. Menschen, die zu solch impulsiven Dialogen neigen, tragen ein höheres Herzerkrankungsrisiko. Sie sorgen also nicht nur dafür, dass den von ihren Tiraden betroffenen Menschen das Herz in die Hose rutscht, sondern bringen sich auch langsam, aber sicher an den Rand des Herztods!

Stellen Sie sich immer dann, wenn Sie kurz davor stehen, die Kontrolle zu verlieren (siehe Kapitel 6), die folgende Frage: »Ist es das wirklich wert, dass ich meinen Blutdruck in die Höhe treibe, meinen Kreislauf ermüde und vielleicht einen Herzinfarkt riskiere?« Wenn nicht, ist es an der Zeit, mit Hilfe des guten alten Ärgermanagements den Kopf aus der Schlinge zu ziehen.

Bei meiner Arbeit mit Heranwachsenden sitze ich oft jungen Menschen gegenüber, die mich in offensichtlicher Erregung verbal angreifen. Ich reagiere (mit Bedacht!), indem ich Ihnen mit fester Stimme und gemäßigtem Ton antworte. Das Letzte, was ein junger Mensch braucht, ist, dass ich seinen Ärger noch verschärfe. Es kann sein, dass es etwas dauert, aber wenn ich in demselben Ton weiterspreche, stellt sich mein Gegenüber früher oder später darauf ein und fährt seine verärgerte Rhetorik herunter. Wenn ich mich also nicht auf seinen Ton einlasse (und zurückbrülle), passt er sich an meinen Ton an. Auf diese Weise kann man sehr gut den Ärger eines anderen Menschen deeskalieren. Das nächste Mal, wenn Sie jemandem gegenüberstehen, der sich aufregt, sollten Sie versuchen, ruhig zu bleiben und der Situation die Schärfe zu nehmen.

Die Ruhe bewahren

6

In diesem Kapitel

- Behalten Sie Ihren Ärger im Blick
- Lassen Sie den ersten Impuls links liegen
- Geben Sie sich genug Zeit, angemessen zu reagieren
- Beruhigen Sie sich
- Stellen Sie kritische Fragen
- Entscheiden Sie sich für die beste Reaktion

Die meisten Menschen reagieren reflexartig mit Verärgerung, wenn man sie provoziert. Sie denken nicht groß darüber nach, sie handeln. Solche Reaktionen sind instinktiv und eigentlich immer die gleichen. Man schmollt, man wird laut, man macht sich über die Person lustig, die einen provoziert hat, oder man dampft wütend ab. In jedem Fall verliert man jegliche Ruhe und Besonnenheit!

Es ist leicht, die Ruhe zu verlieren. Deswegen passiert es Millionen Menschen auch viel öfter, als es nötig wäre. Es kommt darauf an, die Ruhe zu *bewahren*. Letzten Endes hängt alles davon ab, dass Sie Ihren Ärger kontrollieren, bevor er Sie kontrolliert. Das ist im Wesentlichen das, was bei der bewussten Reaktion auf Ärger und Wut geschieht – Sie steuern Ihre Gefühle mit Besonnenheit, anstatt Ihrem Ärger zu erlauben, ungefiltert aus Ihnen herauszubrechen.

Ich biete Ihnen in diesem Kapitel ein Bündel einfacher Strategien an, mit deren Hilfe Sie Ihren Ärger schon in dem Moment entschärfen können, in dem Sie ihn herannahen spüren. Sie brauchen dazu nicht länger als 90 Sekunden. Es kommt dabei im Wesentlichen darauf an, dass Sie sich auf Ihren Ärger und Ihre Reaktion darauf konzentrieren und nicht auf das, was Ihren Ärger ausgelöst hat. Sie müssen Ihre Aufmerksamkeit nach innen lenken, damit Sie die Intensität und die Dauer Ihres Ärgers kontrollieren können. Sie werden Ihren Ärger nicht in den Griff bekommen, wenn Sie sich immer nur mit den Umständen (Menschen, Dinge) beschäftigen, die ihn ausgelöst haben. Heutzutage kommt es beim Ärgermanagement darauf an, dass man sich nicht länger an den Missständen festbeißt und sich selbst mehr im Griff hat.

Reagieren Sie bewusst anstatt reflexartig

Über Ärgertherapeuten, die behaupten, man könne sich dafür oder dagegen entscheiden, sich zu ärgern, kann ich nur lächeln. Sicher meinen sie es gut, aber sie liegen völlig daneben. Das anfängliche Gefühl der Verärgerung ist ebenso wenig das Ergebnis einer bewussten Entscheidung wie es Gefühle wie Freude, Trauer oder Angst sind. Es ist einfach da!

Ärger ist die intuitive Reaktion Ihres Nervensystems auf eine wahrgenommene Bedrohung oder Gefahr. Eine Wahl haben Sie erst dann, wenn Sie den Ärger empfinden. Sie können entscheiden, wie Sie handeln und ob Sie weiter Ärger empfinden.

Stellen Sie sich die folgenden Fragen:

- ✔ Will ich den Rest meines Lebens in derselben gedankenlosen und vorhersagbaren Weise auf Ärger reagieren, wie ich das bisher getan habe?
- ✔ Will ich immer ein Opfer meiner Gefühle sein?
- ✔ Will ich mich auch weiterhin für meine ärgergeleiteten Reaktionen entschuldigen, indem ich denen, die ich verletzt habe, sage: »Es tut mir leid, ich weiß nicht, was über mich gekommen ist. Ich verspreche, dass es nicht wieder vorkommt.«?
- ✔ Will ich, dass andere mich nach meinen verärgerten Impulsen beurteilen (beispielsweise »Den sollten Sie meiden, der ist unbeherrscht«)?

Ich wette, dass Sie diese Fragen alle mit einem klaren Nein beantwortet haben. Dann sind Sie so weit, etwas zu ändern. Bevor Sie nun irgendetwas anderes tun, müssen Sie sich entscheiden, auf Ihren Ärger *bewusst* anstatt *reflexartig* zu reagieren.

Zugegeben, diese Strategie betrifft den mentalen Bereich (wie das bei allen Entscheidungen ist), aber es *ist* eine Strategie, und eine wichtige dazu. Damit Sie den grundsätzlichen Unterschied zwischen einer bewussten und einer reflexartigen Reaktion auf Ärger verstehen, sollten Sie einen Blick auf Tabelle 6.1 werfen.

Wenn Sie reflexartig auf Ärger reagieren, sind Sie ...	Wenn Sie bewusst auf Ärger reagieren, sind Sie ...
Unüberlegt	Überlegt
Impulsiv	Bedacht
Vorhersagbar	Nicht vorhersagbar
Unkontrolliert	Kontrolliert

Tabelle 6.1: Reflexartige und bewusste Reaktionen auf Ärger

Was passiert, so fragen Sie sich vielleicht, wenn Sie sich entscheiden, weiter reflexartig auf Ihren Ärger zu reagieren? Haben Sie nicht ein Recht darauf, auf Ärger so zu reagieren, wie Sie das wollen? Sicher können Sie das tun, solange Sie bereit sind, dieselben Konsequenzen zu tragen wie bisher – oder schlimmere. Sie können sich weiter entschuldigen und versuchen, den Schaden wiedergutzumachen, den Ihr Ärger bei anderen angerichtet hat. Sie können diesen Weg so lange weitergehen, bis Sie zu einem Punkt gelangen, an dem Ärger und Wut Ihr ganzes Leben vergiften (siehe Kapitel 3). Dann ist dies jedoch Ihre bewusste Entscheidung. Sie können mit Stolz sagen: »Ich entscheide mich dafür, die Beherrschung zu verlieren. So bin ich eben. Fertig aus!« Das ist völlig in Ordnung. Wenigstens macht Sie diese Entscheidung für die Folgen Ihres impulsiven Ärgers verantwortlich, egal, wie negativ sie auch sein mögen, und Sie müssen sich nicht länger als Opfer Ihrer Gefühle erleben. Wenn Sie jetzt noch nicht bereit sind, einen anderen Weg einzuschlagen, dann vielleicht, wenn Sie dieses Buch gelesen haben.

Erwin rettet seinen Job

Einer meiner Klienten – ich möchte ihn hier Erwin nennen – war anfangs sehr skeptisch, ist aber heute voll und ganz überzeugt. Erwins Arbeitgeber legte ihm eine Ärgermanagement-Therapie nahe und stellte klar, dass er seinen Job beim nächsten Mal, wenn er die Beherrschung verlieren sollte, auf jeden Fall los sein würde. Erwin hatte weder die Zeit noch die Geduld herauszufinden, aus welchen Gründen er so oft verärgert und wütend war. Die Zeit drängte und die Aussicht, arbeitslos zu werden, war wenig verheißungsvoll. Er brauchte eine Lösung und er brauchte sie sofort!

Es wäre eine Untertreibung, wenn ich behauptete, dass Erwin an der Wirksamkeit des Ärgermanagements zweifelte. Aber er war bereit, es zu versuchen. Eine Woche, nachdem ich Erwin mit den Strategien vertraut gemacht hatte, die ich Ihnen in diesem Kapitel vorstelle, kam er in mein Büro und verkündete enthusiastisch: »Mann, Sie haben meine Stelle gerettet! Heute Morgen hat mich mein Chef angeblafft, und mein erster Impuls war, entsprechend zurückzublaffen. Aber dann dachte ich daran, was Sie mir über das bewusste Reagieren auf Ärger gesagt hatten – meiner gegen seinen –, und ich konnte die Sache diesmal ganz anders angehen. So habe ich nicht nur meine Stelle behalten, sondern mein Chef hat sich am Ende wieder beruhigt und sich bei mir dafür entschuldigt, dass er so verärgert war.«

Mit alten Gewohnheiten brechen

Ihr Umgang mit Ärger hat sich möglicherweise im Laufe Ihres Lebens zu einer Gewohnheit entwickelt. Lassen Sie sich deshalb nicht gleich entmutigen, wenn es Ihnen schwer fällt, nicht mehr reflexartig, sondern bewusst zu reagieren. Ihre Schwierigkeiten gehen vielleicht auf Erfahrungen in Ihrer Vergangenheit zurück, die Sie für impulsive Verhaltensweisen empfänglich gemacht haben. Vielleicht ist Ihnen aber auch ein impulsives Temperament bereits in die Wiege gelegt worden. Wie dem auch sei, Sie müssen diese Gewohnheiten aufbrechen, wenn Sie Ihren Ärger in den Griff bekommen wollen.

Lukas machte seine ersten Erfahrungen mit Ärgerausbrüchen bereits als Teenager, als er sich gegen die Tyrannen in seiner Klasse zur Wehr setzen musste, die ihn gerne drangsalierten. Seine Familie war neu zugezogen, und er war ein Außenseiter. »Sie schikanierten mich, da musste ich mich wehren. Ich musste immer um alles kämpfen«, erklärte er. Lukas' Problem war, dass er diesen Kampf auch im späteren Leben mit seiner Frau, seinen Kindern, seinen Nachbarn und Kollegen fortsetzte.

Linda wuchs in einer Alkoholikerfamilie auf und fand in verärgerten und wütenden Reaktionen früh eine Überlebensstrategie. Leider führte das aber auch dazu, dass sie nie all das erreichen konnte, was sie sich vom Leben wünschte. »Mein Ärger hat mir geschadet. Er hat mich davon abgehalten, das zu erreichen, was andere Menschen um mich herum hatten, etwa ein Studium und eine ordentliche Arbeit«, beklagt sie sich heute.

Christian hatte schon immer ein Problem mit Wutausbrüchen. Seine Sicherungen brennen schnell durch. Seine Wut baut sich nicht erst langsam auf. Sie bricht plötzlich aus, fast wie auf Knopfdruck. Als er noch klein war, sagte seine Mutter ihm immer: »Wenn andere dich schubsen, geh ihnen einfach aus dem Weg.« Ein guter Rat. Aber er brachte es nicht fertig, damals wie heute nicht, mit 31 Jahren.

Glauben Sie, dass Kindheitserfahrungen Sie dazu neigen lassen, bei Ärger und Wut schnell in die Luft zu gehen? Das kann gut sein, wenn die folgenden Eigenschaften auf Ihre Eltern zutreffen:

- ✔ Lieblos
- ✔ Nicht herzlich oder zärtlich
- ✔ Kalt
- ✔ Ohne Begeisterung
- ✔ Distanziert
- ✔ Unnahbar
- ✔ Reserviert
- ✔ Streng
- ✔ Rigoros
- ✔ Unerbittlich
- ✔ Pedantisch
- ✔ Hart
- ✔ Anspruchsvoll
- ✔ Unfreundlich
- ✔ Schwierig im Umgang
- ✔ Unerträglich
- ✔ Nervös
- ✔ Überempfindlich
- ✔ Reizbar
- ✔ Leicht erregbar
- ✔ Leicht übereilt handelnd
- ✔ Angespannt
- ✔ Ungeduldig
- ✔ Aufgedreht

Das Schöne an Gewohnheiten ist, dass man sie jederzeit ändern kann. Zu meinen erfolgreichsten Klienten zählen Menschen jenseits der 50 und 60. Den Spruch »Was Hänschen nicht lernt, lernt Hans nimmermehr« können Sie getrost vergessen.

Meiden Sie die Gesellschaft anderer »Ärgerholiker«

Es mag Ihnen auch schwer fallen, sich von Ihrer reflexartigen Reaktion auf Ärgernisse zu lösen und bedachter zu reagieren, weil Sie von anderen umgeben sind, die ebenfalls an übertriebenem Ärger leiden. Sie wissen ja: Gleich und Gleich gesellt sich gern. Es kann also sein, dass Sie instinktiv die Gesellschaft von Menschen gesucht haben, die das gleiche Temperament haben wie Sie. Dafür gibt es drei Gründe:

- ✔ **Ihre Art, auf Ärger zu reagieren, hat Sie in ein zu Ihrem emotionalen Verhalten passendes Lebensumfeld geführt.** Die meisten leitenden Angestellten etwa, mit denen ich arbeite, sind stark von Ärger geprägte Menschen. Die meisten von ihnen haben es nach ganz oben geschafft, weil sie ihren Ärger für den Wettbewerb mit ihren Konkurrenten und die Führung ihrer Untergebenen instrumentalisiert haben. Sie könnten Ihnen erzählen, was man mit Ärger alles machen kann!
- ✔ **Verärgerte, unsoziale Menschen neigen dazu, sich Menschen anzuschließen, die ein ähnliches Verhalten zeigen.** Zu Wutanfällen neigende Männer und Frauen fühlen sich zum Beispiel eher zu Männern und Frauen hingezogen, die ebenfalls leicht reizbar sind. Man sucht immer nach dem, was einem vertraut ist.
- ✔ **Wenn Sie sich öfter Ihren Wutausbrüchen hingeben, sind Sie irgendwann nicht mehr gesellschaftsfähig, Menschen, die mit ihrem Ärger angemessen und mit einer gewissen Reife umgehen, werden Sie meiden.** Das bedeutet leider, dass Sie nicht die korrigierenden Rückmeldungen bekommen, die sonst Freunde und Bekannte geben, da diese sich von Ihren Ärgerausbrüchen fernhalten werden. In der Folge suchen Sie die Gesellschaft anderer Menschen, die Ihre Ausbrüche tolerieren oder nicht groß beachten.

Sie brauchen Verbündete, Menschen, die Ihnen dabei helfen können, neue Gewohnheiten im Umgang mit Ihrem Ärger zu entwickeln. Suchen Sie nach Menschen, die:

- ✔ Ihnen durch ihr persönliches Beispiel zeigen, wie man Ärger auf gesunde Weise ausdrücken kann
- ✔ Ihnen aktiv zuhören und Ihre Bemühungen unterstützen, Ihren Ärger in den Griff zu bekommen
- ✔ Sie nicht beurteilen
- ✔ Ihre eigenen Dämonen im Griff haben
- ✔ Geduldig sind
- ✔ Mitfühlend sind und einschätzen können, was für eine Last übertriebener Ärger ist

- Nicht davon ausgehen, dass die Rezepte, mit denen sie ihren eigenen Ärger in den Griff bekommen haben, auch bei Ihnen funktionieren müssen
- Bereit sind, für Sie da zu sein, wenn Sie in einer emotionalen Krise stecken
- Nicht vorgeben, im Besitz aller Antworten zu sein
- Bereit sind, Ihnen zu helfen, aber nicht die Verantwortung für Ihren Ärger übernehmen wollen – das ist Ihre Sache!

Es kann sein, dass Sie sich von der »Herde« distanzieren müssen, ob es sich dabei um eine Gruppe Gleichgesinnter oder um Familienmitglieder handelt. Sie werden einigen Mut und Willenskraft brauchen, sich von verärgerten Freunden zu trennen, aber Sie können es – die positiven Auswirkungen dieses Schrittes werden sich schon bald in Ihrem Leben bemerkbar machen!

Ordnen Sie Ihren Ärger ein

Der erste und wichtigste Schritt bei der Bewältigung Ihres Ärgers besteht darin, die Intensität des Gefühls in dem Moment einzuschätzen, in dem Sie Ärger erleben. Ich nenne diesen ersten Schritt *Einstufen-und-Etikettieren*.

Und so stufen Sie Ihren eigenen Ärger ein:

1. **Überlegen Sie, welche Zahl auf einer Skala von 1 bis 10 die Intensität Ihres Gefühls am besten ausdrückt. Die 1 steht dabei für ein schwach ausgeprägtes, die 10 für ein sehr stark ausgeprägtes Gefühl.**

   Der Wert 2 deutet beispielsweise auf eine kaum wahrnehmbare Veränderung Ihres emotionalen Zustands hin, während der Wert 8 für starke negative Gefühle steht. Achten Sie besonders auf die körperlichen Symptome Ihres Ärgers – wie angespannt, erregt oder aufgewühlt Sie sich fühlen.

2. **Finden Sie für Ihren Zahlenwert das jeweilige Etikett, das entsprechend definiert, wie verärgert Sie sich in diesem Augenblick fühlen.**

   Ärger wird im Grunde auf drei verschiedenen Ebenen erlebt. Bei Zahlenwerten zwischen 1 und 3 sind Sie verstimmt oder gereizt. Bei Zahlenwerten zwischen 4 und 6 sind Sie einfach verärgert. Und wenn Sie Zahlenwerte zwischen 7 und 10 erreicht haben, sind Sie, ob Sie das nun schön finden oder nicht, richtig in Wut geraten.

   Die Zahlenwerte bei Ärger und Wut entsprechen den Handicaps beim Golf. Je niedriger sie sind, desto besser.

Die Bezifferung der Intensität Ihres Ärgers versorgt Sie mit wichtigen Informationen:

- ✔ **Die Zahlenwerte sagen Ihnen, wie nahe Sie daran sind, die Kontrolle über sich zu verlieren.** Sie werden schneller die Beherrschung verlieren, wenn Sie sehr verärgert sind oder kurz vor einem Wutanfall stehen, als wenn Sie nur verstimmt sind.
- ✔ **Die Zahlenwerte sagen Ihnen, wie viel zeitlicher Spielraum Ihnen bleibt, Ihren Ärger in den Griff zu bekommen.** Wenn Ihr Zahlenwert anfangs bei 4 liegt, haben Sie offensichtlich mehr Zeit, an sich zu arbeiten, als wenn Sie auf der Skala bei 6 liegen und nur noch ein kleines Stück von einem Wutanfall entfernt sind.
- ✔ **Die Zahlenwerte liefern Ihnen einen Anhaltspunkt für die Einschätzung Ihrer Fortschritte.** Wenn Sie mit wütenden Gefühlen anfangen und nach der Anwendung der in diesem Kapitel vorgestellten Strategien nur noch Verärgerung verspüren, sind Sie schon ein großes Stück weiter.

Haben Sie Geduld

Gefühle wie Ärger gehen von Natur aus schnell vorüber. Jeder Ärger hat einen Anfangspunkt (Entstehung), eine mittlere Phase (wo er seinen Höhepunkt überschreitet und abzunehmen beginnt) und einen Endpunkt (Auflösung). Auch Gefühle sind an das Prinzip der Schwerkraft gebunden – was hochsteigt, muss auch wieder nach unten kommen. Ärger löst sich immer auf, und zwar auch, ohne dass Sie etwas dafür tun müssen. Für den durchschnittlichen erwachsenen Menschen ist Ärger normalerweise nach fünf bis zehn Minuten überwunden. Sie müssen nicht in irgendeiner Weise reagieren, damit der Ärger nachlässt. Die Entspannung, die Sie nach der mit dem Ärger verbundenen Anspannung und den Gedanken anstreben, wird sich einstellen, wenn Sie sich nur genug Zeit lassen. Die Zeit ist nämlich Ihr Verbündeter. Das eigentlich Paradoxe bei der ganzen Sache ist, dass Sie den Gefühlsansturm umso schneller hinter sich bringen, je mehr Zeit Sie sich geben, verärgert zu sein.

Die folgenden Tipps helfen Ihnen, sich genug Zeit zu geben:

- ✔ **Denken Sie daran, dass die Zeit Ihr Verbündeter ist.** Niemand, nicht einmal der allerwütendste Mensch, kann seinen Ärger sehr lange aufrechterhalten.
- ✔ **Denken Sie daran, dass Geduld eine Tugend ist.** Niemand hat je einen Herzinfarkt oder einen frühen Tod erlitten, weil er zu geduldig war.
- ✔ **Sagen Sie sich so oft wie nötig: »Auch das geht vorbei.«** Manchmal bringt Sie auch eine kleine Weisheit ein großes Stück weiter.
- ✔ **Sagen Sie sich immer wieder: »Weniger ist mehr.«** Bei der Bewältigung von Ärger bringt es oft Vorteile, eine passivere Haltung einzunehmen.

Zu verärgert? Gehen Sie weg!

Eine Gruppe von 115 Achtklässlern wurde daraufhin untersucht, wie intensiv ihr Ärger war und wie reflexartig oder bewusst sie reagierten, wenn sie verärgert waren. Interessant war, dass die Kinder, die von dem intensivsten Ärger berichteten und dazu neigten, ihren Ärger an anderen abzureagieren, viermal länger brauchten, sich wieder zu beruhigen als ihre Mitschüler, die ebenso verärgert waren, sich aber entschieden, einfach wegzugehen und ihren Ärger von selbst abklingen zu lassen. Die Achtklässler, die ihrem Ärger Luft machten, waren im Durchschnitt ein oder zwei Stunden später noch verärgert, während diejenigen, die einfach weggingen, ihren Ärger in weniger als 30 Minuten überwunden hatten.

Holen Sie tief Luft

Ärger und Wut versetzen den Menschen in Erregung. Das vegetative Nervensystem wird angeregt und überschwemmt den Körper mit Adrenalin. Der Blutdruck, der Puls, die Muskelspannung, die Härchen im Nacken – alles geht nach oben! Der verärgerte Mensch ist sofort zum Angriff bereit, um sich gegen eine drohende Gefahr zu verteidigen. Das ist im Wesentlichen das, was der Körper als Reaktion auf Ärger veranstaltet. Wenn Sie nun bewusst auf Ihren Ärger reagieren wollen, müssen Sie damit anfangen, diesen Prozess umzukehren und sich wieder zu beruhigen. In den nachfolgenden Abschnitten stelle ich Ihnen einige Möglichkeiten vor, wie Sie genau das bewerkstelligen können.

Die Entspannungsreaktion

Jeder Mensch hat einen natürlichen Schutzmechanismus, mit dessen Hilfe er die mit Ärger und Wut verbundene körperliche Anspannung außer Kraft setzen kann: die so genannte *Entspannungsreaktion*. Wenn Sie sich akut Entspannung verschaffen wollen, müssen Sie nur so lange innehalten, dass Sie einige tiefe Atemzüge nehmen können. Die sich mit dem Ärger einstellende Anspannung wegzuatmen und sie durch das Gefühl der Entspannung zu ersetzen, ist so einfach, wie bis drei zu zählen:

1. **Atmen Sie bewusst und deutlich tief durch die Nase ein.**
2. **Halten Sie eine Sekunde lang die Luft an.**
3. **Atmen Sie bewusst und deutlich durch den Mund wieder aus.**

Wiederholen Sie diese Übung mindestens zehn Mal (wenn Sie möchten, auch öfter, je nachdem, wie intensiv Ihr Ärger ist) und machen Sie sich dabei Ihre Atmung bewusst.

Denken Sie bei jedem Ausatmen das Wort »loslassen«. Sie geben Ihrem Körper damit den Befehl, die ungewollte Anspannung aufzulösen. Ihr Körper wird sich diesem Befehl beugen – so ist nun einmal das Zusammenspiel von Körper und Geist!

Die Macht der Stille

Stille ist der natürliche Zustand eines ruhenden Körpers. Wenn Sie Ihren Ärger verbal ausdrücken, steigert das nur die Anspannung, treibt den Puls und den Blutdruck in die Höhe und so weiter. Wenn Sie einfach ein paar Augenblicke lang still sind und sich dabei über Ihre Reaktion auf Ihren Ärger Gedanken machen, werden Sie bereits ruhiger. Auf diesem einfachen Prinzip gründet der Rat eines führenden Ärger-Experten, der da lautet, dass ein verärgerter Mensch zunächst einmal den Mund halten sollte.

Machen Sie sich locker

Wenn Sie durchaus verärgert bleiben wollen (oder Ihren Ärger gar steigern möchten), dann bleiben Sie um Gottes willen ernst. Denken Sie daran, dass Ärger nichts ist, worüber man lacht. Denken Sie gar nicht erst daran zu lächeln. Und tun Sie mir einen Gefallen: Versuchen Sie nicht, die Situation, die Ihren Ärger hervorgerufen hat, mit Humor zu betrachten.

Sollten Sie jedoch versuchen wollen, sich zu beruhigen, müssen Sie lockerer werden. Wenn Sie zum Beispiel den Drang verspüren, demjenigen, über den Sie sich geärgert haben, etwas zu sagen, dann fangen Sie mit den Worten »Wissen Sie, es ist schon komisch ...« an.

Oder tun Sie es Friedhelm gleich, dem ein verärgerter Kollege entgegenschleuderte: »Fahr doch zur Hölle!« Friedhelm dachte kurz nach und antwortete dann: »Gute Idee. Bloß war ich da schon. Drei Jahre lang, um genau zu sein, und eigentlich will ich da auch nicht wieder hin. Der Ort heißt St. Johann und liegt in der Eifel.« Friedhelm lachte und sein Kollege verfiel in Schweigen. (Natürlich ist St. Johann für viele Menschen ein nettes Eifeldörfchen – wichtig ist, dass Ihnen etwas einfällt, was für *Sie* komisch ist, wenn Sie verärgert sind, denn man kann sich schlecht ärgern, wenn man lachen muss.)

Impfen Sie sich

Um sich gegen aufkommenden Ärger zu impfen, können Sie ein positives Selbstgespräch führen, in dem Sie Sätze wie die folgenden (still oder laut) wiederholen:

- ✔ »Nimm es locker. Reg dich nicht auf.«
- ✔ »Die anderen haben sich nicht so im Griff, aber ich beherrsche mich.«
- ✔ »Diese Anspannung in meiner Stirn ist bei dem Ärger normal. Wenn ich mich entspanne, geht sie wieder weg.«
- ✔ »Auch das geht vorbei.«
- ✔ »Ich bin im Auge des (Ärger-)Sturms. Hier bin ich sicher.«

Stellen Sie sich vier wichtige Fragen

Sie können nicht mit etwas fertig werden, was Sie nicht verstehen. Wenn Sie auf Ihre Gefühle gesund und angemessen reagieren wollen, müssen Sie sie analysieren. Mit den folgenden vier Fragen geht das schnell und ohne Probleme über die Bühne.

Über wen ärgere ich mich?

Die Antwort auf diese Frage scheint auf den ersten Blick unter Umständen einfach: »Über die Person, die mich provoziert hat.« Wenn man aber genauer hinschaut, ist das oft gar nicht der Fall. In Wahrheit überträgt man möglicherweise aufgestauten, nicht verarbeiteten Ärger von einer Situation auf eine andere, ohne es zu merken. Am Ende kriegt dann die falsche Person den Ärger ab und man erlebt Gefühle, die stärker sind, als es die Situation eigentlich hergibt.

Nehmen wir nur einmal den Fall einer Schülerin, die jeden Tag in die Schule kommt, nachdem sie sich bereits über ihre Eltern geärgert hat und von ihren Mitschülern auf dem Schulweg weiter gereizt wurde. Wenn eine Lehrerin sie dann auffordert, sich auf ihren Platz zu setzen, schreit sie wütend: »Sag mir nicht, was ich tun soll, du Schlampe!« Ist dieses Mädchen schon früh am Morgen so verärgert, nur weil die Lehrerin sie aufgefordert hat, sich hinzusetzen? Eigentlich ärgert sie sich doch über ihre Eltern und ihre Mitschüler.

Fragen Sie sich also: Über wen ärgere ich mich?

Möchte ich hier verärgert sein?

Leider hat man meist nicht die Wahl, wann und wo man sich ärgert. In den meisten Fällen melden sich Ärger und Wut, wenn es gerade nicht passt.

Laura ärgerte sich just über eine Kollegin, als sie am Freitagnachmittag gerade Feierabend machen und ins Wochenende flüchten wollte, das sie mit Freunden am Strand verbringen würde. Sie stand vor einem Dilemma. Sollte sie ihrem Ärger Luft machen und riskieren, sich nicht beruhigen zu können und sich das Wochenende damit zu verderben? Oder sollte sie ihren Ärger zurückstellen und mit ihrer Kollegin erst am Montag darüber sprechen?

Überlegen Sie, ob Zeit und Ort jetzt dafür geeignet sind, sich zu ärgern.

Warum bin ich verärgert?

Weil Ärger oft ein instinktiver, unbedachter Impuls ist, kann es sein, dass Sie zunächst gar nicht wissen, *warum* Sie sich ärgern. Sie wissen zwar, dass Sie Ärger empfinden, können aber nicht sagen, wo er herkommt – was Ihre Gefühle ausgelöst hat. Zu den häufigsten Auslösern von Ärger gehören die folgenden:

- ✔ **Jemand hat Ihr Selbstwertgefühl verbal oder körperlich angegriffen.**
- ✔ **Jemand oder etwas hat Sie davon abgehalten, ein angestrebtes Ziel zu erreichen.** Dabei sind Sie umso eher verärgert, je mehr Sie davon überzeugt sind, dass Ihnen dieses Ziel zusteht, oder je intensiver Sie auf dieses Ziel hingearbeitet haben.
- ✔ **Jemand hat Ihre grundlegenden moralischen Prinzipien verletzt – Fairness, Gleichheit, Ehrlichkeit und Verantwortlichkeit.** Auch hier gilt: Je wichtiger diese Werte für Sie sind, desto größer ist Ihr Ärger.
- ✔ **Eine Situation, in der Sie sich hilflos fühlen und nicht in der Lage sind zu korrigieren, was schiefgelaufen ist.**

Steht die Intensität meines Ärgers im Verhältnis zum Grund meines Ärgers?

Um noch einmal auf das Beispiel von eben zurückzukommen: Selbst wenn die Schülerin sich darüber geärgert hätte, dass die Lehrerin sie aufforderte, sich hinzusetzen, rechtfertigt das einen Wutausbruch? Eine Verstimmung vielleicht, aber Wut sicher nicht. Dies ist ein Punkt, der für die meisten Menschen problematisch ist: Die Intensität ihres Ärgers ist im Vergleich zu dem auslösenden Moment zu groß.

David gibt seiner Frau einen Abschiedskuss und macht sich auf den Weg zur Arbeit. Vorher will er sich noch ein Glas Orangensaft aus dem Kühlschrank holen. Als er sieht, dass keiner mehr da ist, stürzt er die Treppe zum Schlafzimmer hoch und macht seine Frau zehn Minuten lang zur Schnecke. Auf die Frage, ob sein Wutanfall gerechtfertigt gewesen sei, antwortet er ruhig: »Aber sicher, sie weiß, dass ich morgens ein Glas Orangensaft trinke. Sie hat darauf zu achten, dass immer welcher da ist.«

Man kann immer eine Rechtfertigung dafür finden, dass man verstimmt oder verärgert ist. Wut lässt sich jedoch nie rechtfertigen.

Welche Möglichkeiten habe ich?

Sie haben unzählige Möglichkeiten, auf Ihren Ärger zu reagieren. Einige dieser Möglichkeiten sind aggressiv (jemanden anschreien oder schlagen). Andere beinhalten eine Distanzierung von Ihrem Ärger (einfach weggehen). Wieder andere erfordern, dass Sie sich selbst behaupten und Ihrem Ärger ohne jegliche Aggressivität Ausdruck verleihen. Die eigentliche Frage ist nun, welche Reaktion für Sie in der jeweils gegebenen Situation die beste ist. Das möchte ich mit Ihnen in den folgenden Abschnitten erkunden.

Halten Sie sich immer drei Möglichkeiten offen

Sorgen Sie dafür, dass Sie immer drei Möglichkeiten haben, auf etwaigen Ärger zu reagieren. Wenn Ihnen nur eine Möglichkeit offensteht (Fluchen, zum Beispiel), haben Sie nicht die Wahl, was Sie als Nächstes tun können – dazu bräuchten Sie wenigstens zwei Möglichkeiten. Darüber hinaus ist eine einzige Möglichkeit (auch wenn es Ihr Favorit ist) nie für alle Situationen geeignet, in denen Ärger bei Ihnen aufkommen könnte. Wenn Sie sich beispielsweise über eine Meinungsverschiedenheit mit einem Freund aufregen, könnten Sie sich mit den Worten trennen: »Schön, dann einigen wir uns eben darauf, dass wir uns nicht einig sind.« Sie könnten aber auch aggressiv zurückschlagen und sagen: »Das ist wirklich total daneben und ich habe keine Lust mehr, mir diesen Mist weiter anzuhören!« Oder Sie könnten entgegnen: »Mit ein bisschen Geduld könnte ich dich vielleicht davon überzeugen, dass du die Dinge falsch siehst, aber im Moment bin ich zu verärgert. Wenn es dir recht ist, lass uns doch später noch einmal darüber reden.«

Es ist nichts Schlimmes, eine Reaktionsmöglichkeit im Köcher zu haben, die etwas aggressiver ist. Problematisch ist das nur, wenn es die *einzige* Möglichkeit ist.

Bedenken Sie die Konsequenzen jeder Reaktion

Wenn Menschen *reflexartig* auf ihre Gefühle reagieren, haben sie keine Zeit, über die Konsequenzen ihres Handelns nachzudenken. Reagieren sie aber bewusst auf dieselben Gefühle, steht ihnen diese Zeit zur Verfügung.

Wenn Sie das nächste Mal vor einer Situation stehen, die Sie verärgert, rufen Sie sich die drei Reaktionsmöglichkeiten ins Gedächtnis, die Sie sich zurechtgelegt haben. Nehmen Sie sich eine Minute Zeit und überlegen Sie, was passieren könnte, wenn Sie Möglichkeit 1, 2 oder 3 wählen. Jede dieser Möglichkeiten zieht unterschiedliche Konsequenzen nach sich, positive und negative, unmittelbare und mittelbare.

Gefühle sind vorübergehender Natur, sie kommen und gehen. Mit den Konsequenzen Ihrer Reaktionen auf Ihre Gefühle müssen Sie unter Umständen länger leben.

Überlegen Sie, was passiert, wenn Sie die Beherrschung verlieren:

- ✔ Ihr Blutdruck steigt, manchmal gefährlich hoch.
- ✔ Sie fühlen sich, als würden Sie explodieren.
- ✔ Ihr Herz hämmert.
- ✔ Sie haben das Gefühl, einen Klumpen im Magen zu haben.
- ✔ Sie fühlen sich überfahren.

- ✔ Sie verlieren die Konzentration und sehen nur noch Ihren Ärger.
- ✔ Sie fühlen sich niedergeschlagen und unglücklich.
- ✔ Sie schämen sich, fühlen sich bloßgestellt und schuldig.
- ✔ Sie sind nervös und gereizt.
- ✔ Andere fühlen sich aufgrund Ihres Ärgers verletzt.
- ✔ Andere werden trotzig.
- ✔ Andere werden Ihnen gegenüber gleichgültig.
- ✔ Andere meiden Sie.
- ✔ Andere verlieren den Respekt vor Ihnen.

Überlegen Sie jetzt, was passiert, wenn Sie die Ruhe bewahren können:

- ✔ Sie beruhigen sich schneller.
- ✔ Andere behalten den Respekt vor Ihnen.
- ✔ Andere kommen eher auf Sie zu.
- ✔ Sie werden mit größerer Wahrscheinlichkeit eine konstruktive Lösung für eventuelle Probleme finden.
- ✔ Sie minimieren die Möglichkeit zukünftiger Konflikte.
- ✔ Sie werden mit größerer Wahrscheinlichkeit die Sichtweise des jeweils anderen verstehen können.
- ✔ Sie und Ihr Kontrahent verlassen die Situation mit einem guten Gefühl.
- ✔ Sie sind mitfühlender.
- ✔ Sie haben einen niedrigeren Blutdruck.
- ✔ Sie verlassen die Situation ohne Groll.
- ✔ Sie sind eine wesentlich angenehmere Person.

Motive spielen durchaus eine Rolle

Wenn es um die Reaktion auf Ärger geht, entscheiden Frauen sich meist, so zu reagieren, dass die Person, die sie verärgert hat, erfährt, was sie fühlen und denken. Männer dagegen neigen eher Reaktionen zu, bei denen sie Dampf ablassen können. Leider stellen die langfristigen negativen Folgen solcher Ausbrüche die kurzfristige Befriedigung, die der unmittelbare Abbau der Anspannung bringt, bei weitem in den Schatten. Beim Ärgermanagement geht es zu großen Teilen darum, das unmittelbare, durch das verärgerte »Zurückschlagen« ausgelöste Wohlgefühl zurückzustellen, um in den Genuss der Befriedigung zu gelangen, die sich schließlich einstellt, wenn man sein Gefühlsleben im Griff hat.

Frauen im Vorteil

Bei einer Befragung von 518 Heranwachsenden im Hinblick auf ihre Reaktionen auf den Ärger Gleichaltriger entschieden sich die meisten, Ärger mit Ärger zu beantworten. 42 Prozent der Jungen entschieden sich für diese Möglichkeit, um sich selbst vor dem verärgerten Verhalten der jeweils anderen zu schützen. Bei den Mädchen waren es 32 Prozent. Dem steht gegenüber, dass nur 28 Prozent der Jungen sich für eine reifere Reaktion entschieden und einfach weggingen, um sich zu beruhigen und später über das Problem zu sprechen. Bei den Mädchen entschieden sich immerhin 39 Prozent für diese Möglichkeit. Frauen sind bereits in diesem Alter einen erheblichen Schritt weiter im Umgang mit Ärger. Dieser Trend scheint sich auch im späteren Leben fortzusetzen.

Bestehen Sie nicht immer auf Ihrem Recht, verärgert sein zu dürfen

Ich hätte gerne einen Euro für jeden verärgerten Menschen, der mir gesagt hat: »Verdammt noch mal, ich habe ein *Recht*, verärgert zu sein.« Meine Antwort ist immer dieselbe: »Sicher haben Sie das – das heißt aber nicht, dass Sie auch das Recht haben, Ihren Ärger so auszudrücken, wie Sie das gerade möchten.«

Ich meine, dass jeder seine Erfahrungen machen darf, auch emotionale Erfahrungen. Die Weisheit gebietet es jedoch hin und wieder, dass wir diesen Erfahrungen keinen Ausdruck verleihen. Man kann sich entscheiden, etwas zu fühlen, ohne zu handeln. Das ist manchmal eine schwierige Entscheidung, die von Reife und Mut zeugt, aber es ist eine Entscheidung.

Also los, reagieren Sie!

Schließlich und endlich müssen Sie entscheiden, wie Sie auf Ihren Ärger reagieren wollen. Wägen Sie also Ihre Möglichkeiten ab, bedenken Sie die Konsequenzen und überlegen Sie, ob Sie Ihr Grundrecht, Ihren Ärger auszudrücken, in der jeweiligen Situation wahrnehmen möchten. Und dann reagieren Sie.

In den meisten Fällen werden Sie in einer Weise reagieren, die Ihnen mehr nutzt als schadet. Wählen Sie jedoch eine aggressive Erwiderung (indem Sie etwa laut werden), dann soll es so sein. Allerdings werden Sie Ihre Energie kaum mit Schreien verschwenden, wenn Sie sich wirklich die Zeit genommen haben, über die Konsequenzen Ihrer Entscheidung nachzudenken. (Wenn doch, dann werden Sie sehen, welche Konsequenzen Ihre Schreierei hat, und werden sich das nächste Mal gut überlegen, ob Sie noch einmal auf diese Weise reagieren wollen.)

Und jetzt belohnen Sie sich

Wenn Sie sich dazu entschieden haben, heute anders (bewusst) auf Ärger zu reagieren als in der Vergangenheit (reflexartig), dann sollten Sie sich gut dabei fühlen. Es gibt nichts Schöneres, als seinen Gefühlen nicht hilflos ausgeliefert zu sein. Feiern Sie diesen Augenblick und belohnen Sie sich dafür, dass Sie diese gesunde Entscheidung getroffen haben. Auf diese Weise kann aus einer einmaligen Erfahrung eine lebenslange Gewohnheit werden.

Gemäß einer traditionellen Erkenntnis der Psychologie lernen Menschen, ihr Handeln nach Konsequenzen auszurichten. Eigentlich ist das ganz einfach: Wenn man etwas tut und dafür belohnt wird, wiederholt man dieses Verhalten, in der Hoffnung, dieselbe Belohnung wieder zu erhalten. Tut man etwas und wird dafür nicht belohnt oder, schlimmer noch, gar bestraft, wiederholt man dieses Verhalten eher nicht. Auf dieser Grundlage laufen alle Experimente mit Ratten ab, denen, wie ein bedeutender Psychologe einst meinte, »Menschen bezüglich ihrer Intelligenz meist nicht nachstehen«. Indem man positives Verhalten belohnt, unterstützt man die Herausbildung von Gewohnheiten – Verhaltensmuster, die fortbestehen und unbewusst automatisiert werden. Wiederholung allein genügt nicht, um eine neue Gewohnheit entstehen zu lassen. Es muss jeweils eine Belohnung dazukommen.

Wenn Sie also die in diesem Buch vorgestellten Ärgermanagement-Strategien anwenden, sollten Sie sich in jedem Fall dafür belohnen. Hier ein paar Vorschläge:

- ✔ **Klopfen Sie sich auf den Rücken und sagen Sie sich: »Gut gemacht.«**
- ✔ **Sagen Sie zu sich selbst im Stillen oder laut: »Das ist gut für mich. Es hätte keinen Besseren treffen können.«**
- ✔ **Sitzen Sie einfach ruhig da und genießen Sie das Gefühl, etwas erreicht zu haben.**
- ✔ **Teilen Sie den Augenblick Ihres Triumphs mit einem lieben Menschen.**
- ✔ **Gönnen Sie sich etwas Besonderes.** Kaufen Sie sich ein Buch oder eine CD, die Sie schon länger auf der Liste haben, gehen Sie einen schönen Kaffee trinken oder kaufen Sie ein Lotterielos (es könnte sich bezahlt machen, dass Sie Ruhe bewahrt haben!).
- ✔ **Stecken Sie einen Euro in ein Ärgermanagement-Sparschwein.** Wenn sich genug angesammelt hat, können Sie sich dafür etwas Schönes leisten. Es ist ein schönes Gefühl und eine Belohnung mit anzusehen, wie sich das Sparschwein immer weiter füllt.
- ✔ **Teilen Sie Ihren Triumph über den Ärger des Tages mit einer höheren Macht in Form eines Dankgebets.**
- ✔ **Denken Sie eine Minute über all die negativen Konsequenzen nach, die Sie nicht tragen müssen, weil Sie die Ruhe bewahrt haben.** Erfreuen Sie sich an allem, was nicht passiert ist!
- ✔ **Wiederholen Sie voller Überzeugung den folgenden Satz: »Ich habe meinen Ärger im Griff; mein Ärger hat mich nicht im Griff.«**

Es ist nie zu spät zu lernen, wie man Ruhe bewahrt

Einer meiner Klienten – nennen wir ihn Frank – hatte sein Leben lang ein furchtbares Naturell. Er ruinierte seine Gesundheit, vergraulte die meisten seiner Freunde und, was das Schlimmste war, entfremdete sich von seinem einzigen Kind. Frank war in den Jahren, in denen sein Sohn heranwuchs, so von Ärger zerfressen, dass er sich immer mehr von ihm entfernte, sowohl geografisch als auch emotional. Wenn sein Sohn anrief, so berichtete Frank, und er den Hörer abnahm, sagte sein Sohn immer nur knapp: »Kann ich mit Mama sprechen?« Was Frank über seinen Sohn (und seine Enkel) wusste, hatte er von seiner Frau erfahren.

Aber dann machte Frank im Alter von 58 Jahren etwas Merkwürdiges (und Mutiges): Er nahm an einer Ärgermanagement-Therapie teil und lernte zum ersten Mal, wie er sein Temperament zügeln konnte. Wenn sein Sohn jetzt anruft und Frank sagt: »Warte, ich hole deine Mutter an den Apparat«, dann antwortet sein Sohn: »Warte mal, ich will erst mal mit dir reden. Wie geht es dir? Was machst du?« Frank hat heute eine Beziehung zu seinem Sohn, die beide früher nie für möglich gehalten haben. Indem er lernte, sich zu beherrschen, hat Frank einen Sohn gewonnen. Er ist ein sehr glücklicher Mann!

Teil III

Wut und Ärger künftig vermeiden

»Diese Haltung hilft, wenn man innere Ruhe finden, sich einen klaren Kopf verschaffen und etwas hinter dem Kühlschrank hervorholen will.«

In diesem Teil ...

erzähle ich Ihnen, wie Sie mit Wut und Ärger umgehen, bevor sie überhaupt entstehen. Sie haben richtig gehört: Sie können heute schon vermeiden, sich morgen über etwas zu ärgern. Finden Sie heraus, wie Sie Ihren Ärger entschärfen können. Wenn Sie nicht von blinder Wut übermannt werden wollen, müssen Sie sich der Realität zuwenden, wie sie *ist*, und nicht, wie Sie sie gerne haben *wollen*.

Sie werden in diesem Teil herausfinden, warum Sie nicht länger so tun dürfen, als ginge es Ihnen gut, wenn es Ihnen eigentlich nicht gut geht. Seinen Ärger unter den Decke zu halten, mag als zivilisiert gelten, aber es ist alles andere als gesund. Darüber hinaus werden Sie der Frage auf den Grund gehen, warum Sie mit Ihrem Leben unzufrieden sind und was Sie daran ändern können. Zunächst einmal müssen Sie sich selbst gegenüber offen zugeben, wie stark Sie verärgert sind und warum. Des Weiteren können Sie jegliches Verhalten vom Typ A – Wettbewerb, der ständige Blick auf die Uhr und eine sklavische Hingabe an die Arbeit – ablegen und sich damit anfreunden, *wer* anstatt *was* Sie sind. Und schließlich können Sie den Ärger zu Ihrem Verbündeten machen. Man nennt das auch *konstruktiven Ärger*, ein völlig neuartiger Umgang mit Ihren Gefühlen.

Eine neue Perspektive

7

In diesem Kapitel

- Warum Provokationen überschätzt werden
- Verstehen, dass es nicht nur eine Wahrheit gibt
- Die Schwarz-Weiß-Perspektive verwerfen
- Feindseligkeit und Unmut verstehen
- Nicht das Zentrum des Universums sein wollen

Bestimmte Sichtweisen laden Ärger geradezu ein.

Nehmen Sie zum Beispiel Walter. Er ist Anfang sechzig, sympathisch, intelligent, gebildet, aber immer schnell bei der Hand, wenn es darum geht, hinter dem Handeln anderer eine böse Absicht zu vermuten. Wenn er jemanden anruft und eine Nachricht hinterlässt und derjenige nicht gleich zurückruft, denkt Walter gleich: »Was soll das – für den existiere ich wohl nicht!«

Nie im Leben würde es Walter in den Sinn kommen, dass die Person, wegen der er jetzt verärgert ist, vielleicht auch andere wichtige Dinge zu tun haben könnte, dass sie irgendwo in einem Stau steckt oder krank im Bett liegt. Niemals. Für Walter gibt es nur eine mögliche Erklärung, warum sein Telefon nicht klingelt – fehlender Respekt –, und deshalb ist Walter verärgert.

Wenn das nur dieses eine Mal so wäre, würde ich nicht von einem Problem sprechen. Menschen wie Walter betrachten aber alles so, was ihnen im Alltag begegnet. Jedes Mal, wenn ein anderer Autofahrer sie schneidet, jedes Mal, wenn sie länger als zwei Minuten warten müssen, bis ein Kellner zu ihren Tisch kommt, jedes Mal, wenn ihr Ehepartner vergisst, die Sachen aus der Reinigung abzuholen, ist das nur ein Beweis mehr für die dahinter steckende böse Absicht – und eine Gelegenheit mehr, sich berechtigterweise zu ärgern.

In diesem Kapitel geht es um die »mentale« Seite des Ärgers. Sie haben die Wahl, wie Sie das Handeln und Verhalten anderer Menschen betrachten, und Sie haben die Wahl, wie Ihre Entscheidungen sich auf ihr Gefühlsleben auswirken. In diesem Kapitel kläre ich Sie darüber auf, wie das vonstatten geht. Ich erläutere Ihnen, warum ich der Meinung bin, dass Provokationen furchtbar überschätzt werden. Und schließlich unterscheide ich zwischen Feindseligkeit und Ärger und erkläre, warum die beiden untrennbar miteinander verknüpft sind.

Ärger liegt im Auge des Betrachters

Menschen sind die einzigen Tiere, die sich frei entscheiden können, wie sie die Welt sehen. Katzen, Hunde, Eichhörnchen, Hamster oder Goldfische – alle sind instinktgeleitete Lebewesen, die nach der von ihrem Nervensystem vorgegebenen Art und Weise reagieren. Instinkte sind universal – kraulen Sie den Bauch eines Bassett-Hundes und er wird sofort mit den Hinterbeinen zu wackeln beginnen. Alle Bassett-Hunde tun das – sie haben gar keine Wahl.

Das Wunder des Menschen ist, dass er nicht seinen Instinkten unterworfen ist. Sie haben nicht nur die Wahl, wie Sie auf Ihre Umwelt reagieren (etwa wenn Sie jemand schlecht behandelt), sondern können bereits vorher frei entscheiden, wie Sie das Handeln dieser Person wahrnehmen. Denken Sie, das war Absicht? War es ein Zufall oder eine zielgerichtete Handlung? Richtet sich die Misshandlung speziell auf Sie alleine? Betrachten Sie den Vorfall als eine Katastrophe – ein Ereignis, das ihr Leben auf den Kopf stellt? Hätte er Ihrer Meinung nach nicht passieren dürfen? Das sind alles Fragen, die Ihnen im Kopf herumgehen und die Sie, wenn auch unbewusst, beantworten, bevor Sie überhaupt die Gelegenheit haben, reflexartig – oder besser bewusst – auf die jeweilige Provokation zu reagieren (mehr über den Unterschied zwischen reflexartigen und bewussten Reaktionen können Sie in Kapitel 6 erfahren).

Man könnte sagen, dass Michael ein geborener Pessimist ist, aber in Wirklichkeit ist das nicht so. Menschen werden nicht mit bestimmten Haltungen *geboren* – Haltungen entwickeln sich erst aufgrund von Erfahrungen im Laufe des Lebens. Sicher ist jedoch, dass Michael in einer Alkoholikerfamilie aufgewachsen ist, in der im einen Moment alles wunderbar laufen und im nächsten Moment das Chaos hereinbrechen konnte. Als Kind lernte er, dass man nicht davon ausgehen konnte, dass die guten Zeiten lange dauerten und dass er und der Rest der Familie von der nächsten Familienkrise nicht weiter als ein Bier entfernt waren. Deshalb ist es nicht verwunderlich, dass Michael auch als Erwachsener davon ausgeht, dass sich irgendwann alles zum Schlechten wendet, wenn man nur lange genug wartet. Egal wie sehr sich seine Frau bemüht, ihm ihre Liebe zu zeigen und wie sehr seine Kinder sich ins Zeug legen, im Hinterkopf wartet er jede Minute darauf, dass das Ganze kippt – und er ist darauf vorbereitet, wütend zu reagieren, wenn der Augenblick gekommen ist. Warum wird er wütend? Das ist Michaels Art, sich gegen das Chaos zu stemmen, eine Möglichkeit, die Dinge im Griff zu haben – anders als in seinen Kindertagen, als er sich unter dem Bett versteckte, wenn sein angetrunkener Vater nachts im Haus herumtobte und schrie.

Michael ist sich nicht bewusst, dass seine frühe Kindheit seine Weltsicht beeinflusst hat. Wie die meisten Kinder von Alkoholikern glaubt er, dass mit ihm alles in Ordnung ist, denn er hat diese unangenehmen Jahre überlebt (zumindest körperlich). Er hat keine Ahnung, warum er so schnell die Beherrschung verliert. Michael könnte auch ein Bassett-Hund sein!

Warum spricht man von »blinder Wut«?

Je intensiver Ihr Ärger ist, desto mehr ergreift er Besitz von Ihrem zentralen Nervensystem – mit anderen Worten, Ihrem Gehirn. Während eines Wutanfalls sind Sie, trotz aller guten Vorsätze, für alles andere um Sie herum blind und taub. Das ist sicher *nicht* der Fall, wenn Sie nur gereizt oder verärgert sind (in Kapitel 3 können Sie nachlesen, wie man diese drei Grade voneinander unterscheidet). Wutentbrannte Menschen hören und empfinden nur ihren eigenen Ärger und nehmen nur das Ziel ihres Zorns wahr. Hat sich ihr Zorn erst wieder abgekühlt, erleben diese Menschen oft eine Art emotionale Amnesie – sie können meist weder genau sagen, was ihren Ausbruch ausgelöst hat, noch erinnern sie sich daran, was sie während ihrer Tiraden gesagt oder getan haben. Ironischerweise sind sie oft schockiert darüber, welchen Schaden sie angerichtet haben, und haben ein schlechtes Gewissen. Das Problem ist nur, dass sie aufgrund ihrer Blindheit gegenüber ihren eigenen gefährlichen Emotionen kaum aus diesen Erfahrungen lernen können.

Das Einzige, was man gegen Wut wirklich tun kann, ist zu verhindern, dass sie entsteht. Man muss handeln, *bevor* man von den unkontrollierbaren Gefühlen übermannt wird. Deshalb ist es so entscheidend, gleich zur Tat zu schreiten, wenn man merkt, dass man sich zu ärgern beginnt (siehe Kapitel 4), und meinen Rat zu befolgen, wie man Ruhe bewahren kann (siehe Kapitel 6).

Der nächtliche Wüterich

Ich habe schon einige Menschen behandelt, bei denen nächtliche Wutanfälle auftraten – die Wut überfiel sie, während sie tief schliefen. Einer von rief völlig aufgeregt in meinem Büro an und bat dringend um einen Termin. Er war nachts von den Schreien seiner Frau aufgewacht und fand sich auf ihr sitzend, kurz davor, ihr die Faust ins Gesicht zu schlagen. Sie war hysterisch, und er schämte sich abgrundtief. Für dieses Verhalten gab es keinen unmittelbaren Anlass – beide hatten tief und fest geschlafen – und es entsprach auch überhaupt nicht seinem Charakter. Sein Leben lang war er ein positiver, unbekümmerter, gelassener Mann, der Konflikten aus dem Weg ging. Wo kam also diese Wut her?

Nachdem ich mit ihm gesprochen und mehr über seine Lebensgeschichte erfahren hatte, kannte ich die Antwort. Er hatte über die Jahre jede Menge Unmut und Stress in sich aufgestaut. Er hatte weder über seine Sorgen um seinen Arbeitsplatz, um die Versorgung seiner Familie, noch über die Angst vor dem Verlust des Hauses, das er gerade gekauft hatte, oder den Auszug seines Sohnes mit jemandem geredet, und schließlich war der Damm gebrochen. Ich empfahl ihm, sich den anderen gegenüber zu öffnen und mehr mit seiner Frau zu sprechen, die in den langen Jahren, die sie bereits verheiratet waren, immer zu ihm gehalten hatte. Er zögerte jedoch, sie mit seinen Problemen zu belasten. Also bedankte er sich und verließ mein Büro in dem Glauben, dass ihm so etwas nie wieder passieren würde.

Drei Tage später rief er wieder völlig aufgelöst an – wieder hatten ihn die Schreie seiner Frau aufgeweckt, aber diesmal hatte er bereits mehrmals auf sie eingeschlagen. Jetzt war er bereit, meinem Rat zu folgen.

Und die Moral von der Geschicht': Nehmen Sie die Scheuklappen ab und achten Sie auf all die Dinge, die Stress bei Ihnen auslösen, bevor der Damm bricht und sich all die aufgestauten Gefühle entladen.

Wählen Sie das kleinere Übel

Die ersten Jahre, nachdem ich nach Virginia umgezogen war, erlebte ich jede Menge Ärger und Wut im Straßenverkehr. Ich hatte vorher in einigen anderen Staaten gelebt und hatte das Gefühl, die Fahrer in Virginia seien »eine Horde Idioten, die es darauf abgesehen hatte, mich zur Strecke zu bringen.« Ein typisches Beispiel: Ich bin auf dem Highway unterwegs und weit und breit ist kein Auto zu sehen. Ein Stück weiter vorne auf meiner Fahrbahn sehe ich einen Wagen auf der Auffahrt herannahen. Nun würde man denken, der Fahrer beschleunigt so, dass er bequem vor mir auf den Highway auffahren kann, oder er lässt sich mit dem Auffahren so viel Zeit, dass ich noch an ihm vorbeikomme. Weit gefehlt. Er wählt seine Geschwindigkeit denkbar ungünstig und schwenkt dann direkt vor meiner Nase auf meine Fahrbahn, so dass ich schnell auf die Überholspur ausweichen muss. Mein erster Gedanke war: »Das hat dieser Idiot mit Absicht gemacht!«

Eines Tages war ich es leid, mich im Straßenverkehr immer wieder zu ärgern, und beschloss, das Fahrverhalten der Autofahrer in Virginia aus einer anderen Perspektive zu betrachten. Von diesem Tag an sagte ich mir immer wieder: »Die haben es nicht auf mich abgesehen. Sie zwingen mich nicht mit Absicht, in die Eisen zu steigen und immer wieder Ausweichmanöver zu vollführen. Sie sind nur einfach dumm – sie wissen es nicht besser.« Seit ich diese Perspektive eingenommen habe, wechsle ich jetzt immer auf die andere Spur, sobald ich ein Auto in meiner Fahrtrichtung fahren sehe, egal wie weit es von mir entfernt ist. Auf diese Weise vermeide ich, dass die Ignoranz der anderen Fahrer zu meinem Problem wird.

Im Prinzip habe ich durch meinen Perspektivenwechsel das kleinere von zwei Übeln gewählt: Ahnungslosigkeit oder Böswilligkeit. Ich habe mich für die Ahnungslosigkeit entschieden! Das heißt nicht, dass ich die Fahrweise der anderen Verkehrsteilnehmer gut finde – ich rege mich nur nicht mehr darüber auf.

Denken Sie an eine Situation, in der Sie gereizt, verärgert oder wütend waren und fragen Sie sich: »Was hat mein jeweiliges Gegenüber gemacht, um dieses Gefühl in mir zu wecken? Und – was noch wichtiger ist – was war der Grund für dieses Verhalten?« Versuchen Sie nun, sich zwei alternative Gründe für das Verhalten dieser Person zu überlegen. Nehmen Sie ein Blatt Papier und schreiben Sie alle drei Sichtweisen auf. Überlegen Sie, wie Sie sich bei jeder der drei Möglichkeiten fühlen würden. Wählen Sie dann die Möglichkeit, die emotional für Sie die *geringsten* negativen Folgen hat – mit anderen Worten, wählen Sie das kleinste Übel.

Nehmen wir beispielsweise an, Sie sind gereizt, weil Sie beim Zahnarzt trotz Termin ewig im Wartezimmer sitzen müssen. Ihr erster Gedanke ist: »Der ist so geldgierig, dass er mehr Patienten annimmt, als er in der vorgesehenen Zeit schaffen kann, und wir müssen dann darunter leiden!« Vielleicht ist das ja so. Versuchen Sie dennoch, zwei andere Gründe für die Verzögerung zu finden. Vielleicht hat er bei einem Patienten länger gebraucht, weil dieser große Angst vor dem Zahnarzt hatte und erst beruhigt und dann ganz behutsam behandelt werden musste. Wie wäre es mit einer anderen Erklärung? Vielleicht ist seine Mutter krank und er musste mit ihrem Arzt telefonieren, um sich schildern zu lassen, wie es um sie steht. Auch das könnte sein. Welche dieser Erklärungen regt Sie nun am wenigsten auf? Vielleicht die kranke Mutter? Dann tun Sie Ihrem gestressten Selbst einen Gefallen und nehmen Sie an, die Mutter sei krank. Gehen Sie sogar noch einen Schritt weiter und empfinden Sie Mitgefühl mit Ihrem Zahnarzt. Es muss schon hart sein, all die Patienten zu versorgen und gut gelaunt zu erscheinen, wenn man sich um die Gesundheit seiner Mutter Sorgen machen muss. Wenn Sie so viel Verständnis für Ihren Zahnarzt aufbringen, können Sie ihm seine Arbeit doch auch ein wenig leichter machen. (Und wenn sonst nichts dabei herumkommt, so haben Sie sich wenigstens erspart, dass aus Ihrer Verstimmung Ärger entsteht, der Ihnen dann den ganzen Tag versaut.)

Nehmen Sie das Leben, wie es ist, nicht wie es sein sollte

Mensch, wäre es nicht schön, wenn sich die Dinge immer so entwickeln würden, wie man sich das vorgestellt hat? Sie würden sich nicht ärgern, wenn:

- ✔ Die rote Ampel dann auf Grün umspringen würde, wenn es Ihnen gerade passte
- ✔ Ihre Frau Ihnen so viel Aufmerksamkeit schenkte, wie Sie das für angemessen hielten
- ✔ Ihre Kindern Sie respektieren würden, wie Sie das erwarteten
- ✔ Ihr Arbeitgeber Ihnen so viel bezahlte, wie er es Ihrer Meinung nach tun sollte
- ✔ Ihr Rentenanspruch so wachsen würde, wie Sie es verdienten
- ✔ Die Regierung die Staatsverschuldung so gering halten würden, wie es nötig wäre
- ✔ Ihre Autoreifen so lange hielten, wie sie sollten
- ✔ Ihre Hosen so passen würden, wie sie sollten
- ✔ Ihre Kinder die Noten nach Hause bringen würden, die Sie gerne sähen
- ✔ Gott auf Ihre Gebete reagieren würde, wie Er sollte
- ✔ Sie so viel Regen und Sonnenschein hätten, wie Sie bräuchten
- ✔ Andere Leute so über Ihre Witze lachen würden, wie Sie das erwarteten

Leider stehen wir alle dem Problem gegenüber, dass nicht immer alles so läuft, wie wir uns das vorstellen. Wir sind gezwungen, uns mit dem Leben auseinanderzusetzen, wie es *ist*, und nicht, wie wir es gerne hätten.

Achten Sie einmal darauf, wie oft das Wort »sollte« in Ihren Gedanken oder Worten im Laufe eines Tages auftaucht. Jedes Mal, wenn Sie sich sagen oder denken hören »er sollte ...«, halten Sie inne und stellen Sie sich die folgenden drei Fragen:

- ✔ **Wer sagt denn, dass jemand nicht so handeln sollte?** Wo steht das geschrieben? Handelt es sich um eine Tatsache oder um Ihre Meinung? An welchem Punkt in Ihrem Leben haben Sie angefangen zu entscheiden, wie sich andere Menschen verhalten sollten?

- **Warum sollte jemand nicht so handeln?** Haben andere nicht das gleiche Recht wie Sie, sich frei zu äußern? Sollten alle danach handeln, wie Sie die Dinge sehen? Warum zählt Ihre Sichtweise mehr als die der anderen?
- **Ist die Tatsache, dass jemand sich nicht so verhält, wie er sollte, es wert, dass Sie sich ärgern und sich womöglich den Tag verderben?**

Früher hat es mich immer fuchsteufelswild gemacht, wenn meine Frau noch nicht fertig war, um auszugehen, wenn ich es für richtig hielt. Ich tigerte also im Haus herum und regte mich immer weiter auf. Zwischendurch schrie ich immer wieder nach oben: »Bist du immer noch nicht fertig? Hast du mal auf die Uhr gesehen?« Auf dem Weg zur Party war ich dann immer ungenießbar. Ein halbes Leben habe ich dafür gebraucht, zwei Dinge einzusehen: (1) Ich habe mich wirklich idiotisch verhalten und (2) meine Frau ist davon auch nicht eine Minute pünktlicher geworden. Heute bin ich immer noch rechtzeitig fertig, aber dann setze ich mich in aller Ruhe in meinen Sessel und lege die Beine hoch – bis sie auftaucht und sagt: »Okay, wir können gehen.«

Das Eltern-Kind-Dilemma

Wenn Sie sich unter keinen Umständen ärgern wollen, schaffen Sie sich keine Kinder an. Aufgrund meiner Beobachtungen kann ich sagen, dass Ärger zwischen Familienmitgliedern, insbesondere zwischen Eltern und Kindern, aus der unterschiedlichen Wahrnehmung entsteht, wie etwas sein sollte. Eltern denken beispielsweise, dass ihre Kinder ihre Anweisungen befolgen, einen respektvollen Umgangston wahren und in der einen oder anderen Form ihre Dankbarkeit dafür zeigen sollten, was ihre Eltern für sie getan haben und noch tun. Kinder – mit Sicherheit aber Heranwachsende – glauben dagegen, sie sollten die Freiheit haben, tun zu können, was sie wollen, und mit ihren Eltern zu reden, wie sie wollen, und sind der Meinung, dass ihre Eltern mit dem, was sie tun, nur ihre Pflicht erfüllen und deshalb keinen Dank erwarten dürfen. Ob eine Eltern-Kind-Beziehung gelingt oder nicht, hängt wesentlich davon ab, wie beide Parteien ihre Sichtweisen in Verhandlungen einbringen.

Toleranter werden

Ärger ist ein in Intoleranz gründendes Gefühl. Intoleranz bedeutet, dass Sie das Verhalten oder die Sichtweise eines anderen Menschen nicht akzeptieren. Ärgern Sie sich, bedeutet das, dass Sie das Verhalten oder die Sichtweise dieses anderen Menschen für falsch halten. So einfach ist die Sache.

Durch seinen Ärger verteidigt sich ein Zuhörer gegen eine Veränderung seiner Denkweise. Anstatt die Herausforderung einer ehrlichen Meinungsverschiedenheit anzunehmen, nimmt ein intoleranter Mensch Zuflucht zu Einschüchterungen, Beleidigungen oder Rückzug – die alle von Ärger motiviert sind –, damit er weiter strikt an seinen Überzeugungen festhalten kann.

Je intoleranter ein Mensch ist, desto intensiver ist sein Ärger.

Das nächste Mal, wenn Sie sich über etwas ärgern, was jemand anders gesagt oder getan hat, tun Sie das Folgende:

✔ **Erinnern Sie sich daran, dass Sie absolut nichts zu rechtfertigen haben, wenn Sie mit Ihrer Denkweise im Reinen sind.** Nur weil jemand anders eine andere Meinung hat, heißt das ja nicht, dass Sie völlig falsch liegen oder Ihre eigenen Überzeugungen und Handlungsweisen rechtfertigen müssten.

✔ **Anstatt sich zu verteidigen (darum geht es nämlich bei Intoleranz!), sollten Sie in die Offensive gehen.** Sagen Sie Ihrem Gegenüber: »Erklären Sie mir das doch einmal näher. Ich würde gerne verstehen, wie Sie zu dieser Ansicht gelangt sind. Vielleicht bringen Sie mich ja einen Schritt weiter.«

✔ **Werden Sie nicht persönlich.** Konzentrieren Sie sich auf Sachfragen, nicht auf Personen. Richten Sie Ihre Kommentare auf das Thema, um das es geht (zum Beispiel »Ich bin nicht der Meinung, dass Eltern ihren Töchtern schon im Teenager-Alter die Pille geben sollten«), anstatt auf Ihren Gesprächspartner (»Wenn Sie so denken, sind Sie dumm.«).

✔ **Suchen Sie nach Punkten, in denen Sie übereinstimmen.** Eltern beispielsweise, die darüber diskutieren, ob sie ihren Töchtern die Pille geben sollten, können darauf aufbauen, dass sie sich einig sind (ausdrücklich), dass sie sich beide Sorgen um die Sicherheit und das Wohlergehen ihrer Kinder machen.

✔ **Vermeiden Sie Kraftausdrücke.** Mit Flüchen und Schimpfworten erniedrigen Sie nur Ihr Gegenüber und unterdrücken jeglichen konstruktiven Dialog. Es ist viel besser zu sagen, »Ich weiß nicht, was ich sagen soll, wenn du dich so verhältst«, als zu sagen: »Du bist ein Arsch und du weißt es!«

✔ **Vermeiden Sie in jedem Fall, Verachtung zu zeigen.** Verachtung – Seufzen, Augenrollen – vermittelt nicht nur das Gefühl der Intoleranz, sondern signalisiert Ihrem Gesprächspartner auch, dass Sie ihn für völlig wertlos halten. Man drückt damit nur aus »Ich bin besser als du!«

In allem die Vielfalt suchen

Soweit ich weiß, gibt es Gott sei Dank kein Gen, das Intoleranz im Erbgut festschreibt. Intoleranz ist eine Haltung, die Menschen im Laufe ihres Lebens erwerben. Wenn man in einer Familie aufwächst, die verschiedene Standpunkte akzeptiert, übernimmt man diese Einstellung meist auch in seinem späteren Leben. Dasselbe gilt, wenn man in einer intoleranten Familie aufwächst.

Ein Mittel gegen Intoleranz – eine Sichtweise, die nur Schwarz oder Weiß kennt – ist die Vielfalt. Mit Hilfe ihrer Intoleranz versuchen viele Menschen, die sich in einem ständigen Wandel befindliche, komplexe Welt zu vereinfachen. Vielfalt ermöglicht Ihnen, Ihren Horizont zu erweitern und festzustellen, dass das »Meer der Ideen, Überzeugungen und Verhaltensweisen« schier endlos ist. Es gibt in Wirklichkeit zwischen Schwarz und Weiß unendlich viele Graustufen. Die Wahrheit liegt in der Regel irgendwo zwischen dem, was »ich« glaube und dem, was »Sie« glauben.

Vielfalt ist viel leichter herzustellen, als Sie vielleicht glauben. Mit Hilfe der folgenden Tipps können Sie ein aufgeschlossenerer – und damit auch toleranterer Mensch – werden:

- ✔ **Lesen Sie etwas über andere Religionen.** Gehen Sie doch mal in die nächste Buchhandlung: Dort finden Sie unter anderem so interessante Bücher wie *Buddhismus für Dummies* von Stephen Bodian und Jonathan Landaw, *Islam für Dummies* von Malcolm Clark, *Der Koran für Dummies* von Sultan Sohaib, *Katholizismus für Dummies* von Kenneth Brighenti und John Trigilio oder *Die Bibel für Dummies* von Michael Homan und Jeffrey Geoghegan.
- ✔ **Lesen Sie Zeitungen aus anderen Regionen oder aus dem Ausland.** Wenn Sie aus einem kleinen Dorf in Oberbayern kommen, lesen Sie den Berliner Tagesspiegel. Leben Sie in Hamburg und haben eine Tante, die in einem Dorf auf dem platten Land wohnt, lassen Sie sich von ihr ab und zu das Lokalblatt schicken. Viele Zeitungen sind auch im Internet vertreten.
- ✔ **Probieren Sie immer, wenn Sie in ein Restaurant gehen, etwas Neues aus.** Damit zwingen Sie sich, die Zone des Vertrauten und Bequemen zu verlassen.
- ✔ **Leben Sie abenteuerlustig.**
- ✔ **Wenn Sie zu einer Party eingeladen sind, gehen Sie auf einen Menschen zu, den Sie noch nicht kennen, und beginnen Sie ein Gespräch.** Wenn Sie sich nur mit Menschen unterhalten, die Sie kennen, werden Sie seltener etwas Neues entdecken.
- ✔ **Reisen Sie so viel, wie es Ihr Portemonnaie erlaubt.** Und versuchen Sie, in verschiedene Regionen eines Landes (oder der Welt) vorzustoßen. Wenn Sie im Ausland sind, nehmen Sie auch Kontakt zu den Einheimischen auf.
- ✔ **Nehmen Sie bewusst Kontakt zu Menschen auf, die eine andere ethnische Herkunft haben als Sie.**
- ✔ **Lesen Sie täglich alle Kommentare in Ihrer Zeitung, nicht nur die, mit denen Sie übereinstimmen.**
- ✔ **Gehen Sie in Museen und Kunstgalerien.**
- ✔ **Treffen Sie Menschen aus unterschiedlichen Altersgruppen.** Sie werden überrascht sein, wie anders Menschen denken, die viel jünger oder viel älter sind als Sie.
- ✔ **Hören Sie sich Vorträge von Experten zu den unterschiedlichsten Themenbereichen an.** Viele Gemeinden und Städte bieten Vorträge oder kulturelle Veranstaltungen an, manchmal sogar kostenlos. Wenn Sie in einem kleinen

Dorf wohnen, sehen Sie sich in der nächstgelegenen Stadt um und fahren Sie dorthin, um in den Genuss solcher Veranstaltungen zu kommen.

✔ **Halten Sie die Augen offen und machen Sie den Mund zu.** Lernen Sie jetzt, debattieren Sie später.

Sind Sie müde, sich selbst zuzuhören?

Mehr als die Hälfte meines Erwachsenenlebens lang habe ich kein Blatt vor den Mund genommen und, wenn ich es auch damals nicht gemerkt habe, jedem, der mir zuhören wollte, meine Ansichten über das Leben und die Welt aufzuzwingen versucht. Das hat sich alles geändert, als ich fünf Jahre lang mit einer Depression kämpfte und endlich gezwungen war, mir anzuhören, was andere zu sagen hatten.

Als ich mich von meiner Depression erholt hatte, merkte ich, dass ich es leid war, meiner eigenen Stimme zu lauschen und lieber ein aktiver Zuhörer sein wollte. Zum ersten Mal in meinem Leben wurde mir bewusst, dass ich schon immer von zahlreichen intelligenten, interessanten Menschen umgeben war, darunter meine Frau und meine Kinder, die nur darauf warteten, ihre einzigartigen Einblicke in das Leben mit mir zu teilen. Was für eine erfreuliche Überraschung!

Meiden Sie die Medien wie die Pest

Die Pressefreiheit hat ihren Preis. In unseren Tagen lassen die Massenmedien, insbesondere manche Fernsehsender, gerne extreme Ansichten publikumswirksam aufeinanderprallen, die Themen sind dabei so vielfältig wie nebensächlich. Der Austausch zwischen den »Experten« ist entsprechend intensiv, laut, streitlustig und gelegentlich von Ärger geprägt. Anstatt den Horizont zu erweitern, heizen solche Sendungen mit ihrem unzivilisierten Schlagabtausch ein Klima der Intoleranz an. Wenn Sie noch nicht verärgert waren, bevor Sie den Fernseher eingeschaltet haben, werden Sie es bald sein.

Die bewegten Bilder des Fernsehens sind zwar anregender und unterhaltender, aber sie erregen auch unsere Leidenschaften stärker. Wenn Sie nur daran interessiert sind zu erfahren, was in der Welt um Sie herum so passiert – ohne diese ganze von Ärger geprägte Rhetorik –, dann sind Sie mit den gedruckten Medien (Zeitungen und Magazinen) oder Ihren regionalen Radio- und Fernsehprogrammen besser bedient.

Gute Neuigkeiten sind in den Medien unterrepräsentiert – das Negative ist meist interessanter. Wenn Sie ohnehin eine eher pessimistische oder zynische Weltsicht haben oder sich in einer schlechten Stimmung befinden (siehe Kapitel 19), sind negative Neuigkeiten das Letzte, was Sie brauchen. Das ist nur ein Faktor mehr, der Sie dem Ärger einen Schritt näher bringt.

Jerry wer?

Vor zwanzig Jahren, als Ärgermanagement-Workshops noch nicht so verbreitet waren, lud man mich ein, in Cape Cod ein Seminar abzuhalten. Meine Tochter begleitete mich. An einem Nachmittag bummelten wir in unserer freien Zeit ein wenig herum und stießen auf einen netten, kleinen Laden, der sich auf Teddybären spezialisiert hatte. Als wir hineingingen, begrüßte uns eine ältere Dame und bedeutete uns, sie werde uns sofort weiterhelfen, sobald sie mit den anderen Kunden fertig sei. Dann wollte sie wissen, wo wir herkamen. Ich sagte ihr, dass wir aus Virginia kämen. Daraufhin fragte sie nach dem Ort. »Lynchburg«, antwortete ich. »Sie wissen, da wo Jerry Falwell herkommt.« Die Frau meinte nur: »Tut mir leid, den kenne ich nicht.«

Als die anderen Kunden gegangen waren, kam sie zu uns und entschuldigte sich dafür, dass sie nicht gewusst hatte, wer der Pfarrer und Fernsehprediger Jerry Falwell war. »Das macht doch nichts«, entgegnete ich, »ich dachte, Sie würden ihn vielleicht kennen, weil er so oft im Fernsehen zu sehen ist.« Daraufhin erzählte sie uns eine interessante Geschichte aus ihrem Leben. Als junge Frau hatte sie unter Depressionen gelitten und jahrelang bei allen möglichen Stellen nach Hilfe gesucht – ohne Erfolg. Eines Tages ging sie zu einem Verhaltenstherapeuten, der sie bat, einmal genau aufzuschreiben, welche Situationen zu einer Stimmungsverschlechterung führten. Dabei stellte sich heraus, dass dies meistens dann der Fall war, wenn sie im Fernsehen die Nachrichten ansah. Ihr Therapeut riet ihr, keine Nachrichten mehr zu sehen. Daran hielt sie sich. Und dann erzählte sie, dass sie seit 25 Jahren keine Depressionen mehr hatte. »Ich freue mich für Sie«, meinte ich zu ihr. »Das werde ich auch mal probieren!« Ich glaube, dasselbe lässt sich auch auf Ärger und Wut anwenden.

Wo kommen Feindseligkeit und Unmut her?

Feindseligkeit ist eine Haltung – ein böswilliges Gefühl –, das wir mit bestimmten Menschen und Umständen in unserer Umgebung verbinden. Wie Unmut ist Feindseligkeit eine Perspektive, die in wechselseitiger Beziehung zu Gefühlen wie Ärger und auch aggressiven Verhaltensweisen steht. Mit anderen Worten: Feindselige Menschen sind öfter verärgert, und umgekehrt pflegt Ärger feindselige Gedanken zu fördern. Anders als der Ärger, der kommt und auch wieder geht, kann Feindseligkeit äußerst lange anhalten.

Wo kommen diese negativen Haltungen aber her? Da gibt es zwei Quellen:

- ✔ **Die Familie:** Wie vieles andere auch, erlernt man negative Haltungen schon früh im Leben.
- ✔ **Heruntergeschluckter, nicht verarbeiteter Ärger:** Stellen Sie sich vor, Sie trinken Ihren Kaffee jeden Tag aus demselben Becher. Was wäre, wenn Sie diesen Becher nie zwischendurch spülen würden? Jedes Mal, wenn Sie Ihren Kaffee getrunken haben, bleibt ein kleiner Rest im Becher, der schließlich die gesamte Innenseite des Bechers einfärbt und Ihrem Kaffee schließlich einen bitteren Nachgeschmack verleiht. Genau das passiert, wenn Sie Ihre Gefühle verbergen (siehe Kapitel 8) oder nachtragend sind (Kapitel 13). Feindseligkeit ist der bittere Geschmack, den man ein Leben lang auf der Zunge hat und der die vielfältigen

Aromen überdeckt, die das Leben uns zu bieten hat. In der Regel werden Menschen nicht über Nacht feindselig und missmutig. So etwas vollzieht sich langsam und heimtückisch.

Wenn Sie nicht zu einem feindseligen und missmutigen Menschen werden wollen, sollten Sie die Ärgermanagement-Strategien nutzen, die ich Ihnen in diesem Buch präsentiere und das Folgende tun:

- ✔ Machen Sie sich Ihren Ärger bewusst, sobald Sie ihn aufkommen spüren.
- ✔ Nutzen Sie Ihren Ärger, um sich selbst besser kennen zu lernen.
- ✔ Drücken Sie Ihren Ärger aus, ohne ihm bloß Luft zu machen (siehe Kapitel 5).
- ✔ Sagen Sie nicht länger, es gehe Ihnen gut, wenn dem nicht so ist.
- ✔ Machen Sie es sich zur täglichen Gewohnheit, Ihren Ärger zu bekennen.
- ✔ Stellen Sie sich Ihren Ärger als Verbündeten vor, nicht als Feind.
- ✔ Finden Sie gesunde Möglichkeiten – etwa sportliche Aktivitäten –, bei denen Sie Dampf ablassen können.
- ✔ Machen Sie sich bewusst, dass Ärger ein ebenso gesundes Gefühl ist wie Liebe und Freude.
- ✔ Sagen Sie den Menschen, die Sie schlecht behandeln, endlich »Entschuldigen Sie sich!«.
- ✔ Helfen Sie sich aus der Patsche, indem Sie anderen verzeihen.
- ✔ Leben Sie in der Gegenwart, nicht in der Vergangenheit.
- ✔ Übergeben Sie Ihren Groll einer höheren Macht.
- ✔ Verzichten Sie darauf, gleichzuziehen – Rache bringt keinen Ausgleich.
- ✔ Ziehen Sie gesunde Grenzen zwischen sich selbst und denen, die Sie am meisten lieben.
- ✔ Kommen Sie zurück und sprechen Sie über die Gründe für Ihren Ärger, nachdem Sie weggegangen sind.
- ✔ Werden Sie charismatischer.
- ✔ Impfen Sie sich gegen Stress.
- ✔ Bringen Sie Ihr Leben durch positive Erfahrungen ins Gleichgewicht, damit die negativen nicht so ins Gewicht fallen.

Im Zweifel bestimmt auftreten

Wenn es Ihnen an Durchsetzungsfähigkeit mangelt und Sie nie für sich selbst einstehen, stecken Sie wahrscheinlich voller Groll. Das ist verständlich. Warum? Weil Sie sich zu einem

Großlager für angesammelten Frust und Ärger entwickelt haben. Sie lassen Ihre Gefühle – die guten wie die schlechten – nie ans Tageslicht, und folglich haben diese Sie fest im Griff.

Das erinnert mich an einen Witz über vier alte Männer, die seit drei Jahrzehnten zusammen Golf spielten. Sie waren an jedem Samstagmorgen immer die Ersten auf dem Golfkurs und auch die Ersten, die wieder ins Clubhaus zurückkehrten. Als sie eines Morgens vom Spiel zurückkamen, trat ein anderer Golfer an einen der Männer heran und fragte, wie die Runde an diesem Tag war. »War ganz schön schwierig heute«, antwortete dieser. Einer der anderen ergänzte: »Sie kennen doch Harald, der immer mit uns spielt. Er hatte am vierten Loch einen Herzinfarkt.« »Mein Gott«, rief der andere Mann entsetzt aus, »was haben Sie gemacht?« »Wir konnten nichts anderes machen«, erwiderte der Golfer, »als den Ball zu schlagen und Harald bis zum letzten Loch mitzuschleppen.« Vielleicht ist der Harald, den Sie mit sich herumschleppen, Ihr eigener, nicht ausgedrückter Ärger, der sich in einer verhärteten Haltung manifestiert hat – Feindseligkeit.

Wollen Sie Ihren Harald in Frieden ruhen lassen? Überlegen Sie, sich auf eine der folgenden Arten durchzusetzen:

- Wenn Sie mit dem Service in einem Restaurant nicht zufrieden sind, sagen Sie das dem Kellner oder, besser noch, dem Manager.
- Üben Sie sich darin, »Nein« zu sagen, wenn andere Menschen in Ihre Privatsphäre eindringen (etwa aggressive Verkäufer).
- Wenn Sie jemand bittet, etwas zu tun (oder es gar von Ihnen verlangt), fragen Sie zuerst, warum, bevor Sie es tun.
- Gewöhnen Sie sich an, nicht intakte Waren dorthin zurückzubringen, wo Sie sie gekauft haben, ohne dass es Ihnen peinlich ist oder Sie das Gefühl haben, sich entschuldigen zu müssen.
- Haben Sie keine Angst davor, sich mit einem Verkäufer auseinanderzusetzen – es geht schließlich um Ihr Geld.
- Wenn sich jemand an Ihnen vorbeidrängeln will, sagen Sie »Entschuldigen Sie sich« und bitten Sie die Person dann höflich, sich hinten anzustellen.

Wer ist feindseliger – Männer oder Frauen?

Aktuelle Forschungen des Psychologen Wolfgang Linden und seiner Kollegen an der Universität von British Columbia stellen die seit langem vertretene These in Frage, dass Frauen eher dazu neigen, Ärger zu unterdrücken, als Männer und in der Folge mehr Unmut ansammeln. Linden fand heraus, dass Frauen andere Techniken nutzen, mit Ärger fertig zu werden, indem sie beispielsweise die Unterstützung anderer Menschen suchen, mit denen sie über ihre Gefühle sprechen können. Männer dagegen drücken ihren Ärger mehr durch offene Aggression (Angriff auf die Quelle) aus. Dies legt nahe, dass Frauen eher in der Lage sind, ihren Ärger relativ schnell zu überwinden, und so vermeiden, dass sich langfristig eine feindselige Grundhaltung entwickelt.

Sagen Sie, was Sie fühlen

8

In diesem Kapitel

- Warum es wichtig ist, die Dinge offen auszusprechen
- Höflichkeit hat auch Nachteile
- Fragen Sie sich: »Worüber spreche ich nicht?«
- Gesunden Ärger herauslassen

Heute rief in einer Radiosendung ein Mann an, um zu erzählen, was ihm durch den Kopf ging, als er davon hörte, dass im Nahen Osten amerikanische Flaggen verbrannt werden. Er hörte sich an wie ein reifer Mann und sprach in einem ruhigen Ton. Irgendwann sagte er: »Wenn jemand die Flagge verbrennen möchte, ist das O.K.« Aber dann verbesserte er sich und fügte hinzu: »Nein, O.K. ist es nicht. Es ärgert mich, aber ich kann sie wohl nicht davon abhalten.« Das klang in diesem Moment für mich so, als hätte dieser Mann seine wahre Stimme gefunden.

Wie oft stellen Sie fest, dass Sie mit Ihren Gefühlen politisch korrekt umgehen und so tun, als sei etwas in Ordnung, was eigentlich für Sie nicht in Ordnung ist? Wenn Sie Ihre wahren Gefühle oft verbergen, was glauben Sie, wie sich das auf Sie auswirkt? Sind Sie gelegentlich hinsichtlich der Welt um Sie herum enttäuscht, desillusioniert oder desinteressiert? Was glauben Sie, würde passieren, wenn Sie offener und ehrlicher mit den Dingen umgingen, die Sie ärgern?

In diesem Kapitel führe ich Sie an die Antworten auf diese Fragen heran und zeige Ihnen, wie Sie sich so weit öffnen, dass Sie Ihren Ärger auf gesunde Weise ausdrücken können. Dieses Kapitel hilft Ihnen, das zu sagen, was Sie fühlen, anstatt sich darauf zu beschränken, was andere gerne von Ihnen hören möchten – je besser Sie das schaffen, desto eher werden Sie Ihren Ärger in den Griff kriegen.

Warum es ungesund ist, Gefühle zu verbergen

Gefühle sind von Natur aus als kurze, vorübergehende Erfahrungen angelegt. In der Regel kommen und gehen sie im Laufe eines Tages und bewegen sich in die eine oder andere Richtung, was sich in Verhaltensänderungen ausdrückt. Ärger, zum Beispiel, löst eine Kampf-Flucht-Reaktion aus, die im menschlichen Nervensystem fest verankert ist. Es ist unnatürlich, auf ein Gefühl wie Ärger nicht zu reagieren, und es kann in besonderen Fällen auch ungesund sein. Gefühle spiegeln sich in körperlichen Veränderungen wider – Blutdruck, Puls, Blutzuckerspiegel und Muskelspannung nehmen zu –, die in der Regel harmlos sind, weil sie schnell vorübergehen (wenn die Gefühle ausgedrückt wurden). Nicht ausgedrückte Gefühle bleiben im Körper gefangen und verursachen eine anhaltende körperliche Anspannung – das kann fatale Folgen haben.

Nicht ausgedrückten Ärger gibt es nicht

Man kann nicht sagen, dass Ärger entweder ausgedrückt wird oder nicht. Ärger findet immer Ausdruck, es fragt sich nur, wie. Sie glauben wahrscheinlich, dass Sie Ihren Ärger ausdrücken, wenn Sie das so tun, dass andere Menschen es sehen, hören oder fühlen können. Ansonsten, folgern Sie, haben Sie Ihren Ärger nicht ausgedrückt. In Wirklichkeit aber wird *jeder* Ärger ausgedrückt – manchmal auf eine Weise, die auf den ersten Blick nicht wahrnehmbar ist. Sie sehen vielleicht nicht verärgert aus und klingen auch nicht so, aber Ihr Ärger macht sich in Ihren Herz-Kreislauf-System (Bluthochdruck oder Migräneattacken), Ihrem Verdauungstrakt (Reizmagensyndrom oder Magenkrämpfe) oder Ihrem Bewegungsapparat (Funktionsstörungen des Kausystems [CMD] oder Spannungskopfschmerzen) bemerkbar.

Ärger kann sich auch in negativen Haltungen (Pessimismus, Zynismus, Hoffnungslosigkeit, Bitterkeit und Sturheit), Vermeidungsverhalten (anderen die kalte Schulter zeigen), demonstrativer Opposition (»Das sehe ich *nicht* so!«) oder passiv-aggressivem Verhalten (»Entschuldigung – wollten Sie etwas?«) zeigen. Er kann Ihnen die Stimmung verderben und dafür sorgen, dass Sie »schlecht drauf« sind. Plötzlich verlieren Sie den Enthusiasmus, den Sie gerade noch spürten. (Weitere Beispiele finden Sie in der Ärger-Checkliste in Kapitel 3.)

Die Verletzung, die keine ist

Ich bin immer wieder beeindruckt, wie viele meiner Klienten an Rückenschmerzen leiden, ohne je eine Verletzung am Rücken erlitten zu haben. Besonders erinnere ich mich an einen Mann, der zu mir kam und sich über ständige Kreuzschmerzen beklagte, die eingesetzt hatten, als er seinen Fuß auf eine Schaufel stellte, um ein Loch auszuheben, eine Arbeit, die er in seinem Leben schon unzählige Male verrichtet hatte. Das war die Verletzung, die ihm unerträgliche Schmerzen verursachte, die eine weitreichende ärztliche Behandlung erforderlich machte und die dazu führte, dass er seine Arbeit verlor.

Als ich weiter nachforschte, stellte sich heraus, dass dieser Mann beim selben Arbeitgeber vor einigen Jahren gekündigt hatte, weil er wegen der geringen Bezahlung, der fehlenden Zusatzleistungen und unzumutbarer Übergriffe des Vorarbeiters unzufrieden (verärgert) war. Er hatte damals eine andere Stelle in einem anderen Bundesstaat angenommen und dort gearbeitet, bis sein Arbeitgeber überraschend Konkurs anmelden musste. Jetzt war er gezwungen, an seinen alten Arbeitsplatz zurückzukehren – immer noch unterbezahlt, ohne Zusatzleistungen und unter demselben Vorarbeiter. Er fühlte sich am Boden zerstört und entmutigt. Seine Art, damit fertig zu werden, war »gute Miene zum bösen Spiel machen« und alles schlucken, ohne jemals Ärger aufkommen zu lassen.

Dann machte eines Tages – es war ein Tag wie jeder andere – sein Rücken nicht mehr mit. Was kam dabei heraus? Er bekam sein Geld und musste weder arbeiten noch sich mit seinem Chef herumschlagen. Sicher hatte sich der Mann verletzt, aber es war seine Seele, die verletzt war, nicht sein Rücken. Nachdem er an meinem Schmerzrehaprogramm teilgenommen und die inneren Zusammenhänge seiner Rückenschmerzen verstanden hatte, fand er eine neue Anstellung und die Schmerzen verschwanden schließlich.

Konzentrieren Sie sich auf Ihren Bereich – und überlassen Sie anderen Leuten den ihren

Der Personalchef des Unternehmens, bei dem Jens beschäftigt war, hatte ihm nahegelegt, eine Ärgermanagement-Therapie zu machen. Jens ging auf die 60 zu und arbeitete schon fast 20 Jahre bei der Firma. Jetzt sah er sich mit disziplinarischen Maßnahmen konfrontiert, die nach einigen für ihn untypischen Wutausbrüchen gegenüber seinem direkten Vorgesetzten notwendig geworden waren. Man hatte ihm die Pistole auf die Brust gesetzt: Entweder du lernst, dich zu beherrschen, oder du fliegst! Die Situation war für Jens umso schlimmer, als er durch den Stress der letzten Zeit Probleme mit seinen Blutdruck- und seinen Cholesterinwerten bekommen hatte, die sich eigentlich seit Jahren dank einer medikamentösen Therapie im grünen Bereich bewegten. Jens sah das Problem darin, dass sein Vorgesetzter jung, unerfahren und inkompetent war – wie er es ausdrückte, »ein Idiot, der keinen Schimmer hat, wie wir die Dinge hier regeln.«

Ganz klar, Jens war unzufrieden, nicht mit seiner eigenen Arbeit, sondern mit der Arbeitsweise seines Vorgesetzten. So lange es ging, hatte er versucht, den Dingen ihren Lauf zu lassen und seine Unzufriedenheit für sich zu behalten, aber vor kurzem war sein Ärger mit ihm durchgegangen. In seinem Alter konnte Jens sich nicht erlauben, seine Stelle zu verlieren. Und einen Herzinfarkt wollte er wegen seiner Arbeit auch nicht riskieren. Der Frage, wie er seinen Ärger loswerden konnte, stand er allerdings völlig hilflos gegenüber.

Ich schlug ihm einen Kompromiss vor: Er sollte zufrieden damit sein, wie er seine eigene Arbeit machte. Sein Vorgesetzter dagegen sollte für seine Fehler vor seinen Vorgesetzten gerade stehen. »Machen Sie Ihre Arbeit so gut Sie können, haken Sie sie ab, und wenn Ihr Vorgesetzter seinen Teil in den Sand setzt, ist das sein Problem«, riet ich ihm. »Übernehmen Sie nur die Verantwortung für Ihren Teil, nicht für die ganze Welt.«

Es funktionierte. Ich weiß zwar nicht, wie es seinem Vorgesetzten geht, aber Jens konnte seinen Blutdruck und seine Cholesterinwerte wieder stabilisieren, hatte keine Wutausbrüche mehr und konnte seinen Personalchef zufriedenstellen. Seinen Arbeitsplatz hat er immer noch!

Unzufriedenheit kann fatale gesundheitliche Folgen haben

Wenn man chronisch – Tag und Nacht – unzufrieden ist, kann das der Gesundheit schaden. Dr. Ernest Harburg und seine Kollegen an der Universität Michigan haben eine Studie durchgeführt und dabei Arbeitnehmer befragt, wie zufrieden sie mit ihrem Arbeitsplatz waren. Insbesondere fragten sie danach, wie zufrieden die Befragten waren mit:

- ✔ Der Möglichkeit, im Rahmen ihrer Arbeit mehr Geld zu verdienen
- ✔ Der Zusammenarbeit im Kreise freundlicher und hilfsbereiter Kollegen
- ✔ Ihrer Chance, in ihrem Arbeitsbereich neue Qualifikationen zu erwerben
- ✔ Der Sicherheit ihres Arbeitsplatzes

- Mit der Möglichkeit, die Dinge zu tun, die sie am besten konnten
- Mit der Möglichkeit, weiter nach oben zu kommen (befördert zu werden)

Darüber hinaus wurden Fragen gestellt, die darauf zielten, zu ermitteln, ob die Befragten ihren Ärger in der Regel unterdrückten oder ausdrückten. Bei der Analyse dieser Daten fand ich interessanterweise heraus, dass die Arbeitnehmer, die mit ihrer Arbeit sehr unzufrieden waren und ihren Ärger unterdrückten, bei weitem die höchsten Durchschnittswerte beim Blutdruck aufwiesen – verglichen mit denen, die mit ihrer Arbeit zufrieden waren und denen, die unzufrieden waren, aber ihren Ärger auf irgendeine Weise ausdrückten. Die sich aus der Kombination chronischer Unzufriedenheit und unterdrücktem Ärger ergebende Erhöhung des Blutdrucks reichte aus, das Risiko der Betroffenen, einen tödlichen Herzinfarkt oder Schlaganfall zu erleiden, beträchtlich in die Höhe zu treiben.

Dasselbe, so stellte sich heraus, galt für ähnliche Fragen, die auf die Zufriedenheit der Befragten mit ihrer häuslichen und familiären Situation zielten. Auch hier hatten die Unzufriedenen, die ihren Ärger herunterschluckten, die höchsten Blutdruckwerte.

Höflich ist nicht immer nett

Höflich zu sein heißt, ein guter Bürger zu sein – jemand, der sich an die Regeln des menschlichen Miteinanders hält. Das heißt, dass man sich im Zusammenleben gegenseitig Respekt erweist. Das heißt, dass man sich nicht unverschämt, taktlos, rücksichtslos oder absichtlich feindselig verhält. Auf der anderen Seite bedeutet es aber auch nicht, dass man immer nett und tolerant ist und sich alles gefallen lässt, was andere tun oder lassen. Es bedeutet nicht, dass Sie grundsätzlich eine passive Rolle einnehmen, sich zum Fußabtreter für andere machen lassen oder sich herumschubsen lassen. Und es bedeutet nicht, dass Sie niemals in angemessenem Rahmen Ärger empfinden und zum Ausdruck bringen dürfen.

Auch höfliche Menschen erleben Verstimmungen und Ärger, aber sie drücken sie konstruktiv aus (Beispiele finden Sie in Kapitel 11). Sie reagieren bewusst auf ihre verärgerten Gefühle, anstatt reflexartig und unbedacht loszupoltern (siehe Kapitel 6). Und sie äußern sich so, dass ihr Gegenüber etwas über die Gründe erfährt, warum sie sich geärgert haben (siehe Kapitel 5).

Sagen Sie nicht »Mir geht es gut«, wenn es Ihnen nicht gut geht

Vielleicht haben Sie herausgefunden, dass Sie keine Verantwortung für Ihren Ärger übernehmen müssen, wenn Sie immer sagen »Mir geht es gut«, auch wenn das mit Ihren tatsächlichen Gefühlen nicht übereinstimmt. Eine solche Reaktion ist ein Beispiel für das, was die Politiker eine »ausweichende Antwort« nennen. Das ist eine höfliche Art zu sagen: »Ich werde Ihnen nicht sagen, wie ich mich fühle. Vielleicht glaube ich, dass Sie meine Gefühle nicht akzeptieren. Vielleicht traue ich meinen selbst nicht – sollte ich mich wirklich so ärgern?« Sie wären überrascht, wie viele meiner Klienten auf meine Frage, wie es ihnen denn gehe, antworten: »Gut.« Ich denke dann immer gleich: »Schön, aber was machen Sie dann hier?«

Wenn Sie das nächste Mal jemand fragt, wie Sie sich fühlen, dann antworten Sie der Situation entsprechend – etwa glücklich, traurig, verärgert, froh und so weiter. Wenn Sie in dieser Beziehung ehrlich sind, können Sie damit Ihre Anspannung reduzieren und vermeiden, dass Ihr Ärger anwächst.

Hören Sie auf, sich für andere zu entschuldigen

Wenn Sie jemand auf der Straße anrempelt, sagen Sie nicht: »Entschuldigung« *Sie* haben nichts falsch gemacht, die andere Person schon. *Sie* waren nicht rücksichtslos, die andere Person schon. Warum also sollten Sie sich entschuldigen? Man entschuldigt sich, wenn man die Verantwortung für falsches Verhalten auf sich nimmt. Sie sollten stattdessen lieber sagen: »Entschuldigen Sie sich!« Das ist eine höfliche Art und Weise, anderen eine Rückmeldung bezüglich ihres rüpelhaften Verhaltens zu geben. (Ich möchte damit nicht sagen, dass jeder, der Sie anrempelt, das mit Absicht tut – man muss anderen nicht grundsätzlich das Schlimmste unterstellen –, aber Sie sollten sich nur dann entschuldigen, wenn Sie auch der Rempler waren.)

Wenn Sie sich für das Verhalten anderer Leute entschuldigen, wird das oft als stillschweigende Duldung dieses Verhaltens ausgelegt. Wenn Sie jemand anrempelt, was möchten Sie dann ausdrücken – dass Sie die Kühnheit hatten, im Weg zu stehen? Empfinden Sie das so und ist das die Botschaft, die Sie aussenden wollen?

Drücken Sie Ihren Ärger aus, ohne Angst zu haben, als »Zicke« zu gelten

Trotz aller Fortschritte, die Frauen überall in der Welt gemacht haben – in Politik, Wirtschaft und Gesellschaft –, gibt es immer noch Überbleibsel der alten Weltordnung, die an Männer und Frauen im Hinblick auf das erwünschte emotionale Verhalten unterschiedliche Maßstäbe anlegte. Auch heute noch werden Frauen, die ihren Ärger deutlich machen und sich selbst behaupten, gerne als »Zicken« bezeichnet. Für Männer, die sich genau so verhalten, gibt es kein entsprechendes Wort. Viele Frauen sind sich dieser Doppelmoral bewusst und zögern, sich zu ihren negativen Gefühlen zu bekennen. (Das Umgekehrte gilt, wenn es um Gefühle wie Trauer, Angst und Depressionen geht. Männer, die solche Gefühle offen eingestehen, werden – auch von sich selbst – als schwach und unmännlich betrachtet.)

Wenn Zicke sein bedeutet, dass Sie zugeben, wenn Sie verstimmt oder verärgert sind, wenn es bedeutet, dass Sie das schlechte Benehmen anderer Menschen nicht unbegrenzt hinnehmen, wenn es bedeutet, dass Sie »Entschuldigen Sie sich!« sagen, wenn es angebracht ist, dann rate ich Ihnen ausdrücklich, eine Zicke zu sein. Seien Sie eine *stolze* Zicke, eine *unmissverständliche* Zicke, eine *leidenschaftliche* Zicke, eine *selbstsichere* Zicke, eine *charismatische* Zicke und eine *ich-blicke-dir-hocherhobenen-Hauptes-in-die-Augen*-Zicke. Und dann lassen Sie Ihr Gegenüber sich mit diesem Problem herumschlagen.

Vergessen Sie Ihre Krise und erlauben Sie sich Gefühle

Menschen, die sich in einem irgendwie gearteten Konflikt befinden, sprechen oft davon, sie »hätten eine Krise«. Mit *Krise* meinen sie eine dieser problematischen Situationen, die Gefühle wie Angst, Trauer und Ärger auslösen. Ich sehe allerdings ein anderes Problem: Viele Menschen sind so auf ihre Krisen fixiert, dass sie völlig aus den Augen verlieren, was sie tatsächlich *fühlen*.

Das folgende Gespräch mit einem Klienten zeigt, wie schwierig es sein kann, einen Menschen dazu zu bewegen, von seiner Krise einmal abzusehen und sich seiner Gefühle bewusst zu werden:

Gentry: Wie war es auf der Arbeit diese Woche?

Klient: Wie immer. Mein Supervisor übergeht mich immer noch bei internen Angelegenheiten. Diese Woche gab es ein Buffet für einen Kollegen, der uns verlassen wird. Jeder wusste davon, nur ich nicht.

Gentry: Und wie haben Sie sich dabei gefühlt?

Klient: Ich hielt das für unfair.

Gentry: Das ist das, was Sie dachten. Ich möchte wissen, wie Sie sich dabei *gefühlt* haben.

Klient: (Pause) Ich weiß nicht, was Sie meinen. Das ist nur ein weiteres Beispiel dafür, dass ich im Büro von allem ausgeschlossen werde.

Gentry: Das habe ich verstanden. Ich möchte aber, dass Sie mir sagen, wie Sie sich gefühlt haben, als Sie gemerkt haben, dass man Sie wieder mal übergangen hat.

Klient: (entnervt) Das sagte ich doch – ich dachte, es ist unfair! Ich weiß nicht, was Sie sonst noch von mir hören wollen.

Gentry: Versuchen wir es mal so: Als Sie herausfanden, dass Sie nicht an dem Buffet teilnehmen sollten, fühlten Sie sich da glücklich, traurig, verärgert oder froh? Wählen Sie eine Möglichkeit.

Klient: Dauernd fragen Sie mich, was ich fühle. Ich weiß es nicht. Das passt alles nicht. Ich dachte nur, es ist unfair. (Blickt verwirrt drein.)

Der Arbeitgeber dieses Mannes hatte ihm zu einer Ärgermanagement-Therapie geraten, weil er als unkooperativ gegenüber seinen Kollegen und anmaßend gegenüber seinem Vorgesetzten galt. Beides stritt er ab. »Ich weiß nicht, warum sie mich zum Ärgermanagement schicken, ich bin doch gar nicht verärgert«, meinte er. Ich sah die Sache so, dass er schon verärgert war (eine natürliche Reaktion, wenn man ausgeschlossen wird). Da er aber nicht in der Lage war, zu sagen, wie er sich fühlte, drückte er seinen Ärger in einem Verhalten aus, das seine Vorgesetzten als widerspenstig betrachteten. Ich glaubte ihm, als er sagte, er sei nicht verärgert – er konnte nicht erkennen, dass es so war.

Üben Sie sich in dem, was ich die Gefühl-Weil-Sprache nenne. Fangen Sie damit an, wie Sie sich fühlen (»Ich bin gereizt ...«) und benennen Sie dann, wodurch dieses Gefühl ausgelöst wurde (»... weil ich anscheinend immer von allem ausgeschlossen werde, was im Büro läuft.«). Meine Erfahrungen haben gezeigt, dass solche Gefühl-Weil-Aussagen helfen, beim jeweiligen Gegenüber feindseliges Verhalten abzubauen und Mitgefühl zu erzeugen – die Sorge um Ihr Wohlergehen. Wäre der Klient, von dem ich weiter oben berichte, von seinem Supervisor weiter übergangen worden, wenn er ihm einfach gesagt hätte, wie er sich fühlt und warum er sich so fühlt, anstatt seine Empfindungen so zu kommunizieren, wie er es tat? Vielleicht schon, aber man kann nie wissen.

Sich ausheulen ist keine Lösung

Eine Studie mit 177 Studentinnen ergab, dass Weinen ein Symptom für unterdrückten Ärger war, der wiederum das Risiko erhöhte, von Depressionen oder Ängsten heimgesucht zu werden. Jüngere Frauen weinten dabei tendenziell öfter als ältere. Sich »ausheulen« ist also möglicherweise nicht so gut für die Gesundheit, wie das früher angenommen wurde.

Weggehen und dennoch sagen, was Sache ist

Wenn Menschen die Wahl haben, wie sie auf den Ärger eines anderen Menschen reagieren (oder auf ihren eigenen Ärger angesichts des Verhaltens anderer), dann bleiben sie entweder da und wehren sich oder laufen weg. Die alte Kampf-Flucht-Reaktion steckt halt in uns drin. Leider bringt keine dieser Wahlmöglichkeiten eine wirksame Lösung des Konflikts, der einer emotionalen Äußerung zugrunde liegt.

Mein Freund Ernest Harburg von der Universität Michigan betrachtet diese beiden extremen Reaktionen unter der Überschrift *aggressive* Ärgerbewältigung im Gegensatz zur so genannten *reflektierten* Ärgerbewältigung (wenn man etwa mit jemanden über seinen Ärger spricht, nachdem man sich beruhigt hat). Dieselbe Unterscheidung kann man treffen, wenn man sich über jemand anderen ärgert. Sie können Ihren Ärger unmittelbar in aggressiver Weise ausdrücken oder einfach wortlos weggehen (oder abdampfen!). Oder Sie können sich für einen Mittelweg entscheiden – Sie gehen zunächst weg, beruhigen sich und kehren später zur Quelle Ihres Ärgers zurück und drücken möglichst genau aus, warum Sie sich so gefühlt haben.

Harburg fand heraus, dass Menschen, die sich öfter für die reflektierte Ärgerbewältigung entschieden, niedrigere Blutdruckwerte hatten als diejenigen, die bei Ärger immer gleich aufgebracht reagierten. Er stellte darüber hinaus eine höhere Neigung zur reflektierten Ärgerbewältigung bei Frauen und bei den Probanden aus den mittleren Bevölkerungsschichten fest (die eine bessere Bildung, höhere Einkommen und bessere Jobs hatten). Sie schienen besser gegen die ungesunden Auswirkungen des Ärgers anderer Menschen gewappnet.

Emotionale Reife wird einem nicht in die Wiege gelegt

Wenn man geboren wird, weiß man noch nicht, wie man am besten mit seinen Gefühlen umgeht. Das muss man im Laufe des Lebens erst entdecken. Und wenn man es gut macht, erlangt man die emotionale Reife.

In einer Studie mit Achtklässlern fand ich heraus, dass nur ein Viertel der Jungen und weniger als ein Drittel der Mädchen einen reifen Umgang mit dem Ärger ihrer Mitschüler zeigten – sie distanzierten sich zunächst und sprachen dann später über das Problem. Die überwiegende Mehrzahl der Heranwachsenden, die ja per definitionem noch unreif sind, wehrte sich unmittelbar – sie beantworteten Ärger mit Ärger. Sie wussten es halt nicht besser!

Schlimmer war jedoch, dass die reflektierte Ärgerbewältigung bei den Heranwachsenden in der Zeit von der sechsten bis zur achten Klasse abzunehmen schien. Sie schienen tatsächlich mit zunehmendem Alter emotional unreifer zu werden und sich in die falsche Richtung zu bewegen. Wie sich dies auf den Umgang mit Ärger im Erwachsenenalter auswirkt, bleibt noch zu untersuchen.

Merke: Wenn Sie von anderen als reifer Mensch wahrgenommen werden wollen, müssen Sie mit Ihren Gefühlen – auch mit dem Ärger – anders umgehen als Kinder. Wutanfälle mögen bei Zweijährigen noch als normal durchgehen, für jemanden, der als erwachsen gelten möchte, sicher nicht.

Probieren Sie einmal folgendes Rollenspiel aus:

1. **Erinnern Sie sich an eine Situation der jüngsten Vergangenheit, in der Sie sich unfair behandelt fühlten, aber Ihre Empfindungen nicht äußerten.**

2. **Halten Sie diese Situation so detailliert wie möglich auf einem Zettel schriftlich fest.**

3. **Lesen Sie, was Sie aufgeschrieben haben.**

4. **Schreiben Sie auf, wie Sie sich in dieser Situation fühlten – nicht, was Sie dachten oder taten, sondern was Sie *fühlten* (Ihre Gefühle).**

   Sie können ruhig mehr als ein Gefühl vermerken, etwa »ich war verärgert und fühlte mich verletzt.«

5. **Notieren Sie die Ursache Ihrer Gefühle (»Sie machte eine unfreundliche Bemerkung über mein Gewicht.«)**

6. **Schreiben Sie auf, was Sie der Person sagen möchten, über die Sie sich ärgerten.**

   Achten Sie darauf, die Gefühl-Weil-Sprache zu verwenden. Beginnen Sie mit dem Gefühl und schließen Sie die Ursache an (siehe den Abschnitt *Vergessen*

Sie Ihre Krise und erlauben Sie sich Gefühle weiter vorne in diesem Kapitel). Meiden Sie aufrührerische Worte (Schimpfwörter und Flüche).

7. **Fragen Sie sich, wie Sie sich jetzt fühlen – besser, erleichtert?**
8. **Verstärken Sie das, was Sie getan haben, durch eine positive Selbstaussage: »Das ist gut für mich. Es hätte keinen Besseren treffen können!«**

Wiederholen Sie diese Übung einmal in der Woche, bis Sie Ihre Gefühle im Alltag leichter ausdrücken können.

Bekennen Sie sich zu Ihrem Ärger

9

In diesem Kapitel

- Sichere Möglichkeiten finden, um sich auszudrücken
- Ärgerprotokoll versus Ärgertagebuch
- Entscheiden Sie, ob Sie sich zu Ihrem Ärger bekennen sollten

Im Rahmen eines Hochschulseminars über Ärger und Wut bat ich die Studenten zu Beginn einer Stunde, in aller Ruhe aufzuschreiben, wie sie sich fühlten. Sie sollten sich besonders auf negative Gefühle konzentrieren, die sich auf alles Mögliche in ihrem alltäglichen Leben beziehen konnten – Seminare, Noten, Beziehungen, Familie, Finanzen und so weiter. Einige Studenten schrieben sofort los, andere protestieren: »Ich habe keine negativen Gefühle. Ich bin ein guter Mensch! Ich habe nichts, worüber ich schreiben könnte.« Ich ermutigte sie, dennoch anzufangen.

Nach ein paar Minuten schrieben alle wild drauflos und füllten Seite um Seite mit Gefühlen. Nach 20 Minuten bat ich sie, aufzuhören, und fragte, wie sie sich jetzt fühlten. Eine junge Frau, die anfangs nichts schreiben wollte, meldete sich und sagte: »Ich fühle mich furchtbar – als ob ich gleich explodieren würde! Ich weiß gar nicht, woher diese negativen Gefühle kommen – mein Ärger über meine Mutter und meine Zimmergenossin. Es ging mir eben noch gut und jetzt fühle ich mich schrecklich.« Andere Studenten berichteten von ähnlichen Erfahrungen. Einige mussten weinen, während sie sprachen. Viele fühlten sich erleichtert, als ob eine Last von ihnen abgefallen wäre. Die meisten waren erstaunt, wie wirkungsvoll eine so einfache Übung ihr verborgenes Gefühlsleben freilegen konnte.

In diesem Kapitel beschäftigen wir uns mit einer Übung mit dem Namen *Gefühlsprotokoll*. Diese Technik gibt Ihnen die Möglichkeit, zu erkennen, was Ihnen auf dem Herzen liegt, aber eben nicht unbedingt im Kopf herumgeht. Die Protokollierung bringt Sie mit Gefühlen – etwa Ärger – in Berührung, die Sie absichtlich weggepackt haben, weil Sie sich nicht wohl damit fühlen und sich ihnen nicht stellen wollen. Das Problem ist nur, dass sich diese Gefühle mit der Zeit aufstauen und Sie irgendwann verfolgen werden. Wenn Sie mit den Verstimmungen von heute nichts machen, nehmen Sie sie mit in den nächsten Tag. Und am Ende tun Sie das, was Sie um jeden Preis vermeiden wollten – Sie ärgern sich.

Bekenntnisse: Gut für das, was Ihnen weh tut

Die *Verhaltensmedizin* (die Wissenschaft, die, ebenso wie die Psychosomatik, sowohl psychologische als auch körperliche Aspekte von Gesundheit betrachtet) weist darauf hin, dass die übertriebene Unterdrückung von Gefühlen, besonders starker Gefühle wie Ärger, ungesund ist. Das stimmt. Wenn Sie Ihre Gefühle zurückhalten, kann Sie das krank machen. Wenn man einmal darüber nachdenkt, macht das auch Sinn. Als Babys schreien wir, sobald wir uns unwohl fühlen – wenn wir Hunger oder Durst haben, uns einsam fühlen oder Schmerzen empfinden. Aber dann nimmt uns das Leben beiseite und lehrt uns das Gegenteil – wir sollen unsere Gefühle für uns behalten und im Endeffekt innerlich weinen. Unser Körper möchte alles herauslassen, aber unser Kopf rät uns, uns zurückzuhalten.

Schließlich stehen wir wie gelähmt da und wissen nicht, was wir tun sollen. Das äußert sich in den verschiedensten emotionalen und körperlichen Leiden, darunter:

- ✔ Bluthochdruck
- ✔ Schlaflosigkeit
- ✔ Kopfschmerzen
- ✔ Zähneknirschen
- ✔ Funktionsstörungen des Kausystems
- ✔ Verkrampfungen des Rückens
- ✔ Schwächungen des Immunsystems
- ✔ Depressionen
- ✔ Panikattacken

Sagen Sie mir, was Sie nicht denken

Einer meiner Patienten – nennen wir ihn Ernst – litt unter Depressionen. Eines seiner größten Probleme war, dass er keinen Schlaf finden konnte. Jede Nacht lag er stundenlang wach im Bett oder saß im Wohnzimmer und starrte bis drei Uhr morgens in den Fernseher.

Immer wieder fragte ich Ernst: »Was geht in Ihrem Kopf vor, wenn Sie versuchen zu schlafen?« Seine Antwort war immer dieselbe: »Nichts – ich denke nichts.«

Dann entschloss ich mich eines Tages, ihm eine andere Frage zu stellen: »Was ging Ihnen nicht im Kopf herum, als Sie wach im Bett lagen?« Ernst saß einen Moment regungslos da und brach plötzlich in Tränen aus. Er erzählte, dass er wegen des viel zu frühen Todes seines besten Freundes vor einigen Monaten sehr traurig sei, wie sehr er seinen Vater vermisste, der vor kurzem an Krebs verstorben war und dass er sich Sorgen machte, wegen einer bevorstehenden Umstrukturierung seinen Job zu verlieren, dass er sich leer fühlte, weil seine Tochter nun weit entfernt studierte. und noch einiges mehr.

Wie jeder gute Therapeut (oder Priester, Rabbi, Freund, Ehepartner oder Lehrer) saß ich still da und hörte ihm zu. Das war der Durchbruch! Von da an sollte Ernst als Hausaufgabe jeden Abend vor dem Zubettgehen eine Viertelstunde lang alle seine negativen Gefühle des jeweiligen Tages aufschreiben. Schnell merkte er, dass die eigentliche Therapie nicht darin bestand, seinem Therapeuten einmal in der Woche etwas zu bekennen, sondern darin, diese Bekenntnisse vor sich selbst abzulegen – Bekenntnisse der eigenen emotionalen Verletzbarkeit. Es dauerte nicht lange, da schlief er wieder wie ein Baby und seine Depressionen traten langsam den Rückzug an.

10.000 Israelis können sich nicht täuschen

Eine interessante Studie mit 10.000 israelischen Beamten untersuchte insgesamt 90 medizinische, gesellschaftliche und psychologische Faktoren, die im Zusammenhang mit Bluthochdruck stehen könnten. Vier Faktoren, die sich erheblich auf die Wahrscheinlichkeit auswirkten, dass jemand Bluthochdruck entwickeln konnte, waren:

- ✔ Über eine Verletzung durch einen Kollegen grübeln
- ✔ Über eine Verletzung durch einen Vorgesetzten grübeln
- ✔ Sich nicht gegen eine Verletzung durch einen Vorgesetzten wehren
- ✔ Konflikte mit dem Ehepartner für sich behalten

Die Zurückhaltung und Unterdrückung von Gefühlen zeigte also dieselben Auswirkungen auf den Blutdruck wie Rauchen und Fettleibigkeit.

Wem nutzen Bekenntnisse?

Wenn Sie noch unsicher sind, ob Sie diese Bekenntnisübung brauchen, um Ihren Ärger in den kommenden Tagen, Monaten und Jahren in den Griff zu bekommen, werden Ihnen die folgenden Abschnitte vielleicht weiterhelfen können. Dort stelle ich Ihnen nämlich Typen vor, die ein Ärgerprotokoll führen sollten (und davon profitieren werden). Wenn Sie sich in einem dieser Charaktere wiederfinden, können auch Sie von dieser Erfahrung profitieren.

Typen von Männern

In der Regel gibt es zwei Typen von Männern:

- ✔ Solche, die ihre Gefühle allzu bereitwillig und unmittelbar ausdrücken
- ✔ Solche, die ihre Gefühle leugnen und cool bleiben

Letztere sind bei weitem in der Überzahl, interessanterweise auch, wenn es darum geht, Ärger auszudrücken. Jedem Mann, der in der Öffentlichkeit die Beherrschung verliert, stehen neun andere gegenüber, die ihre Gefühle unter Kontrolle haben – so weit, dass sie nicht einmal merken, dass sie sich ärgern. Ein Kollege, der sich mit den Auswirkungen von Gefühlen wie Ärger, Depressionen oder Ängsten auf Herzerkrankungen beschäftigt, überschrieb eine seiner Veröffentlichungen mit dem Titel »Männer verneinen und Frauen weinen ...«

Frauen, die häufig weinen

Frauen, die nahe am Wasser gebaut sind und häufig weinen, neigen eher dazu, ihren Ärger zu unterdrücken. als Frauen, die nicht weinen. Das Weinen beim Zwiebelschneiden oder aufgrund von Allergien zählt allerdings nicht!

Menschen, die anfällig für Schuld sind

Schuld hemmt den Ausdruck von Gefühlen. Eine Studie, an der ich vor vielen Jahren beteiligt war, kam zu dem Ergebnis, dass Frauen, die sich aufgrund ärgerlicher Gefühle den eigenen Eltern gegenüber schuldig fühlten, höhere Blutdruckwerte aufwiesen als Frauen, denen ihre negativen Gefühle bzw. ihr Verhalten nicht leid taten. Ich kann mir vorstellen, dass viele Frauen bereits in jungen Jahren feststellen, dass es leichter ist, Ärger zu unterdrücken, als sich von Schuldgefühlen zu befreien.

Menschen, die zu mitfühlend sind

Normalerweise ist Mitgefühl (sich in das Fühlen eines anderen Menschen hineinversetzen können) eine gute Sache. Wenn man aber zu viel Mitgefühl hat, kann das dazu führen, dass man seine wahren Gefühle verbirgt, um die Gefühle anderer nicht zu verletzen.

Menschen, die feindselig sind

Feindseligkeit ist eine Haltung, die Ärger geradezu einlädt. Wer gesundheitliche Probleme rund um den Blutdruck hat, für den kann die Kombination von Feindseligkeit und unterdrücktem Ärger tödlich wirken.

Menschen, denen es an Charisma fehlt

Wenn Sie ein charismatischer Mensch sind, haben Sie eine Anziehungskraft, die es Ihnen erlaubt, andere Menschen leicht in Ihren Bann zu ziehen und zu beeinflussen. Sie brauchen kein Ärgerprotokoll zu führen, weil bereits jeder weiß, wie Sie sich fühlen – ob es nun gut oder schlecht ist. Das macht ja einen großen Teil Ihrer Anziehungskraft aus!

Für weniger charismatische Menschen ist es nicht so einfach, Gefühle auszudrücken. Hier sind einige Anhaltspunkte für fehlendes Charisma:

- ✔ Unterdrücktes Lachen
- ✔ Neutraler Gesichtsausdruck (dafür sind Sie ein besserer Pokerspieler!)
- ✔ Der Wunsch, in der Menge nicht bemerkt zu werden

Introvertierte Menschen

Ein introvertierter Mensch ist eine nicht öffentliche Person, jemand, der eher scheu und zaghaft ist. Seine Gefühle sind nicht für die Öffentlichkeit bestimmt. Er nimmt das Leben ernst und ist vorsichtig und hält sich im Großen und Ganzen an die gesellschaftlichen Regeln – gewöhnlich ohne zu klagen. Introvertierte Menschen sind sprichwörtlich nette Männer und Frauen, die grundsätzlich dazu neigen, zu sagen, dass alles in Ordnung ist, auch wenn dem nicht so ist. Sie haben eine in sich geschlossene Persönlichkeit. Gefühlsprotokolle sollten ihnen deshalb leicht fallen.

Menschen, die an einem Trauma leiden

Je mehr Menschen unter ungewöhnlichen, intensiven traumatischen Erfahrungen leiden – etwa Kindesmissbrauch, Vergewaltigungen, dem Tod eines Kindes oder Ehepartners –, desto wahrscheinlicher ist es, dass sie viel Energie darauf verwenden, sich vor weiteren Verletzungen zu schützen. Eine Möglichkeit bietet da das Ausblenden von Gefühlen im Alltag und im Berufsleben: Man lächelt und versichert allen, dass man sich gut fühlt. Gefühlsprotokolle bieten hier eine Möglichkeit, von innen zu heilen, indem man sich den Schaden, den das Trauma angerichtet hat, eingesteht und betrauert.

Chronisch kranke Menschen

Menschen, die an chronischen, fortschreitenden und einschränkenden Krankheiten leiden – etwa multipler Sklerose, Arthritis, Fibromyalgie, Diabetes oder Asthma –, schlagen sich während ihres Überlebenskampfes mit einer Vielzahl negativer Gefühle herum. Die Unterdrückung von Ärger und Trauer verschärft nur ihren Kampf um die Aufrechterhaltung eines Minimums an Lebensqualität.

Ein Zusammenbruch ist genug

Ein guter Bekannter von mir hatte mit 45 Jahren einen Nervenzusammenbruch. Von einem Tag auf den anderen wurde aus einem scheinbar fröhlichen Menschen ein tief deprimierter Mann. Fünf Jahre lang nahm er Medikamente und ging zur Therapie, bis er wieder einigermaßen normal leben konnte. Jahr für Jahr fuhr er einmal in der Woche in die nahe gelegene Stadt, um über die Probleme in seinem Leben zu sprechen – aufgewachsen in einer von Gewalt geprägten Alkoholikerfamilie, ernsthafte Krankheit in der Kindheit, Leben in Sozialwohnungen als Heranwachsender, zahllose Zurückweisungen, Verluste geliebter Menschen und so weiter und so fort. Sein Psychiater hörte sich seine Wut, Verzweiflung, Hoffnungslosigkeit, Angst und andauernde Trauer kommentarlos an.

Es hat eine Weile gedauert, aber er hat sich von all dem befreit und ist seit nunmehr zehn Jahren unglaublich glücklich und gesund. Zur Halbzeit seiner Therapie – nachdem ihm dämmerte, dass das Bunkern negativer Gefühle gefährlich werden könnte – hatte er sich geschworen, dass er den Rest seines Lebens mehr lachen, lieben, weinen und sich aufregen würde und Wörter wie *verletzt*, *traurig* und *ängstlich* nicht länger meiden wollte, wenn ihn jemand fragte, wie es ihm ging. Bis heute hat er seinen Schwur gehalten.

Junge Menschen

Wenn Menschen älter werden, zeigen sie meistens ihre Gefühle offener. Vielleicht glauben sie ja, dass sie weniger zu verlieren haben, wenn sie zu ihren Gefühlen stehen. Vielleicht haben sie auf ihrem Lebensweg aber auch gelernt, wie man auf gesunde Weise mit seinen Gefühlen umgeht. Wie dem auch sei, ihren jüngeren Mitmenschen gegenüber haben sie jedenfalls einen Vorteil.

Unterschiede zwischen Tagebuch und Protokoll

Ein Ärgertagebuch ist nicht dasselbe wie ein Ärgerprotokoll. Ärgertagebücher können nützlich sein, um den eigenen Ärger während eines Tages zu überwachen. Sie erlauben mitzuverfolgen, wie oft man Ärger erlebt, wie intensiv er jeweils ist und wie lange er anhält – Informationen, die dabei helfen einzuschätzen, wie verärgert man ist (Einzelheiten dazu finden Sie in Kapitel 2). Das ist aber auch alles, was ein Ärgertagebuch leisten kann.

Ein Ärger*protokoll* geht darüber hinaus. Um ein Ärgerprotokoll zu führen, müssen Sie Ihre Gefühle in Worte fassen, nicht in Zahlen, und den Kontext beschreiben, in dem sie entstanden. Ein Ärgertagebuch könnte etwa folgenden Eintrag aufweisen: »War um 11:30 Uhr verärgert, Wert 5 auf der 10er-Skala, Dauer etwa 20 Minuten.« In einem Ärgerprotokoll sähe das so aus: »Ich habe mich heute Mittag echt geärgert, als meine Freundin Amelie wieder einmal nicht auftauchte. Ich fasse es nicht, dass sie so verantwortungslos ist! Ich würde ihr das nie antun. Offensichtlich hat sie keinen Respekt mir gegenüber. Ich verstehe nicht, warum ich das mit mir machen lasse.«

Wie Sie sehen, geben Ärgerprotokolle einen größeren Einblick. Sie bieten mehr Informationen als die Tatsache, dass Sie verärgert waren. In unserem Beispiel könnte der Schreiberin auffallen, dass ihr Ärger nicht auf ihre verantwortungslose Freundin zurückgeht (davon ist die Welt voll!), sondern vielmehr auf ihre Bereitschaft, sich schlecht behandeln zu lassen, ohne sich zu wehren. Ihr eigentliches Bekenntnis lautet: »Ich respektiere mich selbst nicht genug, um den Respekt anderer zu erzwingen.«

Manche Menschen führen Ärgertagebücher, um dahinterzukommen, ob sich ihre Erfahrungen mit Ärger mit der Zeit verändern. Man kann zurückblicken und die Frage beantworten: »Ärgere ich mich heute weniger?« Protokolle sind dagegen nur in der Zeit von Nutzen, in der man sie schreibt – man schreibt, man liest es, man lernt daraus und dann wirft man sie weg. Beim Gefühlsprotokoll ist jeder Tag ein neuer Tag!

Erzählen Sie Ihre Geschichte auf Ihre Weise

Bei Bekenntnissen geht es darum, eine Geschichte zu erzählen – *Ihre* Geschichte. Ob diese Übung für Sie einen therapeutischen Nutzen haben kann, hängt jedoch davon ab, wie Sie diese Geschichte aufbauen. So wie die Katholiken Regeln dafür haben, wie sie bei ihrem Priester die Beichte ablegen, gibt es auch Regeln für diese Art des Bekenntnisses. In den folgenden

Abschnitten beschäftige ich mich mit den wichtigsten Regeln, an die Sie sich in Ihrem Ärgerprotokoll halten sollten.

Sie sind Ihr eigenes Publikum

Wenn Sie die Gefühle bekennen, die Sie tagsüber empfunden haben, sind Sie sowohl Sprecher als auch Publikum. Im Prinzip führen Sie ein Gespräch unter zwei Augen. Sie teilen Ihr Bekenntnis mit niemand anderem und es wird enden, wenn die Übung beendet ist. Es gibt also keinen Grund, Ihre Geschichte so zu gestalten, dass sie andere beeindruckt, bildet oder aufmuntert.

Ich kann es gar nicht genug betonen: Ihr Ärgerprotokoll ist als Gespräch mit sich selbst gedacht, nicht mit jemand anderem. Wenn ich beispielsweise in meiner Praxis Patienten bitte, ein Protokoll zu führen, stelle ich von Anfang an klar, dass ich ihre Aufzeichnungen nicht lesen werde, wenn sie fertig sind. Diese Übung ist nur zum Nutzen der Patienten, nicht zu meinem Nutzen! Wenn sie fertig sind, frage ich lediglich, wie sie sich fühlen, und bitte sie, kurz zusammenzufassen, was sie in diesen wenigen Minuten über sich selbst in Erfahrung gebracht haben.

Schreiben Sie in der ersten Person

Das Schreiben in der ersten Person (aus der Ich-Perspektive) ist vielleicht der schwierigste Teil Ihres Bekenntnisses. Die meisten Menschen haben sich angewöhnt, ihre emotionalen Erfahrungen als die anderer Menschen zu definieren und zu verstehen, dass sie praktisch in der dritten Person empfinden. Denken Sie darüber nach, wie Sie und andere Menschen, die Sie kennen, über ihren Ärger sprechen:

»Meine **Mutter** hat mich so geärgert.«

»Mein **Chef** hat mich heute echt angekotzt.«

»Wenn **sie** mich nicht bewusst auf die Palme bringen würden, würde ich mich nicht so ärgern.«

Wenn Sie so über Ihre Gefühle denken und dies in Ihrem Protokoll so notieren, werden Sie nur etwas über andere Menschen erfahren, nicht über sich selbst. Schreiben Sie dagegen in der ersten Person, übernehmen Sie die Verantwortung für Ihre Gefühle:

»**Ich** habe mich so über meine Mutter geärgert.«

»**Ich** war stinksauer auf meinen Chef.«

»**Ich** ärgere mich, wenn mich jeder auf die Palme bringen kann.«

Wenn Sie in der dritten Person über Ihre Gefühle schreiben, fühlen Sie sich mehr als Opfer – Opfer des Verhaltens anderer Menschen. Opfer empfinden letztendlich aber mehr Ärger, wenn sie über ihre Gefühle schreiben, nicht weniger. Es ist aber nicht Sinn dieser Übung, sich mehr aufzuregen als vorher.

Kümmern Sie sich nicht um Grammatik

Sie müssen keine Eins in Deutsch haben, um ein Ärgerprotokoll zu führen. Wichtig ist nur, dass Sie Ihre wahren Gefühle in Worte fassen, die Ihnen nicht nur unmittelbar Erleichterung von der körperlichen Anspannung verschaffen, sondern Ihnen auch mehr über Ihr Gefühlsleben verrät. Auf Grammatik, Rechtschreibung und Zeichensetzung kommt es überhaupt nicht an. (Ist da vielleicht ein scharfes s, wo es nicht mehr hingehört, oder etwas zusammen, was getrennt sein sollte? Wen interessiert das?) Ich rate Ihnen Folgendes:

- ✔ Schreiben Sie spontan.
- ✔ Schreiben Sie sorglos.
- ✔ Schreiben Sie mit Hingabe.
- ✔ Schreiben Sie immer weiter.
- ✔ Schreiben Sie, ohne ein Ziel vor Augen zu haben.
- ✔ Schreiben Sie mit Ihrem Herzen, nicht mit Ihrem Kopf.
- ✔ Schreiben Sie mit Leidenschaft, ohne die Dinge zu relativieren (das kommt später).
- ✔ Schreiben Sie nur für sich selbst.
- ✔ Schreiben Sie, als ob es das letzte Gespräch ist, das Sie auf Erden führen werden.
- ✔ Schreiben Sie einfach nur so!
- ✔ Schreiben Sie erst, lesen Sie später.

Konzentrieren Sie sich auf das Negative

Sich zu positiven Gefühlen zu bekennen hat keinen medizinischen Nutzen. Es macht Sie nicht krank, wenn Sie Freude und Befriedigung in sich hineinfressen, wohl aber, wenn Sie Gefühle wie Ärger und Trauer herunterschlucken. Deshalb müssen Sie sich bei Ihrem Ärgerprotokoll auf Ärger und andere negative Gefühle konzentrieren. Wie bei einer Entschlackungskur versuchen Sie dabei, die Gefühle loszuwerden, die Ihr Leben mit der Zeit vergiften (mehr darüber können Sie in Kapitel 3 nachlesen). Anders ausgedrückt: Positive Gefühle in sich aufzustauen erzeugt Zufriedenheit, negative Gefühle in sich aufzustauen erzeugt Groll. Ein Ärgerprotokoll zielt darauf ab, Letzteres zu vermeiden.

Es kann sein, dass Sie Gefühle mit Gedanken und Handlungen verwechseln und auf konkrete Fragen nach Ihren Gefühlen antworten: »Ich dachte, dass er dumm war!« oder »Als ich merkte, dass sie unsere Verabredung zum Essen vergessen hatte, bin ich einfach aufgestanden und gegangen.« Gefühle sind einfache Aussagen darüber, wie glücklich, traurig, verärgert oder froh Sie sind. Es geht nicht darum, warum Sie sich so fühlen oder was Sie aufgrund Ihrer Gefühle tun.

Vielleicht fehlen Ihnen die Worte, wenn es darum geht, Ihre Gefühle auszudrücken. Selbst wenn Ihr Wortschatz Sie zu einem Universitätsstudium prädestiniert, kann es sein, dass Ihr emotionaler Wortschatz nicht über so allgemeine Begriffe wie *sauer, verärgert* und *nervös* hinausgeht. Ich biete Ihnen hier eine Liste mit Wörtern an, die oft im Zusammenhang mit Ärger gebraucht werden. Sollten Sie einmal um ein Wort verlegen sein, das Ihr Gefühl treffend beschreibt, können Sie jederzeit einen Blick darauf werfen.

- ✔ Angewidert
- ✔ Ärgerlich
- ✔ Böse
- ✔ Empört
- ✔ Entrüstet
- ✔ Enttäuscht
- ✔ Erbost
- ✔ Erzürnt
- ✔ Frustriert
- ✔ Gereizt
- ✔ Irritiert
- ✔ Stinksauer
- ✔ Verstimmt
- ✔ Wütend
- ✔ Wutentbrannt
- ✔ Zornig

Stellen Sie kausale Beziehungen her

Versuchen Sie bei dieser Übung, die Gründe für Ihre negativen Gefühle zu benennen. Fragen Sie sich, während Sie Ihr Protokoll schreiben, warum Sie sich *verärgert, traurig* oder *verletzt* fühlten. Zwar kann Sie schon das bloße Anerkennen dieser Gefühle (und der damit verbundenen Anspannung) körperlich und geistig befreien, aber dadurch erfahren Sie nicht, warum Ärger eine so wichtige Rolle in Ihrem Gefühlsleben spielt. Diese Einsicht – durch die Sie schließlich Ihren Ärger besser in den Griff bekommen können – erschließt sich erst, wenn Sie den erlebten Gefühlen eine Bedeutung zuordnen können.

Die folgenden Ausschnitte aus dem Ärgerprotokoll von Karola, einer 22 Jahre alten alleinerziehenden Mutter, die versuchte zu verstehen, warum sie beinahe ständig gereizt war, sind ein anschauliches Beispiel:

»Ich ärgerte mich ziemlich, **weil** die Kinder nicht aufhörten, durch das Haus zu rennen, obwohl ich es ihnen verboten hatte.«

»**Warum** muss ich immer erst böse werden, bevor andere verstehen, dass ich Hilfe brauche, um alles auf die Reihe zu kriegen?«

»Wenn mir jetzt noch einer sagt, dass ich keinen **Grund** hätte, mich aufzuregen, drehe ich durch – ich habe jede Menge Gründe!«

»Ich **merke**, dass ich Hilfe brauche. Ich weiß nur nicht, an wen ich mich wenden soll.«

Die fett gedruckten Worte helfen Karola, über sich selbst nachzudenken. Das kann schließlich zu einer Neuausrichtung führen. Karola gesteht sich hier ein, dass sie mit den Herausforderungen des Alltags nicht alleine fertig wird. Wenn sie das versteht und danach handelt, wird sich ihre Situation entspannen und sie wird viel weniger Gründe haben, ständig gereizt zu sein. Hört sie allerdings nicht auf das, was sie im Protokoll bekannt hat, dann wird sich ihr Gefühlsleben auch nicht ändern.

Schreiben Sie, bis die Zeit abgelaufen ist

Geben Sie sich ausreichend Zeit, um die Übung sinnvoll durchführen zu können. Ich empfehle 15 bis 20 Minuten. Machen Sie es sich leicht und stellen Sie eine Eieruhr oder einen anderen Zeitmesser ein und schreiben Sie so lange, bis es klingelt. Dann allerdings lassen Sie den Stift sofort fallen, selbst dann, wenn Sie mitten im Satz sind und Ihren Gedanken noch nicht zu Ende geführt haben.

Grammatik und Satzbau spielen keine Rolle. Wichtig ist, dass Sie so lange schreiben, bis die Zeit abgelaufen ist.

Sollten Sie vor Ablauf der Zeit nicht mehr wissen, was Sie noch schreiben sollen (das kommt am Anfang selten vor!), überfliegen Sie das bisher Geschriebene noch einmal und versuchen Sie, einen Punkt zu finden, den Sie weiter ausführen können. Glauben Sie mir, mit ein bisschen Nachhelfen finden Sie schnell wieder zurück zu den Empfindungen, die nur darauf warten, ausgedrückt zu werden.

Lassen Sie sich nicht von Gefühlen hindern

Sehr wahrscheinlich werden Sie sich erleichtert, zufrieden und etwas entspannter fühlen, wenn Sie Ihr Ärgerprotokoll für einen Tag geschrieben haben. Das ist ja schließlich auch der Sinn der Übung. Manchmal, insbesondere, wenn man gerade mit der Protokollierung anfängt, erlebt man aber auch negative Gefühle wie Trauer, dunkle Vorahnungen oder Nervosität. Diese

Gefühle können recht stark und zuweilen auch überwältigend sein. Denken Sie an das Beispiel zurück, das ich im ersten Abschnitt dieses Kapitels angeführt habe. Einige meiner Studenten brachen in Tränen aus, andere fühlten sich, als müssten sie explodieren. Machen Sie sich bewusst, dass diese Gefühle ganz natürlich sind. Sie stellen sich immerhin unangenehmen Gefühlen, die Sie sonst zu unterdrücken pflegten – gewöhnlich lassen sie schnell wieder nach.

Wenn Sie sich beim Schreiben Ihres Protokolls aufregen, sollten Sie sich davon nicht abhalten lassen, die Übung zu Ende zu führen. Sie können durchaus gleichzeitig schreiben und weinen, oder?

Sollten die negativen Gefühle, die Sie im Anschluss an Ihr Protokoll erleben, so stark sein, dass Sie nicht damit umgehen können, oder sich auf Ihr Alltagsleben auswirken, sollten Sie erwägen, die Übung zu unterbrechen und mit einem Therapeuten zu sprechen. Eine therapeutische Beratung bietet Ihnen eine sichere, strukturierte und unterstützende Umgebung, in der Sie Ihr Bekenntnis ablegen können. Wenn Sie das Bedürfnis haben, mit jemanden zu reden, heißt das nicht, dass Sie verrückt sind – jeder braucht ab und zu die Hilfe anderer Menschen.

Halten Sie sich mit Urteilen zurück

Menschen sind von Natur aus urteilende Wesen. Auch Sie beurteilen tausend Mal jeden Tag die eine oder andere Sache: Was soll ich heute anziehen? Was sollen wir zum Frühstück essen? Welche Strecke fahre ich heute zur Arbeit? Wo sollen wir zu Mittag essen? Welche Gefühle soll ich ausdrücken und welche behalte ich für mich?

Leider gehört Ärger zu den Gefühlen, die Menschen recht harsch beurteilen. Vielleicht rechnen auch Sie Ärger zu den »schlechten« Gefühlen und nehmen an, dass niemand etwas über Ihren Ärger hören will. Wahrscheinlich denken Sie, es ist schöner, anderen zu antworten, dass man sich toll, glücklich oder zufrieden fühlt, wenn sie fragen, wie es einem geht. Aber ich wette, sie sind nicht so auf Ehrlichkeit und Offenheit bedacht, wenn die Antwort »zickig, angepisst und stinksauer!« lauten würde.

Sie reden sich ein, dass die Welt da draußen nichts von Ihren negativen Gefühlen wissen will – sie ist nur an den guten Nachrichten interessiert. Wenn es keine guten Nachrichten gibt, ist es am besten, wenn man schweigt oder lügt – »Mir geht es gut.« Vielleicht haben Sie ja recht. Aber Urteile wie dieses führen dazu, dass Sie negative Gefühle wie Gereiztheit, Trauer und Hoffnungslosigkeit aufstauen – Gefühle, die Sie früher oder später bekennen müssen.

Geben Sie keinerlei Urteile ab, wenn Sie Ihr Ärgerprotokoll schreiben. Seien Sie offen und ehrlich und geradeheraus. Sagen Sie es, wie es ist, das ist ein gutes Motto für ein Ärgerprotokoll.

Sie schreiben Ihr Protokoll anonym. Niemand sieht Ihnen über die Schulter. Was Sie schreiben, ist nur für Ihre Augen bestimmt, also kann auch niemand ein Urteil darüber abgeben – und Sie sollten das auch nicht tun. Das kann sich als schwieriger herausstellen, als Sie meinen. Möglicherweise sind Sie so daran gewöhnt, Ihre

Gefühle zu kritisieren, während Sie sie erleben (oder bereits vorher), damit man Ihnen nichts vorwerfen kann, dass es gar nicht so einfach ist, Gefühle frei heraus zu lassen. Das ist in Ordnung. Es ist ein Schritt auf dem Weg zum Ziel – Sie zu einem weniger emotional befangenen Menschen zu machen.

Sicherheitsabstand wahren

Vor nicht allzu langer Zeit bat mich eine große Universität, mich um einen höheren Verwaltungsposten zu bewerben. Ich war hoch erfreut, schickte meine Unterlagen (die alle übereinstimmend für beeindruckend hielten) dorthin und wurde recht schnell benachrichtigt, dass man mich und meine Frau gerne bei einem Besuch kennen lernen wolle. Wir nahmen die Einladung an und verbrachten dort schließlich drei aufschlussreiche, aber anstrengende 16-Stunden-Tage, an denen wir mit zahlreichen Leuten sprachen, den Campus besichtigten, viel über die Geschichte der Uni erfuhren und uns die Gebäude ansahen. Wir fuhren erschöpft nach Hause und warteten voller Optimismus auf ein Angebot.

Nach zehn Tagen hatten wir immer noch nichts von der Universität gehört (man hatte uns gesagt, die Entscheidung würde innerhalb der nächsten fünf bis sechs Tage fallen). Ich schrieb also eine E-Mail an den Vorsitzenden des Einstellungskomitees und fragte nach, wie sich die Dinge denn entwickelten. Was dann kam, schockierte mich doch. Ich erhielt umgehend eine Mail, die mir mitteilte, dass ich in den nächsten ein oder zwei Tagen einen Brief erhalten würde, der mich darüber aufklärte, dass man mich letztendlich für die fragliche Position als »ungeeignet« befunden hätte. Das war alles!

Als ich das Gespräch mit dem Verantwortlichen suchte und nachfragte, was denn passiert sei (denn jeder an der Uni, einschließlich dieses Mannes, war während unseres Aufenthaltes dort so überwältigend zustimmend gewesen), stellte er – wieder per E-Mail – klar, dass er über dieses Thema nicht mit mir sprechen dürfe. Nach und nach fand ich heraus, was hinter den Kulissen durchgesickert war, dass ich nur der letzte einer ganzen Reihe geeigneter Kandidaten gewesen war, den man zurückgewiesen hatte. Ich glaube, ich war weniger wegen der Entscheidung selbst als wegen der Art, wie sie mir mitgeteilt wurde, verstimmt, nein verärgert. Die Uni hatte ohne Zweifel das Recht, nach eigenem Gutdünken jeden Bewerber zu wählen oder abzulehnen. Aber das so unpersönlich zu machen – ich muss schon sagen! Ich kann mir nur vorstellen, dass sie versuchten, sich von ihren eigenen Schamgefühlen zu distanzieren, genau so machiavellistisch, wie sie sich verhalten hatten.

Bleiben Sie bei Papier und Stift

Sie fragen sich vielleicht: »Kann ich meine Bekenntnisse nicht auch mit dem Computer schreiben? Schließlich kommuniziere ich so auch mit dem Rest der Welt.« Sicher können Sie das. Dennoch möchte ich Sie ermutigen, sich bei dieser Übung auf altmodische und bewährte Technologien zu beschränken – Papier und Stift. Der Gedanke, der dahinter steckt, ist einfach, dass das Schreiben mit der Hand eine intimere Art ist, sich auszudrücken. Handgeschriebene

Briefe sind viel persönlicher als getippte oder per E-Mail verschickte. Ich kann mich an einen getippten Brief eines Freundes erinnern, in dem er mir in einem sehr verärgerten Ton die Meinung geigte. Ich fand das Ganze so komisch, dass ich den Brief wegwarf, ohne mich eingehender mit seinen Ärgernissen zu beschäftigen. Ich hätte einen handgeschriebenen Brief (»Lieber Doyle ...«) vorgezogen, in dem er mir mitteilte, dass er mich von diesem Tag an als einen »nichtsnutzigen Hundesohn« betrachtete.

Wenn Schreiben nicht Ihre Sache ist und Sie sich mit dem gesprochenen Wort wohler fühlen, können Sie auch mit einem Tonband arbeiten und Ihr Bekenntnis darauf sprechen. Alles andere machen Sie genau so wie beim Schreiben – Sie sprechen nur für Ihre Ohren, in der ersten Person, etwa 15 bis 20 Minuten lang, enthalten sich jeglichen Urteils und so weiter.

Finden Sie einen ruhigen Ort

Sie brauchen einen ruhigen Ort, an dem Sie Ihr Ärgerprotokoll schreiben können, einen Ort, an dem Sie mit Ihren Gedanken und Gefühlen alleine sein können (und nicht unterbrochen werden). Protokolle schreibt man nicht in Gesellschaft. Wenn Sie keine Zeit für sich selbst in Anspruch nehmen können, bis die Bedürfnisse aller anderen um Sie herum gestillt und alle Arbeiten erledigt sind, dann beschließen Sie mit Ihrem Protokoll den Tag – wenn alle anderen im Bett sind und schlafen. Auch ein guter Zeitpunkt (wenn auch manchmal ein wenig schwierig einzurichten) ist die Zeit unmittelbar, nachdem Sie von der Arbeit nach Hause kommen, aber bevor Sie sich mit den Anforderungen und Herausforderungen des Abends auseinandersetzen müssen (manche nennen das auch die zweite Hälfte ihres Arbeitstages). Wenn Sie die unerwünschten Gefühle eines Tages loswerden können, werden Sie sicherlich besser mit Ihren Lieben zu Hause klarkommen.

Wenn Ihre Arbeit so gestrickt ist, dass Sie im Laufe eines Tages immer mehr die Faxen dicke haben, dann können Sie auch Ihre Mittagspause für das Ärgerprotokoll nutzen. Vielleicht geht Ihnen der Rest des Arbeitstages dann ein wenig leichter von der Hand, und Sie können größere Ausbrüche vermeiden.

Keine gute Idee ist es, ein Ärgerprotokoll bei einer Tasse Kaffee im Café um die Ecke verfassen zu wollen. Das ist sicher nicht der Ort, an dem man starke Gefühle freisetzen und zu weinen anfangen möchte. Wenn es in der Nähe einen Ort der stillen Einkehr gibt (eine Kirche oder eine Synagoge, einen Zufluchtsort), wäre das perfekt. Selbst eine ruhige Ecke in einer Bibliothek oder auf einer Parkbank wäre geeignet.

Werden Sie ein B-Typ

10

In diesem Kapitel

- Auf der Suche nach Typ-B-Eigenschaften
- Einzigartig werden
- Tun, was nicht von selbst kommt
- Die richtige Umgebung für Sie

Sicher begegnen Sie in Ihrem Alltag auch Menschen vom Typ A. Da ist zum Beispiel:

- ✔ Der Freund, der Sie nie einen Satz zu Ende reden lässt und immer mit einem »Ja, genau« zur Eile drängt
- ✔ Der Chef, der immer ungeduldiger wird, wenn es mit einem Termin einmal eng aussieht
- ✔ Der Kollege, der in der Kantine immer weit vor den anderen alles aufgegessen hat
- ✔ Der Nachbar, der andauernd arbeitet, fast nie zu Hause ist, aber viel mehr Geld verdient als Sie
- ✔ Der Kollege, der sich mit Ihnen unterhält und sich dabei gleichzeitig ständig im Raum umschaut
- ✔ Der Typ, der in keine Firma eintreten kann, ohne sich auch gleich um eine leitende Position zu bewerben
- ✔ Die Kollegin, die lieber alleine arbeitet, weil sie schneller und effektiver arbeiten kann, wenn sie nicht zu einem Team gehört
- ✔ Menschen, die das Leben immer ein wenig zu ernst zu nehmen scheinen, die als »schwierig« gelten und grundsätzlich immer gegen den Strom zu schwimmen scheinen

All das sind Persönlichkeiten vom Typ A, deren Verhaltensmuster sowohl eine aggressive Einstellung zum Leben zugrunde liegt, als auch mit einem höheren Ärgerpotenzial verbunden ist. Wenn Sie das Verhalten eines A-Typs an den Tag legen, werden Sie wahrscheinlich nicht allzu viele Freunde und Bewunderer gewinnen. Drücken Sie aber Ihr Typ-A-Verhalten *nicht* aus, und da liegt das Problem, kann der daraus erwachsende Stress Ihr Leben verkürzen.

Als Mensch vom Typ A denken Sie nun vielleicht, Sie könnten in dieser Situation nur verlieren. Keine Angst! In diesem Kapitel zeige ich Ihnen, wie Sie *über* den A-Typ hinauswachsen können. Setzen Sie sich zum Ziel, ein B-Typ zu werden – eine Persönlichkeit, die zunächst einmal weit weniger mit Ärger zu kämpfen hat. Ich versichere Ihnen, Sie *können* sich ändern – Sie brauchen nur die richtigen Werkzeuge dazu, und die gebe ich Ihnen in diesem Kapitel in die Hand.

Den A-Typ hinter sich lassen

Ich weiß, Sie denken jetzt bestimmt »Meine Persönlichkeit ändern? Das ist sicher schwer. Schließlich bin ich schon fast mein ganzes Leben lang so!« Darauf kann ich nur antworten: Es ist vielleicht einfacher, als Sie sich das vorstellen – und es ist immer möglich, sich zu ändern. Sie müssen nur eine Frage beantworten: Sind Sie gewillt, an sich zu arbeiten, um Ihren Seelenfrieden zu finden und einen umfangreichen Sinneswandel zu vollziehen? Wenn ja, dann lesen Sie weiter!

Fragen Sie, wer Sie sind, nicht was Sie tun

Das Verhalten eines A-Typs ist in großen Teilen eine Anpassung an eine Kultur, die sich mehr an Leistung (was Sie tun) orientiert als an allem anderen, was Sie als einzigartiges menschliches Wesen ausmacht.

Wonach wird man von anderen Leuten auf Partys oder anderen Gelegenheiten zuerst gefragt? »Und was machen Sie so?« Solche Fragen dienen der Einschätzung des gesellschaftlichen und wirtschaftlichen Status eines Menschen im Vergleich zum eigenen (er hat mehr Macht; ich bin wohlhabender und so weiter). Darüber erleichtert diese Frage, ein schnelles Urteil über jemanden zu fällen, ohne ihn näher kennen lernen zu müssen. Das ist so ähnlich wie bei Eignungstests aller Art, die (leider) darüber entscheiden, ob man beispielsweise für eine Ausbildung oder ein Studium in einer bestimmten Einrichtung geeignet ist und eventuell ein Stipendium erhält.

Die Frage »Und was machen Sie so?« erlaubt also eine schnelle Einordnung, aber man kann damit nicht zuverlässig herausfinden, wer der jeweils andere ist. Denken Sie immer wieder an die Eignungs- oder Einstufungstests: Sie sagen kaum etwas darüber aus, was ein Bewerber später leisten kann, und dennoch wird anhand solcher Tests eine Auslese getroffen. Mit den Berufen ist das genau so: Wenn Sie Ihrem Gesprächspartner sagen, dass Sie Neurochirurgin sind, sagt ihm das nur, dass Sie gut ausgebildet sind und gut verdienen. Daraus folgt nicht notwendig, dass Sie ein guter Mensch sind, dass Sie großzügig sind, dass Sie gütig sind, dass Sie eine gute Mutter sind, dass Sie eine liebende Ehefrau sind, dass Sie eine vorbildliche Tochter sind, dass Sie eine gute Nachbarin sind, dass Sie neugierig sind oder Sinn für Humor haben. Es könnte sein, dass nichts davon zutrifft, auch wenn Sie eine begabte Neurochirurgin sind.

Ob jemand ein A-Typ oder ein B-Typ ist, können Sie gut daran ablesen, welche Art von Gesprächen der Betreffende führt. Ich habe in meiner Erinnerung gekramt und ein Gespräch gefunden, dass ich (nachdem ich vom Typ A zum Typ B konvertiert bin) mit einem früheren Kollegen hatte, den ich auf einer medizinischen Fachtagung traf.

Ich: Schön, dich zu sehen. Ist lange her. Wie ist es dir ergangen?

Kollege: Gut. Ich bin sehr beschäftigt – Arbeit, Arbeit, Arbeit. Wie sieht's bei dir aus?

Ich: Weißt du, ich habe jetzt eine eigene Praxis. Das macht mir viel Freude. Catherine und den Kindern geht es gut. Alle gesund und munter. Wir fühlen uns wohl da, wo wir jetzt leben – friedlich, wunderbare Landschaft. Wir sind alle glücklich und zufrieden.

Kollege: Schön. Habe ich dir schon erzählt, dass ich für die nächsten fünf Jahre einen dicken Forschungsauftrag an Land gezogen habe? Große Sache!

Ich: Nein, das wusste ich noch nicht. Gratuliere! Und wie geht's deiner Familie?

Kollege: Denen geht's gut. Ja, mit dem Forschungsauftrag in der Tasche sage ich jetzt, wo's langgeht. Wir werden eine Arbeit nach der anderen veröffentlichen, du wirst sehen.

Ich: Das freut mich für dich. Aber wie geht es dir? Alles gesund? Hast du Spaß am Leben, du weißt schon?

Kollege: Könnte nicht besser sein. Ich habe da einiges am Kochen, immer was los. Habe ich dir übrigens schon erzählt, dass ich demnächst ein Buch herausbringe?

Ich: Klasse! Tolle Sache – sag mir, wenn es 'raus ist, dann kaufe ich mir ein Exemplar. Und grüß mir auf alle Fälle Nancy, ja?

Kollege: Na klar. Oh, ich muss mich beeilen. Tut mir leid, dass ich mich nicht länger mit dir unterhalten kann, aber ich habe heute noch einige Sitzungen. Muss noch eine Präsentation machen, du weißt ja, wie das ist. Immer in Eile! War trotzdem schön, dich zu sehen.

Kommt Ihnen das bekannt vor? Ironischerweise sind A-Typen zwar immer so von sich eingenommen – sie machen gerade, sie haben, sie müssen jetzt schnell –, dass sie einerseits das Gespräch mit ihren auf sich bezogenen Aussagen beherrschen (»Ich habe viel zu tun«, »Ich habe einen dicken Forschungsauftrag an Land gezogen«, »Ich sage, wo's langgeht«, »Ich bringe ein Buch heraus« und »Ich muss mich beeilen.«), uns auf der anderen Seite aber dennoch nicht viel über sich selbst erzählen.

Wenn Sie Ihr Typ-A-Dasein hinter sich lassen wollen, können Sie damit anfangen, Ihren Mitmenschen mehr darüber mitzuteilen, wer Sie *sind*, und weniger darüber, was Sie *tun*. In den folgenden Abschnitten stelle ich Ihnen drei einfache Übungen vor, die Sie diesem Ziel näher bringen.

Formulieren Sie die Frage um

Wenn Sie das nächste Mal jemand fragt: »Was genau machen Sie eigentlich?«, dann fragen Sie doch einfach zurück: »Wollen Sie wissen, wofür ich *bezahlt* werde oder was ich mit meinem Leben *anfange*?«

Wundern Sie sich nicht, wenn Sie Ihr Gegenüber dadurch kurz aus dem Tritt bringen. Kommt die Antwort »Erzählen Sie mir, was Sie mit Ihrem Leben anfangen«, ist das für Sie ein schöner Einstieg in ein Typ-B-Gespräch. Entscheidet sich Ihr Gegenüber jedoch für Ihr Berufsleben, dann erzählen Sie, womit Sie Ihren Lebensunterhalt verdienen, und wählen dann eine der folgenden Möglichkeiten:

- ✔ Sagen Sie: »Jetzt wissen Sie, wofür ich mein Geld bekomme. Möchten Sie noch mehr erfahren?« Damit geben Sie Ihrem Gesprächspartner eine zweite Chance.

✔ Verabschieden Sie sich möglichst schnell und elegant von Ihrem Gesprächspartner und suchen Sie die angenehmere Gesellschaft eines B-Typs.

Machen Sie den Grabsteintest

Ganz unabhängig von Ihrem Alter können Sie heute schon darüber nachdenken, was auf Ihrem Grabstein stehen soll. Sehen Sie sich die Inschriften in Tabelle 10.1 an und wählen Sie so aufrichtig wie möglich die Inschrift aus, von der Sie sagen würden, dass Ihnen nahe stehende Menschen sie als zutreffend empfinden würden.

Typ-A-Inschrift	Typ-B-Inschrift
Hier ruht ein Mensch, der ein Vermögen gemacht hat.	Hier ruht ein Mensch, der uns allen ein Freund war.
Hier ruht ein Mensch, der von uns allen gefürchtet, aber respektiert wurde.	Hier ruht ein intelligenter Mensch.
Hier ruht ein Mensch, der es hasste, zu spät zu kommen.	Hier ruht ein vertrauenswürdiger Mensch.
Hier ruht ein Mensch, der ein Macher war.	Hier ruht ein Mensch, der gut mit anderen zusammenarbeiten konnte.
Hier ruht ein Mensch, der keine Angst davor hatte, Ärger zu zeigen.	Hier ruht ein Mensch, der stets neugierig auf das Leben war.
Hier ruht ein Mensch, der ein großartiger Arbeitgeber war.	Hier ruht ein Mensch, der leidenschaftlich liebte.
Hier ruht ein Mensch, der diese Welt voll ausgelastet verlassen hat.	Hier ruht ein Mensch, der diese Welt zufrieden hinter sich gelassen hat.

Tabelle 10.1: Der Grabsteintest

Wenn Sie eine Inschrift gewählt haben, fragen Sie sich, ob Sie möchten, dass man Sie so in Erinnerung behält. Liegt die Inschrift, die andere Menschen als auf Sie zutreffend empfinden, in der Spalte Typ-A-Inschrift, dann ist es vielleicht an der Zeit, etwas zu ändern. Trifft beispielsweise die Inschrift »Hier ruht ein Mensch, der ein Vermögen gemacht hat« auf Sie zu, dann können Sie damit anfangen, Ihr Leben durch neue Freundschaften zu bereichern – am besten solche, die nichts mit Ihrem Berufsleben zu tun haben. Haben Sie sich für die Inschrift »Hier ruht ein Mensch, der von uns allen gefürchtet, aber respektiert wurde« entschieden, können Sie sich für einen Volkshochschulkurs zu einem Thema anmelden, über das Sie absolut nichts wissen. Dann können Ihre Mitmenschen Sie für das respektieren, was Sie ihnen an Kenntnissen voraushaben, und nicht nur aus Angst vor Ihnen.

Schreiben Sie einen Aufsatz über Ihr Leben

Nehmen Sie sich ein Blatt Papier und schreiben Sie das Wort »Ich« ganz oben in die erste Zeile. Schreiben Sie Ihre Lebensgeschichte bis zum heutigen Tage in etwa 15 Minuten auf. Berücksichtigen Sie alle Personen und Ereignisse, die Sie für entscheidend und wichtig halten.

Hören Sie nach 15 Minuten auf (wenn nötig, stellen Sie sich einen Wecker) und lesen Sie, was Sie geschrieben haben. Versuchen Sie dabei, so objektiv wie möglich zu sein – stellen Sie sich vor, Sie lesen die Lebensgeschichte eines anderen Menschen.

Nachdem Sie Ihre Lebensgeschichte gelesen haben, beantworten Sie bitte die folgenden Fragen:

- ✔ In welchem Maße geht es in Ihrer Lebensgeschichte um Auseinandersetzungen mit anderen Menschen?
- ✔ Wie groß ist der Anteil Ihrer Lebensgeschichte, in dem es um Ihre Arbeit geht?
- ✔ In welchem Maße geht es in Ihrer Lebensgeschichte um finanzielle Erfolge oder Misserfolge?
- ✔ Macht die Geschichte den Eindruck, sie stamme von einem zufriedenen Menschen?
- ✔ Würden Sie sagen, es geht in der Geschichte um einen Menschen, dessen Leben einen Beweggrund und einen Sinn hatte?
- ✔ In welchem Maße geht es in Ihrer Lebensgeschichte darum, was Ihnen das Leben gegeben hat, und weniger, was Sie dem Leben gegeben haben?
- ✔ Wenn dies die Lebensgeschichte eines anderen Menschen wäre, würden Sie mit diesem Menschen tauschen wollen?

Wenn es in Ihrer Lebensgeschichte gleichermaßen um Sie und um andere Menschen geht, wenn Arbeit und finanzieller Erfolg (oder Misserfolg) nicht die einzigen wichtigen Punkte sind, wenn Sie das Porträt eines einigermaßen zufriedenen Menschen gezeichnet haben, dessen Leben einen Sinn hat, wenn es ein Gleichgewicht zwischen *Nehmen* und *Geben* gibt und wenn Sie das Leben dieses Menschen tatsächlich gerne leben würden, dann können Sie ziemlich sicher sein, dass Sie ein B-Typ sind!

Sehen Ihre Antworten aber anders aus, dann sehen Sie sich lange und aufmerksam ins Gesicht und überlegen Sie, wie Sie Ihre Lebensgeschichte anders gestalten können. Wiederholen Sie diese Übung sechs Wochen lang einmal in der Woche und stellen Sie sich im Anschluss daran immer wieder dieselben Fragen, damit Sie feststellen können, ob Sie sich langsam von Ihrer Typ-A-Persönlichkeit lösen können. Wenn Sie wirklich daran arbeiten, Ihre Lebensperspektive zu ändern, sollte sich auch Ihre Lebensgeschichte entsprechend entwickeln.

Nehmen Sie Ihr Verhältnis zum Wettbewerb unter die Lupe

Der Wettbewerbsgedanke ist dem A-Typ in Fleisch und Blut übergegangen. Menschen vom Typ A sind aber nicht nur wettbewerbsorientiert – das Problem ist, dass ihr Bedürfnis nach (man könnte auch sagen, ihre Besessenheit vom) Wettbewerb unstillbar ist. Sie sehen sich immer und überall in Konkurrenz – es gibt nichts, was ihren Wettbewerbsgeist nicht anfachen würde. Und wenn sie erst einmal Blut gerochen haben, machen sie keine Gefangenen.

Vor ein paar Jahren habe ich mir einen Tonbandmitschnitt angehört, den ehemalige Kollegen im Medizinischen Zentrum der Duke Universität zu Ausbildungszwecken verwendeten. Der

Mann, der dort interviewt wurde, sollte folgende Frage beantworten: »Würden Sie mit Ihrem Kind ein Spiel spielen und es gewinnen lassen, damit sein Selbstbewusstsein gestärkt wird?« Die Antwort kam wie aus der Pistole geschossen: »Natürlich nicht. Wenn er gewinnen will, muss er mich schon schlagen. Darum geht es doch im Leben.« Das war ein A-Typ, wie er im Buche steht! Lieber die Psyche des Kindes zertrümmern als ein Spiel verlieren.

Auch Persönlichkeiten vom Typ B stellen sich dem Wettbewerb – sie sind nur etwas wählerischer. Sie gehen nicht unfair mit ihren Konkurrenten um. Und oft haben sie andere Ziele im Sinn.

Ich habe für Sie eine Liste mit Vorschlägen zusammengestellt, wie Sie Ihr Wettbewerbsdenken verändern und sich in gesunder Konkurrenz üben können:

- ✔ **Versuchen Sie, eine Runde Golf zu spielen, ohne die Schläge zu zählen.** Vielleicht wissen Sie es ja noch nicht: Golfer vom Typ A zählen nicht nur ihre eigenen Schläge, sie behalten auch die anderen Golfer genau im Auge – damit sie nicht schummeln. Sollte einer der anderen Golfer einen Fehler machen, können Sie sicher sein, dass der Typ-A-Golfer es ihnen unter die Nase reibt.
- ✔ **Lassen Sie Ihre Kinder wenigstens die Hälfte aller Familienspiele gewinnen.** Wenn Sie möchten, dass Ihre Kinder Sie auch in 40 Jahren noch lieben, lassen Sie sie sogar noch öfter gewinnen.
- ✔ **Wenn Sie das Gefühl haben, Sie müssen mit Ihrem Ehepartner in einen Wettstreit der Ideen und Entscheidungen treten, dann sorgen Sie für ein ausgeglichenes Verhältnis.** Wenn Sie das tun, bleiben Sie länger zusammen!
- ✔ **Fragen Sie Ihre Kollegen nie, wie viel Gehalt sie bekommen, wie sich ihre Aktien entwickeln oder wie oft sie mit dem Chef sprechen.** Machen Sie einfach Ihre Arbeit, investieren Sie nach Belieben und lassen Sie es sich gut gehen.
- ✔ **Wenn Sie irgendwohin fahren, probieren Sie nicht aus, wie schnell Sie die Strecke schaffen können.** Halten Sie sich an die Geschwindigkeitsbeschränkungen und genießen Sie die Fahrt. **Merke:** Das Leben ist kein Rennen.
- ✔ **Üben Sie sich in Meditation.** Wenn Sie noch nie meditiert haben oder nicht wissen, wie und wo Sie anfangen sollen, dann lesen Sie *Meditation für Dummies* von Stephen Bodian (Wiley-VCH).
- ✔ **Gehen oder walken Sie eine Strecke mit jemandem, der langsamer geht als Sie, und passen Sie sich an seine Geschwindigkeit an.** Gehen (Walken) ohne jeden Wettbewerb tut Ihrem Herzen gut.
- ✔ **Wechseln Sie zwischen Aktivitäten mit Wettbewerbskomponente und Aktivitäten ohne Wettbewerb ab.** Spielen Sie zum Beispiel an einem Samstagnachmittag mit einem Freund Tennis (und halten Sie das Ergebnis fest) und besuchen Sie am darauf folgenden Samstag ein Museum.
- ✔ **Wenn Sie das nächste Mal Sex mit Ihrem Partner haben, vergessen Sie herauszufinden, wie schnell Sie zum Höhepunkt gelangen können, und ver-**

suchen Sie stattdessen, wie lange Sie das Gefühl der Intimität und Nähe aufrechterhalten können. Und fragen Sie nicht hinterher: »Wie war's?« Das klingt nämlich eher wie »Wie war ich?« Intimität lässt sich nicht auf einer Skala festhalten.

✔ **Wenn in einem Gremium, dem Sie angehören, die nächsten Wahlen anstehen, heben Sie die Hand und schlagen Sie jemand anders vor.** Sie müssen nicht in jedem Gremium den Vorsitz übernehmen. Trauen Sie ruhig auch anderen Menschen zu, dass sie Verantwortung übernehmen können, und lassen Sie sich zur Abwechslung mal führen.

Sie sind durchaus aufgerufen, selbst kreative Möglichkeiten zu finden, wie Sie Ihr Wettbewerbsdenken hier und da ausbremsen können. Wenn Sie sich mehr vom Wettbewerb weg orientieren können, werden Sie sich weniger ärgern, und das ist doch eine gute Sache.

Lassen Sie die Zahlen aus dem Spiel

Menschen vom Typ A drücken ihr Leben gerne in Zahlen aus, um darzustellen, wie erfolgreich sie im Wettbewerb mit dem Rest des Universums abgeschnitten haben. Nur zu gerne erzählen sie Ihnen, wie viel sie im Jahr verdienen (und sie werden auch herauszufinden versuchen, wie viel Sie verdienen), wie viel sie beim Kauf und Verkauf verschiedener Güter (Häuser, Aktien, Land oder Autos – was Sie wollen) gewonnen oder verloren haben, was sie sportlich so drauf haben (an welcher Stelle sie im Tennisclub rangieren oder welches Handicap sie beim Golf haben), wie viele Operationen sie im letzten Jahr gemacht haben, wie viele Veröffentlichungen sie verbuchen konnten, wie groß das Unternehmen ist, für das sie arbeiten, und welche Umsätze es macht und so weiter.

Immer geht es nur um Zahlen. Das Verrückte ist, dass A-Typen das noch nicht einmal merken. Hier ein typisches Beispiel:

Max: Schön, dass wir mal wieder zusammen essen – schon eine Weile her.

Typ A: Ja, ich weiß. Hab' halt viel zu tun in letzter Zeit. Wir haben unser Bürogebäude gerade um *1000* Quadratmeter erweitert. Und wir haben *sechs* neue Verkäufer eingestellt. Wie läuft's bei euch?

Max: Ganz gut, wir halten mit – nichts Besonderes. Das Gute daran ist, dass ich in letzter Zeit mehr Zeit hatte, mich mal zu entspannen und einiges zu Hause zu erledigen.

Typ A: Das könnte ich auch mal gebrauchen, aber da wird wohl nichts draus. Wir haben im Vergleich zum letzten Jahr um *43 Prozent* zugelegt. Wenn das so weiter geht, schaffen wir die *50 Prozent* dieses Jahr noch.

Max: Und was hast du außer der Arbeit in letzter Zeit so gemacht? Wir sind mit der Familie oft oben am See – du weißt ja, wir haben da ein kleines Häuschen. Die Kinder sind ganz verrückt danach.

Typ A: Oh Mann, ich wäre auch gerne öfter am See. Ich hab' dir ja erzählt, dass ich letztes Jahr ein neues Boot gekauft habe – hat uns *60.000* gekostet und jetzt kommen wir kaum dazu, es auch zu nutzen. Und das Haus da oben hat uns auch noch nicht oft gesehen – *fünf* Schlafzimmer, *vier* Bäder und *8.000* Quadratmeter Grundstück direkt am See, es ist eine Verschwendung. Letzte Woche sagte ich zu meiner Frau, wir sollten es verkaufen und wenigstens einen netten Gewinn herausschlagen. Bei der Nachfrage heutzutage könnten wir leicht *350.000 Euro* dafür kriegen. Was denkst du, ist euer Häuschen wert?

Wenn Sie die Zahlen aus Ihren Gesprächen verbannen wollen, fangen Sie mit dieser Übung in sieben Schritten an:

1. **Besorgen Sie sich einen Kassettenrekorder oder einen mp3-Player mit Aufnahmefunktion.**
2. **Nehmen Sie ein zehnminütiges Gespräch über ein beliebiges Thema mit einem Familienmitglied oder einem Freund auf.**
3. **Hören Sie sich die Aufnahme in Ruhe an und zählen Sie, wie oft Sie sich auf Zahlen beziehen.**
4. **Nehmen Sie ein zweites Gespräch mit derselben Person auf und bemühen Sie sich dieses Mal bewusst, Zahlen außen vor zu lassen.**
5. **Zählen Sie erneut, wie oft Sie sich auf Zahlen beziehen.**
6. **Bewerten Sie Ihre Fortschritte.**
7. **Wiederholen Sie diese Übung so oft, wie nötig, um sich der Typ-B-Gesprächsführung Stück für Stück anzunähern.**

Wenn Sie merken, dass Sie in diesem »experimentellen« Umfeld Fortschritte machen, sollten Sie auch im Alltag verstärkt darauf aufpassen, wie Sie mit anderen sprechen. Achten Sie auch darauf, wie Ihr jeweiliger Gesprächspartner spricht – Sie werden schnell feststellen, dass Sie nicht der einzige A-Typ auf der Welt sind. Geben Sie sich Mühe, sich mitzuteilen, ohne Zahlen nennen zu müssen. Es reicht völlig, wenn Sie sagen: »Das ist ein fantastischer Tag heute!« Sie müssen nicht hinzufügen: »Ich habe schon 2.300 Euro verdient und es ist noch nicht einmal Mittag.«

Legen Sie die Uhr weg

Menschen vom Typ A haben ständig die Zeit im Blick. »Das dauert zu lange«, »Verdammt, es ist schon so spät – ich werde nie pünktlich fertig«, »Ich wünschte, die würden sich ein bisschen beeilen.«

A-Typen haben ein beschleunigtes Zeitbewusstsein. Sie haben das Gefühl, dass die Zeit ihnen im Laufe des Tages »zwischen den Fingern zerrinnt«. Dadurch entsteht eine innere Unruhe und Angst, nicht genug Zeit zu haben, oder das, was die Väter des Typ-A-Konzepts (Dr. Meyer Friedman und Dr. Ray Rosenman) die *Hetzkrankheit* (Hurry Sickness) genannt haben. Das erklärt auch, warum A-Typen so schnell gereizt sind, wenn sie durch die Umstände oder andere Menschen in ihren Bemühungen gebremst werden.

Natürlich ist die Wahrnehmung, dass die Zeit viel zu schnell verstreicht, völlig falsch. Die Zeit verläuft für A-Typen genau so schnell wie für B-Typen. Der Unterschied ist nur, dass B-Typen ein besseres Zeitgefühl haben – sie nehmen genauer wahr, wie viel Zeit von einem Augenblick zum anderen vergangen ist.

Um festzustellen, wie es mit Ihrem Zeitgefühl aussieht, lassen Sie jemand anders eine Zeitspanne zwischen fünf und fünfzehn Minuten wählen, ohne Ihnen zu verraten, für welche Spanne er sich entschieden hat. Bitten Sie Ihr Gegenüber dann, sich in der gewählten Zeitspanne mit Ihnen zu unterhalten. (Bevor ich es vergesse, Sie dürfen bei dieser Übung natürlich keine Uhr im Blickfeld haben – das wäre geschummelt.) Wenn die Unterhaltung vorbei ist, sollen Sie Ihrem Gesprächspartner sagen, wie viel Zeit nach Ihrem Gefühl verstrichen ist. Wenn Sie ein A-Typ sind, werden Sie die verstrichene Zeit wahrscheinlich *über*schätzen. Sind Sie ein B-Typ, werden Sie eher auf die richtige Zeit tippen oder die vergangene Zeit *unter*schätzen.

Am besten entwickeln Sie sich zum B-Typ, wenn Sie darauf verzichten, eine Uhr zu tragen. Wenn Sie ein A-Typ sind, ist Ihr erster Gedanke jetzt sicher: »Mein Gott, das kann ich nicht – woher soll ich wissen, sie spät es ist, wie soll ich meinen Terminkalender einhalten, wie soll ich meine ganze Arbeit bewältigen?« Die Antwort ist einfach: »Das schaffen Sie nicht.« Und stellen Sie sich vor: Davon geht die Welt nicht unter. Auf der anderen Seite könnte es aber sein, dass sich die Qualität Ihrer Arbeit verbessert. Menschen denken tatsächlich kreativer und finden bessere Lösungen für ihre Probleme, wenn sie nicht ständig unter Termindruck stehen.

Einen A-Typ zu bitten, seine Uhr abzulegen, ist wie einen Raucher aufzufordern, seine Zigaretten herzugeben, oder einen Alkoholiker, jeglichen Alkohol aus dem Haus zu räumen. Das ist nicht so einfach. Vielleicht sind Sie in der Lage, abrupt auf Entzug zu gehen, indem Sie Ihre Uhr ablegen und nie wieder in die Hand nehmen. (So habe ich das vor 35 Jahren eines Morgens in einem Flugzeug gemacht, und seitdem trage ich keine Uhr mehr. Das war der erste Schritt in meinem Typ-A-Genesungsprogramm.) Wenn es Ihnen aber geht wie den meisten Menschen, werden Sie sich langsam von Ihrer Uhr entwöhnen müssen.

Vielleicht können Ihnen die folgenden Tipps dabei helfen, Ihre Uhr loszuwerden:

- ✔ **Überlegen Sie, zu welcher Tages- oder Wochenzeit Sie am besten auf Ihre Uhr verzichten können.** Versuchen Sie dann, Ihre Uhr in diesen Zeiten für ein oder zwei Stunden abzulegen.

- ✔ **Wenn Sie tagsüber im Büro sind, können Sie Ihre Uhr getrost in die Tasche stecken und die Zeit auf der Uhr auf dem Schreibtisch oder am Computer ablesen, wenn Sie sich zeitlich orientieren müssen.** Ziehen Sie Ihre Uhr nur dann an, wenn Sie das Büro verlassen.

- ✔ **Tragen Sie eine altmodische Taschenuhr.** So haben Sie trotzdem die Möglichkeit, auf die Uhr zu schauen, aber die Zeit starrt Ihnen nicht die ganze Zeit ins Gesicht.

- **Stellen Sie den Timer an Ihrer Uhr, damit Sie wissen, wann eine bestimmte Zeitspanne vorbei ist.** Wenn Sie beispielsweise mit einem Freund essen gehen, lassen Sie sich von Ihrem Timer daran erinnern, wann es Zeit ist, wieder aufzubrechen. Danach stecken Sie die Uhr wieder weg.
- **Probieren Sie doch einmal aus, wie viele neue, interessante und nette Menschen Sie im Laufe eines Tages kennen lernen können, wenn Sie nach der Uhrzeit fragen.** Eine tolle Möglichkeit, ein Gespräch zu beginnen!

Widerstehen Sie dem, was die Gesellschaft von Ihnen erwartet

Das A in A-Typ könnte auch für *Amerikanisch* stehen. Die Werte, auf denen die wichtigsten Komponenten des Typ-A-Verhaltens gründen – Konkurrenzdenken, das Gefühl, dass die Zeit drängt, übertriebenes Engagement am Arbeitsplatz –, sind die übersteigerte Spitze dessen, was in Amerika und anderen westlichen Industrienationen das Leben bestimmt. (Es ist interessant, dass die überwiegende Zahl der Menschen in Belgien und den Niederlanden B-Typen sind und dass in diesen Ländern die Anzahl der Todesfälle im Zusammenhang mit Herzerkrankungen um die Hälfte niedriger liegt als in den Vereinigten Staaten.)

Wenn Sie Ihr Leben mehr wie ein B-Typ führen wollen, müssen Sie den Prinzipien und Überzeugungen, die das A-Typ-Verhalten fördern und aufrechterhalten, etwas entgegensetzen. In der folgenden Übersicht habe ich für Sie die unterschiedlichen Überzeugungen gegenübergestellt, nach denen sich das Verhalten von A-Typen und B-Typen ausrichtet:

Typ A: Ich muss höheren Anforderungen entsprechen als andere Menschen.

Typ B: Ich sollte den allgemeinen Anforderungen entsprechen, die sich daran orientieren, was man vernünftigerweise in allen Lebensbereichen als effiziente Leistung betrachtet. Wenn ich diese Leistung erreiche, bin ich zufrieden.

Typ A: Erfolg erreicht man nur mit Einsatz – je größer der Einsatz, desto größer der Erfolg.

Typ B: Erfolg hängt im Wesentlichen von meinen Fähigkeiten ab – Menschen mit ausgeprägteren Fähigkeiten werden unabhängig von ihrem Einsatz immer mehr Erfolg haben.

Typ A: Im Leben geht es meistens darum, mit anderen um den Erfolg zu konkurrieren.

Typ B: Langfristig wird mir die Zusammenarbeit mit anderen mehr Erfolg im Leben einbringen als die Konkurrenz.

Typ A: Jeder Einzelne ist für seinen Erfolg selbst verantwortlich – das war immer so und wird immer so sein.

Typ B: Der soziale Zusammenhalt – zu anderen in Beziehung stehen und mit anderen zusammenarbeiten – verringert die Last, die der Einzelne auf dem Weg zum Erfolg der Gemeinschaft und im Kampf um das Überleben tragen muss. Es kommt im Leben darauf an, was *wir* tun, nicht nur darauf, was *ich* tue!

In großer Eile

Im Rahmen einer der interessanteren Studien, an denen ich beteiligt war, arbeitete ich mit niederländischen Kollegen an der Universität von Nimwegen zusammen. Wir untersuchten die Unterschiede im Verhalten von A-Typen und B-Typen während ihres Aufenthaltes im Krankenhaus aufgrund von Herzproblemen. Wir fanden heraus, dass Patienten vom Typ A wesentlich kürzere Behandlungszeiten aufwiesen als Patienten vom Typ B. Das lag daran, dass Erstere es eilig hatten, wieder in ihr Alltagsleben zurückzukehren und den Lebensstil weiterzuführen, der ihre Herzprobleme verursacht hatte. Der am stärksten ausgeprägte Typ-A-Patient drückte das so aus: »Ich muss aus meinem zukünftigen Leben etwas machen. Das Leben ist kurz. Die ersten 30 Jahre meines Lebens waren praktisch umsonst! Ich muss mein Leben jetzt genießen! Ich kann es gar nicht erwarten.«

Auf dem Weg zur Weisheit

Mein Freund und Mentor Dr. Berton Kaplan von der Fakultät für das Gesundheitswesen an der Universität North Carolina hat die These aufgestellt, dass Typ-B-Persönlichkeiten länger und zufriedener leben (und sich weniger ärgern), weil sie einfach auf dem Weg durch die Irrungen und Wirrungen des Lebens die weiseren Entscheidungen treffen. Darüber hinaus bietet er drei einfache, aber wirkungsvolle Rezepte an, wie man diese Weisheit erwerben kann. Lesen Sie dazu die folgenden Abschnitte.

Gehen Sie vielfältige Beziehungen ein

Weisheit ist etwas, das man aufgrund der eigenen Lebenserfahrungen erwirbt. Man kann sich aber auch an der Lebenserfahrung anderer Menschen orientieren. Ich zum Beispiel hatte schon erzieherische Weisheit erworben, bevor ich überhaupt Kinder hatte, denn bei meinen eigenen Eltern hatte ich gelernt, wie man es nicht macht. Meine Kinder haben von den Fehlern, die meine Eltern bei mir gemacht hatten – und das waren nicht wenige –, stark profitiert.

Man kann Weisheit auch bei Menschen finden und sich abschauen, die wesentlich jünger sind als man selbst. Mein Sohn hat mir etwa beigebracht, wie ich meine Wochenenden genießen kann, anstatt meine Zeit damit zu verbringen, Arbeiten auf meiner Typ-A-Liste als erledigt abzuhaken.

Wenn Sie weiser werden wollen, sollten Sie die Nähe von Menschen suchen, die anders sind als Sie selbst (das Letzte, was Sie brauchen, ist ein Typ-A-Freund!), denn jede neue Beziehung bringt eine neue Sichtweise dessen mit sich, was im Leben wichtig ist, wie man mit Schwierigkeiten fertig wird und wie man es schafft, dass Gutes und Schlechtes sich die Waage halten (mehr darüber in Kapitel 16).

Küssen Sie die Musen

Ich wage zu behaupten, dass A-Typen jedes künstlerische Engagement – Musik, Malerei, Bildhauerei, Romane – bestenfalls langweilig finden und schlimmstenfalls hassen. Ich sage das, weil alles, was mit Kunst zu tun hat, der Mentalität des A-Typs diametral gegenübersteht. Wenn man Kunst, sei es nun ein Konzert oder eine Bilderausstellung, richtig würdigen will, verlangt das innere Ruhe, die Würdigung längst vergangener (nicht zukünftiger) Leistungen, eine historische Sicht des Lebens (über das Hier und Jetzt hinaus) und ein stilles Temperament, das man in der Hektik des Alltags kaum findet. Die Kunst fordert den Menschen heraus, sich von den alltägliche Anforderungen der Außenwelt zu lösen und über Fragen nachzudenken, die über das Materielle hinausgehen, oder sich auf die Schönheit der Dinge einzulassen, anstatt über ihren Nutzen nachzudenken. Sie erlaubt uns, mit Körper und Geist in die subjektive Welt des Künstlers einzutauchen. Welch eine herrliche »Zeitverschwendung«!

Lassen Sie sich von Ihrer Neugier leiten

A-Typen fehlt es an Neugier. Wenn sie denn neugierig sind, dann geht es um Dinge, die ihre Produktivität steigern oder ihnen in ihren Beziehungen zu anderen Menschen noch mehr Dominanz einbringen könnten. Gesunde Neugier – wie sie B-Typen zeigen – kennt keine solchen Einschränkungen. B-Typen sind einfach neugierig auf das Leben. Sie machen gerne vielfältige neue Erfahrungen, die ihre Aufmerksamkeit auf sich ziehen. Einen Teil ihrer Neugier befriedigen sie durch Lektüre oder Gespräche mit anderen Menschen. Oder aber sie spucken in die Hände und machen Erfahrungen aus erster Hand.

Wenn Sie Ihre Neugier stimulieren wollen, können Sie eine der folgenden Anregungen ausprobieren:

- ✔ Gehen Sie einmal im Monat in die nächste Buchhandlung und kaufen Sie sich ein Buch zu einem Thema, über das Sie absolut nichts wissen.
- ✔ Durchforsten Sie Ihre Lokalzeitung nach interessanten Veranstaltungen am Wochenende und gehen Sie hin, um herauszufinden, was da »so abgeht«.
- ✔ Treten Sie einem Buchclub bei, der sich mit verschiedenen Themenbereichen auseinandersetzt und auch Diskussionen anbietet.
- ✔ Verbringen Sie ab und zu Zeit mit Freunden, die besondere Hobbys und Fertigkeiten haben. Lassen Sie sich das eine oder andere beibringen.
- ✔ Schauen Sie Bildungsfernsehen. **Achtung:** Sie könnten dabei etwas lernen!

Das richtige Umfeld finden

Die zweitbeste Möglichkeit, ein B-Typ zu werden, ist ein Umzug in ein B-Typ-Umfeld. Es hat sich herausgestellt, dass Arbeitsplätze und Unternehmen genau so unterschiedliche Persönlichkeiten haben wie Menschen. A-Typen neigen erwartungsgemäß dazu, sich Arbeitsplätze zu suchen, die durch hohe Ansprüche, Zeitdruck, Fanatismus, Wettbewerb und Termine geprägt sind. Was aber, wenn Sie sich an einem Typ-B-Arbeitsplatz wiederfinden, einem, an dem es entspannter und gelassener zugeht? Das würde Ihnen sicher nicht passen, oder etwa doch? Nun, an einem Typ-B-Arbeitsplatz könnten Sie Folgendes erwarten:

- ✔ Weniger Klagen über gesundheitliche Probleme (etwa Kopfschmerzen, Verdauungsstörungen, Rückenschmerzen, Depressionen)
- ✔ Weniger Stress während der Arbeit
- ✔ Mehr Zufriedenheit mit Ihrer Arbeit und der Ihrer Kollegen
- ✔ Weniger Tage, an denen Sie das Gefühl haben, die Anforderungen nicht erfüllen zu können, weil Sie sich nicht so gut fühlen

Wenn Sie gewillt sind, sich zu einem B-Typ zu entwickeln und einen B-Typ-Arbeitsplatz suchen, können Sie noch mit weiteren positiven Auswirkungen auf Ihre Gesundheit rechnen:

- ✔ Weniger auf Stress zurückzuführende psychische Probleme
- ✔ Seltener das Gefühl haben, während eines Arbeitstages »auf Hochtouren« zu laufen
- ✔ Weniger Probleme damit, außerhalb des Arbeitsplatzes abzuschalten
- ✔ Seltener das Gefühl haben, dass Ihre Gesundheit Ihr Arbeitspensum bestimmt

Es kann sein, dass Sie in einer A-Typ-Stadt wohnen. Wenn ja, könnten Sie überlegen, ob sich nicht vielleicht ein Umzug für Sie lohnt – ja, das meine ich ernst. Städte haben einen unterschiedlich schnellen Puls. Sie unterscheiden sich beispielsweise darin, wie schnell die Menschen dort sprechen, wie schnell sie gehen, wie viele Menschen eine Uhr tragen oder wie schnell Geschäfte dort abgewickelt werden. All diese Unterschiede drücken sich zum Beispiel darin aus, wie wahrscheinlich es ist, dass Sie an einer Herzerkrankung sterben. Dabei wird die Schnelligkeit des in einer Stadt vorherrschenden Lebensstils nicht von ihrer Größe bestimmt, sondern vielmehr von der Region, in der die Stadt liegt. Der Nordosten der USA etwa (mit Städten wie New York, Providence und Patterson) ist der für A-Typen schlimmste Lebensraum, während es im Süden (Atlanta, Memphis, Knoxville) und Westen (San Diego, Salt Lake City und Fresno) die meisten B-Typ-Städte gibt.

Was hat all das mit Ärgermanagement zu tun? Nun, in schnelllebigen Lebensräumen gibt es viel mehr Möglichkeiten und Gründe, die Beherrschung zu verlieren, als in Regionen mit einem langsameren Lebensstil. Betrachten Sie es als ein geografisches Heilmittel.

Ärger konstruktiv nutzen

11

In diesem Kapitel

- Die adaptive Natur des Ärgers verstehen
- Zwischen positivem und negativem Ärger unterscheiden
- Probleme lösen statt Rache suchen
- Mitgefühl ist keine Einbahnstraße

Ärger und Wut sind ungerechtfertigt in Verruf geraten! Gewöhnlich assoziieren Sie Ärger und Wut mit aggressivem Verhalten oder anderen destruktiven Auswirkungen auf das Leben der Betroffenen. Das ist nur so, weil Ihnen niemand gezeigt hat, wie man Ärger konstruktiv nutzen kann. In diesem Kapitel zeige ich Ihnen die *positive* Seite des Ärgers – die Seite, mit deren Hilfe man im Alltag Probleme lösen, die Standpunkte anderer Menschen verstehen und zukünftige Konflikte vermeiden kann.

Gefühle sind nicht an sich gut oder schlecht. Menschen sind während erfreulicher Ereignisse an Herzinfarkten gestorben (bei einer Beförderung etwa) und haben Schlaganfälle erlitten, weil sie unerwartet vom Tod eines geliebten Menschen erfahren hatten. Heißt das etwa, dass man Freude und Überraschungen unter allen Umständen vermeiden sollte? Natürlich nicht. Sie sollten deshalb auch nicht versuchen, Ärger aus dem Weg zu gehen, weil Sie der irrigen Annahme unterliegen, dass er nur verletzen und schaden kann. Es kommt darauf an, was Sie mit Ihrem Ärger machen – wie sie ihn ausdrücken. Erst dadurch wird er gut oder schlecht.

Machen Sie den Ärger zu Ihrem Verbündeten

Wenn Sie sich dazu entschließen, Ihren Ärger konstruktiv zu nutzen, begeben Sie sich in die Gesellschaft bemerkenswerter Menschen – George Washington, Martin Luther King, Jesus Christus, Gandhi und Mutter Theresa, um nur einige zu nennen. Sie gehören zu den Menschen, die zugaben, sehr verärgert zu sein – über Armut, Rassendiskriminierung, die Besetzung ihrer Heimat durch eine fremde Macht –, die aber ihren Ärger in konstruktive Handlungen ummünzten und die Welt damit ein Stück besser machten.

In den nachfolgenden Abschnitten möchte ich näher begründen, warum Sie erwägen sollten, den Ärger auf dem Weg zu einem neuen gesünderen, glücklicheren und produktiveren Leben zu Ihrem Verbündeten zu machen.

Auszeichnungen hin oder her: Wir ärgern uns alle

Ich bat 20 besonders gute Studenten, die meine Seminare an einem bekannten College besuchten, aufzuschreiben, was sie taten, wenn sie verärgert waren. Die Ergebnisse können Sie in der folgenden Tabelle ablesen:

Positive Ausdrucksformen	Negative Ausdrucksformen
Mit einem Freund darüber sprechen	Sich von allen zurückziehen
Trainieren gehen	Übelkeit empfinden
Spazieren gehen und darüber nachdenken	Eine Migräneattacke bekommen
	Sich deprimiert fühlen
	Sich den Ärger wieder und wieder durch den Kopf gehen lassen
	Dinge sagen, die man nicht so meint
	Selbstkritisch sein
	Weinen
	Andere anmotzen
	Mit den Zähnen knirschen
	Mit niemandem reden
	Denjenigen ignorieren, der den Ärger provoziert hat
	Abdampfen
	Explodieren
	Mit Gegenständen werfen
	Schreien
	Mit den Füßen aufstampfen
	Die ganze Nacht wach liegen
	Jammern, jammern, jammern
	Sich schuldig fühlen
	Sich prügeln
	Sich abscheulich fühlen

Zwei hier nicht aufgeführte interessante Möglichkeiten waren »einen Ziegelstein finden und dagegen treten, bis man die Füße nicht mehr spürt« und »jemanden beißen«. Das Verhältnis der negativen Möglichkeiten zu den positiven Möglichkeiten, Ärger auszudrücken, ergab in dieser Gruppe Jugendlicher mit außergewöhnlichen akademischen Leistungen kolossale 13 zu 1. Kein Wunder, dass wir Ärger als eine schlechte Sache betrachten!

Ärger ist eine angeborene Kraft

Mit der Fähigkeit zum Ärger werden wir bereits geboren. Mütter erkennen Ärger bei Neugeborenen bereits im Alter von drei Monaten. Ärger muss nicht erlernt oder verdient werden wie Geld oder Freundschaft. Sie erleben ihn einfach, wenn sich die Notwendigkeit ergibt. Er ist gewissermaßen ein Geburtsrecht.

Fragen Sie sich: Möchte ich diese innere Kraft dazu nutzen, mein Leben neu zu ordnen?

Ärger ist belebend

Das *E* in dem Wort *Emotion* steht für »Energie«. Ärger produziert einen unmittelbaren Ausstoß von Adrenalin, der dafür sorgt, dass sich die Pupillen erweitern, der Puls in die Höhe schnellt, der Blutdruck steigt und die Atmung sich beschleunigt. Wenn Sie wirklich verärgert sind, sträuben sich sogar Ihre Nackenhaare! Ihre Leber reagiert damit, dass sie Zucker locker macht, und das Blut wird aus den inneren Organen in die Muskulatur geleitet und erzeugt eine allgemeine Anspannung. Sie sind voller Energie und können jederzeit handeln. Denken Sie jedoch daran, dass Gefühle nicht von langer Dauer sind – sie kommen und gehen. Es ist also wichtig, dass Sie loslegen, solange das Eisen heiß ist, und die von Ihrem Ärger bereitgestellte Energie zu Ihrem Vorteil nutzen, bevor sie verpufft.

Fragen Sie sich: Möchte ich meine Energie für unproduktiven Ärger verschwenden?

Ich weiß, dass ich lebe, wenn …

Vor einigen Jahren leitete ich einen Workshop zum Thema Ärgermanagement, an dem Profis aus dem Gesundheitswesen teilnahmen. Ich bat zunächst die Anwesenden zu definieren, was sie denn unter Ärger verstanden. Einige boten die üblichen einfachen Definitionen an: »Es ist eine Emotion«, »Es ist ein Gefühl«, »Es fühlt sich unangenehm an.«

Dann aber brachte eine junge Frau die verblüffendste Definition von allen: »Wenn ich mich ärgere, weiß ich, dass ich lebe.« Sie fuhr fort zu erläutern, wie erfrischend Emotionen seien, weil sie die Eintönigkeit des Alltags durchbrächen und uns für kurze Augenblicke mit Energie und Lebendigkeit erfüllten.

Ärger dient als Katalysator für neues Verhalten

Der zweite Teil des Wortes Emotion, *motion* nämlich, hat etwas mit der Motivierung des Verhaltens zu tun. Wenn es Ihnen ähnlich geht wie mir, gibt es in Ihrem Leben Dinge, die Sie gerne ändern würden. Aber Sie haben Angst davor, nicht wahr? Sie sind unsicher, was wohl passieren wird, wenn Sie das, was Sie haben, hinter sich lassen und eine neue Richtung einschlagen – vielleicht eine neue Beziehung, eine neue Arbeitsstätte, eine neue Stadt oder ein neuer, gesünderer Lebensstil (Sport, gesunde Ernährung, kein Alkohol mehr). Am Ende machen Sie nichts – das heißt, so lange, bis Sie sich genug über Ihr jetziges Leben ärgern und die Dinge in die Hand nehmen.

Fragen Sie sich: Wie kann ich mit Hilfe konstruktiven Ärgers mein Leben neu ordnen?

Ärger kommuniziert

Ärger teilt der Welt mit, wie schlecht es Ihnen geht – wie *un*glücklich, *un*erfüllt, *un*befriedigt, *un*aufgeregt und *un*geliebt Sie sich fühlen. Erinnern Sie sich daran, wie Sie das letzte Mal Ihren Ärger verbal ausgedrückt haben. Wissen Sie noch, was Sie sagten? War es etwas wie »Lass *mich* in Ruhe«, »*Ich* bin dir doch egal«, »*Ich* will nicht länger von der Hand in den Mund leben« oder »*Ich* gebe und gebe und gebe und von dir kriege *ich* nichts.« Ich bin sicher, dass Ihr Gegenüber gehört hat, was Sie gesagt haben, aber haben *Sie* es gehört? Haben Sie Ihrem Ärger zugehört – zugehört, was er Ihnen darüber sagte, was in Ihrem Leben falsch läuft und was Sie zu ändern beginnen müssen?

Der emotionale Dialog, der Ihnen am meisten bringt, ist der mit sich selbst.

Fragen Sie sich: Was sagt mir mein Ärger über mich selbst?

Das machst du ja doch nicht … oder doch?

Manchmal braucht man nur einen Tritt in den Hintern. Eberhard hatte sich mit einer Freundin zum Essen verabredet und erzählte ihr von einem neuen, aufregenden Projekt, das er schon bald starten wollte, um sein lahmendes Geschäft auf Touren zu bringen. »Ich werde in zwei Monaten anfangen und zähle darauf, dass du mir ein paar Kunden schickst«, erzählte er aufgeregt. Ohne zu zögern, antwortete seine Freundin: »Das machst du ja doch nicht.«

Zack, das saß. Eberhard war verblüfft und verstimmt: »Warum sagst du so etwas?«, fragte er. »Weil du von diesem neuen Projekt schon ein ganzes Jahr redest, und immer, wenn wir essen gehen, soll es irgendwann in den nächsten Monaten losgehen. Passiert ist aber nichts. Ich halte es für eine tolle Idee und würde dir sicher auch Kunden schicken, aber mal ehrlich, Eberhard, es wird nichts daraus werden. Du redest immer nur davon.«

Jetzt war Eberhard sauer. Er bezahlte die Rechnung, murmelt irgendwas vor sich hin und ging zurück an seine Arbeit. Je mehr er darüber nachdachte, desto klarer wurde ihm, dass seine Freundin Recht hatte. Ein Jahr lang hatte er geredet und geredet, und passiert war nichts. In diesem Moment nahm sich Eberhard vor, dass er das neue Projekt in den nächsten 30 Tagen aus der Taufe heben würde, und das tat er dann auch. Der Rest ist, wie man so sagt, Geschichte. Sein neues Geschäft ging ab wie eine Rakete und in den darauf folgenden zehn Jahren machte er mit Teilzeitarbeit beinahe eine Million – und das alles dank einer guten Freundin, die ihn an diesem Tag verärgerte.

Ärger bewahrt Sie vor Schaden

Ärger ist ein wichtiger Teil der angeborenen Kampf-Flucht-Reaktion, die dazu da ist, sich an die Herausforderungen des Lebens anzupassen und zu überleben. Der Ärger ist dabei die Kampf-Komponente – der Teil, der Sie dazu antreibt, offensive Maßnahmen zu ergreifen, um Sie gegen tatsächliche oder mutmaßliche Gefahren zu verteidigen.

Empfinden Sie jemals genug Ärger, um für Ihre Rechte einzutreten? Nutzen Sie Ihren Ärger, um dem rüpelhaften oder rücksichtslosen Verhalten anderer Menschen Grenzen zu setzen? Ärgern Sie sich und sagen Sie zu jemandem: »Hören Sie mal, das ist ja unerhört!«, »Lassen Sie das sofort sein – ich werde nicht länger hier sitzen und mir das ansehen« oder »Sie machen vielleicht mit den anderen hier im Büro den Molli, aber mit mir nicht.« Ich hoffe doch, denn sonst werden Sie früher oder später zum Opfer!

Fragen Sie sich: Wie kann ich meinen Ärger dazu nutzen, mich positiv zu verteidigen?

Die Sekretärin hat es richtig gemacht

Ich kannte einmal einen Mann, der seine Angestellten gerne schikanierte. Er hatte sich angewöhnt, jeden Tag einen von ihnen ohne weitere Vorankündigung in sein Büro zu zitieren, in der Regel, wenn die meisten anderen bereits Feierabend gemacht hatten – ich schätze, es gab dann weniger Zeugen. Nachdem er sein »Opfer« gebeten hatte, Platz zu nehmen, stieg ihm die Zornesröte ins Gesicht, und er ging in einer imposanten Pose zum Angriff auf seine wehrlose Beute über. Es folgte eine ewig lange Tirade, in der er alle möglichen Dinge äußerte, die sein Missfallen erregt hatten. Jeder in der Firma fürchtete den Tag, an dem sein Name genannt wurde.

Eines Tages, einige Angestellte räumten gerade ihren Schreibtisch auf und packten ihre Sachen zusammen, rief er die Sekretärin zu sich ins Büro. Alle anderen bedauerten sie, denn sie wussten, was jetzt kam. Aber nach kaum fünf Minuten erschien sie wieder im Büro und sah gar nicht verstört aus. »Was war los?«, fragten die anderen. »Warum bist du schon wieder draußen?«

»Tja, es fing an, wie die anderen es sonst immer schildern. Ich saß kaum auf dem Sessel, da fegte er durch das Büro und schrie mich an. Also stand ich auf und ging zur Tür. Er sah mich an und fragte: »Wo wollen Sie denn hin?« Ich antwortete, dass in meinem ganzen Leben noch nie jemand so mit mir geredet hätte und dass ich nicht wüsste, wie ich darauf reagieren sollte, und es deshalb für besser hielte, erst einmal nach draußen zu gehen, damit er sich beruhigen könne. Und hier bin ich.«

Zwei Tage später wurde ein anderer Angestellter herbeizitiert und fand sich mit derselben Situation konfrontiert. »Als er anfing herumzuschreien, ärgerte ich mich zunächst, aber dann fiel mir die Sekretärin ein«, erzählte der Mann. »Ich stand also auf und ging zur Tür. Er hörte auf zu schimpfen und bat mich mit ruhiger Stimme, mich doch wieder hinzusetzen, weil er etwas Wichtiges mit mir zu besprechen hätte. Ich entgegnete ›Gut, so lange Sie mich nicht wieder anschreien.‹« Danach hatten die beiden ein zivilisiertes Gespräch.

Ärger hilft bei Impotenz

Impotenz ist ein lausiges Gefühl. Ich rede hier nicht nur von der sexuellen Impotenz. Ich meine Impotenz als Unfähigkeit, sich mit der Umwelt auseinanderzusetzen und fertig zu werden – mit Beziehungen, mit dem Job, mit den Finanzen, mit der Gesundheit, mit dem Gewicht, mit dem Verlust geliebter Menschen und so weiter. Sie fühlen sich schwach und unzulänglich und glauben, den anstehenden Aufgaben nicht gewachsen zu sein.

Dann empfinden Sie Ärger – und plötzlich fühlen Sie etwas in sich hochsteigen, ein Gefühl der Stärke, Selbstvertrauen und Kompetenz. Sie stellen sich den Frustrationen und Konflikten, die Sie bisher gemieden haben. Ärger vermittelt Ihnen das Gefühl, dass Sie »es können«: »Ich kann dieses Problem lösen«, »Ich kann etwas Besonderes leisten«, »Ich kann Erfolg haben, wenn ich es versuche.«

Wenn Sie sich das nächste Mal niedergeschlagen, entmutigt und impotent fühlen, achten Sie doch einmal auf Ihre Haltung. Machen Sie sich dann bewusst, wie sich Ihre Haltung ändert, wenn Sie sich aufregen und die Situation in Angriff nehmen. Ich verspreche Ihnen, Sie werden überrascht sein, wie krass der Unterschied ausfällt.

Fragen Sie sich: Wie oft erliege ich lähmendem Ärger?

Die Motive hinter dem Ärger erkunden

Bevor Sie Ihren Ärger konstruktiv nutzen können, müssen Sie herausfinden, welche Motive dahinter stecken. Stellen Sie sich die folgenden Fragen:

- ✔ Was genau will ich erreichen, wenn ich mich ärgere?
- ✔ Was wünsche ich mir als Ergebnis?
- ✔ Was soll passieren?
- ✔ Was ist mein Ziel?
- ✔ Was würde mich zufriedenstellen?

Wissenschaftler, die sich mit Ärger beschäftigen, haben die These aufgestellt, dass es nur drei Motive für Ärger gibt. Mit diesen Motiven werde ich mich in den folgenden Abschnitten beschäftigen.

Dr. James Averill von der Universität Massachusetts fand im Rahmen einer Studie heraus, dass der am häufigsten genannte Ärger der konstruktive Ärger ist (63 Prozent der untersuchten Probanden), gefolgt vom rachsüchtigen Ärger (57 Prozent) und schließlich von dem Ärger, bei dem es nur darum geht, Dampf abzulassen (37 Prozent).

Rachedurst

Rächen Sie sich mit Ihrem Ärger für etwas, das man Ihnen ungerechtfertigt angetan hat? Ist es Ihre Absicht, jemanden zu verletzen oder etwas zu zerstören – Gefühle zu verletzen, jemandem körperlich weh zu tun oder in Ihrem Frust etwas kaputt zu machen? Soll Ihr Ärger absichtlich andere Menschen leiden lassen oder macht es Ihnen gar Vergnügen, anderen zu schaden? Wenn Sie auf diese Fragen mit Ja antworten, dann ist Ihr Ärger in jedem Fall destruktiv und nicht konstruktiv. Diese Art Ärger nennt man *nachtragenden oder rachsüchtigen Ärger*.

Ich möchte Ihnen an einem Beispiel näher erläutern, was ich meine: Matthias war gerade mit dem Einbau neuer Küchenschränke fertig. Als er die Kranzleisten oben auf die Schränke schrauben wollte, stellte er fest, dass er eine Leiste zu kurz geschnitten hatte. Wutentbrannt griff er sich – zum Schrecken seiner Frau – sein Stemmeisen, riss alle Schränke wieder aus ihrer Verankerung und warf sie hinaus in den Garten. Erst dann hatte sich seine Wut wieder gelegt. Monate harter Arbeit hatte er in wenigen Sekunden zerstört. Später fuhr er dann in den nächsten Baumarkt und kaufte Holz für neue Einbauschränke. Das war leider nur eine von vielen Episoden in Matthias' Leben, in denen er seinen rachsüchtigen Ärger auslebte. Er sagt selbst: »Ich weiß nicht, wie viele Teile ich wegen meines Ärgers wieder neu aufbauen musste.«

Fragen Sie sich: Will ich so leben wie Matthias und jedes Mal etwas zerstören, wenn ich mich ärgere? Will ich den Preis für meinen rachsüchtigen Ärger bezahlen?

Eine Veränderung zum Positiven einleiten

Mit konstruktivem Ärger kann man die eigene Autorität stärken, Unabhängigkeit erreichen und andere Menschen dazu bringen, etwas zu tun, was für sie gut ist. Wenn Sie Kinder haben, haben Sie sich dann schon einmal über Ihr Kind geärgert, wo Sie ihm doch gerade erst eingetrichtert hatten, wie man auf seine Sicherheit achtet (etwa indem man nicht in das Auto von Freunden steigt, die schon etwas getrunken haben, oder nicht bis drei Uhr nachts unterwegs ist)? Wahrscheinlich. Haben Sie sich am Arbeitsplatz schon einmal über Untergebene geärgert und gesagt: »Jetzt ist aber Schluss mit dem Unsinn. Wir haben eine Menge Arbeit, also haltet euch ran.« Mit einiger Sicherheit. Haben Sie als Jungvermählte schon einmal Ihre Verstimmung über Ihre Schwiegereltern geäußert, weil diese Ihnen immer wieder gesagt haben, was gut für Sie ist (»Du solltest dir eine andere Stelle suchen«, »Das Haus ist viel zu groß für euch«, »Meinst du nicht, es wird Zeit, dass Ihr Nachwuchs bekommt?«), anstatt Ihnen die Entscheidung selbst zu überlassen? Sicher. Nun, dann haben Sie bereits Erfahrungen mit konstruktivem Ärger.

Fragen Sie sich: Bin ich zufrieden damit, meinen Ärger so auszudrücken, dass er mir nutzt und mir nicht weh tut?

Dampf ablassen

Haben Sie sich schon einmal gefühlt, als würden Sie jeden Moment explodieren – und dann ist es passiert? Viele Menschen – ganz normale Menschen, keine verrückten oder von Rachegedanken besessenen – benutzen Ärger dazu, Dampf abzulassen. Ihr Ärger richtet sich nicht gegen eine bestimmte Situation oder Person, er ist gewissermaßen allgemein. Er drückt ziemlich viel Frustrationen und Stress aus, die sich entladen wollen. Denken Sie an einen Schnellkochtopf, dann wissen Sie, was ich meine. Auch wenn man sich hinterher besser fühlt, ist dieser Ärger nicht konstruktiv. Er ist vielmehr »voller Klang und Wut« und ohne jede Bedeutung, wie Shakespeare sagen würde.

Fragen Sie sich: Reicht es mir, mich einfach nur gut zu fühlen, nachdem ich meinem Ärger Ausdruck verliehen habe, oder wäre es nicht besser, wenn ich aus meinem Ärger einen Nutzen für mein Leben ziehen könnte?

Durch Ärger mehr über sich selbst erfahren

Ärger ist wie ein Spiegel – weder bildet er den Charakter noch zerstört er ihn. Er zeigt ihn einfach. Ärger macht Ihnen und der Welt deutlich, was Sie für ein Mensch sind, was Sie vom Leben erwarten, welches Ihre Leidenschaften sind, wie viel Alkohol Sie getrunken haben, wie gestresst Sie sind und vieles andere mehr.

Schließen Sie Ihre Augen und rufen Sie sich ins Gedächtnis, wie das war, als Sie sich das letzte Mal über jemanden geärgert haben. Betrachten Sie diese Situation ein oder zwei Minuten vor Ihrem geistigen Auge und nehmen Sie dabei die Rolle eines neutralen Beobachters ein. Was sagten oder taten Sie in dem Moment, als Sie sich ärgerten? Seien Sie so genau wie möglich. Bleiben Sie bei dieser Szene, bis Sie das Gefühl haben, die folgende Frage ehrlich zu beantworten: Was sagt mein Ärger in dieser Situation über mich aus?

Mögliche Antworten wären etwa:

- ✔ Mein Ärger sagt, dass ich ein selbstsüchtiger Mensch bin, dessen Bedürfnisse immer über denen der anderen stehen.
- ✔ Mein Ärger sagt, dass ich ein moralischer Mensch bin, der an Fairness und Gerechtigkeit glaubt.
- ✔ Mein Ärger sagt, dass ich ungeduldig bin – meine Bedürfnisse müssen *jetzt* erfüllt werden.
- ✔ Mein Ärger sagt, dass ich mir so viel Sorgen mache, dass ich mich aufrege, wenn du dich in Gefahr begibst.
- ✔ Mein Ärger sagt, dass ich gierig bin – ich will immer mehr haben als andere und ärgere mich, wenn das nicht so ist.
- ✔ Mein Ärger sagt, dass ich das Gefühl habe, nicht respektvoll behandelt zu werden.
- ✔ Mein Ärger sagt, dass ich andere in jeder Lebenssituation beherrschen muss.
- ✔ Mein Ärger sagt, dass ich ein besonderer Mensch bin, der einen Anspruch darauf hat, immer seinen Willen zu bekommen.
- ✔ Mein Ärger sagt, dass ich die Schmerzen eines anderen Menschen fühlen kann.

- ✔ Mein Ärger sagt, dass ich ein Pessimist bin und grundsätzlich davon ausgehe, dass etwas nicht klappt, und mich dann ärgere, wenn es auch so kommt.
- ✔ Mein Ärger sagt, dass mein Leben zu stressig ist – ich bin überlastet!
- ✔ Mein Ärger sagt, dass es höchste Zeit ist, mein Leben zu ändern – es muss doch eine bessere Lebensweise geben.

Mögen Sie das, was Sie im Spiegel sehen? Wenn nicht, ist es an der Zeit, etwas zu ändern.

Konstruktiver Ärger

Zum konstruktiven Ärger gehören zwei Dinge:

- ✔ Sie müssen sich entscheiden, wohin Ihr Ärger Sie bringen soll.
- ✔ Sie müssen Ihr Ziel Schritt für Schritt ansteuern (mehr dazu in diesem Abschnitt).

Bevor Sie anfangen, sollten Sie die folgenden Aussagen laut aussprechen – und daran glauben. Machen Sie auch dann weiter, wenn Sie nicht glauben, dass alle diese Aussagen wahr sind.

- ✔ Ich muss meinen Ärger überdenken.
- ✔ Ich muss meinen Ärger relativieren.
- ✔ Ich kann nichts an dem ändern, was meinen Ärger ausgelöst hat.
- ✔ Die Situation, die mich verärgert hat, sollte bereinigt werden.
- ✔ Ich muss andere Möglichkeiten finden, meinen Ärger auszudrücken.

Erster Schritt: Wie will ich mich fühlen, nachdem ich mich geärgert habe?

Was Sie mit Ihrem Ärger machen, ist Ihre Entscheidung. Jede Entscheidung, die Sie dabei treffen, hat Konsequenzen. Wenn Sie Ihren Ärger konstruktiv nutzen wollen – so, dass etwas Positives dabei herauskommt –, werden Sie in der Regel erwarten, dass nach dem Äußern Ihres Ärgers eines der folgenden Ergebnisse eintritt:

- ✔ Ein besseres Verständnis des Menschen, mit dem Sie aufgrund Ihres Ärgers eine Auseinandersetzung hatten
- ✔ Ein besseres Verhältnis zu diesem Menschen
- ✔ Ein Schritt (oder mehrere) hin zu einer Lösung der Probleme zwischen Ihnen und diesem Menschen
- ✔ Die Erkenntnis, dass alles eigentlich gar nicht so schlimm ist, wie Sie gedacht hatten, bevor Sie sich ärgerten

- Das Gefühl, dass beide Parteien den Eindruck haben, dass etwas Gutes passiert ist
- Weniger Konflikte in der Zukunft

Umgekehrt werden Sie, wenn Sie Ihren Ärger konstruktiv nutzen, in keinem Fall:

- Weiterhin Groll gegen Ihren Kontrahenten hegen
- Sich darin bestätigt fühlen, Ihren Kontrahenten weiterhin nicht zu mögen
- Sich in Gegenwart Ihres Kontrahenten angespannt und gereizt fühlen
- Auf Ihrem Ärger herumreiten
- Sich gezwungen fühlen, Ihren Ärger (und die Gründe dafür) bei jedem, der Ihnen zuhört, wieder aufzuwärmen
- Sich in gesellschaftlichen Situationen durch die Anwesenheit Ihres Kontrahenten in die Defensive gedrängt fühlen
- Das Gefühl haben, dass der Konflikt zwischen Ihnen und Ihrem Kontrahenten unlösbar ist
- Sich von Ihrem Kontrahenten in die Opferrolle gedrängt fühlen
- Sich angesichts Ihres Umgangs mit dem Problem, das Ihren Ärger verursacht hat, machtlos fühlen
- Das Gefühl haben, Sie könnten jede Sekunde in die Luft gehen

Wenn Sie sich andererseits entscheiden, Ihren Ärger destruktiv auszuleben, sollten Sie die gegenteiligen Konsequenzen erwarten – mehr Konflikte in der Zukunft, mehr Spannungen zwischen Ihnen und Ihrem Kontrahenten und so weiter.

Zweiter Schritt: Teilen Sie Ihren Ärger mit

Eine einfache Aussage wie »Ich weiß nicht, wie es Ihnen geht, aber ich ärgere mich über das, was da eben passiert ist, und ich denke, das sollten Sie wissen« reicht völlig aus. Es geht darum, dass Sie Ihrem Gegenüber ein Signal geben, dass Gefühle im Spiel sind und dass das Gefühl, das Sie empfinden, Ärger ist.

Es reicht nicht aus, sich selbst einzugestehen, dass man verärgert ist – Sie müssen Ihre Gefühle auch der Person mitteilen, über die Sie sich ärgern.

Dritter Schritt: Richten Sie Ihren Ärger auf das Problem, nicht auf die Person

Wenn Sie Ihren Ärger konstruktiv ausdrücken wollen, sollten Sie sich ein Zitat aus dem Film *Der Pate* zu Herzen nehmen: »Das ist rein geschäftlich – nimm's nicht persönlich.« Konzentrieren Sie sich also auf die Situation, die Ihren Ärger ausgelöst hat, nicht auf die Person, die Ihnen in dieser Situation gegenüberstand.

Konzentrieren Sie sich auf das *Was*, nicht auf das *Wer*. Wenn Sie Ihren Ärger an Personen festmachen (und beispielsweise so etwas sagen wie »Diese dämliche Frau ...«), dann wird er sich unweigerlich zum rachsüchtigen Ärger entwickeln.

Vierter Schritt: Finden Sie die Quelle des Problems

Das ist jetzt einfach. Warum? Die Quelle Ihres Ärgers sind natürlich *Sie*! Bevor Sie nun dieses Buch in die Altpapiertonne werfen, lassen Sie mich bitte erklären, wie ich das meine.

Ihre Gefühle sind ein Spiegel Ihrer selbst. Wenn Sie sich über einen Ihrer Angestellten ärgern, der regelmäßig zu spät zur Arbeit erscheint, dann rührt Ihr Ärger daher, dass *Sie* der Überzeugung sind, dass Sie für das Geld, was Sie ihm bezahlen, nicht das vereinbarte Arbeitspensum bekommen. Ähnlich ist es, wenn Sie sich über Ihren Ehemann ärgern, der seine Zeitung weiterliest, während Sie ihm zu erzählen versuchen, wie es Ihnen den Tag über ergangen ist. Hier ist die Quelle Ihres Ärgers *Ihre* Überzeugung, dass Sie nicht die Aufmerksamkeit von Ihrem Mann bekommen, die Sie gerne hätten. Ohne solche Überzeugungen wären Ihnen die Verhaltensweisen anderer Menschen ziemlich gleichgültig.

Indem Sie die Quelle Ihres Ärgers verinnerlichen (und die Verantwortung für Ihre Gefühle übernehmen – mehr darüber in Kapitel 7), wird das Gefühl in Ihnen wachsen, dass Sie Ihren Ärger im Griff haben. Jetzt stellt sich die Frage: Ändere ich meine Erwartungen in Bezug auf die andere Person oder stelle ich klar, wie meine Erwartungen aussehen und was passiert, wenn sie nicht erfüllt werden? (Ich persönlich würde Ihnen Letzteres empfehlen.)

Fünfter Schritt: Akzeptieren Sie, dass das Problem gelöst werden kann

Probleme bekommt man viel leichter in den Griff als Menschen. Sie stehen vor einer problematischen Situation. Versuchen Sie, optimistisch davon auszugehen, dass Sie das Problem lösen können. Seien Sie offen – mit Engstirnigkeit kommen Sie keinen Schritt weiter, sondern beharren nur auf Ihrer Position. Haben Sie keine Angst, neue Lösungsmöglichkeiten auszuprobieren, wenn die alten nicht zum Erfolg führen.

Einer meiner Klienten, nennen wir ihn Rainer, rief mich eines Tages an und sagte mir, er stünde vor einem Dilemma. Zuerst erzählte er, dass er sich über seinen Schwiegersohn geärgert hätte, der ihn oft verbal attackierte, wenn er die Familie besuchte. Sein Ärger hatte schon mehr als einmal zu beiderseitigen Feindseligkeiten geführt, er sagte Dinge, die er später bereute, und auch kleinere Rangeleien hatte es schon gegeben. Rainers Tochter hatte angerufen und ihn zur Geburtstagsfeier seiner Enkelin eingeladen. Jetzt fragte er sich: Soll ich oder soll ich nicht, um weitere Reibereien zu vermeiden? Rainer hatte das Gefühl, er könne in jedem Fall nur verlieren – blieb er zu Hause, war das schlecht, fuhr er hin, was es auch nicht gut! Er berichtete, dass er versucht hatte, mit seinem Schwiegersohn zu reden, dass dies aber nur dazu geführt habe, dass dieser einen Wutanfall bekommen habe. Ich empfahl ihm zunächst, dass er keine generelle Regelung für seine Anwesenheit bei Familienfeiern treffen müsse, bei denen auch sein Schwiegersohn zugegen sein würde. Anders ausgedrückt, sollte Rainer von Fall zu Fall entscheiden, wie er sich verhalten würde. Ich erinnerte ihn daran, dass er keiner Verpflichtung unterliege, an Familienfeiern teilzunehmen, und dass seine Familie ihn nicht zwingen könne, unter allen Umständen zu erscheinen.

Darüber hinaus ermutigte ich Rainer, dafür Sorge zu tragen, dass sein Ärger über seinen Schwiegersohn sich nicht auf die zukünftige Beziehung zu seiner Tochter und seiner Enkelin auswirken würde. Ich regte an, dass Rainer nach Möglichkeiten Ausschau halten sollte, sich mit den beiden zu treffen, ohne dass sein Schwiegersohn anwesend sein würde (etwa bei einem gemeinsamen Essen, einem Besuch im Zoo und so weiter).

Ich riet Rainer, darauf vorbereitet zu sein, familiäre Zusammenkünfte unauffällig zu verlassen, wenn sich von weitem abzeichnete, dass sein Schwiegersohn ihn verbal angreifen würde. Er sollte sich nicht darauf versteifen, nach der Devise »Wenn ich schon hingehe, dann bleibe ich auch auf jeden Fall bis zum bitteren Ende« handeln zu müssen. (In einer Schlacht haben alle Generäle Pläne für den Rückzug.)

Weiter empfahl ich Rainer, die Verantwortung für die Lösung dieses familiären Problems mit seiner Tochter zu teilen – schließlich hatte sie diesen von Ärger zerfressenen Mann in die Familie hineingebracht. Auch sie sollte überlegen, was sie zur Verbesserung der Situation beitragen konnte.

All diese Möglichkeiten, die durchaus zum Erfolg führen konnten, hatte Rainer bisher nicht in Betracht gezogen. Jetzt musste er es nur noch versuchen.

Denken Sie an eine Situation, die bei Ihnen Ärger ausgelöst hat und die Ihnen als unlösbar erschien. Schreiben Sie auf, was Sie versucht haben, um die Situation geradezubiegen. Überlegen Sie anschließend, was Sie *noch nicht* versucht haben. Wenn Ihnen nichts einfällt, sprechen Sie mit anderen Leuten darüber und hören Sie sich an, was ihnen dazu einfällt. Zwei Gehirne sind immer besser als eins! Wenn Sie eine neue Strategie gefunden haben, können Sie diese das nächste Mal ausprobieren, wenn Sie in der gleichen Situation sind.

Sechster Schritt: Versuchen Sie, das Ganze aus der Perspektive Ihres Gegenübers zu sehen

Ärger ist so subjektiv geprägt, dass es schwer ist, davon abzusehen und die Perspektive des jeweiligen Gegenübers einzunehmen. Dennoch ist die Betrachtung der Situation aus dieser Perspektive einer der wichtigsten Schritte in der konstruktiven Nutzung des Ärgers.

Der einfachste Weg zum Verständnis dessen, warum ein anderer Mensch so denkt, fühlt oder handelt, wie er es tut, führt über die Einbeziehung dieses Menschen. Rainer (siehe den vorhergegangenen Abschnitt) könnte beispielsweise zu seinem feindseligen Schwiegersohn sagen: »Immer wenn wir eine Auseinandersetzung haben, fühle ich mich beleidigt, wenn du mich beschimpfst. Vielleicht liege ich ja falsch, aber es wirkt auf mich so, als wärst du sehr verärgert über mich, und ich würde gerne mit dir darüber reden, wie du dich fühlst und warum.« Wenn Sie Ihrem Gegenüber nicht die Möglichkeit geben, darzustellen, wie die Sache von seiner Seite aussieht, bleibt Ihnen nur die Spekulation – und da können Sie sich genauso gut verschätzen.

Tauschen Sie die Rollen. Stellen Sie sich vor, Sie wären Ihr Kontrahent und fragen Sie sich:

- ✔ Wie fühle ich mich jetzt?
- ✔ Was denke ich?
- ✔ Wie würde ich mein Verhalten jemand anderem erklären, wenn ich gefragt werde?
- ✔ Was könnte ich jemand anderem sagen, damit er sich nicht so über mich ärgert?
- ✔ Was sollten andere Menschen über mich wissen, das Ihnen bis jetzt nicht bekannt ist?
- ✔ Gebe ich für andere ein falsches Bild von mir ab und was treibt mich um?
- ✔ Ist mein Verhalten in meinen Augen gerechtfertigt, und wenn ja, warum?

Siebter Schritt: Beziehen Sie Ihr Gegenüber ein

Ein weiterer wichtiger Schritt auf dem Weg zum konstruktiven Ausdruck Ihres Ärgers ist die Motivation der Person, über die Sie sich ärgern, zur Mitarbeit an der Lösung des zugrunde liegenden Problems. Die Frage ist hier nicht »Was kann *ich* tun, um dieses Problem aus der Welt zu schaffen?«, sondern »Was können *wir* tun, um eine Lösung zu finden, die beide Seiten zufriedenstellt?« Sobald Sie die Verantwortung (oder die Last) der Auflösung des Ärger hervorrufenden Problems mit jemandem teilen, nimmt die Intensität Ihres Ärgers ab.

Achter Schritt: Bewahren Sie einen höflichen Ton

Was Sie in Ihrem Ärger sagen, ist nicht so sehr das Problem – der Ton macht die Musik, wie man so schön sagt. Wenn Sie in einem Gespräch einen höflichen Ton anschlagen, werden Sie sehen, dass es Ihnen nicht nur leichter fällt, Ihrem Gesprächspartner aktiv zuzuhören, sondern auch, dass Sie Ihre Botschaft besser vermitteln können. Wenn Sie die Stimme senken, wird das auch Ihr Gesprächspartner tun. Die Höflichkeit verlangt nicht von Ihnen, dass Sie aufhören, sich zu ärgern. Sie hilft Ihnen aber dabei, Ihren Ärger konstruktiv einzusetzen.

Aus Fehlern lernen

Ich führe nun schon einige Jahre lang Ärgermanagement-Kurse in Schulen durch und habe dabei vieles entdeckt, was leider bei verärgerten, entfremdeten Kindern *nicht* funktioniert. Was *nicht* funktioniert, ist dass man sie darin bestärkt, sich schlecht zu fühlen, wenn sie verärgert sind. Was ebenso wenig Sinn macht, ist anzunehmen, dass alle aus denselben Gründen verärgert sind. Und davon auszugehen, dass sie aufhören, sich zu ärgern, nur weil die Schule (und ich) das will, ist auch nicht realistisch.

Erfolgversprechend scheint mir indes, sie in einem Dialog einzubeziehen, der ihren Ärger akzeptiert, nicht darüber urteilt und ihn in eine Gesamtperspektive einordnet, die zu ihrer jeweiligen individuellen Lebensgeschichte passt. Anders ausgedrückt sollten wir aufhören, sie ändern zu wollen, und stattdessen genau so beharrlich daran arbeiten, ihren Standpunkt zu verstehen.

Statt ihnen zu sagen, was sie empfinden sollten, stelle ich ihnen also viele Fragen. Was genau hat dich verärgert, als die Lehrerin dich aufgefordert hat, leise zu sein? Was hofftest du damit zu erreichen, als du das andere Kind im Bus geschlagen hast? Siehst du eine Verbindung zwischen der Tatsache, dass du schon verärgert aus dem Haus gegangen bist, und deinem verbalen Angriff auf den Lehrer, als du den Klassenraum betratst? Hast du dir schon einmal Gedanken darüber gemacht, wie du mit dieser Situation umgehen kannst, ohne Gewalt anzuwenden?

Sie ahnen es schon, nicht wahr? Das sind Fragen, die Sie auch sich selbst stellen können, wenn Sie Ihren Ärger verstehen und konstruktiv für sich nutzen wollen.

Neunter Schritt: Vermeiden Sie respektloses Verhalten

Um es klipp und klar zu sagen: Es gibt einige Dinge – Gesten und Verhaltensweisen – die Sie in jedem Fall vermeiden müssen, wenn Sie konstruktiv mit Ihrem Ärger umgehen wollen. Vermeiden Sie unbedingt:

- ✔ Mit den Augen zu rollen, während Ihr Gegenüber spricht
- ✔ Hörbar zu seufzen, während Ihr Gegenüber spricht
- ✔ Mit dem Finger zu zeigen
- ✔ Ihr Gegenüber zu belehren, wenn Sie mit Reden an der Reihe sind
- ✔ Herabsetzende Vokabeln zu verwenden (Wörter wie *dumm, Idiot, verrückt, ignorant* oder *lächerlich*)
- ✔ Ihr Gegenüber immer wieder zu unterbrechen
- ✔ Ihre Botschaft zu personalisieren (etwa »Was bist du doch für ein Narr!«)

Kein Wunder, dass ich niedrigen Blutdruck habe

Aktuelle Studien zeigen uns, dass Erwachsene, die ihren Ärger konstruktiv ausdrücken, in der Mehrzahl im Ruhezustand einen niedrigeren Blutdruck haben, selbst wenn man andere bekannte Risikofaktoren – Alter, Rauchen, Fettleibigkeit, Familiengeschichte – berücksichtigt. Andere Studien kamen zu dem Ergebnis, dass Erwachsene den konstruktiven Umgang mit Ärger erlernen können und dann weniger Feindseligkeit in sich verspüren und niedrigere Blutdruckwerte erreichen. Dieses Beispiel zeigt, dass die Grenzen zwischen *Ärgermanagement* und *Gesundheitsmanagement* durchaus fließend sind.

Zehnter Schritt: Zögern Sie nicht, eine Auszeit zu nehmen und später weiter zu diskutieren

Sie sollten nicht davor zurückschrecken, Ihrem Gesprächspartner anzubieten, »Ich glaube, wir kommen im Moment damit nicht weiter, aber wir sollten unser Gespräch auf jeden Fall später fortsetzen. Bist du einverstanden?« Manche Dinge brauchen eben länger als andere – genau wie manche Ziele eben weiter entfernt von uns sind als andere.

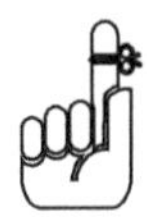

Diese Strategie funktioniert jedoch nur, wenn Sie das Gespräch später auch wieder aufnehmen. Wenn nicht, waren Ihre konstruktiven Bemühungen gänzlich umsonst!

Elfter Schritt: Lassen Sie beide Seiten zu Wort kommen

Konfliktlösungen – die einen großen Teil des Ärgermanagements ausmachen – setzen voraus, dass ein Gespräch in beide Richtungen verläuft. Wenn Sie Ihren Ärger konstruktiv ansprechen wollen, ist es unerlässlich, dass auch die andere Seite angemessen zu Wort kommt. Rachsüchtiger Ärger und Dampfablassen lassen den jeweiligen Kontrahenten außen vor. Er dient allenfalls als Objekt Ihres Ärgers. Aber Sie wollen es ja in Ihrem Fall einmal anders versuchen, oder nicht?

Zwölfter Schritt: Stellen Sie fest, dass Sie Fortschritte erzielt haben

Eingefleischte schlechte Angewohnheiten wie rachsüchtigen Ärger wird man so schnell nicht los. Wenn Sie damit anfangen, Ihren Ärger konstruktiv zu nutzen, sollten Sie unbedingt darauf achten, dass Sie Ihre Fortschritte zwischendurch auch würdigen. Sagen Sie etwa Ihrem Gegenüber: »Wissen Sie, ich habe bei diesem Gespräch ein gutes Gefühl. Ich verstehe Ihren Standpunkt jetzt besser und rege mich nur noch halb so viel auf wie am Anfang.« Fragen Sie dann ruhig nach: »Empfinden Sie das ähnlich? Hatten Sie das Gefühl, dass ich gehört habe, was Sie sagten? Haben Sie das Gefühl, dass wir einer Lösung näher sind als je zuvor?«

Sie hoffen natürlich insgeheim auf die Zustimmung Ihres Gegenübers. Fällt die Antwort aber negativ aus, ist das auch in Ordnung. Vielleicht wird sich das in Zukunft ändern. (Vor allen Dingen: Ärgern Sie sich nicht, wenn Ihr Gesprächspartner nicht mit Ihnen übereinstimmt.)

Wie man in den Wald hineinruft ...

Mein ehemaliger Professor und Mentor Dr. Charles Spielberger an der Universität von Süd-Florida veröffentlichte einmal einen Artikel mit dem Titel *Rage Boomerangs* (Wutbumerangs). Seine Botschaft war ebenso einfach wie einleuchtend: Menschen neigen dazu, »entsprechend« zu reagieren, wenn sie mit Ärger konfrontiert werden. Ärger erzeugt neuen Ärger, genau wie Güte mit Güte beantwortet wird.

Wenn Sie sich in Ihrem Ärger anderen gegenüber rachsüchtig zeigen, werden Sie mit großer Wahrscheinlichkeit auch rachsüchtigen Ärger ernten. Drücken Sie dagegen Ihren Ärger konstruktiv aus, wird die Reaktion ähnlich konstruktiv ausfallen.

Sollten Sie in einem solchen Teufelskreis gefangen sein, der immer wieder neuen Ärger aufflammen lässt, ist das Ihre Chance auszubrechen. Gestalten Sie Ihre nächste Reaktion so, wie Sie sich die ideale Reaktion Ihres Kontrahenten vorstellen. Soll er die Intensität seines Ärgers reduzieren, dann fangen Sie von sich aus damit an, Ihre Sprechweise herunterzuregeln. Möchten Sie, dass Ihre Gesprächspartnerin besser versteht, warum Sie sich ärgern, bitten Sie sie, Ihnen zu erklären, warum sie sich über Sie ärgert. Wenn Sie wollen, dass Ihr Ärger respektiert wird, dann respektieren Sie den Ärger Ihres Gegenübers. Ob Sie's glauben oder nicht, Sie werden feststellen, dass Sie mehr Einfluss darauf haben, »wie es wieder herausschallt«, als Sie denken.

Die wahrscheinlichste Reaktion

Im Rahmen einer Umfrage unter Schülern einer weiterführenden Schule fragten wir Kinder, wie sie reagieren würden, wenn ein Mitschüler sich über sie ärgerte. Wir gaben ihnen drei Möglichkeiten zur Auswahl:

- ✔ Einfach weggehen
- ✔ Ärger mit Ärger beantworten
- ✔ Zunächst weggehen und später über das Problem reden

Raten Sie mal, für welche Möglichkeit sich die meisten Schüler entschieden? 49 Prozent der Jungen und 42 Prozent der Mädchen wählten die zweite Möglichkeit (Ärger mit Ärger beantworten). Noch aufschlussreicher war das Ergebnis, dass unter den Kindern, die am meisten mit Ärger zu tun hatten, die Wahrscheinlichkeit für sich wechselseitig hochschaukelnden Ärger bei fetten 87 Prozent lag! Diese Kinder sind in einem Teufelskreis des Ärgers gefangen, der all ihre Beziehungen zu Gleichaltrigen dominiert.

Teil IV

Längst vergangenen Ärger bewältigen

»Schauen wir doch mal, ob wir einigen Faktoren in Ihrem Alltagsleben auf die Spur kommen können, die bei Ihnen Wut auslösen. Sie erwähnten da einen großen Wolf, der immer mal wieder auftaucht und versucht, Ihr Haus umzupusten ...«

In diesem Teil ...

Jetzt geht es ans Eingemachte: Wie steht es mit Ärger und Wut in Ihrer Vergangenheit? Ich möchte, dass Sie sich jeglichen alten Ärger von der Seele schaufeln, der da noch unter der Oberfläche schlummert, denn ansonsten können diese Überbleibsel aus alten oder noch nicht so alten Tagen jederzeit aus heiterem Himmel wieder aufflackern. Zunächst einmal sollten Sie damit aufhören, diesen alten, nicht bewältigten Groll vergessen zu wollen, der Ihr Gefühlsleben dermaßen belastet. Es geht nicht darum zu vergessen, es geht darum zu vergeben – sicher keine einfache Sache. In diesem Teil erkunden Sie, was Sie tun müssen, damit Sie Ihre Vergangenheit emotional hinter sich lassen können. Ich möchte Sie dazu bringen, mit Schuldzuweisungen aufzuhören und zu erkennen, dass *Sie selbst* am meisten davon profitieren, wenn Sie vergeben.

Warum es so schwer ist, loszulassen

12

In diesem Kapitel

- Warum Ärger weiterlebt
- Ein Blick auf Ihre Ängste
- Nicht alles löst sich auf
- Wann es an der Zeit ist, abzuschließen

Ärger ist ein Gefühl, und Gefühle sind von Natur aus kurzlebig. Aufregung, Angst, Trauer, Überraschung, Verstimmung – das sind alles Gefühle, die während eines Tages kommen und gehen. Bei manchen Menschen aber dauert Ärger an und kann dadurch Schaden anrichten.

Nehmen wir zum Beispiel Gisela, eine 55 Jahre alte verheiratete Frau. Sie ist immer noch verärgert wegen der schlechten Behandlung, die ihr vor 15 Jahren an ihrem Arbeitsplatz widerfahren war. Gisela hatte einen Arbeitsunfall und musste sich in der Folge nicht nur intern eine neue Arbeit zuteilen lassen, sondern auch chronische Kreuzschmerzen ertragen. Ihr Arbeitgeber stellte sich als mitleidloser Klotz heraus, was ihren Ärger nur *verstärkte*. Mehrere Jahre kämpfte sie sich von Tag zu Tag weiter, aber dann erlitt sie einen Nervenzusammenbruch. Daraufhin verlor sie ihre Anstellung. Der Groll, den Gisela über die Jahre mit sich herumschleppte, hat ihre Gesundheit beinahe ruiniert und auch ihre Ehe an den Rand des Scheiterns gebracht. Sie ist nicht nur ein Opfer, weil sie durch ihre Verletzung einen dauerhaften Schaden davongetragen hat, sie ist auch ein Opfer ihres eigenen, andauernden Ärgers.

In diesem Kapitel beschäftige ich mich mit den Gründen, warum Menschen wie Gisela an ihrem Ärger festhalten. Ich biete Ihnen aber auch Lösungsmöglichkeiten an, wie Sie dieses unangenehme Gefühl loslassen können.

Schaufeln Sie sich frei

Wenn Sie sich ärgern, fällt es Ihnen dann schwer, sich von Ihrem Ärger wieder zu lösen? Wenn Sie Ärger empfinden, beansprucht er sie dann ganz oder macht er sie gar zu einem ganz anderen Menschen? Sind Sie, wenn Sie verärgert sind, Ihrer Umwelt gegenüber taub, stumm und blind – gibt es für Sie dann nur noch Ihre eigenen feindseligen Gedanken? Fällt es Ihnen schwer, von Ihrem Ärger abzusehen und sich stattdessen auf die Probleme zu konzentrieren, die dahinter stecken? Schauen Sie hilflos zu, wie Ihre Stimmung von einer Verstimmung zu Ärger und schließlich zu einem ausgewachsenen Wutanfall hochkocht? Wenn Sie diese Fragen mit Ja beantworten, dann brauchen Sie das nötige Werkzeug, um sich aus der Ärgerfalle freizuschaufeln.

Widerstand ist zwecklos

Haben Sie schon einmal versucht, an etwas *nicht* zu denken? Dann versuchen Sie es jetzt: Denken Sie fünf Minuten lang nicht an das Wort *Elefant* und warten Sie ab, was passiert. Je mehr Sie sich gegen den Gedanken sträuben, desto tiefer brennt er sich ein – Elefant, Elefant, Elefant!

Mit Gefühlen wie Ärger ist das nicht anders. Je öfter Sie sich sagen: »Ich ärgere mich nicht, ich bin nicht verletzt, das macht mir nichts aus«, desto länger dauert Ihr Ärger an. Und nach einer Weile fängt dieses Gefühl an zu schwären.

Sara hatte, seit sie erwachsen war, immer wieder Migräneattacken. Als ihr Mann jedoch unerwartet im Alter von 60 Jahren starb, hörten die Attacken von einem auf den anderen Tag auf. Der Grund: Sara musste sich nicht länger dagegen wehren, ihren Ärger über ihren Mann auszudrücken, von dem sie sagte: »Er ärgerte sich ständig über alles und nichts und ließ es an mir aus.« Ihr Mann explodierte immer wieder vor Wut, lud seine Tiraden bei ihr ab und fühlte sich fünf Minuten später wie neugeboren. Sara nicht. Sie konservierte ihren Ärger tagelang, manchmal wochenlang, und drückte ihn in Schweigen und Schmerzen aus. »Wenn er mich anschrie, konnte ich das nicht einfach so hinnehmen. Indem ich meinen Ärger aufrechterhielt, zeigte ich ihm: ›So einfach kommst du nicht davon!‹« Aber wen verletzte Sara am Ende damit, dass sie sich weiter ärgerte? Nur sich selbst.

Ist es nicht an der Zeit, dass Sie aufhören, sich gegen die Erfahrung und den Ausdruck Ihres Ärgers zu sträuben? Wenn Sie auf diese Frage mit Ja antworten, fangen Sie mit diesen sieben ersten Schritten an:

1. **Benennen Sie die Quelle Ihres Ärgers.**

   Welche Person, welches Ereignis oder welcher Umstand hat Ihren Ärger provoziert. Wie lange ist das her?

2. **Machen Sie sich Ihre verärgerten Gefühle bewusst.**

   Sagen Sie laut: »Ich ärgere mich, weil ...« Bewerten Sie dann, wie stark Sie verärgert sind (in Kapitel 6 nenne ich das *Einstufen-und-Etikettieren*). Bewerten Sie die Intensität Ihres Gefühls auf einer Skala von 1 (schwach ausgeprägt) bis 10 (sehr stark ausgeprägt). Bei Zahlenwerten zwischen 1 und 3 sind Sie verstimmt oder gereizt. Bei Zahlenwerten zwischen 4 und 6 sind Sie einfach verärgert. Und wenn Sie Zahlenwerte zwischen 7 und 10 erreicht haben, sind Sie richtig in Wut geraten.

3. **Legitimieren Sie Ihren Ärger.**

   Denken Sie daran, dass Sie ein Recht darauf haben, Ärger zu empfinden, so wie Sie ein Recht haben, sich zu freuen oder aufgeregt zu sein. Sie müssen Ihren Ärger nicht rechtfertigen – Ärger ist, wie es ein Teilnehmer an einem meiner Workshops einmal ausdrückte, »ein Zeichen dafür, dass ich lebe.«

4. **Erlauben Sie sich, Ihren Ärger auszudrücken.**

   Der Ärger ist in Verruf geraten, weil wir ihn allzu oft mit Gewalt, Rüpelhaftigkeit und Unhöflichkeit verbinden. Es gibt aber viele gesunde und konstruktive Möglichkeiten, Ärger auszudrücken (Beispiele finden Sie in Kapitel 11). Sie sollten sich ausdrücklich vornehmen, Ihren Ärger konstruktiv zu äußern.

5. **Finden Sie Aspekte, die sich in Ihrem Leben verbessern, wenn Sie Ihren Ärger loslassen.**

   Bei Sara hat das Loslassen ihres Ärgers – nach dem Tod ihres Mannes – dazu geführt, dass sie keine Kopfschmerzen mehr hatte, ihre innere Ruhe fand (»Wenn ich jetzt zur Haustür hereinkomme, muss ich nicht davor zurückschrecken, in dieses verärgerte Gesicht blicken zu müssen«) und die Freiheit fand, ohne Ärger leben zu können. Als ich das letzte Mal von ihr hörte, war Sara wieder einmal zu einer Abenteuerreise aufgebrochen und genoss ihr Leben, so gut sie konnte.

6. **Entscheiden Sie, wie Sie am besten Ihren Ärger ausdrücken, ohne sich selbst oder andere zu verletzen.**

   Verstehen Sie mich nicht falsch – ich lege Ihnen nicht nahe, Ihren Ärger dadurch loszuwerden, dass Sie in aller Öffentlichkeit herumtoben und -schreien. Das ist weder gesund noch konstruktiv. Wenn Sie Dampf ablassen, erreichen Sie dadurch eher, dass Ihr Ärger *anhält*, nicht dass er *nachlässt*. Sie können jedoch anfangen, offener über Ihren Ärger zu sprechen (siehe Kapitel 8), mit Hilfe von Übungen Ihren ärgerlichen Gefühlen den Nährboden entziehen oder einen Stift zur Hand nehmen und Ihren Ärger schriftlich »bekennen« (siehe Kapitel 9).

7. **Arbeiten Sie in diesem Sinne weiter.**

   Sie sind jetzt so weit, einen Schritt weiter zu gehen und die Entscheidungen, die Sie im sechsten Schritt getroffen haben, in die Tat umzusetzen. Sie werden später froh darüber sein.

Wovor haben Sie Angst?

Die meisten Menschen halten an Ihrem Ärger fest, weil sie Angst haben. Zu den verbreiteten Ängsten, die dies bewirken, gehören unter anderem:

- ✔ Angst davor, andere Menschen zu verärgern
- ✔ Angst davor, die Gefühle anderer Menschen zu verletzen
- ✔ Angst, dass die Loslösung vom eigenen Ärger so verstanden wird, dass man dem anderen vergibt
- ✔ Angst, dass man seinen Ruf als »netter« Mensch verliert, wenn man seinen Ärger ausdrückt
- ✔ Angst, dass man die Kontrolle über seine Gefühle verliert, wenn man seinen Ärger ausdrückt
- ✔ Angst vor anderen Gefühlen (etwa Trauer), die hinter dem Ärger stecken
- ✔ Angst, dass man Schwäche und Verletzbarkeit zeigt

- Angst davor, dass man durch die Loslösung vom eigenen Ärger den anderen »vom Haken lässt«
- Angst, etwas zu verlieren, was man schätzt (etwa eine Arbeitsstelle oder eine Freundschaft)
- Angst davor, zuzugeben, dass man auch nur ein Mensch ist

Und wovor haben Sie Angst?

Nett sein heißt nicht, dass man machtlos ist

Wer sagt, dass »nett sein sich nicht bezahlt macht«? Viele sagen das – weil sie gelernt haben, nett sein mit machtlos sein gleichzusetzen. Aber das ist nicht so, das eine schließt das andere nicht aus.

Ein netter Mensch wird allgemein als angenehm, liebenswürdig, höflich, besonnen und wunderbar definiert. Diese Definition sagt aber nicht, dass Sie sich als netter Mensch zum Opfer des schlechten Benehmens anderer Menschen machen lassen müssen. Sie bedeutet nicht, dass Sie nicht für sich selbst eintreten dürfen, und sie besagt auch nicht, dass Sie es nicht verdienen, von anderen respektiert und fair behandelt zu werden.

Wenn Sie sich tatsächlich als machtlos betrachten, neigen Sie dazu, Ihren Ärger in sich aufzustauen, anstatt ihn loszulassen. In dem Bemühen, als »supernett« zu erscheinen, sagen Sie, dass etwas in Ordnung ist, obwohl Sie in Wirklichkeit verstimmt darüber sind. Diese Verstimmungen werden aber in Ihrem Inneren weiterwirken und langsam, aber sicher zur Verärgerung anwachsen. Wie oft haben Sie in diesem Jahr schon von Menschen in der Zeitung gelesen, die auf einem öffentlichen Platz plötzlich ohne erkennbaren Grund auf andere Menschen geschossen haben? Und wie oft haben die Nachbarn und Freunde der Amokschützen sie als »eigentlich ruhigen, netten Menschen« charakterisiert? Zu oft!

Markus war einer der nettesten Klienten, mit denen ich je zusammengearbeitet habe. Er war schon jenseits der 60 und noch mit den Traditionen der amerikanischen Südstaaten aufgewachsen, nach denen ein Gentleman seine Gefühle nie in der Öffentlichkeit zeigte. Tagsüber war Markus ein angenehmer, charmanter und entgegenkommender Mensch. Egal, wie schlecht er von anderen behandelt wurde, er antwortete immer: »Das ist schon in Ordnung – machen Sie sich keine Gedanken deswegen.« Nachts dagegen mutierte er zum Tiger. Während er scheinbar friedlich schlief, knirschte er fürchterlich mit den Zähnen (er kaute wohl auf dem frischen Fleisch derer, die ihm tagsüber Unrecht getan hatten). Eines Nachts wachte er auf und hatte Blutflecken auf dem Laken, weil ihm drei Zähne abgebrochen waren – eine ähnliche Szene gibt es auch in dem Film *Der Pate*. Seine Zahnarztrechnungen waren immens. Trotz seiner gelassenen Fassade und seiner herzlichen Art war Markus eine Zeitbombe auf zwei Beinen.

Während seiner Therapie ließ er das alles hinter sich. Markus erkannte, dass er weiterhin nett sein konnte und dennoch nicht machtlos sein musste. Als ein Freund ihn bei einer seit Monaten geplanten Verabredung zum Essen versetzte, wartete er nicht wie früher eine geschlagene Stunde und schluckte seinen Ärger herunter, sondern ging nach einer Viertelstunde und rief seinen Freund an, um ihm zu sagen, dass er es nicht gerade toll fände, versetzt zu werden. Was kam dabei heraus? Er knirschte nachts nicht mehr mit den Zähnen (zum Leidwesen seines Zahnarztes, der ihm eines Tages sagte: »Ich weiß nicht, was sich in Ihrem Leben geändert hat, aber es ist jetzt schon ein Jahr her, dass Sie das letzte Mal mit kaputten Zähnen hier waren. Wenn das so weiter geht, kann ich den Laden dichtmachen.«).

Wenn Sie am Ärger von heute festhalten, wird er zum Ärger von gestern *und* von morgen.

Mein jüdischer Mentor

Wenn man schon nicht selbst Jude ist, sollte man wenigstens einen jüdischen Freund haben. Vor vielen Jahren durchlebte ich in meiner beruflichen Entwicklung eine von großem Stress geprägte, unglückliche Phase, aus der es – so schien es mir damals – kein Entrinnen gab. Ich hatte eine Anstellung auf Lebenszeit, so dass die Verwaltung mich nicht feuern konnte, aber sie taten, was sie konnten, und machten mir die Zeit, die ich am Arbeitsplatz verbrachte, zur Hölle.

Als ich mich eines Tages emotional am Boden fühlte, rief ich einen guten Freund an, der zufällig Jude war, und bat ihn um Rat, was ich tun sollte. Zuerst lachte er und meinte dann: »Ihr Nichtjuden seid doch alle gleich – ihr lest nur die halbe Bibel, den Teil mit den guten Nachrichten. Lies das alte Testament und ruf mich in einer Woche wieder an.«

Ich nahm seinen Rat an. Eine Woche später rief ich zurück und sagte ihm: »Jetzt, wo ich weiß, dass ich nicht der einzige Mensch auf der Welt bin, der sich mit Widrigkeiten herumschlagen muss, fühle ich mich besser.«

»Gut«, entgegnete er. »Und jetzt suchst du dir einen guten Anwalt und machst diese Halunken fertig!«

Wer hält fest und wer lässt los?

Es fällt nicht jedem leicht, seinen Ärger frühzeitig loszulassen. Besonders schwierig kann das für die folgenden Gruppen sein:

- ✔ **Junge Menschen:** Je jünger Sie sind, desto schwerer ist es für Sie, von Ihrem Ärger abzulassen. Mit zunehmendem Alter ärgern sich Menschen tendenziell seltener und überwinden ihren Ärger schneller. Vielleicht stellen sie irgendwann fest, dass es sie zu viel Energie kostet, ihren Ärger aufrechtzuerhalten – Energie wird mit zunehmendem Alter ein immer kostbareres Gut.

- ✔ **Frauen:** Über das ganze Alterspektrum hinweg neigen Frauen dazu, länger an ihrem Ärger festzuhalten als Männer. Männer erleben intensiveren Ärger, überwinden ihn aber auch schneller. Frauen dagegen lassen ihren Ärger oft langsam anwachsen. Das mag zu einem großen Teil daran liegen, dass Frauen im Großen und Ganzen als netter wahrgenommen werden als Männer.

- **Ethnische Minderheiten:** Wenn man zu einer Minderheit gehört, neigt man unter anderem dazu, seinen Ärger zu unterdrücken. In einer hierarchischen Gesellschaft, in der sich die Macht an der Spitze zu konzentrieren pflegt, bewegt sich Ärger selten von unten nach oben. Wer sich an den Rändern der Gesellschaft bewegt, wird zwar klagen, aber dann »die Schultern zucken und weitermachen wie bisher.«
- **Übermäßig verärgerte Menschen:** Es liegt auf der Hand, dass es mit zunehmend intensivem Ärger immer schwerer wird loszulassen. Von Verstimmungen oder auch normaler Ärger kann man vielleicht noch absehen. Aber Wut ist eine ganz andere Sache.
- **Intellektuelle:** Manche Menschen ziehen ihren Ärger auf die intellektuelle Ebene – sie denken ihn zu Tode –, während andere sich einfach nur aufregen. Verstehen Sie mich nicht falsch, Intelligenz ist eine wunderbare Sache – so lange sie dem konstruktiven Ausdruck Ihres Ärgers nicht im Weg steht.
- **Kinder netter Eltern:** Menschen, die ihren Ärger für sich behalten, anstatt ihn loszulassen, beschreiben ihre Eltern oft als fürsorglich, warm, locker und entspannt. Man könnte auch sagen, nett. Wer dagegen seinen Ärger offen und ohne Zurückhaltung ausdrückt, berichtet meist von Eltern, die das genaue Gegenteil darstellen: Kalt, distanziert, streng und reizbar. Der Apfel fällt nicht weit vom Stamm!
- **Bestimmte Persönlichkeitstypen:** Introvertierte, unsicher-vermeidende und zur Abhängigkeit neigende Menschen tendieren dazu, Konflikte und emotionale Unannehmlichkeiten zu meiden. Ihre Abneigung dagegen, Ärger zu empfinden oder auszudrücken, geht auf Angst zurück – Angst vor dem Verlust einer Beziehung, von der ihr Leben abzuhängen scheint. Ironischerweise neigen auch sehr aggressive Menschen dazu, an ihrem Ärger festzuhalten, wenn auch aus anderen Gründen. Die müssen verärgert bleiben, um ihre aggressive und kompromisslose Art des Umgangs mit ihrer Umwelt (dazu gehören auch Sie und ich) aufrechterhalten zu können.
- **An Depressionen leidende Menschen:** Der legendäre Psychoanalytiker Sigmund Freud vertrat die These, Depressionen seien »gegen sich selbst gerichtete Aggressionen«. Wenn Sie sich nicht wohl dabei fühlen, Ihren Ärger direkt an der Quelle auszudrücken, werden Sie eher dazu neigen, ihn mit sich herumzuschleppen oder ihn gegen sich selbst zu richten. Um seinen Ärger ausdrücken zu können, braucht man auch Energie, und die fehlt oft bei Menschen, die an Depressionen leiden.
- **Emotionale Analphabeten:** Sie werden überrascht sein, wie viele erwachsene Menschen nicht in der Lage sind, ihre Gefühle angemessen und präzise auszudrücken. Wenn sie gefragt werden, wie sie sich fühlen, erklären sie, was sie denken (»Das fand ich nicht fair.«) oder was sie getan haben (»Da bin ich einfach weggegangen.«). Als Therapeut muss ich meine Klienten ständig daran erinnern, dass Emotionen Gefühle sind – so etwas wie glücklich, traurig, ärgerlich, froh. Suchen Sie sich eins aus!
- **Von Schuldgefühlen geplagte Menschen:** Schuld zu empfinden kann eine gute Sache sein, aber man sollte das für die Gelegenheiten aufsparen, wo man sich absichtlich nicht an die Regeln gehalten, sich gemein verhalten oder jemandem geschadet hat. Leider ist Schuld für manche Menschen eine nie versiegende Gabe, die die freie Entfaltung normaler, gesunder Gefühle – also auch Ärger – in allen Lebensbereichen behindert.

- ✔ **Gläubige Menschen:** Wenn Sie religiös sind und an eine höhere Macht glauben – egal um welche es sich handelt –, hat man Ihnen wahrscheinlich beigebracht, auch »die andere Backe hinzuhalten«, wenn man Ihnen feindselig begegnet, und dass der Ärger ein »Werk des Teufels« ist. Aus dieser Perspektive kann der Ausdruck von Ärger – sogar der von Verstimmungen – wie ein gotteslästerlicher Akt erscheinen.

Entschuldigen Sie sich!

Gehören Sie auch zu den Menschen, die immer ganz beflissen mit einem »Entschuldigung!« reagieren, wenn sie von einem rücksichtslosen Rüpel angerempelt oder auf andere Weise respektlos und unhöflich behandelt werden? Wenn ja, dann hören Sie auf damit. Sie werden sonst wie viele andere Opfer enden, deren Mantra zu lauten scheint: »Entschuldigen Sie, dass ich lebe!«

Behaupten Sie sich. Wenn Sie das nächste Mal angerempelt werden oder wenn sich jemand an der Kasse an Ihnen vorbeidrängelt, sagen Sie: »Entschuldigen Sie sich!« Sie werden erstaunt sein, wie gut sich das anfühlt und wie die anderen Menschen aufmerken werden, die es mit anhören.

Der Zehn-Minuten-Schimpf

Einer der Gründe, warum Menschen Schwierigkeiten damit haben, ihren Ärger loszulassen, liegt darin, dass sie im Laufe der Zeit hier ein bisschen und da ein bisschen davon herauslassen, aber nie alles auf einmal.

In einer meiner alle zwei Wochen stattfindenden Schmerzmanagement-Gruppen für Erwachsene fiel mir auf, dass die Teilnehmer zwischendurch immer mal wieder am Rande über die Physiotherapeuten herzogen, weil diese nicht in der Lage waren, ihre Schmerzen zu beseitigen. Da war eine nicht unbeträchtliche Menge unterschwelligen Ärgers am Werk. Also verkündete ich recht unvermittelt: »Ich weiß, was wir jetzt machen. Jeder von ihnen kann jetzt seinen ganzen Ärger und Hass auf die Ärzte loswerden. Jeder hat zehn Minuten, sich das alles von der Seele zu reden. Sie werden nicht unterbrochen, also los, wer fängt an?«

Der erste Patient machte seinem Ärger über seinen Arzt etwa sieben Minuten lang Luft, bevor ihm die Puste ausging. »Nur weiter«, ermahnte ich ihn. »Sie haben noch drei Minuten. Wir wollen alles hören.«

Einer nach dem anderen packten sie aus, wobei alle mehr oder weniger dasselbe erzählten. Interessant war, dass alle Probleme damit hatten, die zehn Minuten auszufüllen. Am Ende, nach eineinhalb Stunden, waren alle emotional erschöpft. Nach dieser Übung konnte sich kaum noch einer über seinen Arzt ärgern – offensichtlich gab es nichts mehr darüber zu sagen!

Versuchen Sie es am Ende jedes Tages mit einem Zehn-Minuten-Schimpf. Eine meiner Klientinnen macht das unter der Dusche. Sie lebt alleine, so dass sie ohnehin niemand hören kann. Sie findet diese Übung recht erfrischend. Sie können Ihren Ärger aber auch schriftlich bekennen (Einzelheiten dazu finden Sie in Kapitel 9).

Den Ärger, den Sie heute loslassen, nehmen Sie nicht mit in den nächsten Tag.

Der verärgerte Raucher

Es gibt eine statistische Beziehung zwischen dem Rauchen und der Frage, wie lange Menschen an ihrem Ärger festhalten. Bei Rauchern dauert es länger, bis sie ihren Ärger loslassen, als bei Nichtrauchern. Man könnte auch umgekehrt sagen, dass Menschen, die Probleme damit haben, ihren Ärger loszulassen, mit größerer Wahrscheinlichkeit Raucher sind.

Eine Erklärung dafür ist, dass manche Menschen sich bei Ärger mit Nikotin selbst therapieren (mehr darüber können Sie in Kapitel 15 nachlesen). Eine andere Möglichkeit ist, dass, wie schon die Intensität und die Dauer des menschlichen Ärgers, auch das Rauchen mit einem impulsiven Temperament zusammenhängt und möglicherweise widerspiegelt, wie ein Mensch physiologisch »gestrickt« ist.

Ohne Lösungen leben

Vielleicht gehören Sie zu den Menschen, die so lange an ihrem Ärger festhalten, bis sie das Problem lösen können, das ihn verursacht hat. Das ist prima, wenn es sich um lösbare Probleme handelt. Was aber, wenn Sie das Problem nicht lösen können – oder zumindest nicht vollständig? Welchen Sinn hat es dann, Ihren Ärger weiter mit sich herumzuschleppen?

Sie werden in Ihrem Leben auf viele Probleme, Konflikte und Situationen stoßen, die trotz aller Bemühungen nie zu einem glücklichen oder befriedigenden Ergebnis führen werden. Sie werden einfach damit leben müssen – ohne eine Lösung. Beispiele sind unter anderem:

- ✔ Missbrauch in der Kindheit
- ✔ Aufwachsen in einer Alkoholikerfamilie
- ✔ Sexuelle Übergriffe
- ✔ Geburtsschäden
- ✔ Verluste geliebter Menschen (durch Tod, Scheidung oder Verlassenwerden)
- ✔ Naturkatastrophen
- ✔ Kriege
- ✔ Entstellungen
- ✔ Behinderungen
- ✔ Irreversible finanzielle Verluste
- ✔ Abhängige Menschen in der Familie

Wenn Sie sich das nächste Mal ärgern, stellen Sie sich die folgenden Fragen: Kann mein Ärger die Situation verbessern? Kann ich ungeschehen machen, was passiert ist? Oder ist das einer der Fälle, bei denen »die Zahnpasta aus der Tube ist und man sie nicht wieder hineinkriegt?« Wenn ja, dann lassen Sie es einfach.

Die Zeit ist um: Wann man loslassen muss

Jetzt kommt die Eine-Million-Euro-Frage: Wie lange sollten Sie sich ärgern? Wie lange dauert es, bis es Ihnen schadet? Wie lange ist zu lange?

Darauf kann ich Ihnen eine einfache Antwort geben: Höchstens 25 Minuten. Warum 25 Minuten, fragen Sie? Wie Sie in Tabelle 12.1 sehen können, lösen sich die meisten Menschen vom Ärger eines Tages in weniger als einer halben Stunde. (Diese Daten basieren auf den Antworten von 286 von mir untersuchten Menschen wie Sie und ich im Alter von 13 bis 83 Jahren.) Man kann also mit ziemlicher Sicherheit annehmen, dass alles, was unterhalb einer halben Stunde liegt, als normal gelten kann. Ärger, der länger als eine halbe Stunde andauert, dauert demnach zu lange.

Dauer	Prozent
Weniger als fünf Minuten	29,4
Fünf bis zehn Minuten	27,3
Weniger als eine halbe Stunde	14,0
Weniger als eine Stunde	12,9
Ein bis zwei Stunden	4,9
Ein halber Tag	5,2
Ein Tag	2,8
Länger als ein Tag	3,5

Tabelle 12.1: Wie lange Menschen sich ärgern

Merken Sie sich das einfach als die 25-Minuten-Regel. Wenn Sie sich das nächste Mal ärgern, werfen Sie einen Blick auf Ihre Uhr. Sollten Sie keine Uhr tragen (was ich begrüßen würde), fragen Sie denjenigen, über den Sie sich ärgern, nach der Uhrzeit. Achten Sie darauf, wann die 25 Minuten verstrichen sind. Hat sich Ihr Ärger in Luft aufgelöst, umso besser für Sie. Wenn er jedoch noch da ist, sagen Sie laut: »Die Zeit ist um!«, lassen Ihren Ärger Ärger sein und gehen zum Tagesgeschäft über. (Dieses Buch steckt voller einfacher, leicht durchzuführender und praktischer Übungen, die Ihnen zeigen, wie man aktuellen Ärger loswerden kann. Suchen Sie sich eine aus und füllen Sie damit die kritischen 25 Minuten.)

Vergeben

In diesem Kapitel

- Vergessen Sie nicht zu vergeben
- Sich selbst vom Haken lassen
- Schuld ist nicht die Frage
- Vergebung ist ein freiwilliger Akt
- Machen Sie eine Kosten-Nutzen-Analyse

13

Werner hat gerade die 50 überschritten. Seine Gesundheit ist im Eimer. Er ist arbeitsunfähig. Er ist einsam. Er hat so gut wie nichts vorzuweisen in seinem Leben. Er ist ein gebrochener Mann. Rückblickend bedauert Werner vieles. Am meisten, dass er sich vor einigen Jahren von seiner Familie entfremdete. »Ich weiß heute, dass das falsch war. Meine Familie – sie wollte mir doch nur helfen. Ich habe ihre Hilfe abgewiesen. Ich hätte sie gebraucht, aber ich habe alle vor den Kopf gestoßen. Und das tut mir heute leid«, jammert er.

Was Werner nicht leid tut, ist jedoch der Ärger über seine Mutter, den er schon ein Leben lang mit sich herumschleppt. Sie hatte ihn vorübergehend in ein Waisenhaus gesteckt, als er noch ganz klein war. »Sie hat mich weggegeben und mit Fremden alleine gelassen. Das werde ich ihr nie verzeihen!«, erklärt er. Schon die bloße Erwähnung dieser schmerzhaften Zeit schlägt sich in seiner Stimme nieder und treibt ihm die Tränen in die Augen – 45 Jahre, nachdem es passiert ist. Seine Mutter – sie ist heute 80 Jahre alt und leidet an Alzheimer – holte ihn nach einem Jahr wieder zu sich, als sie Werner und seinem Bruder ein richtiges Zuhause bieten konnte, und zog die beiden groß, bis Werner seinen Schulabschluss hatte und zur Armee ging. Das war für Werner allerdings völlig unerheblich. Seine Mutter hatte ein unverzeihliches Verbrechen begangen, und er würde sie – und sich – für dieses eine Verbrechen ein Leben lang bestrafen.

Dieser Ärger über seine Mutter, den Werner sein Leben lang mit sich herumschleppte, machte ihn schließlich kaputt. Er hatte eine gute Stelle und Freunde und war umgeben von Menschen, die ihn liebten. Aber sein ungezügeltes Temperament überlagerte all das. Sein Ärger, der mehr als einmal in körperliche Gewalt mündete, kostete ihn zwei Ehen, seine Beziehung zu seinem einzigen Sohn, seine Stelle und schließlich seine Gesundheit. Und dennoch kann Werner seiner Mutter auch heute noch nicht vergeben. In diesem Kapitel biete ich Ihnen Strategien an, mit denen Sie erreichen können, alten Ärger und alte Verletzungen loszulassen, die mit schlechten Erfahrungen der Vergangenheit verbunden sind. Sie erhalten eine Begründung und eine Anleitung für den Umgang mit dem Ärger von gestern, der meiner Meinung nach den problematischsten Ärger darstellt. Soweit ich das sehe, gibt es nur ein einziges Gegenmittel gegen den Ärger der Vergangenheit – und das ist Vergebung.

Unterstützung unterstützt nur dann, wenn ...

Unterstützung unterstützt nur dann, wenn Sie sie auch nutzen. Das Netz, das Sie auffangen kann, sind die Menschen, auf die Sie zählen können, wenn es im Leben mal richtig dick kommt. Auf der anderen Seite müssen Sie aber auch bereit sein, Hilfe und Unterstützung anzunehmen. Manche von uns können sich nur auf wenige Menschen stützen, haben aber dennoch das Gefühl, in schwierigen Zeiten ungeheuer viel Unterstützung zu bekommen. Andere haben viele Menschen um sich herum und fühlen sich dennoch isoliert und alleine gelassen. Es ist schon eine Ironie des Schicksals, dass ausgerechnet die Menschen, die Unterstützung am dringendsten brauchen, die nämlich, die voller Ärger und Groll stecken, sie am schlechtesten annehmen können.

Vergeben ist nie leicht

Aus Gründen, die niemand so genau erfassen kann, fällt es Menschen nicht leicht zu vergeben. Sich ärgern, *das* ist einfach – aber vergeben, nein. Der Ärger wird uns als Instinkt mit in die Wiege gelegt, hingegen müssen wir erst mehr oder weniger mühsam lernen, anderen Menschen zu vergeben. Sie ist somit eigentlich eine Fähigkeit – vergleichbar mit Fahrrad fahren, Fußball spielen oder Fremdsprachen sprechen.

Vielleicht hatten Sie ja Glück und sind mit der Vergebung großgeworden. Sie lernten, wie man vergibt, indem Sie beobachteten, wie sich Ihre Eltern gegenseitig vergaben. Oder Sie lernten sie im Rahmen einer Religionsgemeinschaft – einer Kirche, einer Synagoge oder einer Moschee. In diesem Fall fällt es Ihnen leichter zu vergeben als anderen Menschen.

Zu den Erfahrungen im Leben eines Menschen, die man nur schwer vergeben kann, gehören unter anderem

- ✔ Als Kind verlassen werden (durch Tod oder Scheidung)
- ✔ Körperliche Misshandlungen
- ✔ Emotionale Misshandlungen
- ✔ Sexueller Missbrauch
- ✔ Vergewaltigungen
- ✔ Traumatische Arbeitsunfälle
- ✔ Vom Ehepartner betrogen werden
- ✔ Von den Eltern vernachlässigt werden
- ✔ Tätliche Übergriffe
- ✔ Tod eines Kindes
- ✔ Todesfälle oder Verletzungen infolge Alkohols am Steuer

- ✔ Unerwartete Kündigung
- ✔ Vertrauensmissbrauch

Sie brauchen Zeit

Vergebung ist ein Prozess, kein Gegenstand. Man kann sagen, sie ist eine Art Reise. Ein Zauberstab ist ein Gegenstand, aber wenn es darum geht, denen zu vergeben, die Ihnen Unrecht getan haben, gibt es keinen Zauberstab. Je länger Sie Ihren Ärger bereits mit sich herumtragen, desto mehr Zeit brauchen Sie, ihn so weit aufzulösen, dass man von Vergebung sprechen kann. Werner, der Mann, von dem ich Ihnen eingangs dieses Kapitels erzählte, hat sich 40 Jahre lang über seine Mutter geärgert. Selbst wenn er den Vergebungsprozess heute beginnt, wird es einige Zeit dauern, bis er ihn hinter sich gebracht hat. Das Gute in seinem Fall ist, dass die Zeit auf seiner Seite ist. Seine Mutter lebt noch, und wenn er ihr vergeben kann, bevor sie stirbt, wird er sich zweifelsohne weniger schuldig fühlen und weniger Gewissensbisse haben, wenn sie einmal nicht mehr da ist.

Ist heute der Tag, an dem Sie so weit sind, Ihre Reise zu beginnen und sich vom Ärger der Vergangenheit zu befreien?

Sie brauchen Unterstützung

Wichtige Schritte sollte man nicht alleine machen. Jemandem zu vergeben, braucht Kraft, Mut und Reife – und einen Teil davon können Sie sich von Menschen holen, die Ihnen nahe stehen. Kennen Sie jemanden, der Ihnen in Ihren Bemühungen um Vergebung ein Verbündeter sein kann? Hat Sie vielleicht schon jemand früher ermutigt, den Ärger längst vergangener Zeiten loszulassen? Kennen Sie jemanden, der ein Vorbild für Sie sein könnte – jemand, der das Unrecht in seiner Vergangenheit vergeben hat und in seinem Leben weitergekommen ist?

Wahr ist, dass Vergebung ein freiwilliger Akt sein muss. Niemand kann Sie zwingen, einem anderen Menschen zu vergeben. In meiner Tätigkeit als Therapeut habe ich noch nie einem Klienten den Rat gegeben, einem anderen zu vergeben. Ich weise allerdings auf Vergebung als eine Möglichkeit hin, die der betreffende Klient im Hinblick auf seine Bemühungen um inneren Frieden erwägen sollte. Die Entscheidung liegt dann in jedem Fall bei ihm. Natürlich biete ich meine Unterstützung an, falls der Betreffende die gesunde Entscheidung für die Vergebung trifft.

Haben Sie jemanden, der Sie auf dieser Reise unterstützen kann?

Sie müssen Opfer bringen

Jetzt geht's ans Eingemachte. Wenn Sie jemandem vergeben wollen, müssen Sie ein Opfer bringen. Irgendetwas muss weichen. Fragt sich nur, »was?«. Wie steht es mit den folgenden Möglichkeiten?

- ✔ Sie müssen Ihre Opferrolle aufgeben.
- ✔ Sie müssen den Mythos aufgeben, dass »das Leben immer fair sein muss«.
- ✔ Sie müssen die Instrumentalisierung Ihres Ärgers als Schutz gegen emotionales Unbehagen aufgeben.
- ✔ Sie müssen aufhören, Ihren ursprünglichen Groll Tag für Tag wiederzubeleben.
- ✔ Sie müssen aufhören, der anderen Person Einfluss auf Sie zu gewähren, indem Sie ständig an sie denken.
- ✔ Sie müssen Ihr »Recht« auf Rache aufgeben.
- ✔ Sie müssen die These aufgeben, dass Sie durch das Festhalten an Ihrem Ärger irgendwie das Unrecht rückgängig machen können, das Ihnen angetan wurde.
- ✔ Sie müssen die Vorstellung aufgeben, dass Sie ein Anrecht auf ein schönes Leben haben – ein Leben ohne Stress, Unglück, Schmerzen und Verletzungen.
- ✔ Sie müssen die Überzeugung aufgeben, dass alle – besonders die Ihnen am nächsten stehenden Menschen – Sie immer akzeptieren und rücksichtsvoll behandeln müssen.
- ✔ Sie müssen die Vorstellung aufgeben, dass Vergebung ein Zeichen persönlicher Schwäche ist.

Sich entscheiden zu vergeben

Es kommt, wie man so schön sagt, »auf den richtigen Zeitpunkt an«. Wenn Sie ernsthaft erwarten können wollen, die Reise hin zur Vergebung anzutreten, dann muss das Umfeld stimmen.

Sie müssen in Sicherheit sein

Unser Ärger schützt uns in unsicheren Situationen, etwa wenn wir akute Misshandlungen zu befürchten haben und uns gegen potenzielle Verletzungen durch andere wehren müssen oder glauben, dass unser körperliches oder emotionales Überleben bedroht ist. Von sich zu fordern, jemandem zu vergeben, der Ihnen gerade aktiv Schaden zufügt, ist wohl zu viel verlangt. Zuerst müssen Sie in Sicherheit sein.

Ich habe meinem Vater für sein vom Alkohol geprägtes ungezügeltes Verhalten erst nach seinem Tod vergeben können. Als er noch lebte, war er eine viel zu bedrohliche Erscheinung. Auch als ich älter wurde, schüchterte mich sein Anblick immer noch ein. Als ich ihn nach Jahren der Entfremdung am Totenbett besuchte, sah ich einen vom Leben schwer gezeichneten Mann, der in sich zusammengesunken war und sich mit seinem Tod abgefunden hatte. In diesem Moment begannen sich meine Verhärtungen zu lösen und ich glaube heute, dass ich damals angefangen habe, ihm zu vergeben.

Das mit meiner Mutter war eine andere Geschichte. Ich vergab ihr, dass sie – gelinde gesagt – zu Lebzeiten nicht die ideale Mutter war. Das war aber nur möglich, weil ich von ihr nichts befürchtete. Ich war ein erwachsener Mann, hatte in meinem Leben schon einiges erreicht und wohnte drei Staaten weit von ihr entfernt. Mit anderen Worten, ich hatte es geschafft, mich emotional von ihr zu lösen und mich nicht länger als ihr Kind, sondern als ihren Sohn zu sehen. Und weil sie mich nicht mehr verletzen konnte, konnte ich es mir erlauben, sie ohne Vorbehalte und Schuldzuweisungen zu lieben.

Fühlen Sie sich sicher genug, um den Vergebungsprozess zu beginnen?

Wie man eine gute Ehe ruiniert

Professor John Gottman, ein führender Experte, was die Dynamik einer gesunden Ehe betrifft, ist zu dem Schluss gekommen, dass die Hauptursache für Scheidungen das Gefühl totaler Verachtung bei einem oder beiden Partnern ist, die sich in vielfältigen erniedrigenden Verhaltensweisen ausdrückt. Verachtung setzt voraus, dass ein Partner besser – wertvoller – ist als der andere, dass ein Partner weniger (oder gar keine) Schwächen oder Fehler hat oder dass ein Partner dem anderen tatsächlich in allen Belangen überlegen ist. Verachtung lässt in intimen Beziehungen keinen Raum für Gleichheit oder Gleichwertigkeit – es geht nur noch darum, wer wessen Sklave ist.

Sie müssen berücksichtigen, dass der Mensch von Natur aus schwach ist

Was wir vergeben müssen, beruht meist darauf, dass wir Menschen sind. Menschen sind eigentlich recht schwache Geschöpfe, trotz aller technologischen Fortschritte, die uns auf Schritt und Tritt im Alltag begegnen. Wir machen Fehler. Wir verletzen die Gefühle anderer Menschen – absichtlich oder nicht. Manchmal sind wir viel zu egoistisch. Wir sagen »nein«, wenn wir »ja» sagen sollten, und so weiter und so fort.

Die meisten Menschen meinen es gut. Die meisten Menschen tun unter den jeweils gegebenen Umständen ihr Bestes. Oft ist das aber nicht gut genug. Und wofür beschuldigen sich die Menschen am Ende gegenseitig? Dafür, dass sie Menschen sind.

Wahrscheinlich ärgern Sie sich über andere Menschen, weil sie nicht das tun, was Sie von ihnen erwarten. Aber vielleicht erwarten Sie zu viel? Niemand hat perfekte Eltern, Kinder, Chefs, Ehepartner oder Freunde. Und wenn Sie sich selbst nicht vergeben können (»Ich hasse mich. Ich bin ein Versager. Nie mache ich irgendetwas richtig.«), liegt das vielleicht daran, dass Sie an sich selbst zu unrealistische, Alles-oder-nichts-Ansprüche stellen?

Von Woody Allen stammt der Ausspruch: »Wir sind alle Dummköpfe, die im selben Bus sitzen.« Einige von uns sind arme Dummköpfe, andere intelligente Dummköpfe, wieder andere schöne Dummköpfe, manche gedankenlose Dummköpfe und einige sind schwierige Dummköpfe – aber letztendlich sind wir alle nicht mehr als Dummköpfe.

Ist es nicht an der Zeit, den Menschen, dem Sie bisher nicht vergeben konnten, einfach als einen »Dummkopf« zu betrachten – vielleicht als einen großen Dummkopf –, anstatt als bösen Charakter, der Ihre Rache verdient?

Machen Sie eine Kosten-Nutzen-Analyse

Wenn Sie jemandem vergeben möchten, muss auch etwas für Sie dabei herausspringen. Sie müssen der Überzeugung sein, dass es in Ihrem eigenen Interesse liegt, den Ärger der Vergangenheit loszuwerden. Es bleiben letztlich zwei Fragen, die Sie sich stellen und beantworten müssen:

- ✔ Wen lassen Sie vom Haken?
- ✔ Verdienen Sie es, glücklich zu sein?

Wen lassen Sie vom Haken?

Ich behaupte einmal, dass der Hauptnutznießer Ihres Aktes der Vergebung Sie selbst sind. Vergessen Sie einfach die andere Person – tun Sie es für sich selbst! Beim Vergeben geht es um *Ihren* Ärger, nicht um das schlechte Verhalten *Ihres Kontrahenten*. Der Gedanke, dass Sie einem schlechten Menschen etwas Gutes tun, kann Sie nur davon abhalten, diese Reise anzutreten.

Lassen Sie uns doch mal sehen, was es Sie kostet, an Ihrem alten Ärger festzuhalten, und das dem Nutzen gegenüberstellen, den Sie haben, wenn Sie ihn loslassen. Zunächst einmal die Kosten des Festhaltens:

- ✔ Sie erleben immer wieder die schmerzliche Vergangenheit.
- ✔ Alter Ärger bahnt sich seinen Weg in gegenwärtige und zukünftige Beziehungen.
- ✔ Sie fühlen sich erschöpft nach all dem Ärger.
- ✔ Sie fühlen sich nach wie vor als Opfer.
- ✔ Sie verlieren das Positive im Leben aus den Augen.
- ✔ Sie sind in einem Zustand ständiger Trauer.
- ✔ Ihre Gesundheit leidet.
- ✔ Sie haben auch Schwierigkeiten, sich selbst zu vergeben.
- ✔ Sie leben in ständiger Anspannung.
- ✔ Der andauernde Ärger verwandelt sich in Bitterkeit und Feindseligkeit.

Und hier nun die nützlichen Folgen des Loslassens:

- ✔ Es wird Energie freigesetzt, die Sie konstruktiv einsetzen können.

- ✔ Ihr Leben konzentriert sich auf die Gegenwart, nicht auf die Vergangenheit.
- ✔ Sie fühlen sich nicht mehr so verletzlich.
- ✔ Sie gewinnen eine optimistischere Lebensperspektive.
- ✔ Wer vergibt, dem wird auch vergeben.
- ✔ Es wird Ihnen leichter fallen, sich selbst zu vergeben – dafür, dass Sie ein Mensch sind.
- ✔ Ihre Gesundheit stabilisiert sich.
- ✔ Sie fühlen einen inneren Frieden, den Sie vorher nicht kannten.
- ✔ Sie fühlen sich gereift.
- ✔ Sie überwinden die Schmerzen früherer Übergriffe.

Ist es nicht an der Zeit, dass Sie sich vom Haken lassen?

Die Gabe der Vergebung

Ein guter Freund von mir hatte sich vor Jahren einmal über mich geärgert und lange Zeit nicht mehr mit mir gesprochen. Rückblickend kann ich heute erkennen, dass er guten Grund für seinen Ärger hatte, aber das ersetzt mir nicht die schönen Zeiten, die uns dadurch nicht vergönnt waren. So hart es mich auch traf, ich akzeptierte, dass unsere Beziehung zu Ende war, und trauerte um das, was war und was sich noch hätte entwickeln können.

Und dann klingelte aus heiterem Himmel eines Tages mein Freund an meiner Tür und gab uns eine zweite Chance. Dieser Tag ist immer noch einer der glücklichsten in meinem Leben, und es vergeht kein Tag, an dem ich keine Dankbarkeit dafür empfinde, dass er mir vergeben konnte.

Verdienen Sie es, glücklich zu sein?

Natürlich verdienen Sie es, glücklich zu sein. Das ist wenigstens meine Meinung. Allerdings müssen Sie über die Antwort auf diese Frage letztendlich selbst entscheiden. Wenn Sie sich meiner Meinung anschließen, müssen Sie die immer wiederkehrenden Erinnerungen an vergangenes Unrecht, die Schuld, die Sie mit dem Verhalten der jeweils anderen Person verbinden, den Wunsch nach Rache, den ganzen Ballast von sich werfen. Bitterkeit und Glück vertragen sich nun mal nicht. Wenn Sie das eine behalten, verlieren Sie den Zugriff auf das andere.

Gibt es einen Grund, warum Sie das Gefühl haben, keine Chance auf Glück verdient zu haben?

Widerfahrenes Unrecht ist endgültig

Ein weiteres Hindernis auf dem Weg zur Vergebung hat damit zu tun, dass Sie akzeptieren müssen, dass das Ihnen widerfahrene Unrecht endgültig ist. Haben Sie in einem verärgerten Moment schon einmal gedacht: »Ich werde mich so lange ärgern, bis ich Gerechtigkeit habe, bis alles wieder ist, wie es war, oder bis ich irgendwie gleichziehen kann?« Nun, dann viel Glück, denn das wird nie passieren. Was können Eltern schon tun, um einen gerechten Ausgleich zu schaffen, wenn ihr Kind von einem Betrunkenen zu Tode gefahren wurde? Wie kann einer Frau Gerechtigkeit widerfahren, deren Mann untreu war? Wie machen Sie die Tatsache ungeschehen, dass Ihr Arbeitgeber Pleite gemacht hat und Sie den besten Arbeitsplatz verloren haben, den Sie je hatten? Wie entschädigen Sie sich für Eltern, die Sie vernachlässigt oder misshandelt haben?

Wenn ich sage, dass Sie akzeptieren müssen, dass Ihnen ein anderer Mensch Unrecht getan hat, bevor Sie ihm vergeben können, verlange ich damit nicht, dass Sie darüber hinwegsehen, was er getan hat – ganz bestimmt nicht! Ich will auch nicht andeuten, dass Sie sein Verhalten gutheißen sollen. Und ich bitte Sie auch nicht, ihn von seinen Sünden freizusprechen. Dafür gibt es keinen Grund. Sie müssen aber akzeptieren, was passiert ist, und dann Ihr Leben weiterleben.

Sie müssen die Vergangenheit nicht vergessen

Jetzt, da ich die 60 überschritten habe, stelle ich fest, dass ich mich immer öfter davon zu überzeugen versuche, dass das Leben im Alter auch etwas Gutes haben muss. Plötzlich fiel mir etwas auf – das einzig Gute an der Alzheimer-Krankheit ist, dass man schließlich all die schlechten Erfahrungen und Ereignisse im Leben vergisst. Wenn man allerdings nicht an Alzheimer leidet, ist es, fürchte ich, nicht so einfach, die Vergangenheit zu vergessen.

Wenn Klienten zu mir kommen, die an einem Trauma leiden, ist ihre erste Frage oft: »Herr Doktor, wann werde ich darüber hinweg sein?« Meine ehrliche Antwort, die keiner von ihnen gerne hört und zunächst auch nicht versteht, lautet: »Nie.« Ich erkläre ihnen dann, dass Menschen über schlechte Erfahrungen und Erlebnisse nicht hinwegkommen. Wenn sie Glück haben (oder die richtige Unterstützung bekommen), können sie damit *weiter*kommen. Was heißt das? Sie werden das, was Ihnen schwer fällt zu vergeben, nie vergessen. Das müssen Sie aber auch nicht. Die Erinnerungen werden bleiben. Sie müssen nur so weit kommen, dass Sie daran denken können, ohne Ärger zu empfinden. Und das geht nur, wenn Sie vergeben.

Je hartnäckiger Sie versuchen, etwas zu vergessen – je mehr Sie versuchen, nicht an etwas zu denken –, desto öfter werden Sie sich daran erinnern. Machen Sie einen Versuch: Schließen Sie Ihre Augen und versuchen Sie, zehn Minuten lang auf keinen Fall an Gurken zu denken. Merken Sie, was passiert? In Ihrem Kopf wachsen überall Gurken.

Eine Frage des Alters

Vergebung setzt ein gewisses Maß an Reife voraus. Und Reife erwirbt man im Idealfall mit zunehmendem Alter. Kleine Kinder können recht unversöhnliche Zeitgenossen sein, weil sie sich auf das berufen, was Dr. Bernhard Golden (der Autor des Buches *Healthy Anger: How to Help Children and Teens Manage Their Anger*) »Kinderlogik« nennt, eine Form der Logik, die egozentrisch, unrealistisch und gefühlsbetont ist. Unversöhnlich können auch Heranwachsende sein, denen langsam dämmert, dass die Welt der Erwachsenen komplex, bei weitem nicht perfekt und zeitweise unfair ist – aber trotz allem die Welt, in der wir leben müssen. Diese Erkenntnis trägt zum großen Teil dazu bei, dass sie in diesen frühen Jahren vermehrt Ärger empfinden (siehe Kapitel 2).

Je älter wir werden, desto mehr rückt die Möglichkeit der Vergebung in unser Blickfeld. Mit der Kinderlogik haben wir mehr oder weniger abgeschlossen. Wir haben ein ausgewogeneres und realistischeres Bild von uns selbst und unseren Mitmenschen. Nach und nach erkennen und akzeptieren wir, dass alle Menschen ihre Schwächen haben. Die Welt ist nicht länger schwarz oder weiß. Auf dem Weg durch unser Leben verletzen wir uns gegenseitig, absichtlich oder unabsichtlich. Vergessen Sie einfach, dass es nicht so sein sollte – es *ist* so! Vielleicht ist die Fähigkeit zur Vergebung die *eigentliche* Gabe des Alters.

Lieber Schmerz statt Ärger

Die meisten Menschen halten an ihrem alten Ärger fest, um dem Schmerz aus dem Weg zu gehen. Das macht durchaus Sinn – weil Ärger (besonders im Bereich der Wut) ein sehr starkes Gefühl ist, kann er selbst den stärksten physischen und emotionalen Schmerz überlagern. Aber früher oder später werden Sie sich dennoch mit dem Schmerz auseinandersetzen müssen. Sie können sich nicht ein Leben lang verstecken.

Erikas Familie brachte sie zu mir, weil nach dem frühen Tod von Erikas jüngster Tochter ein weiteres schwieriges Weihnachtsfest bevorstand. Es war deutlich zu sehen, dass die Frau nicht freiwillig in meinem Büro saß. Sie tat alles Mögliche, um unauffällig zu erscheinen, und versicherte mir, dass sie keinerlei psychische Probleme habe. Jedenfalls so lange, bis ich sie auf ihre Tochter ansprach, worauf Erika plötzlich sichtbar ärgerlich wurde und mich anfuhr: »Ich will nicht über meine Tochter reden. Das geht Sie nichts an. Sie ist tot und weiter gibt es darüber nichts zu sagen.«

Ich stellte noch ein paar Fragen zu ihrem Tod – wann sie gestorben war, zu welcher Zeit im Jahr, was ihren Tod verursacht hatte – und sie kam immer mehr in Rage. Dann bat ich sie zu bestätigen, was ihre Familie mir erzählt hatte, dass sie nämlich zu Weihnachten die Geschenke für ihre Tochter unter den Baum legte, die sie vor vier Jahren vor ihrem Tod gekauft hatte. Sie gab zu, dies zu tun. Ich fragte sie, warum sie das tat. Wütend schleuderte sie mir entgegen: »Damit sie ihre Geschenke bekommt, wenn sie wieder nach Hause kommt!« »Was meinen Sie mit ›wieder nach Hause kommt‹?«, fragte ich verwundert. »Sie ist tot.« Ich sah deutlich den Schmerz im Gesicht dieser Frau, als sie schrie: »Sagen Sie das nicht! Sagen Sie das nie mehr! Meine Tochter kommt zu mir zurück. Wenn nicht dieses Weihnachten, dann im nächsten

Jahr. Und ihre Geschenke werden unter dem Baum liegen – genau da, wo sie gelegen haben, als sie von uns ging.«

Mit diesem Worten stürmte die Frau aus meinem Büro, nahm ihre leidgeprüfte Familie ins Schlepptau und ward nicht mehr gesehen.

Erika hatte mit Vergebung nichts am Hut. Sie konnte nicht vergeben, dass ihre Tochter für immer weg war. Sie konnte Gott nicht vergeben, dass er ihrer Familie so etwas Schreckliches zugemutet hatte. Sie konnte ihrer Familie nicht vergeben, dass sie versucht hatte, sie dazu zu bewegen, wieder in ein normales Leben zurückzufinden. Sie konnte ihrem Mann und ihren Kindern nicht vergeben, dass sie sich nicht das Weihnachtsfest hatten verderben lassen wollen. Sie konnte sich selbst nicht vergeben, dass sie ihr Kind nicht vor einer tödlichen Krankheit hatte bewahren konnte. Und sie konnte mir nicht vergeben, dass ich sie mit der Wirklichkeit ihres tragischen Verlustes konfrontiert hatte. All das, was sie nicht vergeben konnte, ließ den Ärger in ihr weiterfressen. Wenn sie über ihren Ärger hinwegkommen will, bleibt Erika nur, den Schmerz über den Verlust ihrer Tochter zuzulassen – darum und um nichts anderes geht es in der Beratung von Trauernden.

Teil V

Weniger Wut und Ärger durch Veränderung des Lebensstils

»Wir sind Ihrer Wut nun mit einer Diät und Meditationen zuleibe gerückt. Ich würde jetzt gerne noch versuchen, einige Ihrer Schrauben zu lockern. Vielleicht hilft das ja.«

In diesem Teil ...

Gefühle wie Ärger und Wut kommen nicht aus dem Nichts. Im Gegenteil, sie sagen viel darüber aus, wie Sie leben – wie viel Sie schlafen, welche Chemikalien (etwa Koffein und Nikotin) Sie im Laufe eines Tages zu sich nehmen, wie Sie mit Stress fertig werden, ob Sie spirituell interessiert sind und wie Ihre Stimmungslage aussieht. In diesem Kapitel stelle ich Ihnen einige Techniken vor, die Sie zu einem glücklicheren und gesünderen Menschen machen sollen, der weniger Ärger und Wut erlebt. Sie werden unter anderem lernen, welche Stressarten schädlich sind, wie viel Koffein zu viel ist, wie Sie sich gesund vergnügen können, inwiefern der Glaube eine Waffe sein kann, wie Sie Ihre positive Einschätzung einschätzen und wie Ärger und Wut einem trägen Hirn auf die Sprünge helfen.

Wie man mit Stress umgeht

14

In diesem Kapitel

- Was ist Stress?
- Welche Art Stress ist am gefährlichsten?
- Hilfreiche und weniger hilfreiche Techniken
- Von Stress profitieren
- Stress kann ansteckend sein

Hört sich Ihr Ärger so an?

»Lass mich in Ruhe, verdammt noch mal!«

»Du solltest lieber verschwinden – mir reicht's jetzt!«

»Kann ich nicht mal einen Moment Ruhe haben? Du merkst wohl nicht, wann es genug ist?«

»Ich sag es nicht noch einmal – lass mich in Ruhe!«

Wenn ja, dann haben Sie weniger ein Problem mit Ärger, sondern vielmehr mit Stress. Sie haben entweder zu viel Stress oder die falsche Art Stress, aber wie Sie es auch drehen und wenden, Sie sind gestresst. Ihr Ärger ist nur eine Art, dem Ausdruck zu verleihen. Manche Menschen ziehen sich zurück und werden ganz ruhig, wenn sie unter Beschuss stehen, andere dagegen schlagen um sich. Leider funktioniert keine dieser Strategien besonders gut. Im Gegenteil: Beide gefährden Ihre Gesundheit (siehe Kapitel 3).

In diesem Kapitel werde ich Ihnen zeigen, was Sie tun können, wenn Sie zu viel am Hals haben und sich erste Anzeichen drohenden Ärgers andeuten. Ich erläutere Ihnen, wie Sie diejenigen *Stressoren* (Stress auslösende Faktoren) aufspüren, die Sie spätestens, wenn Sie sie entdeckt haben, nerven werden. Sie werden erfahren, wie Sie dem Gefühl des Ausgebranntseins (Burnout) entgegenwirken können. Und jetzt kommt's: Ich werde Ihnen zeigen, wie Sie unter Stress so richtig aufblühen können und sich gegen Stressprobleme abhärten. Das ist leichter, als Sie denken!

Stress von Überlastungen unterscheiden

Ob Sie es glauben oder nicht, Ihre Großeltern kannten noch keinen Stress. Sie haben vielleicht Stress empfunden, aber sie haben dieses Gefühl nicht so genannt. *Stress* und *Überlastung* sind technische Fachbegriffe, die erst in den 30er Jahren auch auf Menschen angewandt wurden.

Stress gehört zum Alltag. Stress ist das, was Ihre angeborene Kampf-Flucht-Reaktion stimuliert, die Sie für die Verteidigung gegen Menschen, Umstände oder Ereignisse benötigen, die Ihr Leben bedrohen könnten. Stress ist keine Wahlmöglichkeit, er ist eine Gabe (auch wenn er sich nicht so anfühlt!).

Wenn Sie Stress empfinden, ist in Ihrem Körper einiges los. Sehen Sie selbst:

- ✔ Ihre Pupillen erweitern sich.
- ✔ Ihr Blutzuckerspiegel steigt.
- ✔ Ihr Blutdruck steigt.
- ✔ Ihr Blut gerinnt schneller.
- ✔ Ihre Muskulatur spannt sich an.
- ✔ Sie atmen schneller.
- ✔ Ihr Puls beschleunigt sich.
- ✔ Ihre Hirnanhangdrüse wird aktiviert.
- ✔ Ihr Hypothalamus wird aktiviert.
- ✔ Ihr Adrenalinspiegel steigt.
- ✔ Ihre Handflächen schwitzen.
- ✔ Ihr Cortisolspiegel steigt (*Cortisol* ist ein Stresshormon, das die Kampf-Flucht-Reaktion stimuliert und verlängert).
- ✔ Fett wird in den Blutkreislauf abgegeben.
- ✔ Ihre Leber transformiert Fett zu Cholesterin.

Zu Überlastungen kommt es dagegen, wenn Sie Ihrem Körper zu viel Stress zumuten, also von einer an sich guten Sache zu viel abbekommen. Stellen Sie sich eine Brücke vor (ich erwähnte ja bereits, dass die Begriffe aus dem technischen Bereich stammen), über die kontinuierlich Autos rollen. Mit ihrem Gewicht beanspruchen die Autos die Brückenkonstruktion. Je mehr Autos darüber rollen, desto größer ist die Beanspruchung. Nun kann es sein, dass nach einigen Jahren an der Unterseite der Brücke Risse auftreten, erst ganz kleine, die dann aber mit der Zeit größer werden. Diese Risse gefährden die Stabilität der Brücke. Sie drücken die Überlastungen aus, die unweigerlich durch eine zu große Beanspruchung entstehen. Diese Brücke sind Sie – Ihr Körper und Ihre Gesundheit.

Stellen Sie sich vor, wie die Brücke ächzt und krächzt, wenn sich die ersten Zeichen der Belastungen zeigen. Eine ähnliche Rolle spielt der Ärger bei Ihnen. Er teilt der Welt mit, wie stark Sie sich beansprucht fühlen. Der Ärger ist Ihr Ächzen (Verstimmungen) und Krächzen (wütende Reaktionen).

Meine Sicherungen lassen nach

Sehr oft werde ich gefragt: »Meine Sicherungen waren nie die besten, aber mittlerweile habe ich das Gefühl, sie brennen immer schneller durch. Wie kommt das?« Das liegt oft daran, dass die Betroffenen im Alltag immer öfter überlastet sind. Mit zunehmendem Stress nehmen auch die Belastungen zu. Das Leben beginnt, schwer auf ihren Schultern zu lasten. Ihre Intoleranz wächst und sie reagieren immer schneller gereizt. Zu einer solchen Entwicklung kommt es allerdings nicht unter normalem Stress, sondern nur bei extremen Beanspruchungen.

Stressträgern aus dem Weg gehen

Es gibt Menschen, die betreten einen Raum und bringen schon damit alles zum Stillstand, was sich bisher dort abgespielt hat. Waren eben noch alle guter Dinge, haben gelacht, miteinander geredet, ihre Arbeit gemacht und sich des Lebens gefreut, ist das mit einem Mal alles vorbei. Das Lachen erstirbt, die Stimmung schlägt um und man kann die Spannung in der Luft förmlich riechen. Dieser liebenswerte Mensch ist ein Stressträger.

Einen solchen Menschen kann man an folgenden Eigenschaften erkennen:

- ✔ Ton der Stimme (schnell, gepresst und schneidend)
- ✔ Körperhaltung (sie kommuniziert Aggression [Handgesten] oder Defensive [etwa vor der Brust verschränkte Arme])
- ✔ Angespannter Gesichtsausdruck (zusammengebissene Zähne, gerunzelte Stirn, verengte Augen)
- ✔ Geballte Fäuste
- ✔ Unanständige Gesten und Ausdrucksweise
- ✔ Neigung, anderen ins Wort zu fallen
- ✔ Festgefügte, negativ geprägte Meinungen
- ✔ Schnelles Augenzwinkern
- ✔ Seufzen
- ✔ Dunkle Ringe unter den Augen
- ✔ Kopfnicken
- ✔ Starkes Schwitzen
- ✔ Ruckartige Körperbewegungen
- ✔ Neigung zu schnellem Gehen
- ✔ Neigung zu schnellem Essen

- Neigung, oft auf die Uhr zu sehen
- Neigung, andere beim Sprechen durch Einwürfe wie »Ja«, »Hm«, »Klar« oder »Ich weiß« zu drängeln
- Sprechen oder zuhören und dabei die Augen ständig durch den Raum schweifen lassen.

Gehen Sie Stressträgern möglichst aus dem Weg. Ihr Stress ist ansteckend – wenn Sie sich zu lange in ihrer Gegenwart aufhalten, werden sie sich ebenfalls gestresst fühlen. Was glauben Sie, passiert, wenn der Stress eines Stressträgers in Ärger umschlägt? Sie werden sich ärgern und nicht einmal wissen, warum.

Vielleicht sind Sie selbst ein Stressträger. Gehen Sie die Liste in diesem Abschnitt durch und überlegen Sie, ob Sie eine der dort aufgezählten Eigenschaften aufweisen. Wenn Sie ganz tapfer sind, können Sie auch jemanden, der Sie gut kennt, fragen, was er dazu meint. Man kann dem eigenen Urteil nicht immer voll und ganz vertrauen.

Halten Sie sich fern

Ich hatte einmal einen Geschäftspartner, der mit Stress nur so um sich warf. Wo er auch hinging, hinterließ er Unbehagen, Feindseligkeit, Unzufriedenheit und Sorgen. Wir gelangten schließlich an einen Punkt, an dem die anderen Partner und ich uns bei einem Anwalt Rat holten, wie es weitergehen könnte. Er überlegte nicht lange: »Halten Sie sich möglichst von dem Kerl fern.« »Wie sollen wir das anstellen?«, fragten wir. »Lösen Sie die Partnerschaft auf«, schlug er vor. Das taten wir dann auch.

Wo kommt Ihr Stress her?

Stressoren – die Menschen, Ereignisse oder Umstände, die Ihren Stress verursachen – gibt es in allen Größen und Formen. Einige sind körperlicher Natur (Geräusche, Verschmutzung), andere tauchen im zwischenmenschlichen Bereich auf (laute Nachbarn, sich einmischende Schwiegereltern), wieder andere sind emotional (Tod geliebter Menschen), rechtlicher (Scheidung) oder finanzieller Natur (Pleite). Die Liste lässt sich beliebig fortsetzen.

Es gibt sogar positive Stressoren – eine neue Stelle, eine Heirat, ein Studienabschluss –, die Ihr Nervensystem nicht weniger aufregen, als das bei negativen Erfahrungen der Fall ist.

Die Psychologen unterscheiden bei den Stressoren gerne zwei Gruppen: kleinere Probleme und große, entscheidende Ereignisse (»kritische Lebensereignisse«).

Zu den kleineren Alltagsproblemen, die den Weg eines jeden von uns immer mal wieder kreuzen und die dem Ärger Tür und Tor öffnen können, gehören unter anderem:

- Eile wegen eines dringenden Termins
- Beim Reden unterbrochen werden
- Herausfinden, dass sich jemand etwas ausgeliehen hat, ohne vorher zu fragen

- ✔ Beim Mittagsschlaf gestört werden
- ✔ Feststellen, dass sich jemand vorgedrängelt hat
- ✔ Etwas Wichtiges verlegt haben
- ✔ Sich um ein krankes Kind kümmern
- ✔ Unerwartete Gesellschaft haben
- ✔ Sich um Autoreparaturen kümmern
- ✔ Fieberbläschen bekommen
- ✔ Vogeldreck auf einem nagelneuen Auto bemerken
- ✔ Bei einer Verabredung versetzt werden
- ✔ Rüde angesprochen werden
- ✔ Zu viel Zeit für etwas haben (Sie haben richtig gelesen: Wer zu viel Zeit hat, dem wird langweilig. Am Arbeitsplatz nennt die Wissenschaft das *Unterforderung*, und meiner Meinung nach kann man sie auch bei Teenagern beobachten, die zu Hause herumhocken. Unterforderung führt irgendwann zu Problemen, wenn sie anhält.)

Zu den schwerwiegenderen Stressoren, die sich stärker auf Ihr Leben auswirken können, gehören die folgenden:

- ✔ Entlassen werden
- ✔ Zu einer Gefängnisstrafe verurteilt werden
- ✔ Chronisch oder lebensbedrohlich erkranken
- ✔ Den Tod eines engen Freundes miterleben
- ✔ Eine Hypothek gekündigt bekommen
- ✔ Sich vom Ehepartner trennen
- ✔ Schwanger werden
- ✔ Die Kinder ziehen aus
- ✔ Umziehen
- ✔ Im Lotto gewinnen
- ✔ Eine neue Stelle antreten
- ✔ Befördert werden

Welche Art von Stressoren – kleinere oder größere – sind wohl die ungesünderen? Die meisten Menschen tippen auf die größeren. In Wirklichkeit werden wir aber viel eher von den kleinen Dingen des Lebens umgehauen. Warum? Eben weil sie so klein und alltäglich sind (»Das gehört nun mal zum Leben, oder?«), werden sie nicht so ernst genommen, und das ist ein Fehler! Die gute Nachricht zu den größeren Stressoren ist, dass man nicht allzu häufig davon betroffen wird und in der Regel all seine Kräfte einsetzt, um damit fertig zu werden. Mit anderen Worten: Weil man die größeren Stressoren ernster nimmt, sind sie weniger gefährlich.

Mein Gott, was für eine Punktzahl!

Es gibt einen psychologischen Test, der den erheblicheren Stress misst, dem ein Mensch im vergangenen Jahr ausgesetzt war. Dieser Test listet 42 verschiedene Stressarten auf, denen jeweils ein so genannter *Belastungswert* zugeordnet wird. Der sich daraus ergebende Gesamtwert gibt, wie sich herausgestellt hat, eine recht zuverlässige Prognose über etwa zu befürchtende Erkrankungen ab – von gewöhnlichen Erkältungen bis zum Herzinfarkt. Der Schwellenwert für toxischen Stress liegt bei 300. Alles, was darunter liegt, verursacht kaum gesundheitliche Probleme. Ich machte diesen Test einmal mit einer Klientin, die mit den Worten zu mir gekommen war: »Ich weiß nicht genau, warum ich hier bin, ich fühle mich einfach nicht gut.« Ihr Gesamtwert belief sich auf unglaubliche 2.292 Punkte! Und bevor ich es vergesse: Sie war eine sehr verärgerte Frau.

Welche Stressarten sind toxisch?

Jeder Mensch kann nur eine bestimmte Menge Stress aushalten. Ist diese Menge erreicht, geht er in den roten Bereich und überlastet sich. Selbst die widerstandsfähigsten Menschen sind vor Überlastungen nicht gefeit. An diesem Punkt müssen Sie sich klar darüber werden, was um Sie herum los ist, und versuchen, wieder etwas mehr Gleichgewicht in Ihr Leben zu bringen (siehe Kapitel 16).

Stress kann abhängig machen. Wenn Sie sich nicht mehr daran erinnern können, wann Ihnen das letzte Mal die Anforderungen eines Tages über den Kopf gewachsen sind, wenn Sie den Adrenalinschub genießen, der Sie dabei überkommt, wenn Sie sich einer Herausforderung nach der anderen gegenübersehen, wenn Sie den Stress geradezu anziehen oder selbst schaffen, wenn keiner da ist, und wenn Sie rastlos oder gelangweilt sind, wenn alles ruhig läuft, dann können Sie davon ausgehen, dass Sie stressabhängig sind.

Wenn Sie von Stress abhängig sind, müssen Sie damit anfangen, sich Schritt für Schritt zu entwöhnen. Sie können zum Beispiel damit anfangen, dass Sie einen Abend der Woche, den Sie sonst mit Arbeit verbracht haben, dazu nutzen, sich mit einem guten Freund zu treffen, der nicht wettbewerbsorientiert ist und mit dem Sie auch schweigen können. Versuchen Sie, abends und am Wochenende wenigstens stundenweise – sagen wir von Samstagmittag bis abends um sechs (diese Spanne steigern Sie dann langsam) – Ihre Uhr auszuziehen. Melden Sie sich für einen Yogakurs an oder setzen Sie sich drei oder vier Mal die Woche in einen Whirlpool.

Einige Stressarten – unabhängig von ihrem Umfang – vergiften Ihr Leben mehr als andere. Ich bezeichne sie gerne als die (fast) vier tödlichen Ks.

Kumulativer Stress

Kumulativer Stress ist Stress, der – Sie ahnen es schon – sich mit der Zeit ansammelt. Eins kommt zum anderen, und noch eins und noch eins, bis Sie nicht mehr können.

So fühlt sich Jürgen. Gerade erst in Rente gegangen, dachte Jürgen, er könnte jetzt seinen Lebensabend genießen. Er hatte ein sicheres Einkommen, das Haus war bezahlt, und er und seine Frau erfreuten sich bester Gesundheit – so schien es wenigstens. Jetzt macht Jürgen sich Sorgen. Seine Frau vergisst immer öfter, wo sie Dinge hingelegt hat, verliert gelegentlich die Orientierung, scheitert an einfachen Aufgaben und muss sich vieles immer wieder vorsagen, damit sie es nicht vergisst. Vor einer Woche beispielsweise hatte Jürgen ihr erzählt, dass er an einem Abend zu einem Treffen der Freiwilligen gehen wollte. Schon am Morgen darauf fragte sie: »Wann musst du abends weg?« Jürgen sagte es ihr noch einmal – man kann ja mal etwas vergessen. Am nächsten Morgen fragte sie wieder: »Wann war noch dieses Treffen, wo du hin wolltest?« Jürgen, mittlerweile echt frustriert, sagte es ihr ein drittes Mal. Am nächsten Tag dasselbe noch einmal. Als Jürgen am sechsten Tag wieder dieselbe Frage beantworten musste, platzte ihm schließlich die Hutschnur. Er wurde laut, sie rannte weinend in ihr Zimmer, und beide fühlten sich hinterher miserabel. Jürgen war nicht gestresst, weil seine Frau ihn gefragt hatte, wann sein Treffen stattfand – er war gestresst, weil sie immer und immer wieder fragte. Ein oder zwei Mal mag ja noch angehen, aber sechs Mal, das war zu viel.

Chronischer Stress

Waren Sie schon einmal Stress ausgesetzt, der nicht aufhören wollte? Wenn Sie morgens aufwachen, ist er schon da, und abends nehmen Sie ihn mit in den Schlaf. Das ist *chronischer Stress* – er ist ein treuer Begleiter. Bei vielen meiner Klienten äußert sich chronischer Stress in Form ständiger Rückenschmerzen. Mitten im Leben durch einen Arbeitsunfall aus der Bahn geworfen sind sie zu einem Leben unter Schmerzen verurteilt, an denen ihre Ärzte nichts machen können. Da ist es kein Wunder, dass sie ständig gereizt und bereits verärgert sind, wenn sie mit kleinen Problemen konfrontiert werden!

Andere Beispiele für chronischen Stress sind:

- ✔ Schulden
- ✔ Armut
- ✔ Laute Nachbarn
- ✔ Fettsucht
- ✔ Beruf ohne Zukunft
- ✔ Häusliche Gewalt
- ✔ Unzuverlässiges Auto
- ✔ Leben in einer Gegend mit hoher Kriminalitätsrate

Stress durch große Katastrophen

Ereignisse wie terroristische Angriffe, Tsunamis oder Wirbelstürme können Menschen zerstören – besonders wenn sie unmittelbar betroffen sind. Solche Ereignisse verursachen den schrecklichsten, das Leben am durchschlagendsten verändernden Stress. Manche Menschen erholen sich nie davon (ich denke da nur an die Vietnam-Veteranen, die auch fast 50 Jahre später den Krieg als Teil einer posttraumatischen Belastungsstörung immer wieder durchleben). Und die, die sich schließlich erholen, brauchen lange Zeit, bis die Wunden einigermaßen verheilt sind.

Kontrollstress

Menschen übernehmen gerne die Kontrolle über alles Mögliche. Sie fühlen sich sicherer, stärker und kompetenter, wenn sie ihr Leben im Griff haben. Das Problem ist nur, dass das Leben uns diese Chance nicht immer gibt.

Nehmen wir nur Gerrit. Sie ist eine kluge junge Frau, die am Anfang einer vielversprechenden Karriere im Marketingbereich stand, bevor ihr Arbeitgeber eine grundlegende Neustrukturierung durchzog. Plötzlich hatte Gerrit keinen unmittelbaren Vorgesetzten mehr, doppelt so viel Arbeit (ohne Lohnausgleich) und zu wenig Zeit, um die an sie gestellten Anforderungen erfüllen zu können. Das Schlimmste war, dass sie keine Gelegenheit mehr hatte, das zu tun, was sie am besten konnte. Gerrit war immer energiegeladen, positiv und dynamisch gewesen, aber seit der Umstrukturierung war sie nur noch erschöpft, hatte keine Lust mehr, zur Arbeit zu fahren, war gereizt und litt an Migräneattacken und Magenschmerzen. Gerrit hatte ihr Leben nicht mehr unter Kontrolle, und sie litt an Kontrollstress.

Die Liebe Ihres Lebens

Nicht alle Psychologen und Psychiater würden mir zustimmen, aber ich glaube, dass der Tod des Menschen, den man im Leben am meisten geliebt hat, eine Katastrophe ist, besonders, wenn man 20 Jahre oder länger zusammengelebt hat. Solche starken Bindungen verursachen großen persönlichen Schmerz, wenn sie brechen.

Trauer gehört zu den Dingen, die weder schnell kommen, noch schnell wieder gehen. Lange glücklich verheiratete und dann verwitwete Männer etwa sind erst sechs bis zwölf Monate nach dem Tod ihrer Frauen besonders anfällig für stressbedingte Erkrankungen (Herzinfarkte). Frauen dagegen scheint es in den ersten ein oder zwei Jahren gut zu gehen, bevor sie Krankheitsanzeichen zeigen, die auf den Tod ihrer Männer zurückzuführen sind.

Trauer über den Tod eines geliebten Menschen ist eine Stressart, bei der eine professionelle Beratung oder die Unterstützung einer Gruppe viel zur Linderung beitragen können. Strecken Sie die Hand aus und holen Sie sich Hilfe, wenn Sie einen geliebten Menschen verloren haben – auch wenn Sie nicht das Gefühl haben, Hilfe zu brauchen.

Den Burn-out vermeiden

Burn-out ist eine Form der Überlastung, die unausweichlich bei längerem, intensivem, ungelöstem Stress auftritt. Bei einer Rakete wird als Burn-out der Punkt bezeichnet, »an dem der Raketentreibstoff aufgebraucht ist und die Rakete in den freien Flug (freien Fall) übergeht«. Jetzt raten Sie mal, wer die Rakete ist. Sie. Der Treibstoff ist Ihre körperliche und psychische Energie. Und der freie Flug (freie Fall) ist Ihr ungeordnetes, fahriges und uneffizientes Verhalten, das Sie seit einiger Zeit an den Tag legen.

Einen Burn-out kann man am besten vermeiden, wenn man ihn kommen sieht. Wie viele der folgenden Symptome können Sie bei sich beobachten? Sind das mehr als fünf, dann steuern Sie auf einen Burn-out zu.

- ✔ Chronische Müdigkeit
- ✔ Appetitverlust
- ✔ Schlaflosigkeit
- ✔ Kopfschmerzen
- ✔ Sodbrennen, überschüssige Magensäure oder Verdauungsprobleme
- ✔ Ängste
- ✔ Depressionen
- ✔ Zynismus
- ✔ Hoffnungslosigkeit
- ✔ Langeweile und Motivationslosigkeit
- ✔ Alkoholmissbrauch
- ✔ Fehlzeiten am Arbeitsplatz
- ✔ Neigung zu Unfällen
- ✔ Selbstmordgedanken
- ✔ Feindseligkeit und Groll
- ✔ Gereiztheit
- ✔ Kranke Witze machen
- ✔ Spontanes Weinen
- ✔ Plötzliche Gefühlsumschwünge
- ✔ Plötzliche Temperamentsausbrüche
- ✔ Fehlende Leidenschaft für Arbeit und Leben allgemein
- ✔ Am Montagmorgen genau so müde sein wie am Freitagabend

- Konzentrationsschwäche
- Verwirrung bei Routineangelegenheiten am Arbeitsplatz und zu Hause

Eine Ironie ist das schon: Die Gefahr, einen Burn-out zu erleiden, ist ausgerechnet für die Menschen am größten, die am erfolgreichsten sind – Menschen, die Leidenschaft in ihre Arbeit einbringen, von ihren Vorgesetzten und Kollegen am meisten geschätzt werden, als freundlich, energiegeladen, motiviert, gewissenhaft, zuversichtlich und durchsetzungsfähig gelten.

Dieses Buch bietet Ihnen Strategien an, die Ihnen helfen können, sich gegen die volle Wucht des Stresses zu schützen, unter dem Sie stehen. Dazu gehören etwa: eine Typ-B-Persönlichkeit werden (Kapitel 10), Stimulanzien (z.B. Kaffee) nur in Maßen zu sich nehmen (Kapitel 15), sich von Freunden und Kollegen Unterstützung holen (Kapitel 16), ausreichend schlafen (Kapitel 17) und den spirituellen Horizont erweitern (Kapitel 18).

Es gibt aber auch noch mehr, was Sie tun können. Finden Sie eine Lösung für Ihren chronischen Stress. Gerrit zum Beispiel (siehe den Abschnitt *Kontrollstress* weiter vorne in diesem Kapitel) braucht eine neue Arbeitsstelle. Momentan kämpft sie einen aussichtslosen Kampf. Sie ist ständig am Rotieren, ohne von der Stelle zu kommen, und kann nur weiter an Boden verlieren.

Hilfreich ist es auch, im Verlaufe des Tages Stresspausen einzulegen. Solche Pausen lösen keine Probleme, aber sie verhindern, dass Stress chronisch wird. Ich bin immer wieder überrascht, wie wenige Menschen es nicht fertigbringen, hier und da ein paar Minuten für sich selbst abzuknapsen, um sich auch einmal zu entspannen. Ich höre die A-Typen schon schreien: »Ich habe keine Zeit, mich zu entspannen!« Da kann ich nur sagen:«Nehmen Sie sich Zeit!«

Wenn Sie einen Burn-out vermeiden wollen, sollten Sie realistischer einschätzen lernen, was Sie von der Situation, in der Sie sich befinden, auf der einen und Ihren eigenen Fähigkeiten auf der anderen Seite erwarten können. Zum Burn-out kommt es meist, wenn die Kluft zwischen diesen beiden Polen zu groß wird. Vergessen Sie mal, wie es sein »sollte«, und stellen Sie sich auf den Boden der Tatsachen. Hören Sie auf, mehr von sich zu verlangen, als die Vernunft Ihnen rät. Glauben Sie mir, welche Arbeit Sie auch immer machen, es ist nicht Ihre alleinige Aufgabe, die Welt (oder das Unternehmen, für das Sie arbeiten) zu retten. Schalten Sie ruhig einen Gang zurück und halten Sie bestimmte Grenzen ein, um sich selbst zu schützen.

Die niederländische Erfahrung

Gegen Ende meiner akademischen Laufbahn hatte ich das Glück, ein Jahr lang an der Universität von Nimwegen als Gastprofessor tätig sein zu dürfen. Woran ich mich am liebsten erinnere, ist ein Ritual, das in der psychologischen Fakultät jeden Tag praktiziert wurde. Im Verlaufe des Morgens legten alle – und ich meine wirklich alle – ihre jeweilige Arbeit nieder und versammelten sich zu einer Tasse Kaffee und Gebäck im Gemeinschaftsraum. Sekretärinnen, Dozenten, Hilfskräfte, Studenten, Verwaltungsmitarbeiter – alle waren anwesend. Etwa 20 Minuten lang unterhielten wir uns über alles Mögliche, nur nicht über Psychologie. Wie ausgesprochen zivilisiert – wie ausgesprochen unamerikanisch!

Wie man robuster wird

Meine Tante Lillian, Gott segne sie, war eine robuste Seele. Sie wuchs nach dem Tod ihrer Eltern während einer Grippeepidemie in einem Waisenhaus auf. Mit Anfang 20 wurde die lebenslustige und athletische junge Frau beinahe bei einem Frontalzusammenstoß mit einem angetrunkenen Fahrer getötet. Der Unfall führte dazu, dass sie fortan mit einem zertrümmerten Knie und einem steifen Bein durchs Leben humpeln musste. Aufgrund ihrer Behinderung hatte die attraktive Frau nur wenige Verehrer und heiratete schließlich einen viel älteren Mann. Sie hätte gerne Kinder gehabt, aber das war ihr nicht vergönnt. So wurde sie eben zur Schutzpatronin zahlreicher Nichten und Neffen, zu denen auch ich gehörte. Ihr Leben lang arbeitete sie Vollzeit, lange bevor die Frauenbewegung dafür sorgte, dass die Frauen ihr Leben nicht als Heimchen am Herd verbringen mussten. Zusammen mit ihrem Mann lebte sie in gesicherten Verhältnissen, wenn die beiden auch mit ihrem Geld haushalten mussten. Nach einem schweren Schlaganfall verbrachte sie die letzten zehn Jahre ihres Lebens, halbseitig gelähmt und an einen Rollstuhl gefesselt, in einem Pflegeheim. Im Alter von 88 Jahren starb sie friedlich im Schlaf.

Bemerkenswert an meiner Tante Lillian war, dass sie sich über die Ungerechtigkeiten des Lebens und ihre körperlichen Gebrechen nie beschwerte. Sie weigerte sich, die Rolle der Behinderten zu übernehmen. So weit ich mich erinnere, ist sie nie irgendjemandem mit Ärger begegnet, nicht einmal, wenn es derjenige verdient gehabt hätte. Sie war vielmehr berühmt für ihre Duldsamkeit, ihre gute Laune, ihre versöhnliche Art und ihre optimistische Perspektive, die alles möglich erscheinen ließ.

Der Psychologe Salvadore Maddi hat es sich zur Lebensaufgabe gemacht, Menschen wie meine Tante näher zu untersuchen, die, wie er es nannte, eine *robuste Persönlichkeit* haben. Maddi zufolge setzt sich diese Robustheit aus drei verschiedenen Charakterzügen zusammen: der Kontrolle über das eigene Leben, der Hingabe an die Dinge und Menschen, die für die Betreffenden wichtig sind, und die Fähigkeit, eine Herausforderung positiv anzugehen. Wenn diese Charakterzüge zusammenwirken, senkt dies das Risiko eines stark stressbelasteten Menschen, ernsthaft krank zu werden, um die Hälfte, und sogar noch weiter, wenn andere gesundheitsfördernde Maßnahmen wie regelmäßiger Sport dazukommen.

Robuste Persönlichkeiten neigen eher dazu, *transformierende Bewältigungsstrategien* (die Betrachtung einer Situation als eine Chance für persönliches Wachstum und gesellschaftlichen Nutzen) zu nutzen, wenn sie von Stress betroffen sind. Darüber hinaus versuchen sie nicht so sehr, die Schwierigkeiten, denen sie sich gegenübersehen, zu leugnen, zu meiden oder ihnen aus dem Weg zu gehen. Bei älteren Menschen mindert die Robustheit auch das Risiko stressbedingter Erkrankungen – Erkältungen, grippaler Infekte, Kopfschmerzen, Magenbeschwerden und Nervosität.

Weniger robuste Menschen neigen dazu, sich von ihrer Umwelt zu entfremden. Es fehlt ihnen an Unterstützung und dem Gefühl der Verbundenheit mit anderen Menschen, die man bei robusteren Menschen antrifft – diese Verbundenheit hat an der Minimierung der Auswirkungen von Alltagsstress einen großen Anteil. Weil ihr Leben nicht an Werten orientiert und nicht sinnerfüllt ist, haben sie keinen wirklichen Anreiz, ihre Probleme zu lösen – es ist einfacher, sich einfach nur zu ärgern.

Robustheit scheint nicht genetisch bedingt zu sein – sie ist eine Art, mit den stressigen Faktoren umzugehen, die das Leben so mit sich bringt. Man könnte auch sagen, sie ist eine erlernte Strategie, und wenn Sie sie bisher noch nicht gelernt haben, dass ist es noch nicht zu spät dafür!

Wählen oder nicht wählen

Vielleicht möchten Sie Ihr eigenes Schicksal wählen und entscheiden, wie Sie am besten mit Problemen, Herausforderungen und Stress umgehen. Schön für Sie! Sie sind das, was Psychologen eine *selbst gesteuerte Persönlichkeit* nennen. Je mehr Optionen Sie sich gestatten (oder andere), desto besser für Sie.

Aber nicht jeder will die Wahl haben. Wenn man gezwungen ist, zu entscheiden, wie man am besten mit erheblichem Stress umgeht, kann das zu Verwirrung, Aufregung und zur Entscheidungsunfähigkeit führen. In diesem Fall sind Sie eine fremdgesteuerte Persönlichkeit – Sie brauchen Hilfe von außen (Familie, professionelle Hilfe), um zu entscheiden, was Sie tun sollten. Dann fragen Sie aber auch!

Nehmen Sie Ihr Schicksal selbst in die Hand

Wenn Sie eine robuste Persönlichkeit entwickeln und Stress dadurch besser bewältigen wollen, müssen Sie an Ihre Fähigkeiten glauben, mit Widrigkeiten fertig zu werden. Nennen Sie es Selbstwertgefühl, Selbstvertrauen oder Selbstsicherheit – nennen Sie es, wie Sie wollen –, alles läuft darauf hinaus, dass Sie Ihr eigenes Schicksal in die Hand nehmen.

Was machen Sie, wenn Sie gehörigen Stress erleben? Laufen Sie weg und verstecken sich und vermeiden es, über das Problem oder eine mögliche Lösung überhaupt nur nachzudenken? Lenken Sie sich mit einer Zigarette ab, einem Bier oder einem Einkaufsbummel in der Stadt? Oder fragen Sie sich wie Tante Lillian, »Was kann ich tun, um meine Situation zu verbessern?«, und handeln dann entsprechend? Wenn Sie wie Lillian sind, haben Sie eine der drei Charakteristika einer robusten Persönlichkeit – ein Gefühl für die innere Kontrolle.

Üben Sie, wie eine robuste Persönlichkeit zu denken, indem Sie sich Sätze wie die folgenden vorsagen:

- Jeder bekommt im Leben den Respekt, den er verdient.
- Gute Noten in der Schule sind kein Zufall – sie sind das Ergebnis intensiver Arbeit.
- Wie sich mein Leben entwickelt, hat wenig mit Glück zu tun.
- Fähige Menschen übernehmen Führungsrollen, weil sie Chancen nutzen, die sich ihnen eröffnen.
- Was mir widerfährt, ist auf meinem eigenen Mist gewachsen.
- Mit ausreichendem Engagement können Wähler die politische Korruption ausrotten.

- ✔ Ich könnte selbst gegen die Stadtverwaltung angehen!
- ✔ Menschen nutzen mich nur aus, wenn ich es zulasse.

Gesellen Sie sich zu den Spielern, nicht zu den Zuschauern

Robuste Menschen haben ein ausgeprägtes Gefühl dafür, wie sie sich an ihrem Leben beteiligen und ihm einen Sinn verleihen können – die Hingabe-Komponente der robusten Persönlichkeit. Im Spiel des Lebens müssen Sie sich entscheiden, ob Sie Spieler oder Zuschauer sein wollen.

Während weniger robuste Menschen mehr oder weniger untätig darauf warten, dass sich ihr Leben verbessert (in Bezug auf ihren Stress), tun robuste Menschen das Folgende:

- ✔ Sie geben bei allen Wahlen ihre Stimme ab – kommunal, auf Landes- und auf Bundesebene.
- ✔ Sie schließen sich Bürgerinitiativen an, die sinnvolle Projekte verfolgen.
- ✔ Sie laufen Marathon.
- ✔ Sie verschönern ihr Umfeld.
- ✔ Sie melden sich freiwillig für Dienste in der Gemeinde.
- ✔ Sie gehen am Arbeitsplatz Projekte an, die niemand sonst haben will.
- ✔ Sie gewinnen den kleinsten Dingen eine Bedeutung ab.
- ✔ Sie sind bereit, Fehler zu machen, um neue Fertigkeiten zu erlangen.
- ✔ Sie nehmen Führungspositionen wahr.
- ✔ Sie beten für sich und andere.
- ✔ Sie belegen Seminare, um sich weiterzubilden (oder nur zum Spaß!).
- ✔ Sie gehen im Familienleben auf.
- ✔ Sie lassen sich regelmäßig beim Arzt durchchecken.
- ✔ Sie haben ausgeprägte politische Meinungen.
- ✔ Sie suchen neue Beziehungen.
- ✔ Sie finden bei jedem, den sie kennen lernen, etwas Interessantes.

Machen Sie aus Katastrophen Herausforderungen

Leben ist ständige Veränderung. Manche dieser Veränderungen sind zu Ihrem Vorteil, andere eher nicht. Wie auch immer, Veränderungen verursachen Stress. Es kommt nun entscheidend darauf an, ob Sie die jeweiligen Veränderungen als Katastrophe oder als Herausforderung betrachten. Auf eine Herausforderung reagiert der Mensch aktiv, während er vor Katastrophen flüchtet.

Zwei Menschen haben unerwartet ihre Stelle verloren. Für den einen bricht seine Welt zusammen. Er geht nach Hause, betrinkt sich, lässt seinen Frust an seiner Familie aus und verbringt die nächsten zwei Wochen im Bett oder vor dem Fernseher. Der andere sagt sich: »Prima, jetzt kann ich mir einen Job suchen, der besser bezahlt ist und mir mehr Sicherheit bietet.« Er entwickelt einen Plan (mit Unterstützung seiner Familie), wie er jetzt weitermacht.

Wenn Sie von großem Stress betroffen sind, wie reagieren Sie darauf?

Wenn Sie das nächste Mal unter großem Stress stehen und denken, jetzt sei alles zu Ende, dann erinnern Sie sich an die folgenden Schritte, bevor Sie sich ins Bockshorn jagen lassen:

1. **Definieren Sie das Problem so genau wie möglich.**

   Haben Sie Ihre Stelle verloren? Ist Ihr jüngstes Kind ausgezogen, und Sie sind jetzt alleine zu Hause? Ist Ihr Ehepartner ernsthaft krank?

2. **Fragen Sie sich: Wie sieht die Herausforderung aus?**

   Wenn Sie Ihre Stelle verloren haben, müssen Sie sich eine neue suchen. Sind Ihre Kinder in naher Zukunft alle aus dem Haus, müssen Sie sich andere Aufgaben suchen, denen Sie sich mit Leidenschaft widmen können. Ist Ihr Ehepartner todkrank, müssen Sie sich darauf vorbereiten, seinen Verlust zu betrauern und das Leben in Zukunft mehr in die eigenen Hände zu nehmen.

3. **Entscheiden Sie, ob Sie genug Unterstützung haben, es mit dieser Herausforderung aufzunehmen.**

   Bei größeren Herausforderungen im Leben ist Unterstützung eminent wichtig. Finden Sie heraus, wie viele Menschen Sie unterstützen können. Fragen Sie sich: »Auf wessen Hilfe kann ich zählen?«, »Wie kann die Hilfe aussehen – mit moralischer Unterstützung, tatkräftiger Hilfe, positiver Bestätigung?«, »Ist die Hilfe hautnah und persönlich oder hilft mir jemand aus der Ferne?« und »Muss ich mich nach weiteren Hilfsangeboten umsehen, etwa juristischer Hilfe oder Beratung?«

4. **Stellen Sie einen Aktionsplan auf.**

   Fragen Sie sich: »Welche konkreten Schritte muss ich tun, um mit dieser Herausforderung fertig zu werden?«, »Wo fange ich an?«, »Wo will ich hin – was ist mein Ziel?«, »Woher weiß ich, wann ich die Herausforderung gemeistert habe?« Setzen Sie für jeden einzelnen Schritt Termine fest. Belohnen Sie sich, wenn Sie einen Schritt nach vorne gemacht haben. Wenn Sie Ihre Herausforderung gemeistert haben, sollten Sie das gebührend feiern. Ihr Leben wird jetzt weniger stressig sein.

Diese Schritte helfen Ihnen weiter, egal ob Sie eine Katastrophe (eine Flut, die Ihr gesamtes Hab und Gut vernichtet hat, oder einen Flugzeugabsturz, bei dem Ihre Familie umgekommen ist) erlebt oder mit einem weniger gefährlichen Problem zu tun haben. Es kommt auch nicht darauf an, ob das jeweilige Ereignis im objektiven Sinne eine Katastrophe war. Entscheidend ist, dass es sich für Sie wie eine Katastrophe anfühlt und Sie diese Katastrophe in eine Herausforderung ummünzen können. Je traumatischer das Ereignis, desto mehr Hilfe werden Sie in der Auseinandersetzung mit dieser Herausforderung benötigen. Aber Sie *können* das durchstehen, egal was es ist.

Lachen lindert den Schmerz

Im Rahmen eines Experiments gestattete man den Probanden (Männern und Frauen), eines von drei Tonbändern zu hören, bevor man sie Druckschmerzen aussetzte: Ein Band war zum Lachen, ein anderes zum Entspannen und das dritte war ein Lernprogramm. Die meisten Schmerzen konnten die Probanden ertragen, die vorher ordentlich gelacht hatten. Wenn sie das nächste Mal unter einem stressigen Ereignis oder stressigen Umständen leiden müssen, bitten Sie jemanden, Sie zum Lachen zu bringen – das ist eine gute Medizin!

Stress bewältigen: Was funktioniert und was nicht

Alles, was Sie tun, um im Alltag über die Runden zu kommen – jeder Gedanke und jede Handlung –, ist ein Akt der Stressbewältigung. Arbeiten gehen, sich betrinken, Schulden abbezahlen, lachen, weinen – all das ist Stressbewältigung. Einige dieser Akte zielen direkt auf die Stressquelle, andere haben mehr mit der spezifischen Überlastung zu tun, die der Stress mit sich bringt.

Die folgenden Beispiele sind Stressbewältigungsstrategien, die zunächst angenehm sind und vorübergehende Erleichterung bringen, die aber nicht die Probleme lösen, die Ihnen am meisten schaden:

- ✔ **Vermeidung:** Wenn man etwas vermeidet, geht man mit dem Stress um, indem man nicht mit ihm umgeht (und stattdessen etwas isst, raucht oder Alkohol trinkt).
- ✔ **Schuldzuweisungen:** Sie bewältigen Ihren Stress, indem Sie einen Schuldigen suchen und mit dem Finger auf ihn zeigen oder auf sich selbst eindreschen.
- ✔ **Wunschdenken:** Es gibt Menschen, die sitzen einfach nur herum und wünschten, ihre Probleme würden sich in Luft auflösen.
- ✔ **Impulsives Verhalten:** Manche Menschen schießen im Zweifelsfall aus der Hüfte. Die denken nicht erst groß nach – sie handeln gleich.

Und hier sind nun einige erfolgversprechende Bewältigungsstrategien im Umgang mit Stress:

- ✔ Versuchen Sie, mehr über die Situation herauszufinden.

- Sprechen Sie mit Ihrem Ehepartner, einem Verwandten oder einem Freund darüber, was an Ihnen nagt.
- Gehen Sie einen Schritt nach dem anderen.
- Beten Sie und bitten Sie um Anleitung und Stärke.
- Profitieren Sie aus früheren Erfahrungen ähnlicher Natur.
- Suchen Sie professionelle Hilfe (bei einem Arzt, einem Anwalt oder einem Priester).
- Versuchen Sie, die positive Seite zu sehen.
- Konzentrieren Sie sich auf das Problem, nicht auf Ihre emotionale Reaktion.
- Haben Sie Geduld – suchen Sie keine vorschnelle Lösung.
- Halten Sie durch – versuchen Sie es weiter, egal wie lange es dauert, eine Lösung zu finden.
- Finden Sie sich mit Unsicherheiten ab, während Sie auf eine Lösung hinarbeiten.
- Suchen Sie nach mehreren Lösungsoptionen.
- Halten Sie alle Leitungen offen.
- Seien Sie kompromissbereit.
- Seien Sie optimistisch.

Die glücklichste Zeit des Lebens

Kurz bevor ich mich hingesetzt habe, um an diesem Kapitel zu schreiben, habe ich einen 70 Jahre alten Klienten verabschiedet, der gerade jetzt die glücklichste Zeit in seinem Leben erlebt. Er erzählte mir von jeder Menge Stress, den er in der letzten Zeit gehabt hatte – finanzielle Probleme mit seinem Sohn, eine Schwiegertochter, die sich in alles einmischt, chronische Schmerzen im Rücken und in den Beinen – und all das erzählte er ohne jeden Ärger.

Das ist deshalb bemerkenswert, weil dieser Mann seit seiner Kindheit sich wegen jedes Problems geärgert hatte, das seinen Weg kreuzte. Liefen die Kühe von der Weide, ärgerte er sich. Bellte der Hund, ärgerte er sich. Wollte seine Frau etwas von ihm und er war müde, ärgerte er sich. Hörten die Kinder nicht auf das, was er sagte, ärgerte er sich. Gab es am Arbeitsplatz ein Problem, ärgerte er sich.

Mit 60 Jahren beschloss er, das alles zu ändern. Jetzt weiß er, dass er sich nicht ärgern muss, um mit Stress fertig zu werden – und eigentlich hat er das nie getan! Er *dachte* nur, er hätte es getan.

Die richtige Körperchemie

15

In diesem Kapitel

- Wie »legale« Substanzen Ihren Ärger beeinflussen können
- Substanzgenuss ohne Substanzverlust: Wie viel ist zu viel?
- Ein verantwortungsvoller Konsument werden
- Den Kater vermeiden

Allen meinen Klienten verschreibe ich dreierlei:

- ✔ Schluss mit dem Rauchen
- ✔ Weg mit dem Koffein
- ✔ Weniger Alkohol

Alles andere ist wie Öl ins Feuer zu gießen.

In diesem Kapitel zeige ich Ihnen, wie Sie Ihr inneres Umfeld – die Abläufe in Ihrem Körper – so gestalten, dass es dem Ärger weniger Unterstützung bietet. Ich kläre Sie darüber auf, wie verbreitete chemische Substanzen wie Nikotin, Koffein und Alkohol sich auf Ihren Körper (und Ihren Ärger) auswirken. Und schließlich mache ich Ihnen bewusst, wie Impulsivität, Ärger und Substanzmissbrauch zusammenhängen.

Legal heißt nicht gesund

Die meisten Menschen – ich selbst schließe mich da mit ein – werfen Fragen der Legalität mit Fragen der Gesundheit durcheinander. Wenn etwas nicht gesetzlich verboten ist, so sagen wir uns, dann kann es uns wohl nicht schaden. Der gesunde Menschenverstand belehrt uns jedoch eines besseren.

Zigaretten beispielsweise sind legal, aber jeder weiß mittlerweile, dass Nikotin eine in die Abhängigkeit führende Droge ist und das Rauchen Millionen Menschen einen früheren Tod beschert. Alkohol ist ebenfalls legal, aber wenn man ihn übermäßig konsumiert, trägt er zu häuslicher Gewalt, tödlichen Unfällen, Herzinfarkten und Lebererkrankungen bei. Und Koffein, die vielleicht am weitesten verbreitete legale Droge überhaupt, wirkt sich über die chemischen Vorgänge im Gehirn auf unseren Schlaf (siehe Kapitel 17) aus, erhöht unseren Blutdruck und bei Schwangeren das Risiko von Fehlgeburten, Totgeburten und Neugeborenen mit Untergewicht.

Ein großes Problem ist meiner Meinung nach die Tatsache, dass viele Menschen weithin konsumierte Chemikalien nicht als »echte« Drogen betrachten und nicht auf eine Stufe mit Drogen wie Heroin, Kokain, Amphetaminen oder Marihuana stellen. Vielleicht werden sie als »sichere«

Drogen eingestuft, weil sie sich nicht direkt negativ auf die Gesundheit und das Wohlbefinden auswirken. Die meisten Menschen kennen jedoch nicht die Verbindung zwischen dem, was ich die »alltägliche Körperchemie« nenne, und Gefühlen wie Ärger.

Heben Sie die Hand, wenn Sie Drogen nehmen

Vor einigen Jahren, als ich noch schulpflichtige Kinder hatte, bat man mich, vor Eltern an einer weiterführenden Schule über die Frage zu referieren, warum Kinder Drogen nehmen. Zu meiner großen Überraschung war der Saal bis zum letzten Platz mit besorgten Müttern und Vätern gefüllt, die von mir zu hören hofften, dass Drogenprobleme in ihren Familien nie auftauchen würden.

Um eine lebendige Diskussion mit den teilnehmenden Eltern anzuregen, bat ich all die Eltern, die Hand zu heben, die Drogen konsumierten. Ich brauche Ihnen wohl nicht zu sagen, dass keiner auch nur einen Finger rührte. Die meisten Eltern hatten einen verblüfften Gesichtsausdruck.

Dann fragte ich, wie viele der Anwesenden denn heute schon eine Zigarette geraucht hatten. Viele Hände gingen nach oben. Als Nächstes fragte ich, wer denn schon einen Kaffee, Tee oder anregenden Softdrink zu sich genommen hatte. Fast alle hoben die Hand. Und schließlich fragte ich, wie es denn an diesem Tag mit Alkohol aussah. Auch hier hob sich die eine oder andere Hand.

Ich erinnerte die Versammelten daran, dass Koffein, Alkohol und Nikotin zu den Drogen gehörten, zu den legalen zwar, aber zu den Drogen.

Dann stellte ich meine Eingangsfrage erneut: »Wie viele von Ihnen nehmen Drogen?« Alle hoben die Hand. Was sollte diese Übung? Es ist erwiesen, dass der Konsum illegaler Drogen bei Kindern vom Drogenkonsum der Eltern – legal oder illegal spielt dabei keine Rolle – und von der Tatsache beeinflusst wird, dass unsere Kultur den Konsum von Drogen als Teil des so genannten »guten Lebens« gestattet.

Diese mutmaßlich »harmlosen« Chemikalien können, wie man heute weiß, über mehrere Hebel die Schwelle für die Erregung von Ärger herabsetzen:

- ✔ **Koffein und Nikotin stimulieren das zentrale Nervensystem und lassen es auf Umweltreize stärker reagieren.** Mit anderen Worten: Wenn Ihr Nervensystem auf Hochtouren läuft, wird es Ihnen schwerer fallen, die Ruhe zu bewahren, wenn Sie etwa auf der Autobahn von einem Raser geschnitten werden.
- ✔ **Alkohol kann auch in kleinen Mengen die Wahrnehmung dämpfen oder intensivieren und dazu führen, dass man das Handeln und die Absichten anderer Menschen falsch interpretiert.** Mit anderen Worten: Wenn Sie zu viel getrunken haben, könnten Sie denken, dass Ihre Frau mit dem Barkeeper flirtet, obwohl sie von ihm nur wissen möchte, wo die Toiletten sind.

- ✔ **Alkohol kann enthemmend wirken (emotional und das Verhalten betreffend) und zu Handlungen und Gefühlen führen, wie sie in nüchternem Zustand nicht auftreten.** Mit anderen Worten: Wenn Sie besoffen sind, werden Sie jemandem, der Sie ärgert, eher eine verpassen wollen als in nüchternem Zustand. (Aus diesem Grund gibt es in Bars Rausschmeißer.)
- ✔ **Koffein und Alkohol im Übermaß stören den gesunden Schlaf und verstärken die Reizbarkeit (siehe Kapitel 17).** Mit anderen Worten: Der Kaffee, der Ihnen vielleicht hilft, länger wach zu bleiben und für Ihre Prüfungen zu lernen, und der Alkohol, den Sie trinken, um Ihre bestandene Prüfung zu feiern, mag zunächst für Wohlbefinden sorgen, aber am darauf folgenden Tag werden Sie müde sein.
- ✔ **Alkohol kann Ihre Stimmung verändern, besonders bei Depressionen. Dies wirkt sich natürlich auch auf Gefühle wie Ärger oder Trauer aus (mehr darüber in Kapitel 18).** Mit anderen Worten: Sollten Sie eben noch mit Ihren Freunden fröhlich angestoßen haben und jetzt in Ihren Bierkrug weinen, kann das daran liegen, dass der Alkohol Ihre Stimmung völlig zunichte gemacht hat.

Selbstmedikation bei Ärger

Margarete, eine 43-jährige geschiedene Frau, schlägt sich schon seit Jahren mit Alkoholproblemen und depressiven Phasen herum. Immer wenn sie denkt, sie hätte sich vom Alkohol gelöst, regt sie sich wieder über irgendetwas auf und fällt in ihr altes Verhaltensmuster zurück.

»Es ging mir wirklich gut – ich hatte schon seit Monaten nichts mehr getrunken – und dann hat mich mein Freund am Wochenende dermaßen verletzt. Ich bin so deprimiert«, schluchzt sie. »Jetzt habe ich nur noch das Bedürfnis, mich vollIaufen zu lassen.«

Margaretes Hauptproblem ist unterdrückter Ärger. Eigentlich ist sie wütend auf ihren Freund, weil er nach ihren Worten unsensibel und gefühllos ist und sie nicht unterstützt. Aber stattdessen fühlt sie sich verletzt. Mit Hilfe des Alkohols, ihrer Droge, therapiert sie die Schmerzen, die sie empfindet. Der Reiz des Alkohols liegt natürlich in seiner betäubenden Wirkung. Eigentlich braucht Margarete Hilfe, ihren tief sitzenden, nicht ausgedrückten Ärger zu erkennen und zu verarbeiten, der sich nicht nur auf ihren jetzigen Freund richtet, sondern auf alle Männer in ihrem Leben (und das waren nicht wenige), die sie ähnlich schlecht behandelt haben. Bis sie diesen Punkt erreicht, hat Margarete keine Chance, für längere Zeit nüchtern zu bleiben.

Wie viel ist zu viel?

Bei den weit verbreiteten Chemikalien wie Koffein und Alkohol kann man sagen, je weniger, desto besser. In Maßen genossen, wirken sich diese Substanzen nicht auf Ihr Gefühlsleben aus, bei exzessivem Konsum schon. Es kommt also darauf an zu wissen, wann es genug ist. Gibt es bei Koffein eine ungefährliche Dosis? Was macht verantwortlichen Umgang mit Alkohol aus?

(Mehr zum Rauchen können Sie im Abschnitt *Weg mit der Lieblingszigarette* weiter hinten in diesem Kapitel lesen – wenn Sie glauben, ich empfehle Ihnen, mit dem Rauchen aufzuhören, dann liegen Sie richtig.)

Im Durchschnitt können Erwachsene etwa 250 mg Koffein zu sich nehmen, ohne dass das negative Konsequenzen auf Körper, Gefühlsleben oder Verhalten hätte. Tabelle 15.1 gibt einen Überblick über die gängigsten Koffeinquellen und ihren Gehalt an Koffein:

Quelle	Koffeingehalt
Aufgebrühter Kaffee, ca. 125 ml	50–100 mg
Espresso, ca. 25 ml	40 mg
Entkoffeinierter Kaffee, ca. 125 ml	3 mg
Aufgebrühter Tee, ca. 125 ml	50 mg
Instanttee, ca. 125 ml	30 mg
Koffeinhaltiger Softdrink, ca. 200 ml	80 mg
Kakao, ca. 125 ml	10 mg

Achtung: *Frei verkäufliche oder verschreibungspflichtige Medikamente können ebenfalls Koffein enthalten. Lesen Sie den Beipackzettel aufmerksam oder fragen Sie Ihren Apotheker nach dem Koffeingehalt des jeweiligen Medikaments.*

Tabelle 15.1: Koffeinquellen

Koffein wirkt etwa drei bis sieben Stunden auf das Nervensystem. Es ist deshalb möglich, dass sich im Laufe eines Tages eine toxische Menge Koffein im Körper aufbaut.

Koffein sollte, ähnlich wie Zigaretten, mit einem Warnaufdruck versehen werden – es gibt Hinweise darauf, dass es bereits in niedrigen Dosen abhängig macht. Wenn Sie sehr viel Koffein konsumieren, müssen Sie mit Entzugserscheinungen rechnen – Kopfschmerzen, Müdigkeit, Reizbarkeit –, wenn Sie den Konsum reduzieren oder gar einstellen. Sollten Sie der Meinung sein, dass zu viel Koffein doch nun wirklich nicht so schlimm sein kann, dann sehen Sie sich doch einmal die folgende beeindruckende Liste der möglichen Nebenwirkungen an:

- ✔ Herzrasen
- ✔ Herzrhythmusstörungen
- ✔ Bluthochdruck
- ✔ Muskelzucken
- ✔ Kurzatmigkeit
- ✔ Müdigkeit
- ✔ Angstzustände

- ✔ Rastlosigkeit
- ✔ Zittern
- ✔ Erröten
- ✔ Schlaflosigkeit
- ✔ Depressionen
- ✔ Reizbarkeit
- ✔ Benommenheit
- ✔ Kopfschmerzen
- ✔ Magenbeschwerden
- ✔ Harndrang
- ✔ Verdauungsprobleme
- ✔ Nesselsucht
- ✔ Burning feet syndrome (burning feet = brennende Füße)

Die Richtlinien für einen verantwortungsvollen Umgang mit Alkohol sind einfach:

- ✔ Trinken Sie nicht mehr als zwei alkoholische Getränke am Tag (Frauen nur eines).

Achtung: Mit einem Getränk meine ich etwa 330 ml Bier, 150 ml Wein oder 40 ml Hochprozentiges.

Wenn Sie sich an diese Richtlinien halten, sollte sich Ihr Alkoholkonsum nicht negativ auswirken. Verantwortlicher Alkoholkonsum ist nicht mit Abstinenz gleichzusetzen. Die medizinische Forschung tendiert sogar dazu, dass diejenigen, die täglich bis zu 100 ml eines alkoholischen Getränkes zu sich nehmen, gesünder sind und länger leben als Abstinenzler, was möglicherweise an der entspannenden Wirkung von Alkohol liegt. Es ist allerdings nicht immer leicht, in Maßen zu trinken, das können viele Menschen bestätigen!

A-Typen trinken mehr

Menschen mit einer Typ-A-Persönlichkeit (siehe Kapitel 10) trinken tendenziell häufiger Alkohol als Typ-B-Persönlichkeiten. Etwa die Hälfte der A-Typen geben an, »fast jeden Tag« oder »jeden Tag« Alkohol zu trinken. Eine mögliche Erklärung dafür ist, dass A-Typen mehr Schwierigkeiten haben, sich zu entspannen als B-Typen. Der Alkohol kann ihnen dabei helfen. Eine zweite Erklärung hängt mit der Tatsache zusammen, dass A-Typen mehr zur Extrovertiertheit neigen und öfter in Situationen kommen, in denen das Trinken nicht nur möglich ist, sondern sogar erwartet wird. Meine eigene Theorie ist, dass ihr Alkoholkonsum Teil ihres allgemein aggressiveren Verhaltens gegenüber ihrer Umgebung ist.

Behalten Sie Ihren Substanzkonsum im Auge

Es gibt drei gute Gründe dafür, warum Sie Ihren täglichen Konsum von chemischen Substanzen wie Koffein, Nikotin und Alkohol im Auge behalten sollten:

- ✔ Sie haben möglicherweise nicht den blassesten Schimmer, wie viel davon Sie regelmäßig konsumieren. Das bedeutet aber, dass Sie sich des möglichen Einflusses dieser Substanzen auf Ihr Gefühlsleben gar nicht bewusst sind.
- ✔ Wenn Sie einfach darauf achten, wie viel der betreffenden Substanzen Sie zu sich nehmen, dann kann das ein erfolgversprechender Ansatz für eine Reduzierung des Konsums sein. (Die Psychologen nennen das den *Selbstüberwachungseffekt*.)
- ✔ Sie entwickeln dabei ein Gefühl dafür, inwiefern sich die konsumierten Substanzen möglicherweise auf Ihre Neigung auswirken, die Beherrschung zu verlieren.

Schreiben Sie eine Woche lang täglich auf, wie viele Zigaretten Sie rauchen, wie viel Kaffee und wie viel Alkohol Sie trinken. Berücksichtigen Sie dabei unbedingt alle drei Substanzen. Halten Sie dabei auch fest, zu welcher Tageszeit Sie wie viel zu sich genommen haben, ob Sie verstimmt, verärgert oder wütend waren, bevor Sie sich eine Zigarette angezündet, einen Kaffee eingeschenkt oder eine Flasche Bier aufgemacht haben. Tabelle 15.2 zeigt beispielhaft die Einträge eines Tages:

Tageszeit	Substanz	Gefühl vorher	Gefühl nachher
7:30 Uhr	Kaffee (250 ml)	Kein Ärger	Kein Ärger
7:45 Uhr	Kaffee (250 ml)	Kein Ärger	Kein Ärger
9:30 Uhr	Kaffee (250 ml) und Zigarette	Verstimmt	Kein Ärger
12 Uhr	Zigarette	Verstimmt	Kein Ärger
13:45 Uhr	Kaffee (250 ml) und Zigarette	Verstimmt	Verärgert
15 Uhr	Zigarette	Verärgert	Verstimmt
18 Uhr	Bier (330 ml)	Verstimmt	Kein Ärger
18:45 Uhr	Bier (330 ml)	Kein Ärger	Kein Ärger
19:30 Uhr	Bier (330 ml) und Zigarette	Verärgert	Verärgert

Tabelle 15.2: Substanzkonsum-Tagebuch

Bei dieser Aufzeichnung fällt zweierlei auf:

- ✔ Der Betreffende verwendet Koffein, um etwas gegen seinen Ärger zu tun – wenn er verärgert ist, raucht er gewöhnlich eine Zigarette und trinkt einen Kaffee oder ein Bier.
- ✔ Die Methode scheint zu wirken. Unmittelbar nach dem Substanzkonsum lässt der Ärger nach oder verschwindet völlig.

Das Problem ist allerdings, dass der Schein trügen kann. Dieses Tagebuch legt nahe, dass die Selbstmedikation bei Ärger kurzfristig wirkt, sagt aber nichts über die langfristige Wirksamkeit des Verfahrens. Es mag sein, dass diese Substanzen Ihnen kurzfristig Erleichterung verschaffen, wenn Sie verärgert sind, aber mit der Zeit werden Sie feststellen, dass Sie mehr Alkohol, mehr Zigaretten und mehr Koffein brauchen, um den gleichen Effekt zu erzielen. Zuerst sind Sie abhängig vom Ärger und dann werden Sie abhängig von Substanzen. Dazu kommt, dass Koffein und Nikotin Stimulanzien sind, die das Nervensystem überstimulieren können, so dass Sie schneller verärgert sind, wenn Sie frustriert sind oder provoziert werden. Sie werden schließlich in einem Teufelskreis landen, in dem Ärger und Chemikalien sich gegenseitig anheizen.

Warum habe ich einen Kater?

Wie schwer Ihr Kopf am nächsten Morgen dröhnt, kann zum großen Teil davon abhängen, wie verärgert Sie waren, als Sie sich am Abend vorher zugeschüttet haben. Mein Freund und Kollege Dr. Ernest Harburg von der Universität Michigan hat herausgefunden, dass »verärgerte Trinker« am nächsten Tag einen schlimmeren Kater haben – Übelkeit, Zittern, Durchfall, Angst – als »nicht verärgerte Trinker«. Der Unterschied war bei Männern am deutlichsten. Hier passte das Profil des »verärgerten Trinkers« auch doppelt so oft wie bei Frauen. Noch interessanter war die Tatsache, dass die Menge des konsumierten Alkohols kaum einen Unterschied machte. Was lernen wir daraus? Ärger und Alkohol sind eine schlechte Kombination! Wenn Sie verärgert sind, lassen Sie besser die Hände weg vom Alkohol, und wenn Sie Alkohol trinken, bleiben Sie besser cool.

Weg mit der Lieblingszigarette

Die beste Art, sich das Rauchen abzugewöhnen (oder es einzuschränken) besteht darin, sich seine Lieblingszigarette zu verkneifen. Bei den meisten Menschen ist das die Zigarette nach dem Essen. In der Rangfolge unmittelbar danach folgt die morgendliche Zigarette nach dem Aufstehen. (Interessanterweise ist Letztere für die Raucher am typischsten, die nikotinabhängig sind.)

Rauchen ist eine *Gewohnheit* (ein vorhersagbares Verhalten, das infolge einer Konditionierung ohne bewusste gedankliche Beteiligung oder Absicht des Rauchers wiederholt wird). Raucher zücken ihr Feuerzeug, weil sie den Drang dazu verspüren; ein Drang, der zu bestimmten Tageszeiten stärker ist als zu anderen. Die Logik meines Entwöhnungsvorschlags ist eine einfache: Wenn Sie dem stärksten Drang im Laufe eines Tages widerstehen können, ist es leichter, den weniger starken Drang zu den anderen Zeiten in Schach zu halten.

Wenn Sie wissen, welche Zigarette Ihre Lieblingszigarette ist, entwickeln Sie einen Plan, wie Sie dem Drang danach lange genug widerstehen können. Zu einem solchen Plan könnten etwa die folgenden Elemente gehören:

- ✔ **Gönnen Sie sich in der Zeit, in der Sie sonst eine Zigarette rauchen, ein alternatives Vergnügen.** Trotz aller Gefahren für die Gesundheit lässt sich nicht leugnen, dass Raucher beim Einatmen des nikotinhaltigen Rauchs Vergnügen empfinden. Sie müssen also nach einem Ersatzvergnügen suchen.

- **Soufflieren Sie sich durch die Drangphase.** Mein Lieblingsmantra ist: »Auch das geht vorbei.« Auch die Stressimpfungsübung in Kapitel 22 ist zu empfehlen.
- **Bitten Sie eine höhere Macht, Ihnen die Kraft zu verleihen, sich gegen den Drang zu behaupten.** Glauben Sie genug an sich selbst, um den Drang zu rauchen zu überwinden?
- **Lehnen Sie sich zurück, schließen Sie die Augen und stellen Sie sich positive Bilder vor.** Beschäftigen Sie Ihren Geist mit etwas anderem als dem Rauchen einer Zigarette. Stellen Sie sich etwas vor, das Sie genießen und wobei Sie in der Regel nicht rauchen.
- **Lutschen Sie ein Bonbon, anstatt eine Zigarette zu rauchen.** Diese Strategie funktioniert gegen Ärger, warum nicht auch gegen den Drang zu rauchen? (Einzelheiten können Sie in Kapitel 4 nachlesen.)
- **Nehmen Sie sich Zeit für ein Gefühlsprotokoll.** Ist das nicht der perfekte Zeitpunkt, ein oder zwei Minuten (je nachdem, wie lange der Drang zu rauchen anhält) darauf zu verwenden, aufzuschreiben, wie Sie sich fühlen? Es ist völlig in Ordnung, wenn Sie schreiben, dass Ihnen Ihre Zigarette fehlt.

Am erfolgreichsten funktioniert die Raucherentwöhnung bei den Rauchern, die sich ihr eigenes Selbsthilfeprogramm zusammenstellen. Wenn Sie sich im Rahmen ihres Ärgermanagements konkret vorgenommen haben, dem Rauch zu entsagen, dann stehen die Chancen gut für Sie. Haben Sie keine Angst, Kreativität zu zeigen! Denken Sie unkonventionell – man kann nie wissen, was funktioniert.

Koffein nach Maß

Beim Koffein kommt es aufs Zählen an. Der menschliche Körper kann am Tag 250 mg Koffein absorbieren. Sie müssen also nur darauf achten, dass Sie – mit Hilfe der Angaben in Tabelle 15.1 (weiter vorne im Kapitel) – nur 250 mg oder weniger davon zu sich nehmen. Versuchen Sie es doch mal so:

- Wechseln Sie vom Kaffee zum Tee. (Beide enthalten Koffein, Tee jedoch etwas weniger.)
- Wechseln Sie zwischen koffeinhaltigem und koffeinfreiem Kaffee ab.
- Versuchen Sie es mit einem Halb-und-halb-Kaffee – halb koffeinhaltig, halb koffeinfrei.
- Nehmen Sie keine oder weniger koffeinhaltige Schmerzmittel.
- Bestellen Sie in Restaurants Wasser mit einer Scheibe Zitrone – das ist trendy!
- Trinken Sie nicht mehr als zwei koffeinhaltige Softdrinks am Tag.

- Beschränken Sie sich auf maximal zwei Portionen (Kaffee, Eistee oder Softdrinks) hintereinander – alles darüber hinaus sollten Sie als Koffeingelage betrachten.

Koffein wirkt im Körper etwa drei bis sieben Stunden. Wenn Sie gut schlafen wollen (siehe Kapitel 17), meiden Sie Koffein ab vier Stunden vor dem Zubettgehen.

Eine neue Trinkkultur

Falls Sie nicht ein ausgewachsenes Alkoholproblem haben, reicht es aus, sich an einige vernünftige Regeln zu halten, die einen verantwortlichen Umgang mit Alkohol garantieren. Beherzigen Sie die folgenden zwölf Schritte:

- **Trinken Sie möglichst nicht alleine. Verheiratete rauchen und trinken tendenziell weniger als Unverheiratete.** Es mag zwar unwahrscheinlich klingen, aber Sie werden in der Regel in angenehmer Gesellschaft weniger trinken als alleine.
- **Essen Sie reichlich, bevor und während Sie trinken.** Essen absorbiert Alkohol und verringert die Auswirkungen auf das Nervensystem (insbesondere sehr eiweißhaltige Nahrungsmittel wie Fleisch und Käse).
- **Wechseln Sie zwischen alkoholhaltigen und alkoholfreien Getränken ab.** Auf diese Weise reduzieren Sie Ihren Alkoholkonsum um die Hälfte!
- **Trinken Sie langsam.** Aggressive Trinker trinken grundsätzlich schneller und konsumieren letztendlich mehr. Nehmen Sie sich für jedes Getränk eine Stunde Zeit. (Das ist die Zeit, die Ihr Körper braucht, um dieses Getränk zu verarbeiten.)
- **Bieten Sie sich freiwillig an, eine Zeit lang zu fahren.** Ihre Freunde werden Sie lieben, und Sie werden sich am nächsten Morgen viel besser fühlen als sie.
- **Lassen Sie immer jemand anders einschenken.** Die meisten Menschen sind viel großzügiger, wenn sie sich selbst Alkohol einschenken, als bei anderen.
- **Wenn Sie ausgehen, sollten Sie vorher festlegen, wie viel Geld Sie für Alkohol ausgeben wollen.** Bei den heutigen Preisen wird es nicht lange dauern, bis Sie Ihr Limit erreicht haben. Und am besten zahlen Sie bar – was Sie im Portemonnaie haben, ist schneller verbraucht als Ihr Dispo.
- **Trinken Sie nie, wenn Sie schlechter Stimmung sind. Merke:** Auch wenn die meisten Alkohol für ein Stimulans halten (er löst und macht gesellig), ist er eigentlich ein Stimmungstöter. Denn nach einer kurzen euphorischen Phase geht's mit Ihrer Stimmung nach unten. Wenn Sie an einer klinischen Depression leiden (siehe Kapitel 19), sollten Sie überhaupt keinen – ich betone: absolut keinen Tropfen – Alkohol trinken!

- **Lassen Sie andere sich betrinken.** Kampftrinken ist ein kindisches Spiel – und ein gefährliches obendrein!
- **Trinken Sie so, als wären Sie ein Frau – ob Sie eine sind oder nicht.** Frauen vertragen weniger Alkohol und sind deshalb schneller betrunken. Beweisen Sie Ihre Männlichkeit in einer anderen Arena – vielleicht auf dem Golfplatz oder in Vorstandssitzungen.
- **Wenn Sie diese Tipps bereits alle befolgen und immer noch zu viel trinken, sollten Sie professionelle Hilfe in Anspruch nehmen.**

Lassen Sie den Impuls verstreichen

Nennen Sie es Drang, Verlangen oder Hunger. Die meisten Substanzen nimmt man aufgrund eines Impulses zu sich. Ein Impuls ist das Signal Ihres Körpers, dass er etwas will oder braucht und dass Sie diesem Impuls gefälligst folgen sollen. Das Bewusstsein wird dabei nicht gefragt!

Manche Menschen haben zu viele Essimpulse und werden schließlich fett. Andere haben zu viele Impulse, Alkohol zu trinken, und werden schließlich Alkoholiker. Wieder andere haben zu viele Impulse, eine Zigarette zu rauchen, und haben schließlich Lungenkrebs. Und dann gibt es noch Menschen, die zu oft den Impuls verspüren, etwas zu kaufen, und sind schließlich pleite.

Die Anzahl dieser Impulse am Tag spiegelt den Anteil Ihres Lebens wider, der von Ihren Bedürfnissen und Wünschen bestimmt ist. In Kapitel 2 etwa erzähle ich von Menschen, die nur gelegentlich verstimmt sind, im Gegensatz zu Menschen, die praktisch ständig verärgert oder wütend sind. Genau so kann man zwischen einem Gelegenheitsraucher und einem Raucher unterscheiden, der vier Päckchen am Tag in Rauch aufgehen lässt. Ich möchte Sie also fragen: Möchten Sie Ihr Leben von solchen Chemikalien bestimmen lassen?

Das Gute an den Impulsen ist, dass sie vorübergehen – sie kommen und gehen und fegen durch Ihr Nervensystem, wenn Sie es zulassen. Jedes Mal, wenn Sie einen Impuls verspüren und nicht darauf reagieren, schwächt das den Impuls ab. Wenn Sie Raucher sind, denken Sie an Ihre Lieblingszigarette. Jedes Mal, wenn Sie diese Zigarette *nicht* rauchen, wird sie weniger wichtig für Sie werden, bis sie eines Tages nicht mehr Ihre Lieblingszigarette ist. Dieselbe Strategie funktioniert, wenn Sie trocken werden wollen. Jedes Mal, wenn Sie sich einer Situation aussetzen, in der Sie in der Vergangenheit Alkohol getrunken haben und jetzt keinen Alkohol trinken, wird die Verbindung zwischen dieser Situation und dem Alkohol verblassen, bis Sie schließlich gar keinen Drang mehr verspüren, überhaupt etwas zu trinken. Deshalb funktionieren 28-tägige Entwöhnungskuren in der Regel auch nicht. Man wird einige Wochen lang von der wirklichen Welt isoliert, bis man trocken ist, und dann wieder in die Situationen entlassen, in denen man den Drang zu trinken genau so stark verspürt wie eh und je. Da hat man keine Chance!

Der Segen des Alters

Das Temperament ändert sich mit zunehmendem Alter. Meine Studien mit Bewohnern einer Gemeinde, die Heranwachsende wie auch alte Menschen jenseits der 80 umfasste, ergaben, dass Menschen mit zunehmendem Alter nicht so impulsiv waren, weniger emotional reagierten und sich unabhängiger fühlten (wer hätte das gedacht?). Das erklärt möglicherweise auch, warum diese Menschen im höheren Alter weniger rauchen und sich viel weniger ärgern. Es gibt bekanntermaßen noch kein Heilmittel gegen das Altern, aber jetzt haben wir wenigstens etwas, worauf wir uns freuen können.

Das Leben ins Gleichgewicht bringen

16

In diesem Kapitel

- Stellen Sie eine Bilanz auf
- Was steht einem ausgeglichenem Leben im Weg?
- Extreme abbauen
- Wie Sie mehrere Dimensionen berücksichtigen können

Wer sagt, dass Ärgermanagement keinen Spaß machen kann? Natürlich kann es das, und ich werde Ihnen in diesem Kapitel zeigen, wie das geht. Im Prinzip geht es dabei um eine einfache Sache: Bringen Sie Ihr Leben ins Gleichgewicht.

Ist Ihre Persönlichkeit zu eindimensional – Arbeit, Arbeit und noch mehr Arbeit? Spielt sich Ihr Leben überwiegend an den extremen Polen ab? Geht es bei allem, was Sie tun, um alles oder nichts? Zu viel Gesellschaft, zu wenig Zeit für sich selbst? Zu viel Erziehung, zu wenig Schmusen? Wann haben Sie zum letzten Mal gesunde Lust genossen – und wissen Sie überhaupt, was das ist? Haben Sie viele Freunde und Bekannte? Was hat Ihnen zuletzt Auftrieb gegeben?

Wenn Ihre Antworten auf diese Fragen so aussehen, wie ich mir das vorstelle (und leider sehen sie bei den meisten Menschen so aus), dann ist Ihr Lebensstil mit Sicherheit aus dem Gleichgewicht geraten. Damit das wieder in Ordnung kommt, zeige ich Ihnen, wie Sie Ihr Leben wieder ins Lot bringen können und dem Ärger damit kaum noch Raum bieten.

Dem Stress etwas entgegensetzen

Vor 30 Jahren bereicherte Dr. Stewart Wolf, ein Pionier auf dem Gebiet der Stressforschung, die Welt der modernen Medizin mit seinem Konzept der »Stresskompensation«. Bis zu diesem Zeitpunkt hatte niemand daran gedacht, dass der Mensch sich gegen stressbedingte Erkrankungen durch Eigeninitiative aktiv schützen konnte – etwa durch starke religiöse Überzeugungen, die Förderung der familiären Solidarität und dem Streben nach einer miteinander verflochtenen (durch Zusammenarbeit mit anderen geprägten) Lebensweise.

Wir mussten nicht länger darauf warten, dass der Alltagsstress uns krank machte (und verärgerte!) – wir konnten dem Stress etwas entgegensetzen und gesund bleiben. Aber wie macht man das? In den nachfolgenden Abschnitten gebe ich Ihnen alles an die Hand, was Sie dazu wissen müssen.

Das meinen Sie doch nicht etwa ernst?

Es wird Sie überraschen, wie viele Menschen mit der Vorstellung einer ausgeglichenen Lebensweise nichts anfangen können und wollen. Eines Tages kam ein Mann zu mir, der einen zwangsgestörten Eindruck machte, und erklärte, er wolle mit seinem Stress umgehen lernen. Ich schlug vor, dass er lernen müsse, dazusitzen und dem Gras beim Wachsen zuzuschauen. Er antwortete entrüstet: »Das ist alles? Mehr haben Sie nicht anzubieten? Sie scheinen mein Problem nicht ernst zu nehmen, das finde ich unmöglich!« Ich versuchte, ihm zu erklären, dass ich mit meinem Vorschlag prinzipiell zu umreißen versucht hatte, in welche Richtung wir uns bewegen sollten, nämlich seinem beständigen Streben nach Leistung die gute alte Entspannung entgegenzusetzen – alles zwecklos. Er dampfte verärgert ab.

Finden Sie etwas, das Ihnen Auftrieb gibt

In Kapitel 14 schreibe ich über die negativen Auswirkungen, die kleinere Alltagsprobleme auf Ihr Temperament und Ihre Gesundheit haben können. Betrachten wir doch jetzt einmal die Kehrseite dieser Beziehung zwischen Stress und Krankheit. Genau so, wie Sie jeden Tag allen möglichen Stressquellen ausgesetzt sind, machen Sie wahrscheinlich auch die verschiedensten kleinen positiven Erfahrungen, die Ihnen Auftrieb geben. Diesen *Auftrieb* geben Ihnen Menschen, Ereignisse, Umstände und Aktivitäten, die in Ihnen Gefühle der Freude, der Hoffnung, des Optimismus, des Glaubens, der Erleichterung und der Befreiung auslösen – alles wirksame Gegenmittel gegen Stress. Die folgenden Beispiele sollen Ihnen verdeutlichen, was ich meine:

- ✔ Regelmäßig Sport treiben
- ✔ Zeit mit Ihren Kindern verbringen
- ✔ Hobbys pflegen
- ✔ Einen schönen Tag genießen
- ✔ Nur so zum Spaß lesen
- ✔ Einkaufen
- ✔ Neue Freunde gewinnen
- ✔ Gute Neuigkeiten hören
- ✔ Freie Zeit genießen
- ✔ Meditieren
- ✔ Liebe geben und empfangen
- ✔ Angenehme Aromen riechen – Vanille, Lavendel, den Geruch von frischem Brot
- ✔ Unterhalten werden
- ✔ Zeit mit Tieren verbringen

- ✔ Wohltätig sein
- ✔ Freiwillige Arbeit leisten

Der so gewonnene Auftrieb bewirkt das Gegenteil von Stress. Stress verbraucht Energie und kann bis zur völligen Erschöpfung führen (siehe die Kapitel 3 und 17). Alles, was Ihnen Auftrieb gibt, schafft dagegen neue Energie und führt zu einer körperlichen und geistigen Wiederbelebung. Stress reizt Ihr Nervensystem – daher rührt die Verbindung zum Ärger. Aufrichtende Erfahrungen haben entspannende Wirkung und führen angestaute Anspannung ab. Dadurch öffnen Sie sich auch für Gefühle wie inneren Frieden, Ruhe und Harmonie.

Je mehr Alltagsstress und größerem Stress Sie momentan in Ihrem Leben ausgesetzt sind, desto mehr Auftrieb brauchen Sie. Sie können sich aber nicht darauf verlassen, dass diese positiven Erfahrungen Sie schon finden werden – Sie müssen sie aktiv auswählen, sie herbeiführen und danach suchen. Sie müssen die Initiative ergreifen. Glauben Sie mir, Sie werden froh sein, dass Sie sich dazu aufgerafft haben. Fangen Sie mit wenigstens einer aufrichtenden Erfahrung pro Tag an – und Ausnahmen gibt es nicht!

Eine unausgeglichene Lebensweise kann auch Schmerzen verursachen! In den vergangenen 25 Jahren habe ich unermüdlich in Reha-Maßnahmen mit Klienten gearbeitet, die an chronischen Rückenschmerzen litten, die ihnen ein normales Leben unmöglich machten. Am interessantesten an all diesen Fällen fand ich die Tatsache, dass diese Menschen nach ihrer Verletzung jegliche gesellschaftlichen und entspannenden Aktivitäten aus ihrem Leben verbannten, die ihnen vorher den nötigen Auftrieb gegeben hatten. Von heute auf morgen entschieden sie sich, auf Sex, Besuche bei Freunden, die Teilnahme an den Sportveranstaltungen ihrer Kinder und Ähnliches mehr zu verzichten – nur wegen ihrer Schmerzen. Merkwürdigerweise hielten ihre Schmerzen sie jedoch nicht davon ab, ihren Pflichten im Haushalt nachzukommen – Staub saugen, Blätter aufrechen, die Einkäufe ins Haus schleppen und so weiter. Da wundert es niemanden, dass 70 Prozent der Betroffenen in Depressionen verfallen. Sie beschäftigen sich ja nur noch mit Pflichten und Schmerzen.

Halten Sie sich von Extremen fern

Gehören Sie zu den Menschen, die nur Extreme kennen? Es gibt immer nur alles oder nichts. Sie denken zu viel und tun zu wenig. Jeden Tag müssen Sie eine lange Liste mit Pflichten abarbeiten (Sie müssen arbeiten gehen, die Kinder abholen, die Rechnungen bezahlen, den Rasen mähen). Da bleibt keine Zeit mehr für das, was Sie vielleicht wollen (ein Nickerchen machen, in Ruhe dasitzen und ein Glas Wein trinken, einen alten Freund anrufen und quatschen). In Ihrem Leben scheint es mehr um andere als um Sie selbst zu gehen. (Das mag Sie vielleicht in den Himmel bringen, aber Ihr Leben hier auf Erden ist von Stress geprägt!)

Wenn Sie Ihren Stress kompensieren wollen, ist es an der Zeit, sich von den Extremen hin zur Mitte zu orientieren. Gestalten Sie Ihren Tagesablauf abwechslungsreicher – mähen Sie den Rasen und trinken Sie danach Ihr Glas Wein. Rufen Sie Ihren Freund in Ihrer Mittagspause am

Arbeitsplatz an. Holen Sie die Kinder von der Schule ab, und wenn sie dann ihren Interessen nachgehen, gehen Sie den Ihren nach – nehmen Sie ein schönes Bad und lauschen Sie Ihrer Yoga-CD.

Was ich Ihnen im Grunde sagen will, ist, dass auch Sie Ihr Stück vom Kuchen haben können, und Sie können es auch essen. Strengen Sie sich an, wenigstens einmal am Tag etwas zu tun, was *Sie* wollen. Es kommt nicht so sehr darauf an, was das ist oder wie viel Zeit es beansprucht – tun Sie es einfach!

Ein günstiges Verhältnis

Als meine Tochter Rebecca die weiterführende Schule besuchte, arbeitete sie an einem Projekt für einen Wettbewerb am örtlichen College. Als hilfsbereiter Vater schlug ich vor, dass sie sich mit den Beziehungen zwischen Alltagsstress, Auftrieb verleihenden Erfahrungen und Krankheiten bei jungen Menschen ihres Alters beschäftigen könnte. Sie war von meinem Vorschlag begeistert!

Sie machte sich daran, zahlreiche Altersgenossen zu befragen, und bat sie um Angaben, wie oft sie im letzten Monat welche Art Alltagsstress erlebt und aufbauende Erfahrungen gemacht hatten. Darüber hinaus sollten sie ihre Gesundheit in dieser Zeit selbst einschätzen.

Ihre Ergebnisse waren verblüffend: Es stellte sich heraus, dass die Wahrscheinlichkeit von Erkrankungen nicht von den jeweiligen Werten beim Stress und den positiven Erfahrungen für sich abhingen, sondern vom Verhältnis dieser Werte. Je positiver das Verhältnis war (positive Erfahrungen geteilt durch Stresserfahrungen), desto weniger Gesundheitsprobleme tauchten auf.

Gesunde Lust

Eines ist ganz sicher: Der Mensch ist ein Lebewesen, das ständig Lust braucht und danach strebt. Ohne ausreichend Freude und Lebenslust fühlen wir uns letztlich verstimmt, mürrisch, angespannt und, was am schlimmsten ist, lustlos. Das Streben nach Lust im Alltag ist für unser Gehirn ebenso natürlich wie das Bedürfnis, Schmerzen zu vermeiden. Sie haben richtig gehört: Ein ziemlich großer und komplexer Teil unseres Gehirns arbeitet nach dem so genannten *Lust-Unlust-Prinzip* und ist ständig bemüht (mit oder ohne unser Zutun) die beiden Erfahrungen in ein günstiges Verhältnis zu bringen.

Unser Gehirn unterscheidet nicht zwischen gesunder und ungesunder Lust. Aus neurologischer Sicht gibt es da keinen Unterschied. Ist es nicht schön, dass Sie beim Marathonlaufen genau so high werden können wie beim Rauchen eines Joints? Ersteres ist ein gesundes Lusterlebnis (es hat in der Regel keine schädigenden Auswirkungen), Letzteres ist nicht so gesund. Oder kennen Sie jemanden, der Marathon läuft und jeglichen Antrieb verloren hat, nichts mehr geregelt kriegt, Probleme hat beim Autofahren und dessen Gedächtnis nicht mehr so recht will? Einem Kiffer kann das viel eher passieren.

Ich nehme einfach einmal an, dass Sie mit ungesunden Vergnügungen ausreichende Erfahrungen haben. Ich denke da etwa an etwas zu viel Alkohol, zu viel Koffein, Sportwetten, überhöhte Geschwindigkeit beim Autofahren, ungeschützten Sex und ungebremsten Konsum. Wie sieht es aber mit den gesunden Vergnügungen aus? Da gibt es beispielsweise die folgenden Möglichkeiten:

- ✔ Ein Jazzfestival besuchen
- ✔ Ein schönes Glas eisgekühlte Limonade genießen
- ✔ Angeln (Mann, wie ich das vermisse)
- ✔ Mit dem Hund Gassi gehen
- ✔ Das Erwachen der Vögel im Frühling beobachten
- ✔ Ein teures Essen genießen
- ✔ Jemandem helfen, dem es nicht so gut geht
- ✔ Ein neues Auto kaufen (Ich weiß, das ist schweineteuer, aber trotzdem ...)
- ✔ Zum ersten Mal den Grand Canyon sehen
- ✔ In einem Heißluftballon mitfliegen
- ✔ Eine Woche auf Mallorca verbringen
- ✔ Zusehen, wie Ihr Lieblingsverein in der letzten Minute das entscheidende Tor macht
- ✔ Den Blick über den Horizont schweifen lassen und Gottes Werk bewundern

Investieren Sie jeden Tag etwas Zeit – es muss gar nicht viel sein – in irgendetwas, das gesund ist und Ihnen Spaß macht. (Aber passen Sie auf, Sie könnten Geschmack daran finden!)

Ab in den Flow

Waren Sie schon einmal so in eine Sache versunken, dass alles andere keine Rolle mehr spielte und Sie Ihr Zeitgefühl verloren? Diese Frage stellte Dr. Mihaly Csikszentmihalyi, Professor für Psychologie an der Universität von Chicago, zahllosen Menschen, um dem auf die Spur zu kommen, was er den »Flow« nennt – ein Bewusstseinszustand, der eintritt, wenn man sich in einem der »schönsten Augenblicke seines Lebens« wähnt. Interessanterweise antworteten nur etwa 20 Prozent der Befragten auf diese Frage, dass ihnen dies täglich passiere. 15 Prozent gaben an, dass sie diesen Zustand nie erreichen. Diese 15 Prozent, da gehe ich jede Wette ein, sind die Menschen, die am ehesten toxischen Ärger erleben.

Aber wie erreicht man diesen gesunden Geisteszustand? Das ist eigentlich gar nicht so schwer, wenn Sie die folgenden Tipps beherzigen:

Der Flow entwickelt sich, wenn man sich im Alltag aktiv mit etwas beschäftigt. Es handelt sich nicht um irgendeinen mystischen, geheimnisvollen Geisteszustand, der Sie, wenn Sie Glück haben, einfach so überkommt und wie eine Nebelwolke umhüllt. Der Flow setzt eine aktive Teilnahme am Leben voraus. Passiver Konsum – fernsehen, Musik hören – reicht nicht aus. Ich persönlich erlebe den Flow beim Schreiben. Bei Ihnen ist es vielleicht ein Hobby – Briefmarken sammeln, neue Rezepte ausprobieren, im Garten arbeiten, Schach spielen oder Sportarten wie Golf oder Tennis.

- ✔ **Der Flow setzt eine positive Motivation voraus.** Der Flow ist das Nebenprodukt einer »gewollten« Tätigkeit. Wenn Sie heute nicht wirklich Golf spielen *wollen*, sondern nur Ihrem Chef einen Gefallen tun müssen, weil der gerade keinen anderen Golfpartner hat, dann können Sie so gut spielen, wie Sie wollen, den Flow werden Sie nicht erleben. Wenn ich schreibe, dann nur, weil ich es will – das ist ein großer Unterschied!

- ✔ **Der Flow verlangt volle Aufmerksamkeit.** Sie müssen sich schon voll engagieren, um den Flow erleben zu können. Wenn Sie mit dem Kopf ganz woanders sind, hat es keinen Zweck. Sie müssen eins sein mit dem, was Sie tun. Einer meiner Klienten leidet seit über 20 Jahren jeden Tag seines Lebens an starken Schmerzen im ganzen Körper. Er sagt: »Wenn ich die Schmerzen nicht mehr aushalten kann – wenn sie mich fast umbringen –, dann gehe ich in meinen Computer. Ich setze mich nicht *an* den Computer, ich gehe *hinein*. Ich verliere mich darin, und nach ein paar Stunden verspüre ich keinerlei Schmerzen mehr.«

- ✔ **Was Sie tun, muss Sie fordern.** Wenn etwas zu einfach ist oder Ihre Fähigkeiten, Ihre Energie oder Konzentration nicht in Anspruch nimmt, kommt kein Flow zustande. Er entwickelt sich nur, wenn Sie gefordert sind, auch wenn Sie während Ihrer Tätigkeit nicht das Gefühl haben, sich anzustrengen. Ständige Wiederholungen stumpfen uns ab! Wenn Sie bei einer bestimmten Tätigkeit den Flow erleben, werden Sie mit der Zeit feststellen, dass die Wirkung nachlässt, wenn Sie die Anforderungen nicht verändern und komplexer gestalten. Ich habe mich deshalb in meiner 40-jährigen Karriere stets bemüht, mich in meinen Workshops und meinen Schriften nicht zu wiederholen – ich versuche, im Flow zu bleiben.

- ✔ **Der Flow entsteht bei Aktivitäten, die eine unmittelbare Belohnung mit sich bringen.** Der Flow entsteht während des Prozesses, nicht erst mit dem Ergebnis. Sie können ihn erleben, während Sie aktiv sind, nicht erst am Ende des Weges. Viele Belohnungen bekommt man im Leben erst nach vielen Anstrengungen – wenn man ordentlich ranklotzt. Den Flow erlebt man im Hier und Jetzt. Er lässt aber auch sofort nach, wenn man die Aktivität einstellt, die ihn hervorgebracht hat. Viele Menschen fragen, ob der Flow glücklich macht. Das ist wohl so, aber das Glück ist letztlich das Endprodukt vieler Flow-Erlebnisse, die sich mit der Zeit ansammeln.

- ✔ **Flow-Aktivitäten kommen nicht immer von selbst auf Sie zu – manchmal müssen Sie sie schaffen.** Ich höre recht oft, dass Menschen sich beklagen: »Nie habe ich Zeit, das zu tun, was mir wirklich Spaß macht. Ich kann mich gar nicht mehr daran erinnern, wann ich das letzte Mal Klavier gespielt habe – dabei habe ich das immer am liebsten gemacht. Ich wünschte, ich hätte mal einen freien Tag.« Seltener höre ich Folgendes: »Ich weiß, das Geschirr muss noch gespült werden und die untere Etage ist auch noch nicht gesaugt, aber ich mache jetzt, verdammt noch mal, eine Pause und spiele ein wenig Klavier. Ich brauche ein bisschen Flow.« Nehmen Sie sich die Zeit für den Flow. Setzen Sie ihn in Ihrer Prioritätenliste ganz nach oben. Gehören Sie zu den 20 Prozent der Bevölkerung, die verstehen, wovon Dr. Csikszentmihalyi spricht.

- ✔ **Der Flow hängt von Ihrer Selbstkenntnis ab.** Sie erleben den Flow, wenn Sie die Zeit mit Ihrer Lieblingsbeschäftigung verbringen. Ich frage Sie also: »Was ist Ihre Lieblingsbeschäftigung?« Vielleicht können Sie diese einfache Frage gar nicht so ohne Weiteres beantworten. Das kann zum Teil daran liegen, dass Sie nicht so viel über sich selbst wissen, dass Sie sagen können, was Sie am liebsten tun. Probieren Sie einfach eine Zeit lang einige Dinge aus, die Sie ansprechen, und finden Sie heraus, was Ihnen am meisten Spaß macht.

In Tabelle 16.1 finden Sie Beispiele für Aktivitäten, die für den Flow geeignet sind, und solche, bei denen er nicht zu erwarten ist.

Aktivitäten, die den Flow hervorrufen können	Aktivitäten, die den Flow nicht hervorrufen können
Sich mit etwas auseinandersetzen, das Sie interessiert	Haushaltsarbeiten erledigen
Ein kreatives Essen vorbereiten	Das Essen zu sich nehmen
Fahren oder Reisen	Fernsehen
Hobbys	Dasitzen und denken
Ausgleichssportarten	Ausruhen und Entspannen
Instrumente spielen	Musik hören
Sich mit interessanten Menschen unterhalten	Smalltalk
Aufregenden Sex haben	Gewöhnlichen Sex haben
Kreativ tätig sein	Etwas gedankenlos verrichten

Tabelle 16.1: Flow oder nicht Flow, das ist hier die Frage

Fragen Sie sich: »Was mache ich am liebsten? Was strengt mich nicht an? Wobei bleibt für mich die Zeit stehen?« Wenn Sie etwas gefunden haben, sollten Sie das wenigstens einmal in der Woche machen.

Wichtige Bindungen pflegen

Menschen sind Gemeinschaftstiere. Wie Hunde sind auch wir das, was man gemeinhin Rudeltiere nennt. Es liegt nicht in unserer Natur, alleine zu leben. Das heißt nicht, dass wir nicht in der Lage wären, alleine zu überleben. Wir empfinden es nur als mühseliger, beschwerlicher und schwieriger, alleine über die Runden zu kommen, besonders, wenn das Leben zu viel Stress für uns bereithält.

Was haben Sie am Samstag vor?

Ich saß eines Tages bei meinem Therapeuten, der mir nach Kräften aus meiner tiefen und lang andauernden Depression herauszuhelfen versuchte, und klagte ihm mein Leid über all das, was mich in letzter Zeit genervt hatte. Plötzlich unterbrach er mich und fragte: »Sag mal, Doyle, was hast du eigentlich nächsten Samstag vor?« Die Frage hatte mich aus dem Konzept gebracht, und so antwortete ich ohne zu überlegen: »Ich muss zum Fußballspiel meines Sohnes, meine Frau möchte einkaufen ...« Er unterbrach mich abermals und meinte: »Ich will nicht wissen, was dein Sohn, deine Frau oder deine Tochter am nächsten Samstag von dir wollen – meine Frage war, was du machen willst.«

Darauf wusste ich keine Antwort, und so saß ich schweigend da und begann mich zu ärgern. Mir wurde bewusst, dass ich in diesem Moment, im Alter von 45 Jahren, nach einer äußerst erfolgreichen Karriere, als guter Ehemann, Vater, Sohn, Schwiegersohn, Freund, Bruder und Nachbar überhaupt nichts über mich selbst wusste, wer ich war und was ich vom Leben haben wollte. Mein ganzes bisheriges Leben hatte ich mich in den Dienst anderer Menschen gestellt und war mir selbst fremd geblieben. Mein Leben war völlig aus dem Gleichgewicht! An diesem Tag machte ich die ersten Schritte auf dem Weg zur Besserung.

Qualität statt Quantität

Unterstützung durch andere Menschen wird oft mit einem *Beziehungsnetzwerk* verwechselt. Der Grad der Unterstützung hängt von der Qualität Ihrer Beziehungen mit den Menschen ab, die Ihnen am nächsten stehen – Familie, Ehepartner, Freunde, Kinder, Nachbarn –, und spiegelt im besten Fall die Nähe oder emotionale Verbindung zu diesen anderen Menschen wider. Beim Netzwerk dagegen kommt es darauf an, wie viele solcher Beziehungen Sie zu anderen Menschen haben (die Quantität).

Manche Menschen haben nur wenige Beziehungen zu anderen, bekommen aber sehr viel Unterstützung. Andere dagegen haben unzählige Freunde und Bekannte, können aber kaum einen nennen, auf den sie sich im Bedarfsfall verlassen könnten. Natürlich ist nichts dagegen zu sagen, wenn man auch flüchtige Bekanntschaften hat, mit denen man ab und an zusammentrifft – solange man in anderen Beziehungen echte Unterstützung findet. Denn diese dauerhaften und *wichtigen* Beziehungen schützen Sie in schweren (und stressigen) Zeiten und richten Sie auf.

Stellen Sie Ihre Mannschaft zusammen. Das geht so:

1. **Schreiben Sie eine Liste mit Menschen, von denen Sie glauben, sich in schwierigen Zeiten auf sie verlassen zu können.**

2. **Notieren Sie neben jeden Namen, ob der Betreffende im selben Ort (mit Entfernung) oder weiter weg (eine E-Mail oder einen Anruf weit weg) wohnt.**

3. **Halten Sie fest, wann Sie den letzten Kontakt mit dem Betreffenden hatten – vor zwei Tagen, sechs Monaten oder länger zurück?**
4. **Wenn der letzte Kontakt sehr lange zurückliegt, melden Sie sich bei dem Betreffenden und stellen Sie den Kontakt wieder her.**
5. **Überlegen Sie, welche Art Unterstützung Sie von den Menschen auf Ihrer Liste bekommen können.**

   Dazu gehören etwa:

   - Emotionale Unterstützung: eine Umarmung, ein Gespräch
   - Handgreifliche Unterstützung: Transport, Darlehen, Dinge erledigen
   - Informationen: Tipps und Ratschläge
   - Positives Feedback: konstruktive Kritik, Lob

Unterstützung ist keine Einbahnstraße

Unterstützung lebt vom Geben und vom Nehmen. Wenn Sie immer nur nehmen und nie geben, werden Sie mit der Zeit immer weniger Menschen finden, die Sie unterstützen wollen. Sie müssen auch etwas tun. Seien Sie zur Stelle, wenn Sie gebraucht werden, stehen Sie anderen mit Rat und Tat zur Seite, gehen Sie anderen hilfreich zur Hand.

Die Hand auszustrecken, um zu helfen, ist ebenso wichtig, wie die Hand auszustrecken, um Hilfe zu empfangen. Betrachten Sie es als Zukunftsinvestition. Abgesehen davon ist die Unterstützung anderer Menschen eine gute Möglichkeit, Ihr Leben ins Gleichgewicht zu bringen.

Unterstützung muss man auch annehmen

Wenn es Ihnen so geht wie den meisten Menschen, dann könnten Sie sehr viel Unterstützung bekommen, aber Sie nutzen diese Chancen nicht. Was nützt die Hilfe anderer Menschen, wenn Sie sie nicht annehmen?

Einer meiner chronischen Schmerzpatienten – nennen wir ihn Bernd – kam Woche für Woche zur Schmerz-Gesprächsgruppe für Männer und beklagte sich darüber, dass seine so genannten Freunde ihn seit seinem Unfall und dem Verlust seiner Arbeit links liegen gelassen hatten, was ihn seiner Meinung nach zu Recht verbitterte. Was Bernd nicht so gern erzählte – und was ihn wütend machte, wenn ich ihn darauf ansprach –, war, dass er systematisch alle Hilfsangebote seiner Freunde ausgeschlagen hatte. Er weigerte sich stur, ihre Anrufe entgegenzunehmen, ging nicht an die Tür, wenn sie klingelten (oder versteckte sich im Schlafzimmer und befahl seiner Frau zu sagen, er sei nicht da), und sagte grundsätzlich nein, wenn sie ihn zu den Aktivitäten einluden, die ihm bis dahin Spaß gemacht hatten. Da fragte sich doch, wer da wen links liegen gelassen hatte? Die Tatsache, dass seine Freunde ihm irgendwann keine Unterstützung mehr anboten, sagt uns mehr über Bernd als über seine Freunde.

Es reicht nicht aus, jemanden zu haben, der Sie unterstützt. Sie müssen die Unterstützung, die Ihnen angeboten wird, auch annehmen. Wenn es Ihnen schwer fällt, um Hilfe zu bitten und sie anzunehmen, dann helfen Sie doch zunächst einmal anderen. Wenn Sie dann merken, wie gut man sich fühlt, wenn man anderen helfen kann, wird es Ihnen leichter fallen, Hilfe von Ihren Freunden oder Ihrer Familie anzunehmen. Verweigern Sie ihnen nicht die Freude, die aus dem Geben erwächst.

Machen Sie sich bewusst, warum Ihr Leben unausgeglichen ist

Unsere Welt stellt hohe Anforderungen an uns, unsere Zeit ist schnelllebig und von Opportunismus geprägt. Da gerät unser Leben leicht aus dem Gleichgewicht. Zu den Faktoren, die dabei eine zentrale Rolle spielen, gehören hauptsächlich jene, auf die ich in den folgenden Abschnitten näher eingehe.

Alter

Wie bei jeder Fertigkeit, lernt man aus den eigenen Lebenserfahrungen, wie man sein Leben ausgeglichen gestaltet. Mit zunehmendem Alter gewinnt man an Weisheit (oder doch wenigstens an Einsichten). Junge Menschen neigen oft zu einer eindimensionalen Betrachtungsweise. Sie investieren ihre Energie immer nur in eine Sache – entweder Beziehung oder Karriere. Ältere Menschen sind da flexibler und verteilen ihre Energie gleichmäßiger. Das Leben hat sie gelehrt, dass die Devise Alles-oder-Nichts äußerst trügerisch ist und zu nichts führt.

Geschlecht

Frauen können ihr Leben meist besser ausbalancieren als Männer. Warum? Das ist im Grunde einfach: Sie müssen, weil unsere Kultur so viele verschiedene Anforderungen an sie stellt. Frauen müssen nicht mehr zwischen Karriere auf der einen und Kindern und Haushalt auf der anderen Seite wählen. Unsere Gesellschaft erwartet, dass sie beides unter einen Hut bringen und sich auch noch um die Pflege ihrer Eltern (und Schwiegereltern) kümmern.

Persönlichkeit

Introvertierte Menschen haben es schwerer, Unterstützung zu finden, wenn sie unter Stress stehen. Typ-A-Persönlichkeiten neigen aufgrund ihrer grundsätzlich feindseligen Ausrichtung dazu, andere Menschen vor den Kopf zu stoßen, und erhalten deshalb weniger Unterstützung durch ihre Mitmenschen (und Verbindung zu ihrer Umwelt) als Typ-B-Persönlichkeiten (siehe Kapitel 10). Robuste Persönlichkeiten dagegen haben keine Probleme damit, selbst die Initiative zu ergreifen und ihr Leben wieder ins Gleichgewicht zu bringen. Sie stürzen sich darüber hinaus mit ganzem Herzen in Aktivitäten, die ihnen Flow-Erlebnisse bescheren können. (Mehr über robuste Persönlichkeiten können Sie in Kapitel 14 nachlesen.)

Zeitbeschränkungen

Meiner Meinung nach ist der vernünftige Umgang mit der Zeit die größte Herausforderung unseres Lebens Zeit. Der Durchschnittsbürger hat mehr Geld als Zeit. Alles muss heutzutage rund um die Uhr verfügbar sein, und viele Menschen arbeiten an sechs oder sieben Tagen die Woche zehn Stunden täglich.

Überbetonung der Unabhängigkeit

In den meisten westlichen Kulturen gilt Unabhängigkeit als wichtige Tugend. Die Gesellschaft fordert, dass wir unser Schicksal, ohne große Unterstützung durch andere, selbst in die Hand nehmen und meistern. Um Unterstützung und Hilfe zu bitten, gilt als Zeichen der Schwäche. Erfolg hat nur, wer sich anstrengt und die Dinge selbst in die Hand nimmt. Wechselseitige Beziehungen und Zusammenarbeit *mit* anderen drohen in unserer Leistungskultur unterzugehen. Wenn man ständig unter dem Druck steht, seine Unabhängigkeit zu bewahren, lädt man sich zu viel auf und bringt sein Leben aus dem Gleichgewicht.

Zuspruch zu ungesunden Vergnügungen

Unterschätzen Sie das nicht – ungesunde Vergnügungen haben Konjunktur! Mit *ungesunden Vergnügungen* meine ich zum Beispiel den Kick, den Sie sich durch den Genuss von Koffein verschaffen, den Siegestaumel bei Erfolgen im Rahmen Ihrer Arbeit, das Hochgefühl, das sich bei gewonnenen Sportwetten oder beim zwanghaften Spielen einstellt, die Vorfreude auf den nächsten Besuch im Fastfood-Restaurant und die Leidenschaft beim ungeschützten sexuellen Abenteuer. Das Problem bei solchen Vergnügungen ist leider, dass sie einen Preis haben – das Spielen bringt Ihre Finanzen durcheinander, zu viel Koffein bringt Ihren Körper durcheinander (in Kapitel 15 können Sie nachlesen, wie viel zu viel ist) und ungeschützter Sex bringt Krankheiten und ungewollte Schwangerschaften mit sich. All das bringt nur noch mehr Stress in Ihr Leben.

Stress

Einstein hatte Recht mit seiner Relativitätstheorie – alles im Leben ist relativ. Wenn man es aus historischer Perspektive betrachtet, ist unser heutiges Leben äußerst stressbelastet, anstrengend und unausgeglichen. Für uns, die wir heute leben, ist das normal. Die Menschen von heute wissen gar nicht, wie gestresst sie sind – deshalb sehen sie auch keine Notwendigkeit, ihr Leben ins Gleichgewicht zu bringen. Vielleicht haben auch Sie sich mit dem belastenden Gefühl abgefunden, zu viel in allzu kurzer Zeit erledigen zu müssen.

Keine Zeit für so was ...

Die Direktorin einer weiterführenden Schule, an der ich eine Studie über Ärger durchgeführt hatte, bat mich, meine Ergebnisse den Eltern zu präsentieren, die zur nächsten Sitzung des Eltern-Lehrer-Ausschusses in die Schule kommen würden. Sie dachte, es würde die Eltern interessieren, wie verärgert ihre Kinder waren und was ich über die Auswirkungen dieser Ergebnisse auf ihre Erziehung dachte. Ich willigte ein.

So stand ich also einige Wochen später vor Hunderten Eltern, um ihnen meine Gedanken mitzuteilen und zu hören, was sie dazu zu sagen hatten. Was ich in ihren Gesichtern beobachtete, versetzte mich in Erstaunen – leere, ausdruckslose Gesichter ohne jede Energie.

Als ich fertig war, fragte die Direktorin, ob es noch Fragen seitens der Eltern gebe. Keine Fragen – nicht eine Hand rührte sich. Diese armen Familien waren, wie man deutlich sehen konnte, erschöpft von der Arbeit, die hinter ihnen lag, und den Pflichten, die sie noch vor sich hatten – sie hatten einfach keine Zeit, etwas über ihre Kinder zu erfahren.

Technologie

Wir leben in einem Zeitalter technologischer Wunder. Es gibt mehr Geräte als je zuvor, und noch nie konnte man das Leben leichter bewältigen als heute (vom Standpunkt der Produktion aus betrachtet). Allerdings ist das mit der Technologie ein zweischneidiges Schwert. Auf der einen Seite erleichtert sie uns vieles und spart uns Zeit. Auf der anderen Seite erweckt sie in uns (auf ihre ganz eigene verführerische Weise) den Wunsch, mehr mit unserem Leben anzufangen. Wir haben Autos, also wollen wir sie auch nutzen, um an alle möglichen Orte zu gelangen. Wir haben Computer, die uns Unmengen von Informationen verfügbar machen und verarbeiten lassen, also erwarten wir, dass wir an einem Arbeitstag auch mehr wegschaffen. Wir haben Handys, also sind wir ständig erreichbar und haben keinen Zufluchtsort mehr, an dem wir uns vor dem Stress um uns herum verstecken können. Wenn Sie nicht anrufen, werden Sie angerufen – ständig!

Erschwinglichkeit

In den meisten Gegenden der Welt sind die Menschen heute wohlhabender als früher. Trotz aller Klagen, das sei gar nicht so, hat sich der Lebensstandard und die verfügbaren Einkommen der meisten Menschen im vergangenen Jahrhundert immens erhöht. Das bedeutet nun, dass wir es uns leisten können, unausgeglichen zu leben. Dank Kreditkartenwirtschaft und Familien mit doppeltem Einkommen türmen sich bei vielen Privatschulden auf, die, gelinde gesagt, zu einer Belastung werden. Dass man, wenn man sich mehr leisten kann (oder glaubt, sich mehr leisten zu können), auch immer mehr will, kommt erschwerend hinzu. Im Endeffekt muss man immer mehr arbeiten und hat weniger Zeit, sich Flow-Erlebnissen zu widmen, wichtige Beziehungen zu pflegen und gesunden Vergnügungen nachzugehen.

Das Städtchen Roseta

Dr. Stewart Wolf und sein Kollege John Bruhn, die beide das menschliche Verhalten erforschen, entdeckten im Osten von Pennsylvania eine kleine italienische Gemeinde, die, wie sie glaubten, das Geheimnis der sich im frühen 20. Jahrhundert in den USA epidemieartig ausbreitenden Herzerkrankungen in sich barg. Einzigartig an Roseta war die Tatsache, dass dort in einem Zeitraum von 16 Jahren nur eine Person an einem Herzinfarkt gestorben war – und das trotz der Tatsache, dass die Bürger von Roseta rauchten wie die Schlote, viel tierisches Fett zu sich nahmen, erhöhte Cholesterinwerte aufwiesen, sich wenig bewegten und in der Mehrzahl Übergewicht hatten.

Warum also schienen sie gegen Herzerkrankungen immun zu sein? Wolf und Bruhn fanden die Antwort in der Lebensweise der Bürger Rosetas. Sie hatten im Großen und Ganzen die Familienstrukturen der alten Welt beibehalten, bei denen viel Wert auf die Zusammenarbeit der Generationen gelegt wurde. Das galt im Übrigen für die ganze Gemeinde. Der Zusammenhalt war sehr stark. Jeder machte es sich zur Aufgabe, den anderen zu helfen. Unterstützung gab es reichlich. Es gab weder Armut noch Verbrechen, und man hielt die älteren Mitbürger in Ehren, hörte ihnen zu und respektierte sie. Die Bürger von Roseta waren robuste Persönlichkeiten, denen ihre religiösen Überzeugungen über materielle Werte gingen. Sie hatten eine gemeinsame Identität. Was der Einzelne erreichte, war nicht so entscheidend. Jedes Mitglied der Gemeinde kannte seinen Platz in einer durchstrukturierten Gemeinschaft und fühlte sich zufrieden und sicher.

Leider schreitet die Zeit voran und hat Roseta zu einem der letzten Opfer der neuen Weltordnung gemacht. Die jungen Menschen dort entschieden sich für Werte und Verhaltensweisen, die nicht zu den althergebrachten, aufeinander abgestimmten Strukturen passten. Sie verfolgten aktiv ihr individuelles Weiterkommen, nahmen weniger am religiösen Gemeindeleben teil, trafen sich in Country Clubs statt beim geselligen Zusammensein der Gemeinde und bauten mehr und mehr Verbindungen außerhalb von Roseta auf – neue Beziehungen, neue Chancen.

Mit diesem Wandel kamen auch die Herzerkrankungen – wie nicht anders zu erwarten, hingen sie mit Ärger zusammen. In sehr anschaulichen Fallstudien zweier Männer aus Roseta, die an Herzinfarkten starben, führten Wolf und Bruhn aus, dass beide sprunghafte Persönlichkeiten waren, die unter ständigem Stress standen, in ihrem Beziehungen wenig Unterstützung fanden und die meiste Zeit verärgert waren. Einer der Männer drückte seinen Ärger offen aus und starb im Alter von 39 Jahren an einem Tag, in dessen Verlauf er eine Schlägerei mit einem Betrunkenen hatte. Der andere hatte seinen Ärger – über seine Familie, seine Frau, seine stumpfsinnige Arbeit und seine Bildungslücken – sein Leben lang heruntergeschluckt, bis er eines Tages im Alter von 41 Jahren starb, während er selbstlos an einem Projekt für seine Frau arbeitete, die er verachtete. Einer ansonsten ausgeglichenen Gemeinschaft entwachsen, hatten sie jegliche Immunität gegen diese gefürchtete Krankheit verloren.

Zu viel Freiheit

Niemand (außer Diktatoren) würde sich zu der Behauptung versteigen, dass Freiheit etwas *Schlechtes* wäre. Allerdings kann zu viel von einer guten Sache auch wieder schlecht sein. Ohne Zweifel haben die Menschen heute mehr Wahlmöglichkeiten und Chancen als je zuvor in der Geschichte der Menschheit. Das Dumme ist nur, dass viele von ihnen versuchen, so viele dieser Chancen wie möglich wahrzunehmen. Wenn man aber alles will, bürdet man sich Anforderungen, Beteiligungen und Verpflichtungen auf, denen man unmöglich gerecht werden kann. Insofern sind wir unser eigener Feind.

Perspektivlosigkeit

Die meisten Menschen scheinen nur im Heute zu leben. Unsere Eltern und Großeltern kannten noch den Spruch »Mein Tag wird kommen«, das heißt, sie arbeiteten hart mit nach vorne gerichtetem Blick und hofften, dass das Glück irgendwann auch vor ihrer Haustür stehen würde. Unsere Eltern legten auch etwas »auf die hohe Kante«. Sie sparten, bis sie sich das, was sie haben wollten, bar bezahlen konnten – das ist nach heutigen Maßstäben absolut unvorstellbar.

Wenn man heute etwas haben will, dann schlägt man gleich zu. Ist etwas schön, dann macht man es gleich. Bloß nicht lange nachdenken und die Vor- und Nachteile abwägen, bloß nichts von allen Seiten betrachten – tu es jetzt!

Und wie erzeugt dieser Mangel an Perspektive ein Ungleichgewicht? Er schafft zukünftigen Stress – etwa Schulden –, der später dann zur Last wird. So kann der übertriebene Spaß von heute sich zu den übergroßen Schmerzen von morgen auswachsen.

Stellen Sie sich selbst an die erste Stelle

Ein unausgeglichenes Leben hat mehr mit Selbstvernachlässigung als mit übertriebenem Egoismus zu tun. Die meisten Menschen sind gut und anständig und meinen es gut – aber wenn sie zu verbissen versuchen, die ausufernden Bedürfnisse derjenigen zu befriedigen, die sie lieben und mit denen sie zusammenarbeiten, dann verlieren sie den Boden unter den Füßen.

Barbara ist in diesem Zusammenhang ein gutes Beispiel. Sie kam eines Tages in mein Büro und begann sofort zu weinen. Am frühen Morgen war sie aus einem Albtraum erwacht und hatte sich seitdem nicht mehr beruhigen können. Ich fragte sie, worum es in dem Traum ging. Sie antwortete, sie habe einen Totempfahl gesehen, der, wie sie mir erklärte, alle wichtigen Etappen im Leben eines Menschen symbolisierte, wenn er gestorben ist. In ihrem Traum sah sie alle Elemente auf ihrem Totempfahl von oben nach unten – ihr Mann, ihre Tochter, ihre Eltern und Schwiegereltern und ihre Geschwister – und als sie ganz unten ankam, merkte sie plötzlich, dass sie selbst nirgends auf dem Pfahl zu finden war. Was bedeutete das? Sie war nie Teil ihres eigenen Lebens gewesen, immer nur ein Teil des Lebens *anderer Menschen*. Dass sie diese Erkenntnis erst im Alter von beinahe 60 Jahren hatte, war umso verstörender. Barbara war ein völlig selbstloser Mensch, aber auch eine tief deprimierte, hoffnungslose Frau. Das hing durchaus zusammen. Damit Barbara sich aus ihrer Depression befreien konnte, einigten wir uns darauf, dass sie anfangen musste, für sich selbst zu leben, anstatt nur für andere (wenigstens zeitweise). Man könnte auch sagen, sie musste ihr Leben neu ins Gleichgewicht bringen.

Stellen Sie sich doch einmal ein paar einfache, aber wichtige Fragen: Sind Sie es wert? Verdienen Sie es, sich von Ihrem Stress zu befreien? Verdienen Sie es, in Ihrem Leben den Flow zu erleben? Sind Sie es wert, alle Hindernisse zu überwinden, die Sie von einem ausgeglicheneren Leben trennen? Ich hoffe, dass die Antwort Ja lautet!

Gut schlafen

17

In diesem Kapitel

- Mit dem richtigen Bein aufstehen
- Den eigenen Schlafmustern auf die Spur kommen
- Die Risiken von Schlaftabletten abwägen
- Positive Schlafgewohnheiten schaffen

Sicher haben sie schon Kinder beobachtet, die in aller Öffentlichkeit schreien und um sich schlagen und mit ihrer Umwelt völlig uneins sind. Diese Kinder sind müde und verärgert. Ihre Eltern können es ihnen in diesem Moment nicht recht machen. Und wenn sie nur eine Sekunde lang innehalten und still sind, fallen sie in einen tiefen Schlaf und hängen in den Armen ihrer Mutter wie ein nasser Sack.

Spulen Sie dieses Szenario 20 oder 30 Jahre weiter vor und Sie sehen zahllose Erwachsene, die dasselbe Schauspiel vollführen – sie sind launisch und reizbar, weil sie erschöpft sind und unter Schlafmangel leiden. Zu wenig und schlechter Schlaf steigern die Reizbarkeit, die ein Schmelztiegel für drohenden Ärger ist.

In diesem Kapitel geht es um die wichtige Rolle, die Pausen und guter Schlaf beim Ärgermanagement spielen. Ich kläre Sie darüber auf, wie Sie eine gute Schlafhygiene bewahren – und was das bedeutet. Sie werden entdecken, wie Sie auf die Signale Ihres Körpers hören können, die Ihnen sagen, wann die Zeit gekommen ist, abzuschalten. Wenn Sie die Informationen in diesem Kapitel beherzigen, werden Sie nicht mehr ständig mit dem falschen Bein aufstehen.

Was der Schlaf für Sie leistet

Anders als Sie vielleicht bisher gedacht haben, ist Schlaf *keine* verschwendete Zeit. Der Schlaf ist ein lebenswichtiges Instrument im Rahmen der Bemühungen des menschlichen Nervensystems zu überleben. Aus der Sicht der Evolution schirmt Sie der Schlaf vor den Gefahren der Umwelt ab. Unsere Vorfahren, die Höhlenmenschen, waren nachts gegenüber den Tagraubtieren entschieden im Nachteil. Der Schlaf hat auch eine regenerative Funktion, sowohl körperlich als auch psychisch. Er hilft Ihnen, sich von den Ereignissen des vergangenen Tages zu erholen und bereitet Sie auf die Herausforderungen des folgenden Tages vor. Am wichtigsten ist, dass im Schlaf die verbrauchte Energie wiederhergestellt wird. Und schließlich spielt der Schlaf eine wichtige Rolle in der körperlichen Entwicklung, besonders bei Kindern und Jugendlichen – zum Beispiel stößt die Hirnanhangdrüse während des Schlafes Wachstumshormone aus.

Am einfachsten können Sie erkennen, was der Schlaf für Sie leistet, wenn Sie merken, was passiert, wenn Sie keinen oder zu wenig Schlaf bekommen.

Schlafmangel verursacht unter anderem die folgenden Symptome:

- Unterdrückung von krankheitsabwehrenden Funktionen des Immunsystems (Sie werden eher krank)
- Zunehmende Reizbarkeit
- Mangelnde Kreativität
- Konzentrationsschwierigkeiten
- Fettleibigkeit
- Bluthochdruck
- Geringere Problemlösungskompetenz
- Ineffizienz am Arbeitsplatz
- Neigung zu Unfällen
- Müdigkeit beim Autofahren
- Rücksichtsloses Verhalten beim Autofahren
- Pessimismus und Traurigkeit
- Frühe Anzeichen von Diabetes
- Undeutliche Aussprache
- Geringere Stresstoleranz
- Reduzierte Problembewältigungsfähigkeit
- Langsamere Reaktionszeiten
- Reduzierte Entscheidungsfähigkeit
- Starre Denkmuster (eine Situation nicht aus mehreren Perspektiven betrachten können)
- Halluzinationen
- Emotionale Ausbrüche
- Gesteigertes Gewaltpotenzial
- Reduzierte Muskelkraft
- Weniger Durchhaltevermögen

Wenn Sie wissen wollen, ob Sie an Schlafmangel leiden, beantworten Sie die folgenden acht Fragen. Antworten Sie mindestens drei Mal mit Ja, dann haben Sie mit Sicherheit zu wenig Schlaf.

- Ist das morgendliche Aufstehen für Sie ein innerer Kampf?
- Schlafen Sie oft vor dem Fernseher ein?
- Schlafen Sie bei langweiligen Sitzungen am Arbeitsplatz ein?

- ✔ Schlafen Sie oft ein, wenn Sie reichlich gegessen haben?
- ✔ Haben Sie dunkle Ringe unter den Augen?
- ✔ Schlafen Sie an den Wochenenden in der Regel viel länger?
- ✔ Sind Sie oft müde oder schläfrig, wenn Sie Auto fahren?
- ✔ Brauchen Sie oft ein Nickerchen, um durch den Tag zu kommen?

Menschen, die am Aufmerksamkeitsdefizit-Syndrom mit Hyperaktivität, an Schlaf-Apnoe (Atemstörungen während des Schlafes), Alkoholismus oder klinischen Depressionen leiden, und Schichtarbeiter tragen ein hohes Schlafmangel-Risiko.

Warum wollen Sie sich quälen?

Die Genfer Konvention, die Konvention der Vereinten Nationen zur Folter und Amnesty International betrachten längere Schlafunterbrechungen als eine Form der Folter, die in allen zivilisierten Gesellschaften geächtet werden sollte. Da ist es doch eine Ironie, wenn sich Millionen Menschen freiwillig täglich foltern, indem sie sich nicht den nötigen Schlaf verschaffen. Wer schützt sie nur – vor sich selbst?

Wie viel ist genug?

Wie viel Schlaf Sie brauchen, hängt im Wesentlichen davon ab, wie alt Sie sind. Tabelle 17.1 zeigt, wie viel Schlaf die verschiedenen Altersgruppen im Durchschnitt benötigen.

Altersgruppe	Erforderlicher Schlaf (in Stunden)
1 bis 24 Monate	16 bis 18
2 bis 11 Jahre	10 bis 11
12 bis 20 Jahre	8 bis 9
21 und älter	7 bis 8

Tabelle 17.1: Durchschnittliches Schlafbedürfnis

Das Bedürfnis nach dem nächtlichen Schlaf ist bei älteren Menschen etwas geringer ausgeprägt, aber dafür neigen sie dazu, tagsüber das eine oder andere Nickerchen einzuschieben. Heute scheint es so, dass die Vorstellung von einem geringerem Schlafbedürfnis im Alter ein Mythos ist.

Mein Onkel Aubrey wurde 98 Jahre alt. Bis zu seinem Tod schlief er acht bis neun Stunden pro Nacht tief und fest. Er blieb körperlich aktiv – seine Apfelbäume pflanzte er alle selbst – und lebte selbstständig bis zum letzten Tag. Ich kann mich nicht erinnern, ihn auch nur einmal verstimmt erlebt zu haben. Er war ein lebender Beweis dafür, was guter Schlaf für den Menschen leisten kann!

Negative Energie und Ärger

Im Rahmen einer Studie stellte ich 68 Angestellten einer Firma je zwei Fragen zu ihrem Energieniveau:

- ✔ Fühlen Sie sich erfrischt und ausgeruht, wenn Sie morgens aufwachen?
- ✔ Fühlen Sie sich gelegentlich wie eine leere Batterie?

Anschließend setzte ich ihre negativen Energiewerte (ein Nein auf die erste Frage und ein Ja auf die zweite) in Beziehung zum Grad ihrer Verärgerung. Diejenigen, die zugegeben hatten, dass sie »chronische Wut« erlebten, hatten doppelt so oft einen negativen Energiewert wie die Angestellten, die angegeben hatten, nur »gelegentlich verstimmt« zu sein. (Einzelheiten zu diesen verschiedenen Ärgerkategorien können Sie in Kapitel 2 nachlesen.)

Bedeutet das, dass Menschen, die sich ständig ärgern, zu viel Energie in ihre Gefühle stecken oder dass Menschen, die ständig müde sind, eher dazu neigen, wütend zu werden? Das kann ich zum gegenwärtigen Zeitpunkt noch nicht sicher sagen, aber ich bin überzeugt, dass es sich lohnt, diese Beziehung zwischen Energie und Ärger weiterzuverfolgen.

Wie gut schlafen Sie?

Wichtiger als die Anzahl der Stunden, die Sie schlafen, ist die Qualität Ihres Schlafes. Nur weil Sie acht Stunden im Bett gelegen haben, heißt das nicht, dass Sie die ganze Nacht gut geschlafen haben. Fragen Sie doch mal jemanden, der nach einem nächtlichen Trinkgelage morgens aufwacht, ob er sich erfrischt und ausgeschlafen fühlt. Die Antwort – wenn Sie denn eine kriegen – ist wahrscheinlich Nein!

Wenn Sie wissen wollen, wie gut Sie schlafen, reicht es aus, auf einer Skala von 1 bis 10 anzugeben, wie ausgeruht und erfrischt Sie sich anschließend fühlen. Die 1 steht dabei für überhaupt nicht ausgeruht, die 10 für sehr ausgeruht. Achten Sie aufmerksam darauf, wie Sie sich fühlen, wenn Sie morgens aufwachen (noch bevor Sie den ersten Gang ins Bad machen!). Machen Sie das zehn Tage lang und bilden Sie dann einen Durchschnittswert (addieren Sie die zehn Zahlen und teilen Sie durch 10). Das Ergebnis wird Ihnen sagen, ob Sie in der Regel gut schlafen. Liegt Ihr Durchschnittswert bei 7 oder höher, dann sind Sie in einer guten Verfassung. Alles unterhalb von 7 bedeutet nichts Gutes für Sie.

Die Schlafqualität steht in einer direkten Beziehung zur Schlaf*hygiene* – der Aufrechterhaltung gesunder Schlafgewohnheiten (genau wie die Mundhygiene für gesunde Bedingungen für Zähne und Zahnfleisch sorgt). Zu den schlechten Schlafgewohnheiten zählen etwa:

- ✔ Tagsüber kleine Nickerchen halten, die länger als zwei Stunden dauern (außer bei Menschen über 60)

- ✔ Jeden Tag zu anderen Zeiten ins Bett gehen und aufstehen
- ✔ Unmittelbar vor dem Zubettgehen Sport treiben
- ✔ Vier Stunden vor dem Zubettgehen Alkohol, Nikotin oder Koffein zu sich nehmen
- ✔ Unmittelbar vor dem Zubettgehen an aufregenden Aktivitäten teilnehmen (etwa Computerspiele)
- ✔ Verärgert, aufgeregt oder gestresst ins Bett gehen
- ✔ Im Bett andere Dinge machen als schlafen und Sex (etwa arbeiten oder fernsehen)
- ✔ In einem unbequemen Bett schlafen
- ✔ In einem ungemütlichen Schlafzimmer schlafen (es ist zu hell, zu warm, zu kalt, zu laut und so weiter)
- ✔ Sich im Bett aktiv geistig betätigen (Sie sollten nicht vor dem Schlafengehen die Rede proben, die Sie am nächsten Tag vor versammelter Mannschaft halten werden.)

Vitale Erschöpfung

Der niederländische Psychologe Ad Appels und seine Kollegen an der Universität von Maastricht haben eine wirksame Beziehung zwischen dem Verlust physischer und psychischer Vitalität (bekannt als *vitale Erschöpfung*) und dem Risiko festgestellt, einen Herzinfarkt, einen plötzlichem Herztod oder einen Schlaganfall zu erleiden. Von den drei Komponenten, die eine vitale Erschöpfung ausmachen – übermäßige Müdigkeit, gesteigerte Reizbarkeit und Niedergeschlagenheit –, ist es interessanterweise die Müdigkeit, die das größte Risikopotenzial birgt. Augenscheinlich haben an Erschöpfung leidende Menschen Schwierigkeiten, einzuschlafen und ohne wiederholtes Erwachen durchzuschlafen. Das führt zu einem chronischen Schlafdefizit, das ohne Zweifel ihre gesteigerte Reizbarkeit und Niedergeschlagenheit erklärt.

Stellen Sie sich die folgenden fünf Fragen:

- ✔ Fühle ich mich oft müde?
- ✔ Fühle ich mich allgemein geschwächt?
- ✔ Fühle ich mich in letzter Zeit teilnahmsloser als sonst?
- ✔ Habe ich manchmal das Gefühl, dass mein Körper wie eine Batterie ist, die immer mehr nachlässt?
- ✔ Wache ich morgens auf und fühle mich erschöpft und müde?

Je mehr dieser Fragen Sie mit Ja beantworten, desto wahrscheinlicher ist es, dass Sie an vitaler Erschöpfung leiden.

Verbessern Sie Ihre Schlafqualität

Die Schlafqualität ist ein Bereich, in dem Sie mit Sicherheit viel für sich herausholen können. Anstatt sich mit der Opferrolle zufriedenzugeben und den schlechten Schlaf (sprich: Erschöpfung und Reizbarkeit) hinzunehmen – und vor dem eventuellen Griff zu schlaffördernden Mitteln –, sollten Sie es erst einmal mit guten Schlafgewohnheiten versuchen. Wie Sie das anstellen, erläutere ich Ihnen in den folgenden Abschnitten.

Hören Sie auf Ihren Körper

Müdigkeit ist kein Geisteszustand, sie ist rein körperlich. Mit Hilfe der Müdigkeit versucht Ihr Körper, Ihnen ohne Worte zu vermitteln, dass er zu wenig Energie hat. So wie Hungergefühle signalisieren, dass Ihr Magen leer ist, und das Durstgefühl Sie vor der drohenden Austrocknung warnt, soll Ihnen Ihre Müdigkeit sagen: »Ab ins Bett!«

Energie ist eine endliche Größe. Sie können jeden Tag eine bestimmte Menge davon verbrauchen, um Ihren Verpflichtungen nachzukommen. Solange die Anforderungen die Ihnen zur Verfügung stehende Energie nicht übersteigen, zeigen Ihr Körper und Ihr Geist keinerlei Anzeichen von Überlastungen. (In Kapitel 14 können Sie sich über den Unterschied zwischen Stress und Überlastungen informieren.) Betrachten Sie Ihre Müdigkeit als ein Warnsignal, das Sie darauf hinweist, dass Ihre Energie bald erschöpft sein wird. Ihr Körper lässt Sie wissen, dass es an der Zeit ist, Energie zu sparen. Erschöpfung – der intensivste Ermüdungszustand – ist ein Anzeichen dafür, dass Ihr Tank so gut wie leer ist. Es ist Zeit, den Energieverbrauch einzustellen und in einen Erholungsprozess einzutreten.

Nehmen Sie sich jeden Tag einmal pro Stunde ein paar Sekunden Zeit, Ihr Energieniveau zu überwachen. Schätzen Sie Ihr jeweiliges Energieniveau auf einer Skala von 1 bis 10 ein und halten Sie Ihre Ergebnisse in einem Notizbuch fest. Übertragen Sie am Ende eines Tages Ihre stündlichen Daten in ein Diagramm auf Millimeterpapier. Nach einer Woche können Sie nach Mustern Ausschau halten, die sich vielleicht abzeichnen. Scheint Ihre Energie zum Beispiel im Laufe des Tages abzunehmen? Zu welcher Tageszeit fällt Ihr Energieniveau unter einen Wert von 5 (Müdigkeit)? Fällt Ihr Energiewert zeitweise unter den Wert 1 oder 2 (Erschöpfung)? Achtung: Je niedriger Ihr Energieniveau sinkt, desto eher werden Sie sich gestresst fühlen. Ein verbreitetes Anzeichen für Stress ist Reizbarkeit. Der nächste Schritt nach Reizbarkeit ist Ärger.

Jetzt wird's sportlich

Regelmäßiger Sport ist wichtig für eine funktionierende Schlafhygiene. Nutzen wird Ihnen die körperliche Bewegung allerdings nur, wenn Sie:

- ✔ **Mäßige, nicht anstrengende Übungen wählen.** Es kommt darauf an, dass Sie Ihren Körper müde machen und entspannen, ohne ihn gleichzeitig zu sehr zu stimulieren. Jede längere oder intensive körperliche Anstrengung kurz vor dem Zubettgehen – die Sie zum Schwitzen bringt – wird kontraproduktiv sein. Zehn bis fünfzehn Minuten mit leichten Gewichten, langsames Gehen auf dem Laufband, gemütliches Fahren auf dem Hometrainer oder Dehnübungen sind viel besser geeignet.

✔ **Trainieren Sie am späten Nachmittag oder frühen Abend.** Wenn Sie sich früh am Tag sportlich betätigen, sind die positiven Auswirkungen bis zu Abend längst verklungen. Sie sollten aber auch nicht bis zur letzten Minute warten, also ein oder zwei Stunden bis zum Zubettgehen, weil es dann leicht zu einer Überstimulierung kommt. Optimal sind der späte Nachmittag oder der frühe Abend. Sie werden gut schlafen, weil Ihr Körper sich ein paar Stunden später eine schlaffördernde Erholungsphase gönnt.

✔ **Passen Sie Ihre sportlichen Aktivitäten an Ihr Alter und Ihren Fitnessstand an.** Wenn Sie diese Faktoren vernachlässigen, fügen Sie Ihrem Körper Stress zu und rufen ein Gefühl körperlicher Ruhelosigkeit hervor, das Sie wach halten wird.

✔ **Integrieren Sie körperliche Bewegung in die Vorbereitung auf die Schlafenszeit.** Sportliche Aktivitäten sollten nur ein Schritt, wenn auch ein wichtiger, in der Vorbereitung auf einen optimalen Schlaf darstellen. Zeitlich werden sie am ehesten an erster oder zweiter Stelle stehen, je nachdem, wie viel Stimulanzien Sie über den Tag zu sich genommen haben (siehe den Abschnitt *Stimulanzien meiden*).

Wann sind Sie am positivsten?

Wissenschaftliche Studien zeigen, dass die positive Stimmung über den Tag fluktuiert und um die Mittagszeit am ausgeprägtesten ist. Am wenigsten positiv gestimmt ist der Mensch, wenn er morgens aufwacht und wenn er sich abends zur Ruhe begibt. Das Gute daran ist, dass all die, die morgens mit dem falschen Bein zuerst aufstehen, davon ausgehen können, dass sich dies nicht auf den ganzen Tag auswirken wird. (Ich glaube, das liegt daran, dass wir eher guter Stimmung sind, wenn wir etwas Sinnvolles tun und mit anderen Menschen zusammen sind, und das ist sehr früh und sehr spät am Tag seltener der Fall.)

Sie werden auch früh am Morgen – zwischen 6 Uhr und 9 Uhr – feindseliger sein als zu jeder anderen Tageszeit. Am wenigsten feindselig sind Sie dagegen in der Mittagszeit – zwischen 12 Uhr und 15 Uhr. Grantig werden Sie dann wieder, bevor Sie ins Bett gehen. Wenn Sie also das nächste Mal mit jemandem ein wichtiges Gespräch führen wollen, das möglicherweise Stress verursacht, dann treffen Sie sich besser zum Mittagessen. Sie werden sich wahrscheinlich einige Aufregungen ersparen, die Sie beim Frühstück oder spätabends durchmachen würden.

Warum A-Typen nie Pause machen

A-Typen, bei denen Wettbewerbsdenken, Ungeduld und Feindseligkeit im Vordergrund stehen, machen nie Pause, weil sie nie müde werden. Oder scheint das nur so? Im Grunde ermüden A-Typen genauso wie B-Typen, sie bemerken es nur nicht. Dr. David Glass, ein Psychologe an der Universität von Texas, erkannte als Erster die Neigung von A-Typ-Persönlichkeiten, ihre Müdigkeit zu ignorieren, während sie irgendeiner Tätigkeit im Wettbewerb mit anderen nachgingen (was bei A-Typen eigentlich immer der Fall ist!). Mehr als alles andere erklärt dies, warum sie mit starrem Blick auf ihre Termine immer 120 Prozent geben, bis sie ihr Ziel erreichen. A-Typen haben den Tunnelblick, sie konzentrieren sich nur auf den Endkampf und ignorieren dabei normale körperliche Empfindungen wie Hunger oder Müdigkeit. Dieser Charakterzug erklärt zweifelsohne auch, warum A-Typen frühe Anzeichen und Symptome eines bevorstehenden Herzinfarktes leugnen und eine notwendige medizinische Behandlung hinausschieben.

An meinem ersten Arbeitstag als Psychologe an der Fakultät des Medical Center der Duke Universität in der Koronarmedizinischen Abteilung wurde dort ein Patient eingeliefert, der gerade einen schweren Herzinfarkt erlitten hatte. Seine Frau war verständlicherweise völlig aufgelöst. Sie sagte: »Ich verstehe nicht, wie das so plötzlich passieren konnte. Er ist einfach umgefallen.« Nachdem ich mit ihr gesprochen hatte, war jedoch klar, dass ihr Mann schon seit einigen Tagen deutliche Symptome eines bevorstehenden Infarktes gezeigt hatte. Sie erinnerte sich, dass er im Haus herumlief, sich die Brust rieb und über ein Druckgefühl klagte, dass er interessanterweise (obwohl es ein typisches Symptom ist!) einer möglichen Erkältung oder seiner Müdigkeit zuschrieb. Er schien auch nicht so viel Antrieb zu haben wie sonst und klagte über Kurzatmigkeit, was, wie er meinte, auch an dem »Infekt lag, der gerade umging«. Und schließlich war er auch reizbarer als gewöhnlich. In typischer A-Typ-Manier ging er dann frühmorgens zur Arbeit, nachdem er sich mit seiner Frau darüber gestritten hatte, dass er nicht krankfeiern könne, weil zu viel Arbeit auf seinem Schreibtisch liege!

Stimulanzien meiden

Die zwei wichtigsten Stimulanzien, die Sie in den vier Stunden vor dem Zubettgehen nicht mehr zu sich nehmen sollten, sind Nikotin und Koffein. Beide Stoffe regen das zentrale Nervensystem an – Ihr Gehirn – und fördern die Wachsamkeit. Das können Sie aber ganz und gar nicht gebrauchen, wenn Sie sich auf Ihren Schlaf vorbereiten.

Koffein

Beim Koffeinkonsum sollten Sie die folgenden Aspekte immer im Auge behalten:

- ✔ **Koffein ist in vielerlei Produkten enthalten – Kaffee, Tee, Softdrinks, Schokolade, frei verkäuflichen Medikamenten (etwa gegen Erkältungen und Allergien).** Wenn Sie auf den Kaffee nach dem Abendessen verzichten, heißt das also nicht, dass Sie das Koffein im Mousse au Chocolat, das Sie als Nachtisch hatten, einfach ignorieren können.

- ✔ **Ihr Körper kann innerhalb von 24 Stunden nur etwa 250 mg Koffein verarbeiten.** Es ist ein Leichtes, diese Menge zu übertreffen, wenn man bedenkt, dass eine Tasse Kaffee bereits bis zu 100 mg Koffein enthalten kann!
- ✔ **Die Halbwertzeit von Koffein (die Zeit, die der Körper braucht, um es wieder loszuwerden) beträgt zwischen drei und sieben Stunden.** Die Tasse Kaffee, die Sie um 8 Uhr nach dem Abendessen trinken, kann Ihr zentrales Nervensystem also noch stimulieren, wenn Sie sich um halb zwölf aufs Ohr hauen.
- ✔ **Koffein kann sich ganz unterschiedlich auswirken.** Wenn Sie zu Ängsten und Nervosität neigen, wird dies durch Koffein verstärkt.
- ✔ **Wenn Sie viel Koffein zu sich nehmen (wenn Sie also regelmäßig die 250 mg pro Tag überschreiten), kann der Entzug von Koffein Probleme mit sich bringen, wenn Sie vier Stunden vor dem Zubettgehen oder früher darauf verzichten.**
- ✔ **Untersuchungen zeigen, dass Koffein auch bei den Menschen zu Schlafstörungen führt, die behaupten, dass es sich nicht auf ihren Schlaf auswirkt.**

Ein Wort zum Alkohol

Auch wenn Alkohol in seiner Wirkung auf das Nervensystem eher als dämpfend denn als stimulierend betrachtet wird, sollten Sie das Folgende bedenken:

- ✔ Raucher berichten, dass sie am ehesten im Zusammenhang mit Alkoholkonsum Verlangen nach einer Zigarette verspüren.
- ✔ Alkohol steigert unmittelbar nach dem Konsum nachweislich Ängste und Nervosität.
- ✔ Alkohol kann zu emotionalen Ausbrüchen (sprich: Ärger) führen, die dann die Entspannung vor dem Einschlafen verhindern.

Zusammengefasst: Alkoholkonsum in den letzten vier Stunden vor dem Zubettgehen ist nicht schlaffördernd. Lassen Sie die Flasche im Kühlschrank, bevor Sie in die Koje gehen.

Nikotin

Genau so wie das Koffein stimuliert auch das Nikotin das Nervensystem und erhöht den Puls, den Blutdruck und die allgemeine Muskelanspannung. Das ist nicht gerade schlaffördernd. Raucher brauchen im Durchschnitt länger, bis sie einschlafen, und wachen auch häufiger nachts auf. Interessanterweise wollen viele Raucher nach dem Aufwachen sofort eine rauchen. Forscher, die das Phänomen Rauchen näher untersucht haben, sehen die Gründe dafür in einem schlafbedingten Nikotinentzug – man könnte auch sagen, das Gehirn weckt die Schlafenden auf, weil es Stoff braucht.

Wenn es irgendwie geht, sollten Sie darauf achten, dass Ihre Lieblingszigarette – alle Raucher haben eine – nicht die nach dem Abendessen ist. Leider genießen mindestens 40 Prozent der starken Raucher und auch die so genannten Gelegenheitsraucher (die weniger als fünf Zigaretten am Tag konsumieren) gerade die Zigarette nach dem Essen am meisten.

Die stimulierende Wirkung von Nikotin und Koffein addiert sich und führt umso sicherer zu schlechtem Schlaf. Letztendlich wird aus einem bisschen von beidem ziemlich viel Stimulation für das Nervensystem.

Entwickeln Sie eine Schlafvorbereitungsroutine

Ihr Nervensystem sehnt sich geradezu nach Routinen. Es funktioniert am besten – und fördert Ihre Gesundheit am nachhaltigsten –, wenn Sie jeden Tag in etwa dieselben Prozeduren durchlaufen. Es kann sein, dass *Sie* das langweilig finden, aber Ihr *Körper* liebt das!

Wenn Sie also nachts besser schlafen wollen (und Ihren Ärger in den Griff bekommen möchten), brauchen Sie eine Schlafvorbereitungsroutine. Diese Prozedur sollte vier oder mehr Stunden vor dem Zubettgehen einsetzen – wenn Sie Ihre sportlichen Aktivitäten am Nachmittag oder frühen Abend durchführen, kein Koffein und keinen Alkohol mehr zu sich nehmen und die letzte große Mahlzeit eines Tages einnehmen (Ihr Körper sollte mit der Verdauung fertig sein, wenn Sie ins Bett hüpfen) – und endet, wenn Sie das Licht ausmachen. Es empfiehlt sich, nicht mit ganz leerem Magen ins Bett zu gehen. Etwa eine Stunde vor dem Schlafengehen können Sie noch eine Kleinigkeit zu sich nehmen, einen Joghurt oder etwas Obst, nicht etwa eine Fertigpizza oder einen Eisbecher!

Schaffen Sie eine positive Schlafumgebung

Vor dem Schlafengehen kommt es nicht nur darauf an, auf zusätzliche Stimulation zu verzichten und darauf zu achten, was man isst und trinkt oder in Rauch aufgehen lässt. Wichtig ist auch die Umgebung. Der Ort, an dem Sie schlafen, sollte idealerweise einen guten Schlaf nicht nur *ermöglichen*, sondern ihn *fördern*.

Die folgenden Tipps können Ihnen helfen, eine schlaffördernde Umgebung zu schaffen:

- ✔ **Sorgen Sie durch Vorhänge, Rollos oder Rollläden dafür, dass möglichst wenig Tageslicht von außen eindringt.**
- ✔ **Vermeiden Sie extreme Temperaturen.** Die ideale Schlaftemperatur liegt zwischen 12° C und 24° C.
- ✔ **Senken Sie Ihre Körpertemperatur, indem Sie zwei Stunden vor dem Schlafengehen ein heißes Bad nehmen.**
- ✔ **Verwenden Sie Ohrstöpsel, falls Ihr Partner schnarcht.**

- **Versuchen Sie, störende Geräusche durch Hintergrundgeräusche – einen Deckenventilator, ein leise gestelltes Radio, weißes Rauschen oder Aufnahmen mit Naturgeräuschen – auszublenden.**
- **Investieren Sie in eine gute Matratze.** Wichtig ist, dass die Matratze an Ihre Körpergröße angepasst ist (Sie wollen sicher nicht, dass Ihre Füße in der Luft hängen) und Ihren Körper gut stützt.

Eliminieren Sie konkurrierende Stichworte

Das menschliche Hirn arbeitet nach dem Prinzip der Assoziation. Wenn zwei Dinge oft genug zusammen auftauchen, stellt das Gehirn eine Verbindung zwischen ihnen her. Ist diese Verbindung erst einmal da, löst ein Teil dieser Assoziation den anderen aus. (Da reagiert der Mensch auch nicht anders als die Pawlow'schen Hunde.)

Ihr Gehirn sollte in Bezug auf Ihre Schlafumgebung nur eine Verbindung – einen Gedanken, einen Impuls, einen Wunsch – herstellen, und zwar diesen: »Hurra, endlich kann ich schlafen!« Wenn Sie jetzt fragen »Und wie sieht es mit Sex aus?«, kann ich Sie beruhigen. Sex ist die einzige andere Aktivität, die Ihr Gehirn auch mit dem Schlafzimmer verbinden darf, aber der Hauptgrund, warum Sie sich dort aufhalten, sollte der Schlaf sein.

Es könnte sein, dass es Ihnen schwerfällt, in Ihrem Schlafzimmer einzuschlafen, weil Ihr Gehirn einfach zu viele andere Aktivitäten mit diesem Raum verbindet, die mit Schlaf konkurrieren. So könnte Ihr Schlafzimmer beispielsweise der Ort sein, an dem Sie:

- Fernsehen
- Sich mit Ihrem Partner streiten
- Spät noch etwas essen
- Die letzte Zigarette (Ihre Lieblingszigarette) am Tag rauchen
- Den letzten Alkohol am Tag trinken
- Arbeiten
- Laute Musik hören
- Sich auf ein Seminar oder einen bevorstehenden Test vorbereiten
- Sich mit Ihren Mitbewohnern über die Ereignisse des Tages unterhalten
- Pläne für den nächsten Tag machen
- Mit Ihren Haustieren toben
- Nächtliche Telefongespräche führen

Wenn Ihr Schlafzimmer auch ein Multifunktionsraum ist, dann ist es nicht verwunderlich, dass Sie schlecht einschlafen können und dauernd müde und gereizt sind. All diesen Aktivitäten können – und sollten Sie – auch anderswo nachgehen. Wo? Überall, nur nicht da, wo Sie schlafen. Ihr Schlafzimmer sollte ein Zufluchtsort sein, ein Ort, an dem Körper und Geist zur Ruhe kommen und sich erholen können.

Was ist mit einem Einzimmer-Apartment? Versuchen Sie, Ihren Schlafplatz vom Rest des Raumes durch ein Bücherregal, einen Raumteiler oder etwas Ähnliches abzutrennen. Und dann schwören Sie, dass Sie alles, was nicht mit Schlafen zu tun hat, in den anderen Bereichen des Raumes erledigen.

Distanzieren Sie sich von Ihrer Arbeit

Für viele Menschen füllt ihre Arbeit den ganzen Tag aus (manche sprechen in diesem Zusammenhang auch von einer Besessenheit). Wenn sie nicht gerade am Arbeitsplatz sind, dann denken sie an ihre Arbeit und nehmen sie im Kopf mit nach Hause. In der Tat sind es die Gedanken an die Arbeit, die am häufigsten mit dem Schlaf konkurrieren.

Als ich in den frühen 70er Jahren an der Medical School der Duke Universität im verhaltensmedizinischen Bereich zu arbeiten begann, kam ein Mann in unsere Klinik, der sich über chronische Schlaflosigkeit beklagte. Ganz offenbar hatte er schon alles Mögliche versucht, dem Problem beizukommen, allerdings ohne Erfolg. Als ich nach seiner Schlafumgebung fragte, war sein Problem schnell erkannt. Der Mann war Künstler und malte »leidenschaftlich«, bis es an der Zeit war, schlafen zu gehen. Wenn die Zeit gekommen war, hörte er abrupt auf zu malen, löschte das Licht und ließ sich auf eine Art Klappbett fallen, das direkt neben der Staffelei stand. Er schlief gewissermaßen in seinem *Büro*, dort, wo er auch arbeitete.

Erschwerend kam hinzu, dass zwischen der hochkreativen und stimulierenden Schaffensphase des Malens und dem Versuch zu schlafen keinerlei Pause entstand. Sein Gehirn arbeitete noch mit voller Leistung, wenn er seinen Kopf auf das Kissen legte. Ich schlug ihm zwei Änderungen vor:

- ✔ Er sollte in jedem Fall von nun an in seinem Schlafzimmer schlafen, räumlich von seinem Arbeitsplatz getrennt.
- ✔ Er sollte wenigstens eine Stunde vor dem Zubettgehen mit dem Malen aufhören.

Ich empfahl ihm außerdem, während dieser Zeit einen kleinen Spaziergang zu machen, etwas Unterhaltsames zu lesen (was nichts mit seiner Tätigkeit zu tun hatte) oder sich einfach zu entspannen, damit sein Geist zur Ruhe kommen konnte. Eine Woche später kam er zurück und berichtete, offensichtlich selbst überrascht, dass er zum ersten Mal seit Jahren tief und fest geschlafen hatte.

Wenn Ihre Arbeit Sie in jedem wachen Moment ausfüllt, brauchen Sie ausreichend Zeit, sich davon zu lösen und Ihr Denken von den Anforderungen Ihrer Arbeit zu entkoppeln, bevor Sie überhaupt daran denken können, Schlaf zu finden. Ich rate Ihnen, sich von all dem, was mit Ihrer Arbeit zu tun hat, vier Stunden vor dem Zubettgehen zurückzuziehen. Wenn das nicht möglich ist, sollten Sie wenigstens eine Stunde vor dem Schlafengehen von allem ablassen, was mit Arbeit zu tun hat – aber denken Sie daran: Mehr ist besser.

Entrümpeln Sie Ihren Geist

Ein weiterer Grund, warum Sie nicht gut schlafen, könnte darin liegen, dass Ihr Gehirn zum Zeitpunkt des Schlafengehens mit zu viel psychologischem »Gerümpel« zugeschüttet ist. Sobald es ruhig und dunkel um Sie wird, stürzt sich Ihr Gehirn auf all die ungelösten Probleme, Kümmernisse, Ängste, Sorgen und Frustrationen, die Sie mit sich herumschleppen.

Schreiben Sie als Teil Ihrer Schlafvorbereitungsprozedur die Dinge auf, um die Sie sich am nächsten Tag kümmern wollen. (Legen Sie sich eigens dafür einen Notizblock auf Ihren Nachttisch.) Am nächsten Morgen liegt Ihre Agenda für den Tag dann schon bereit und Sie müssen sich nicht die ganze Nacht herumwälzen und sorgen, dass Sie etwas vergessen könnten.

Und wie ist es mit Schlaftabletten?

Viele Menschen, die seit Tagen, Wochen, Monaten oder Jahren nicht mehr gut geschlafen haben, halten Schlaftabletten für eine gute Möglichkeit.

Wenn Sie sich mit Schlaftabletten einen guten Schlaf verschaffen und Ihre Müdigkeit und Reizbarkeit loswerden wollen, sollten Sie das nicht tun, ohne vorher Ihren Arzt zu konsultieren. Viele schlaffördernde Medikamente haben unerwünschte Nebenwirkungen (Schläfrigkeit am Tage, Ängste und Schlaflosigkeit nach dem Absetzen). Dazu kommt, dass der Griff zur Schlaftablette bei Ihnen die Vorstellung verstärken kann, dass Sie Opfer einer Störung sind, über die Sie keine Kontrolle haben – was nun wirklich nicht stimmt. Es gibt keine glaubwürdigen Beweise dafür, dass nicht rezeptpflichtige schlaffördernde Medikamente den Schlaf auch wirklich objektiv verbessern.

Die einzige Pille, die Ihnen einen guten Schlaf verschaffen könnte, ohne dass Sie sich über Abhängigkeit oder Probleme nach dem Absetzen Gedanken machen müssen, ist ein Antidepressivum. Antidepressiva können in geringer Dosis verschrieben werden, um eine schlaffördernde Wirkung herbeizuführen. Sprechen Sie in jedem Fall mit Ihrem Arzt. Er kann Ihnen sagen, ob dieser Ansatz bei Ihnen sinnvoll sein könnte.

Eine höhere Macht

18

In diesem Kapitel

- Verbindungen zwischen Spiritualität und emotionaler Gesundheit
- Der Glaube als Werkzeug im Ärgermanagement
- Nach Demut streben
- Mitgefühl statt Verachtung

Der Seelenfrieden, den der Glaube an eine höhere Macht mit sich bringt, ist ein Gegenmittel gegen Ärger. Wenn man an etwas glaubt, das mächtiger ist als man selbst, und sein Handeln nach diesem Glauben ausrichtet, fühlt man sich dem Leben nicht so hilflos ausgeliefert, verfällt seltener in Hoffnungslosigkeit und blickt optimistischer in die Zukunft. Man kann seine Probleme entspannt angehen, weil man sich aufgehoben fühlt.

In diesem Kapitel möchte ich Ihnen darlegen, warum ich glaube, dass Spiritualität – die eine regelmäßige Teilnahme an religiösen Aktivitäten beinhalten kann oder auch nicht – dazu beitragen kann, dass der Ärger weniger Chancen hat, sich breitzumachen. Was Sie in diesem Kapitel nicht finden werden, sind Wiederholungen aus anderen Kapiteln, in denen es beispielsweise um Bekenntnisse (Kapitel 9), Vergebung (Kapitel 13) und Substanzen geht, die man auch als »sündig« betrachten könnte, nämlich Koffein, Alkohol und Nikotin (Kapitel 15). Ich werde hier vielmehr andere traditionelle spirituelle Elemente wie Glauben, Mitgefühl, Dankbarkeit und Demut ansprechen, die in allen organisierten Religionen zu finden sind und die man auch im Kampf gegen den Ärger zum Tragen bringen kann.

Blicken Sie nach oben, statt um sich herum

Der Mensch braucht Unterstützung, wenn er überleben will. Für die meisten von uns kommt diese Unterstützung von den Mitmenschen, zu denen wir eine enge Beziehung haben – Ehepartner, Familienmitglieder, Freunde, Kinder, Mitglieder einer Religionsgemeinschaft.

Wie aber sieht es aus, wenn wir aus den gewohnten Quellen gerade aus irgendeinem Grund keine Unterstützung bekommen können? Was machen wir in Situationen, in denen alle Möglichkeiten der Unterstützung ausgeschöpft sind? Was machen wir, wenn die Menschen, die uns sonst helfen, verärgert auf Distanz gegangen sind? Anders ausgedrückt: Was machen wir, wenn wir nicht die Hand nach Hilfe ausstrecken können, wenn wir sie dringend bräuchten?

Sie blicken stattdessen nach oben. Sie richten Ihre Gedanken an eine höhere Macht. Sie beten. Sie erholen sich von der Last des irdischen Daseins, indem Sie Ihre Probleme in die Hände einer unsichtbaren spirituellen Instanz legen, bei der Sie sich sicher und aufgehoben fühlen. Dann können Sie sich entspannen. Sie müssen sich nicht länger gegen Widrigkeiten zur Wehr setzen und folglich auch nicht länger all die Angst und all den Ärger mit sich herumschleppen.

Das Neue Testament lehrt uns, dass selbst Jesus sich an seinen himmlischen Vater wandte, als er die mit der Kreuzigung verbundenen Schmerzen auf sich nehmen musste, und betete: »Abba, Vater, alles ist dir möglich. Nimm diesen Kelch von mir! Aber nicht, was ich will, sondern was du willst, soll geschehen« (Markus, 14:36).

Haben Sie keine Angst davor, enthusiastisch zu sein. *Enthusiasmus* heißt nichts anderes als »den göttlichen Geist in sich spüren«. Versuchen Sie, angesichts der Probleme, die das Leben so mit sich bringt, besonders enthusiastisch zu sein.

Gehen Sie hin – egal wo

Wenn Sie das Risiko minimieren wollen, Erkrankungen zum Opfer zu fallen, die im engen Zusammenhang mit Ärger stehen (siehe Kapitel 2), sollten Sie meinem Rat folgen und wenigstens einmal in der Woche an einem Gottesdienst teilnehmen. Medizinische Studien haben zum Beispiel wiederholt gezeigt, dass Kirchgänger im Vergleich zu Nicht-Kirchgängern ein um die Hälfte geringeres Herzinfarktrisiko tragen. Unabhängig vom Alter, vom Gewicht und den sozioökonomischen Umständen sowie der Frage, ob sie rauchen oder nicht, haben Kirchgänger als Gruppe einen niedrigeren Blutdruck. Offensichtlich kann die Teilnahme an religiösen Aktivitäten ein Heilmittel für das sein, was der bedeutende Psychologe William James die »kranke Seele« der Menschheit nannte.

Achtung: Es gibt keine Belege dafür, dass eine bestimmte Religion – Christentum, Judentum, Islam, Hinduismus, Buddhismus und so weiter – gesundheitsfördernder wäre als andere. Es ist also egal, wo Sie hingehen, Hauptsache, Sie gehen!

Der Glaube als Waffe

Im Rahmen meiner Arbeit habe ich viele Menschen kennen gelernt, die ungeheuren Ärger mit sich herumschleppten, weil sie an chronischen Schmerzen litten (etwa infolge von Rückenverletzungen). Sie können sicher sein, dass mir bewusst war, dass diese Menschen gute Gründe hatten, verärgert zu sein – erfolglose Therapien, bittere Erfahrungen mit Arbeitgebern und Versicherungen, Einkommens- und Statusverluste. Was mich jedoch beeindruckte, war die Intensität und die Dauer ihres Ärgers. Jemand, der chronische Rückenschmerzen ertragen muss, ist nicht bloß verstimmt wegen seines Lebens und seiner gesundheitlichen Probleme, er ist äußerst verärgert, fast wütend. Und dieser Zustand dauert Tag für Tag, Jahr für Jahr an und verstärkt die Schmerzen nur noch und zieht andere psychologische Probleme wie Depressionen nach sich. Viele chronische Schmerzpatienten sind in einem Teufelskreis gefangen – je größer die Schmerzen, desto größer der Ärger, je größer der Ärger, desto intensiver die Schmerzen.

Ebenfalls typisch für diese Menschen ist, dass sie jeglichen Glauben verloren haben – an Ihre Arbeitgeber, Versicherungen, Ärzte, Familienmitglieder, Freunde, selbst den an sich selbst. Und nicht wenige von ihnen verlieren auch den Glauben an Gott, weil sie sich von Gott verlassen fühlen. Chronischen Schmerzpatienten erscheint ihr Ärger in dieser Situation als geeignete Waffe. Sie halten den Ärger für die *einzige* Möglichkeit, die sie haben, sich gegen Schmerzen und Ungerechtigkeit zur Wehr zu setzen.

Aber auch der Glaube kann eine Waffe sein, die nicht weniger wirksam als Ärger ist. Der Glaube kann ein Gegenmittel gegen Furcht, Isolation und Depression sein. Der Glaube kann Trost bieten. Und solange Sie an eine höhere Macht glauben (egal, wie Sie sich diese Macht vorstellen), stehen Sie nie wirklich alleine da.

Niemand kann bewirken, dass Sie glauben. Den Glauben kann man sich nicht verdienen. An etwas zu glauben, das man nicht beweisen kann und das man nicht unter Kontrolle hat, ist einfach eine persönliche Entscheidung. Sie brauchen beispielsweise viel Glauben, darauf zu vertrauen, dass ein verärgerter, trotziger Teenager irgendwann erwachsen wird und es im Leben zu etwas bringt. Sie brauchen viel Glauben, um einen Weg aus einer unerwarteten Lebenskrise zu finden – ein geliebter Mensch erfährt plötzlich, dass er Krebs hat, ein Sturm oder eine Überschwemmung zerstört alles, wofür Sie ein Leben lang geschuftet haben, Sie verlieren ein Kind durch die Verantwortungslosigkeit eines betrunkenen Autofahrers. Wenn Sie glauben, sagen Sie sich, dass die Situation sich bessern wird, auch wenn im Moment alle Anzeichen dagegen sprechen. Wenn Sie glauben, werden Sie nicht verzweifeln. Verzweiflung ist aber ein Nährboden für Ärger.

Der Glaube ist eine Waffe, die Ihnen hilft, mit einer ungewissen Zukunft zu leben. Er ist ein Mittel zum Zweck – dem Überleben, einem glücklicheren Leben, der Lösung eines Problems. Wie die meisten Menschen werden auch Sie die Unsicherheit hassen, weil sie Angst macht, und Angst kann wiederum Ärger auslösen. Versuchen Sie, mit Hilfe Ihres Ärgers die Unsicherheit abzuschütteln? (»Verdammt noch mal, warum kann sich dieser ganze Mist nicht einfach in Wohlgefallen auflösen und zur Abwechslung mal etwas gut gehen?«) Wenn das so ist, dann nehmen Sie die Unsicherheit der jeweiligen Situation einfach an (wie Sie eine robuste Persönlichkeit entwickeln, können Sie in Kapitel 14 nachlesen) und betrachten Sie die Krise als Herausforderung.

Beim Ärgern geht es zum größten Teil darum, sich gegen Widrigkeiten zu verteidigen. Der Glaube dagegen ist eine Bewältigungsstrategie, die Dr. Avery Weisman, der Autor des Buches *The Coping Capacity*, als eine »strategische Anstrengung zur Bewältigung eines Problems, zur Überwindung eines Problems« bezeichnet, »das uns daran hindert, [im Leben] weiterzukommen.« Ärger ist eine Reaktion, der Glaube ergreift die Initiative.

Halten Sie an Ihrem Glauben fest

Die Uhr zeigte 2:30 Uhr. Arthur saß am Esszimmertisch und dachte darüber nach, ob er sich das Leben nehmen sollte. Seine Frau, mit der er 25 Jahre lang verheiratet war, schlief derweil tief und fest nebenan. 15 Jahre litt er nun schon unter chronischen Schmerzen und er war diese Schmerzen, die Arbeitslosigkeit und die Einschränkungen im Alltag leid. Er war verärgert, nicht wegen irgendetwas, was ihm in den letzten beiden Tagen widerfahren war, sondern wegen der endlosen Quälerei, mit der er nach seinem Arbeitsunfall leben musste. Er fühlte sich alleingelassen mit diesen Schmerzen und seinem Leid. Noch nicht einmal seine Frau, die ihn liebte, konnte verstehen, warum es ihm nicht besser ging.

Die Entscheidung, vor der er an diesem Morgen stand, war entweder, seinem Leiden ein Ende zu setzen (der Revolver lag auf dem Tisch) oder an diesem Tag ein ganz neues Leben anzufangen. Im Alter von 54 Jahren war in Arthurs Leben nur eines sicher, dass er jede Minute jeden Tages Schmerzen empfinden würde.

Nach stundenlangem Hin und Her entschied er sich schließlich, am Leben zu bleiben und sein Leben gewissermaßen ganz neu zu beginnen. Das war vor zehn Jahren. Arthur hat immer noch chronische Schmerzen, aber er ist nach dem, was man so hört, ein recht glücklicher Mensch. Er baute ein neues Haus, er reist, er arbeitet ab und zu im Garten und spielt sogar ein wenig Golf – alles mit Schmerzen. Und alles, was es brauchte, sein altes, tragisches Leben hinter sich zu lassen und ein neues anzufangen, war ein wenig Glauben.

Dankgebete sprechen

Es gibt viele Arten zu beten. Der eine betet um Verständnis, der andere um Vergebung, die einen bitten Gott, das wieder hinzubiegen, was in ihrem Leben schiefläuft, die anderen flehen darum, von ihren Schmerzen befreit zu werden und wieder andere beten für mehr Möglichkeiten im Leben. All das sind Bittgesuche – die Betenden wollen etwas! Solche Gebete fangen immer mit dem Wort *bitte* an.

Gott um etwas zu bitten, ist eine feine Sache, aber wenn Sie etwas von Ihren Gebeten haben wollen, ist es hilfreicher, wenn Sie darin Ihre Dankbarkeit ausdrücken. Es ist kaum möglich, sich zu ärgern, während man sich für etwas bedankt.

Ärger hat viel mit dem Gefühl zu tun, dass man nicht das bekommt, was man gerne hätte (oder was man verdient zu haben glaubt). Vielleicht wird Ihre Arbeit nicht entsprechend anerkannt oder Sie verdienen nicht so viel Geld, wie Sie sollten. Vielleicht bringen Ihre Kinder Ihnen nicht den Respekt entgegen, den Sie von ihnen erwarten. Vielleicht kommt Ihr Hund nicht, wenn Sie ihn rufen. Über all das ärgern Sie sich.

Dankbarkeit dagegen empfindet man für das, was man bereits erhalten hat. Als ich vor einigen Jahren mit aller Macht versuchte, eine längere depressive Phase zu überwinden (in der ich auch viel Ärger erlebte), beschloss ich eines Morgens, Gott nicht länger darum zu bitten, etwas für mich zu tun. Ich bat ihn stattdessen, meine Kinder im Auge zu behalten, während sie aus ihren

Erfolgen und Misserfolgen lernten, meine Frau (die Liebe meines Lebens), meine Brüder und ihre Familien, meine Freunde, meine Klienten und selbst meine Bassett-Hunde zu beschützen. Ich hatte das Gefühl, dass Gott mir bereits mehr gegeben hatte, als ich je vom Leben erwartet hatte. Also dachte ich, wenn Gott in der mir verbleibenden Zeit noch mehr Gutes für mich tun will, dann ist das schön. Wenn nicht, dann ist das auch in Ordnung. Wie immer es auch kommt, ich bin dankbar dafür – und ich ärgere mich kaum noch.

Beginnen Sie jeden Tag mit einem Dankgebet. Legen Sie sich im Kopf eine Liste mit all den Dingen an, mit denen Sie gesegnet sind – Menschen, Ereignisse, was auch immer –, und sprechen Sie sie (still oder laut) aus, damit Gott weiß, dass Sie sich an alles Gute erinnern, das Ihnen zuteil geworden ist, und wirklich dankbar dafür sind. Warten Sie danach ab, ob Sie nicht ein wenig inneren Frieden verspüren, wenn Sie sich den Herausforderungen des Alltags stellen.

Robustheit und Religion

Es ist interessant zu beobachten, dass Studien auf eine Verbindung zwischen der Teilnahme am religiösen Leben und ausgeprägten Widerstandsfähigkeit hindeuten. Robustheit geht mit einem Gefühl für die innere Kontrolle, einer aktiven Beteiligung am Leben und der Fähigkeit einher, die Widrigkeiten des Lebens als Herausforderung zu betrachten anstatt als Katastrophe. Macht Sie die Teilnahme an Gottesdiensten selbst robust oder verstärkt sie einfach nur das, was in Ihrer Persönlichkeit bereits angelegt ist? Wer vermag das schon zu sagen? Wenn diese beiden Faktoren jedoch miteinander verbunden scheinen, warum sollte man dann nicht einen Versuch wagen?

Mitgefühl üben

Alle Weltreligionen haben ungeachtet aller Unterschiede eines gemeinsam – sie lehren und predigen Mitgefühl. Wenn die Bibel davon spricht, man solle anderen das tun, was einem selbst getan wurde, dann meint sie sicher nicht Ärger und Gewalt – gemeint ist die Nächstenliebe (anwesende Haustiere eingeschlossen).

In Tabelle 18.1 finden Sie einige der Unterschiede zwischen den beiden Möglichkeiten, andere Menschen zu behandeln: Mitgefühl und Rache.

Rache ...	Mitgefühl ...
gründet in Ärger und Hass.	gründet in Liebe.
will verletzen.	will helfen.
verschärft Konflikte.	mildert Konflikte.
fällt ein Urteil.	fällt kein Urteil.
sagt: »Sie haben Unrecht.«	sagt: »Sie brauchen Hilfe.«
sagt: »Ich bin gegen die anderen.«	sagt: »Ich bin für die anderen da.«
ist destruktiv.	ist konstruktiv.

Tabelle 18.1: Rache oder Mitgefühl?

Schließen Sie einen Vertrag mit sich selbst, keinen Tag verstreichen zu lassen, ohne dass Sie eine Möglichkeit gefunden haben, einem anderen Menschen Ihr Mitgefühl zu zeigen. Sie werden überrascht sein, wie kleine mitfühlende Gesten – ein nettes Wort zur rechten Zeit – für andere Menschen den Tag retten können. Professor Shelly Taylor von der Universität von Kalifornien in Los Angeles sieht in solchen Gesten Beispiele für das, was sie »sich kümmern und helfen« nennt, eine Form der positiven Psychologie (mehr über positive Psychologie in Kapitel 19), die Menschen erlaubt, besser über schwere Zeiten hinwegzukommen. (Es ist interessant festzustellen, dass dieser Zug bei Frauen verbreiteter ist als bei Männern. Leben Frauen vielleicht deshalb länger?)

Der Apfel fällt nicht weit vom Stamm

Der Unterschied zwischen Rache und Mitgefühl wird sehr schön in einer Geschichte deutlich, die der legendäre Profi-Golfspieler Chi Chi Rodriguez einmal erzählte. Chi Chi entstammte einer armen puerto-ricanischen Familie. Sein Vater schuftete sich den Rücken krumm und konnte seine Familie dennoch kaum über die Runden bringen.

Eines Nachts hörte sein Vater jemanden durch den Garten hinter dem Haus schleichen. Er griff sich seine Machete und ging hinaus, um nachzusehen, wer sich da zu schaffen machte. Es war sein ebenfalls bettelarmer Nachbar, der sich ein paar Bananen vom Boden zusammenklaubte. Anstatt auf seinen Nachbarn wütend zu sein und ihn wegen seines Diebstahls niederzumachen, nahm er seine Machete, hieb ein großes Stück von einer Bananenstaude ab und reichte sie ihm. Dann bat er ihn, wenn seine Familie das nächste Mal nichts zu essen habe, ihn doch um Hilfe zu bitten, anstatt sich einfach etwas zu stehlen.

Diese Lektion in Sachen Mitgefühl war die Messlatte für Chi Chis ganzes Leben. Sie ist wohl auch der Grund dafür, dass er bekannt dafür wurde, seinen als Berufsgolfer erworbenen Reichtum mit denen zu teilen, die weniger Glück im Leben hatten als er.

Seien Sie demütig – es hilft

Ein Gefühl der Demut zu entwickeln, ist ein weiteres Gegenmittel gegen toxischen Ärger. Demütig sein ist das Gegenteil von

- ✔ Arrogant sein
- ✔ Ansprüche haben
- ✔ Sich als überlegen betrachten
- ✔ Gegenüber denjenigen Verachtung an den Tag legen, die man als weniger gut als sich selbst betrachtet

All diese gegenteiligen Haltungen pflegen Ärger zu fördern. Ich erinnere mich an den weltberühmten Stressforscher Dr. Hans Selye, der auf die Frage, warum er nicht angesichts der

Gebrechen des Alters (es war anstrengend für ihn, vor und nach seinen Vorlesungen über Stress den Höhenunterschied zum Podium zu überwinden) und der Tatsache, dass nicht jeder Mediziner mit den Schlüssen einverstanden war, die er aus seinen lebenslangen Forschungen gezogen hatte, mehr Stress empfinden würde, ganz einfach antwortete: »Weil ich mich selbst nie so ernst genommen habe.« Das nenne ich Demut!

Demut lernt man im Umgang mit Widrigkeiten. Niemand wird demütig, wenn er sich auf der Leiter seines Lebens nach oben bewegt – Demut erfährt man auf dem Weg nach unten. Da ich mich nun einmal beruflich mit dem Leiden der Menschen beschäftige, werde ich sehr oft gefragt: »Warum lässt Gott zu, dass so etwas passiert?« Da ich mir nicht anmaßen möchte, für Gott zu sprechen, biete ich dann gerne meine persönliche Theorie zu dieser Frage an, die da lautet: »Weil ich glaube, dass wir nur so lernen, demütig zu sein – und das ist es, was Gott von uns will.« Ob das so ist, weiß niemand. Aber es scheint bei vielen das Leiden ein wenig zu lindern.

Suchen Sie jeden Tag nach Möglichkeiten, Demut zu zeigen. Denken Sie daran, was der Komiker Woody Allen sagt: »Wir sind alle Dummköpfe, die im selben Bus sitzen!« Vielleicht sind Sie der Fahrer oder nur ein Passagier – aber Sie sind in jedem Fall ein Dummkopf. Immer wenn ich daran denke, fühle ich mich unendlich erleichtert und ich würde es gar nicht schaffen, den ganzen Tag verärgert zu sein. Sie könnten sich an einer gemeinnützigen Initiative beteiligen, ohne dabei eine verantwortliche Position zu übernehmen. Finden Sie einfache Möglichkeiten, wie Sie die Welt ein wenig besser machen können. (**Hinweis:** Verschönern Sie Ihre Umgebung, indem Sie Abfall aufsammeln, den andere achtlos in die Landschaft geworfen haben. Oder arbeiten Sie ab und zu für Organisationen oder Initiativen, die sich um alte oder schwerkranke Menschen kümmern.)

Wie geht es dir?

In den fünf Jahren, in denen ich mich durch die dunklen Wolken einer klinischen Depression kämpfte, fühlte ich mich oft mutlos und erschöpft. Und dann passierte etwas Wunderbares: Das Telefon klingelte und einer meiner Freunde am anderen Ende sagte: »Hallo Doyle, ich habe gerade etwas Zeit und wollte mal hören, wie es dir geht.« Oft lautete meine Antwort: »Nicht so gut!« Dann versuchten meine Freunde, mich wieder ein wenig aufzurichten, vor allen Dingen aber vermittelten sie mir, dass ich ihnen etwas bedeutete. Ich bin fest davon überzeugt, dass diese kleinen Unterbrechungen, in denen ich Mitgefühl erfuhr, meine Gesundheit, wenn nicht gar mein Leben gerettet haben. Wenn ich eines Tages in die Grube gehe, werde ich mich an diese Anrufe in Dankbarkeit erinnern.

Achtung: Eine Möglichkeit, mit dem eigenen Ärger fertig zu werden, ist, den Menschen im unmittelbaren Umfeld zu helfen. Achten Sie auf Ihre Freunde und Ihre Familie und darauf, wie sie sich fühlen. Wenn Sie sich nicht mehr nur auf Ihren Ärger konzentrieren und anderen helfen, könnte es sein, dass Ihr Ärger abflaut.

Einen gesegneten Tag haben

An einem meiner denkwürdigsten Schmerz-Seminare nahmen drei Frauen teil, die alle jahrelang unter furchtbaren Kreuz- und Nackenschmerzen gelitten hatten. Anders als die Mehrzahl meiner Schmerzklienten, die auf meine gut gelaunte Frage »Wie geht es Ihnen heute morgen?« entweder die Achseln zuckten oder indigniert zurückfragten »Was denken Sie, wie es mir wohl geht?«, antworteten die drei regelmäßig: »Ich bin gesegnet – ich hoffe, Sie auch.« Und wenn sie vier Stunden später wieder nach Hause gingen, nachdem sie ein schmerzhaftes und anstrengendes Fitnesstraining hinter sich gebracht hatten, waren ihre letzten Worte immer: »Ich wünsche Ihnen einen gesegneten Tag!«

Zuerst war ich nicht sicher, wie ich auf ihren Segen reagieren sollte. Ihre Antworten waren nicht nur für Patienten untypisch, sondern passten auch scheinbar nicht in die Umgebung – schließlich ging es um Schmerzbewältigung. Als ich mich aber daran gewöhnt hatte und auf die gleiche Weise antwortete, erkannte ich, dass genau darin der Grund lag, warum diese drei Frauen nicht verärgert, verbittert, depressiv und angstvoll auf die Schmerzen reagierten, die sie Tag für Tag ertragen mussten. Anstatt sich auf die schmerzvollen Phasen ihres Alltagslebens zu konzentrieren, waren sie in der Lage, ihre Schmerzen als Teil eines ansonsten gesegneten Lebens zu begreifen. Für sie war es ein Segen, zu leben, treu sorgende Freunde zu haben, die Unterstützung ihrer Familien zu spüren und immer noch beweglich genug zu sein, am Sonntag in die Kirche gehen zu können. Sie hatten im Grunde alles, was man braucht, um mit Schmerzen einigermaßen leben zu können.

Fangen Sie den Tag damit an, dem ersten Menschen, den Sie treffen, zu sagen: »Haben Sie einen gesegneten Tag.« Warten Sie ab, wie die Reaktionen ausfallen. Vielleicht antworten ja viele »Danke, Sie auch.« Eine gute Sache ist auch, eine Unterhaltung mit besonders feindseligen Menschen mit einem »Haben Sie einen gesegneten Tag« zu beenden und zu beobachten, wie er reagiert. Ich wette, das nimmt ihrer Feindseligkeit den schlimmsten Stachel. Es ist nicht so einfach, sich wie ein Schuft zu benehmen, wenn man gerade gesegnet worden ist!

Meine drei schwarzen Engel

Zum Abschluss des fünfwöchigen Schmerzseminars (siehe den Abschnitt *Einen gesegneten Tag haben*) überraschten mich dieselben drei Frauen, alle drei Afroamerikanerinnen, mit einem Geschenk. Sie wollten, dass ich wusste, wie sehr sie meine Bemühungen schätzten, ihnen dabei zu helfen, trotz ihrer chronischen Schmerzen ein sinnerfülltes Leben zu führen. Es war ein einzigartiges Geschenk – drei hölzerne schwarze Engel. »Wir wollten, dass Sie wissen, dass immer drei Engel für Sie da sind, egal wie dick es in Ihrem Leben auch kommen mag.«

Ich war gerührt und fühlte mich wirklich gesegnet. Dann sinnierte ich laut: »Ich frage mich, wie viele weiße Männer drei schwarze Schutzengel haben?« Wir lachten und herzten uns noch einmal, bevor sie gingen. Die drei schwarzen Engel stehen seitdem gut sichtbar in meinem Büro. Wenn es mir einmal nicht so gut geht oder ich gereizt bin und am liebsten jemandem den Kopf abbeißen würde, schaue ich auf die Engel und fühle mich gleich viel besser.

In guter Stimmung bleiben

19

In diesem Kapitel

- Wie man in guter Stimmung bleibt
- Stimmungsstörungen entdecken
- Ärger und Depressionen
- Wirksame Behandlungsmöglichkeiten
- Dem Hirn wieder Beine machen
- Wann Sie professionelle Hilfe in Anspruch nehmen sollten

Ärger und eine schlechte Stimmungslage sind eng miteinander verbunden. Man kann nicht verärgert und gleichzeitig besonders gut »drauf« sein. Diese Verbindung geht aber noch ein Stück weiter: Wenn man depressiv ist, baut sich sehr schnell Ärger auf. In diesem Kapitel beleuchte ich die Hintergründe dieser Verbindung zwischen Ärger und Depressionen. Es geht dabei auch um Veränderungen in der Gehirnchemie, um pessimistische Grundhaltungen und den Verlust wichtiger Beziehungen zu anderen Menschen. Depressionen können auch entstehen, wenn man Ärger unterdrückt – zum Beispiel, wenn man es nicht schafft, seinen Ärger auszudrücken (Kapitel 5) oder alten Groll mit sich herumschleppt (Kapitel 13). Und schließlich kann Ärger, wie der Gebrauch oder Missbrauch vom Substanzen wie Nikotin, Alkohol und Koffein auch ein Versuch sein, eine Stimmungsstörung selbst zu therapieren.

Eine Teilnehmerin an einem meiner Ärgermanagement-Workshops beschrieb Ärger als »eine Möglichkeit zu erfahren, dass ich lebe«. Sie sagte das in einem eher gedrückten Tonfall, so dass ich den Eindruck hatte, sie fühlte sich ohne die Energieschübe, die ihr Ärger ihr verschaffte, ansonsten »emotional tot«. Das entspricht nach meinem Verständnis der Definition einer schweren Depression.

Darüber hinaus möchte ich in diesem Kapitel auch auf die wichtige Rolle hinweisen, die verschreibungspflichtige Medikamente (Antidepressiva) im Ärgermanagement spielen können. Daniel, ein 47 Jahre alter Mechaniker, ist ein gutes Beispiel dafür, was passieren kann, wenn man die so genannten »Glückspillen« mit all den anderen Strategien zur Reduzierung toxischen Ärgers einsetzt, die ich Ihnen in diesem Buch vorstelle. Daniel kam zu mir in Behandlung, nachdem er seine Frau körperlich angegriffen hatte. Es war das erste Mal, dass er seinen Ärger auf diese Weise ausgedrückt hatte, aber sein aufbrausendes Naturell hatte schon seit seiner frühen Kindheit immer wieder Probleme verursacht – genau wie seine depressiven Phasen. Daniel berichtete nicht nur von seinen Schwierigkeiten, seinen Ärger unter Kontrolle zu halten, sondern auch von Konzentrationsschwierigkeiten, ständigen Sorgen, spontanen Weinkrämpfen und häufigen traurigen Stimmungen. All das hatte sich in den letzten Jahren verschlimmert.

Zunächst war Daniel skeptisch gegenüber der Einnahme von Medikamenten. Er dachte, sein Ärgerproblem würde sich entweder selbst erledigen oder könnte durch Gespräche mit einem Therapeuten »aus der Welt geschafft werden«. Womit er nicht rechnete, war, dass er sich so viel besser fühlen würde, wenn die Wirkung seines Antidepressivums einsetzte. Das war etwa vier Wochen nach der ersten Einnahme und noch bevor die Gesprächstherapie erste positive Auswirkungen zeigen konnte. Er fasste es so zusammen: »Ich war nie zuvor glücklich – jetzt bin ich es. Ich habe nie mit meiner Familie gesprochen, wenn ich wütend war – jetzt tue ich das. Ich konnte nie ruhig schlafen – jetzt kann ich es. Ich war immer angespannt – jetzt bin ich es nicht mehr.« All diese Veränderungen führten dazu, dass Daniels Wutausbrüche wesentlich seltener wurden – zu Hause und am Arbeitsplatz.

Das Negative zurückdrängen: Bleiben Sie positiv

Haben Sie schon einmal bemerkt, dass manche Menschen *imme*r gut gelaunt zu sein scheinen? Ich hatte eine Tante, bei der das so war. Sie hatte ihre Eltern schon als Kind verloren und war zusammen mit meiner Mutter in einem Waisenhaus aufgewachsen. Mit Anfang zwanzig wurde sie bei einem Verkehrsunfall verkrüppelt. Sie konnte keine Kinder bekommen. Finanziell ging es ihr nie richtig gut. Im Alter erlitt sie einen schweren Schlaganfall, der zu einer teilweisen Lähmung führte. Die letzten zehn Jahre ihres Lebens verbrachte sie in einem Pflegeheim. Und dabei war sie immer positiv, klagte nie, ärgerte sich nie und hatte für jeden ein freundliches Wort. Nichts konnte ihre positive Stimmung trüben!

Lange Zeit konnten die Psychologen Menschen wie meine Tante nicht so recht verstehen. Sie waren viel zu sehr mit Menschen des anderen Extrems beschäftigt, denen all die Qualitäten fehlten, die meine Tante auszeichneten und die sie in die Lage versetzten, mit den Widrigkeiten ihres Lebens fertig zu werden. Das begann sich erst mit der so genannten *positiven Psychologie* zu ändern, die darauf aus ist, die Stärken und Fähigkeiten eines Menschen (Dinge wie Optimismus, Widerstandskraft, Weisheit und Robustheit) zu erkunden und zu stärken, die ihm ermöglichen, Widrigkeiten zu überwinden und erfolgreich zu leben.

In den folgenden Abschnitten stelle ich ihnen einige Verhaltensweisen vor, die eine positive Stimmung fördern und erhalten. Danach schildere ich Ihnen, was Sie tun können, um sich aus einer schlechten Stimmung zu befreien – Dinge wie lachen, optimistisch sein, Vorteile finden und ein emotionales Klima schaffen, in dem Sie aufblühen können.

Lachen: Wirklich die beste Medizin

Lachen ist im wahrsten Sinne des Wortes ein Schmerzmittel. Es stoppt sowohl körperlichen als auch seelischen Schmerz. Studien, in denen die Wirkungen von normalen Ablenkungen, Entspannung und Lachen miteinander verglichen wurden, ergaben, dass Lachen die Schmerzschwelle am effektivsten höher setzt. Lachen reduziert demnach die Schmerzempfindlichkeit.

Dasselbe gilt für die *Empfänglichkeit für Ärger*, also wie empfindlich Sie sind und wie leicht Ihr Ärger provoziert werden kann. Anders ausgedrückt: Bei guter Laune sind Sie weniger anfällig für Ärger als bei schlechter Laune. Ihre gute Laune ist eine Art Schutzschild gegen die Widerhaken des schlechten Benehmens anderer Menschen.

Manche Menschen scheinen mit einem Gefühl für gute Laune geboren zu werden, Sie müssen nicht versuchen, komisch zu sein oder sich und andere Menschen zum Lachen zu bringen – das kommt ganz von selbst. Andere Menschen dagegen finden bei sich selbst nichts zum Lachen und müssen woanders danach suchen. Vor einigen Jahren hatte ich eine Klientin, die viel Zeit damit verbrachte, Cartoons und Karikaturen aus Zeitungen und Zeitschriften auszuschneiden, die sie dann den Menschen schenkte, denen sie begegnete – ich bekam auch immer einen Ausschnitt, wenn sie zur Sitzung erschien. Sie meinte, das erleichtere ihr nicht nur ihre Depressionen aufgrund ihrer Rückenschmerzen, sondern verringere auch ihre Schmerzen. Selbst nachdem die Behandlung bei mir beendet war, kam sie regelmäßig in meine Praxis, um mir ein paar Cartoons zu schenken und ein wenig Licht in meinen Alltag zu bringen. Im Folgenden habe ich einige andere Möglichkeiten zusammengetragen, wie Sie mehr Lachen in Ihr Leben bringen können:

- ✔ Wenn Sie einen Freund mit viel Sinn für Humor haben, sollten Sie so viel Zeit wie möglich mit ihm verbringen.
- ✔ Meiden Sie die ernsten Sendungen im Fernsehen – besonders die Nachrichten – und wählen Sie stattdessen etwas Leichteres. Es darf ruhig auch albern sein.
- ✔ Suchen Sie nach Filmen, die Sie zum Lachen bringen, und schauen Sie sie regelmäßig. Betrachten Sie das als Therapie!
- ✔ Gehen Sie dort essen, wo die Menschen eher laut sind und Spaß haben. (Wenn ich mich niedergeschlagen fühle, gehe ich immer gerne in mexikanische Restaurants.)
- ✔ Verbringen Sie Zeit mit Haustieren. Wenn Sie sie näher kennen lernen, können Sie herrlich mit ihnen toben.
- ✔ Gehen Sie in eine Buchhandlung und kaufen Sie sich ein Comedy-Buch. (Langfristig kann es Ihnen genau so viel nutzen wie ein Buch über Ärgermanagement!)
- ✔ Schauen Sie das Spätprogramm im Fernsehen. Das ist alles albernes und dummes Zeug – genau das, was der Arzt seiner Familie nach einem langen, anstrengenden Tag verschreibt.
- ✔ Beteiligen Sie sich an Aktivitäten, die Sie mit freundlichen Menschen zusammenbringen. Sie glauben nicht, wie viel Gelächter durch unser Haus schallt, wenn meine Frau mit ihren Bridge-Partnerinnen zusammen sitzt. Man kann den Fernseher kaum noch hören!
- ✔ Platzieren Sie am Arbeitsplatz und zu Hause Erinnerungsstücke an schöne Erlebnisse mit Freunden und Familie.
- ✔ Schließen Sie Ihre Augen und rufen Sie sich Situationen ins Gedächtnis, in denen Sie so lachen mussten, dass es wehtat.

Gesellen Sie sich zu den Optimisten

Es gibt eine direkte Verbindung zwischen Ihrer Haltung zum Leben und Ihrer Stimmung. Optimisten, also Menschen, die glauben, dass sich die Dinge in der Regel zum Guten wenden, sind meist besser gelaunt als Pessimisten. Pessimisten dagegen gehen immer davon aus, dass sich die Dinge nicht gut entwickeln (warte nur, du wirst schon sehen), und neigen deshalb eher zu Ängsten und Sorgen. In der Folge ärgern sie sich dann auch gerne, wenn ihre Erwartungen eintreffen.

Haltungen wie Optimismus werden früh im menschlichen Leben herausgebildet. Manche Menschen sehen darin auch erbliche Dispositionen widergespiegelt, die von einer Generation an die nächste weitergegeben werden. Woher sie auch immer kommen, sie bleiben von der Wiege bis zum Grab ziemlich stabil. Selbst wenn sich das Leben gegen Sie verschworen zu haben scheint, neigen Sie als Optimist dazu, sich hoffnungsvollere Zeiten für die Zukunft auszumalen.

Haltungen sind ansteckend. Wenn Sie viel mit Menschen zusammen sind, die eine positive Lebenseinstellung zeigen, werden Sie eher genau so empfinden. Das trifft aber auch in die andere Richtung zu: Sind um Sie herum nur Schwarzseher, werden auch Sie die Zukunft düster betrachten.

Dieser ansteckende Effekt zeigte sich schnell in zwei Schmerzpatienten-Gruppen, die an meinem fünfwöchigen Reha-Programm teilnahmen. Die erste Gruppe hatte fünf Teilnehmer – vier Männer und eine Frau. Die Frau ging trotz ihrer schmerzhaften Verletzung und großer Veränderungen in ihrem Leben sehr optimistisch in das Seminar hinein. Sie lachte, war den ganzen Morgen über gut gelaunt und war begierig darauf, das gesamte Reha-Programm in allen seinen Aspekten für sich zu nutzen. Die Männer dagegen waren von vorneherein negativ eingestellt – feindselig, wenig engagiert, »weil das bei meinen Schmerzen sowieso nichts bringt«, und streitlustig. Am Ende der fünf Wochen hatten die Männer die anfangs optimistische Frau »umgedreht«. Sie lachte nicht mehr, war die meiste Zeit schweigsam und nahm nicht mehr so engagiert teil. Die Männer hatten sie tatsächlich mit ihrem negativen Denken angesteckt!

In der zweiten Gruppe – drei Frauen und ein Mann – war es umgekehrt. Die Frauen gingen positiv in die Reha-Maßnahme und ließen dem negativ denkenden Mann keine Chance. Schon in der dritten Woche zeigte er ein Lächeln, lachte und freute sich richtig auf die Sitzungen. Er hatte eine positive Einstellung angenommen, nicht nur zu seinen Schmerzen, sondern zum Leben überhaupt.

Dieses Muster habe ich immer und immer wieder beobachtet und bin überzeugt, dass man seine gute Laune viel besser bewahren kann, wenn man sich mit so vielen positiv denkenden Menschen wie nur möglich umgibt. Wenn man nicht gerade selbst ein eingefleischter Optimist ist, ist das die zweitbeste Lösung!

Das Gute im Schlechten sehen

Die Psychologen haben einen Begriff dafür, wenn man etwas Schlechtem auch etwas Gutes abgewinnen kann – sie sprechen von *Benefit Finding* (engl. für Nutzen finden). Studien mit Patienten, die an einschneidenden und mit Behinderungen verbundenen Krankheiten litten –

Herzinfarkte, Brustkrebs, rheumatische Arthritis, Multiple Sklerose –, legen nahe, dass die meisten Menschen an ihrer Erkrankung zumindest einen positiven Aspekt finden können. Hier sind einige Möglichkeiten:

- ✔ Einen ausgeprägteren Sinn für Spiritualität (siehe Kapitel 18)
- ✔ Eine größere Wertschätzung für das, was das Leben zu bieten hat
- ✔ Tiefere, sinnerfülltere Beziehungen zu anderen Menschen
- ✔ Mehr Mitgefühl
- ✔ Mehr Einsicht in sich selbst
- ✔ Mehr Bereitschaft, seine Gefühle offen auszudrücken
- ✔ Eine bessere Stimmung
- ✔ Weniger Anspannung, Angst und Ärger
- ✔ Das Gefühl, besser mit dem Alltagsstress umgehen zu können
- ✔ Mehr Lebenskraft und Aktivität
- ✔ Weniger Müdigkeit und Trägheit
- ✔ Zukünftig eine bessere Gesundheit

Die Wahrnehmung der guten Seiten ermöglichte Anne erst, ihre chronischen Kreuz- und Nackenschmerzen zu ertragen. Anne, eine geschiedene Mutter dreier Kinder, war erst 36 Jahre alt, als sie sich bei ihrer Arbeit als Krankenschwester irreparabel am Rücken verletzte. Als ein anderer Schmerzpatient sie eines Tages während einer Gruppensitzung fragte, warum sie trotz ihrer Schmerzen immer so optimistisch sei, antwortete sie: »Nun, wenn ich mich nicht verletzt hätte, wäre ich jetzt eine der vielen arbeitenden Mütter, die kaum Zeit für ihre Kinder haben. Wenigstens kann ich jetzt besser an ihrem Leben teilnehmen, und das ist für mich eine gute Sache.«

Finden Sie jetzt einen Nutzen – die Erleichterung kommt später

Eine Studie mit 96 Frauen, die sich einer Brustkrebsbehandlung unterzogen – Bestrahlung, Chemotherapie und rekonstruktiver Operation –, ergab, dass diejenigen, die in ihren Erfahrungen mit dem Krebs einen möglichen Nutzen sahen, bei einer Nachuntersuchung sieben Jahre später weit weniger von Ängsten, Ärger und Depressionen berichteten. Das ist ein weiteres Beispiel dafür, wie das Verhalten und die Einstellungen von heute den Ärger von morgen beeinflussen können.

Wohin neigt sich die Waage?

Die Vertreter der positiven Psychologie betonen, dass der Mensch, wenn er im Alltagsleben aufblühen soll, Gefühle wie Freude, Liebe und Zufriedenheit braucht. Ansonsten dümpelt sein

Leben dahin, er bewegt sich auf ausgefahrenen Gleisen, hat keine Ausrichtung und fühlt sich schlecht. Dieses Dahindümpeln beobachte ich oft in Ärgermanagement-Kursen an Schulen. Die betroffenen Kinder sind nicht nur furchtbar verärgert und aggressiv, sondern nutzen auch nicht die Möglichkeiten, sich an positiven Aktivitäten zu beteiligen – Stipendien, Sport und Organisationen, die eine Zusammenarbeit mit Mitschülern verlangen. Ich bin mir nicht sicher, ob sie es gut finden, wenn ich ihnen sage: »Kein Wunder, dass ihr so voller Ärger seid – ihr nehmt nicht an den guten Sachen teil!«

Dr. Barbara Frederickson von der Universität Michigan und ihren Kollegen zufolge muss das Verhältnis von positiven Gefühlen gegenüber negativen mindestens 3 zu 1 betragen, wenn ein Mensch in seinem Leben aufblühen und sich weiterentwickeln soll. Das ist also Ihr Rezept: drei Teile Freude, Liebe und Überraschung und ein Teil Verstimmung. Alles was darunter liegt, lässt Sie auf der Stelle treten.

Überwachen Sie einmal in der Woche 24 Stunden lang Ihre Gefühle, die positiven wie die negativen. Wählen Sie einen ruhigen Zeitpunkt und Ort, am besten, wenn der Tag sich dem Ende zuneigt, und nehmen Sie sich Tabelle 19.1 vor. Umkreisen Sie alle Gefühle, die Sie an diesem Tag erlebt haben. Zählen Sie anschließend die positiven Gefühle und teilen Sie die ermittelte Zahl durch die Anzahl der negativen Gefühle. Auf diese Weise ermitteln Sie das Verhältnis Ihrer positiven Gefühle zu Ihren negativen Gefühlen (der Psychologe nennt das die *Positivity Ratio*). Liegt Ihr Wert unterhalb von 2,9, ist das nicht erfreulich für Sie! Liegt er bei 2,9 oder höher, dann ist alles in Ordnung.

Positiv	Negativ
Aufgeregt	Abgelehnt
Befriedigt	Ängstlich
Freudig	Beunruhigt
Geliebt	Frustriert
Geschätzt	Gereizt
Glücklich	Schamvoll
Interessiert	Schuldig
Neugierig	Traurig
Respektiert	Uninteressiert
Sicher	Unruhig
Überrascht	Verärgert
Zufrieden	Verstimmt

Tabelle 19.1: Am heutigen Tag erlebte Gefühle

Wenn Sie zu wenig positive Gefühle erleben, sollten Sie sich vielleicht eine Aktivität oder einen Zeitvertreib suchen – eventuell zusammen mit anderen Menschen –, die Ihnen ermöglichen, mehr Wertschätzung und Spaß zu erleben. Wenn Sie etwas Passendes gefunden haben, legen Sie einfach los!

Wenn Ihre Stimmung zum Problem wird

Die Stimmung wird zum Problem, wenn drei Faktoren zusammenwirken: eine schlechte Stimmungslage, die andauert und so stark ausgeprägt ist, dass sie Ihr Leben negativ beeinflusst. Niemand geht zu einem Therapeuten und beklagt sich über dauerhaftes, störendes Glück oder Freude. Man sucht auch keine professionelle Hilfe und hat nicht das Gefühl, das eigene Leben habe sich grundlegend geändert, wenn man mal einen schlechten Tag hat. Und es ist recht unwahrscheinlich, dass ein Leben aus den Fugen gerät, wenn ein oder zwei stimmungsabhängige Symptome auftreten – eine schlaflose Nacht und wenig Energie.

Wenn es Ihnen aber geht wie Bernadette, wird Ihre Stimmung zum Problem. Bernadette hätte sich in ihren schlimmsten Träumen nicht vorstellt, sich jemals so zu fühlen, wie sie es jetzt jeden Morgen erlebt. »Ich fürchte mich davor aufzuwachen. Wenn ich dann aufwache, bin ich müde, auch wenn ich die ganze Nacht geschlafen habe. Mein einziger Gedanke ist dann: schnell wieder einschlafen!«, erzählt sie. »Ich möchte am liebsten weglaufen, irgendwohin, wo mich keiner finden kann. Ich hasse mein Leben!« Schon diese Schilderung bringt Bernadette zum Weinen – und sie weint viel in letzter Zeit. Bernadette isst, aber ohne jeden Appetit. Entspannen kann sie sich nicht. »Ich habe immer so einen Druck in der Brust, wie eine geballte Faust.«

Bernadette leidet – sie leidet wirklich! – an einer klinischen Depression, einem Zustand, der durchaus verbreitet ist. Wenn Sie wissen wollen, ob Sie depressiv sind, überlegen Sie, wie Sie sich in den letzten 14 Tagen gefühlt haben, und beantworten Sie die folgenden Fragen:

- ✔ Fühlen Sie sich häufig traurig?
- ✔ Genießen Sie manche Dinge nicht mehr so wie früher?
- ✔ Blicken Sie mutlos in die Zukunft?
- ✔ Sind Sie weniger an anderen Menschen interessiert als früher?
- ✔ Weinen Sie ohne erkennbaren Anlass?
- ✔ Wachen Sie früh auf und können dann nicht wieder einschlafen?
- ✔ Haben Sie Ihren Appetit verloren?
- ✔ Sind Sie öfter gereizt als sonst?
- ✔ Müssen Sie sich mehr dazu aufraffen, in die Gänge zu kommen?
- ✔ Fühlen Sie sich die meiste Zeit müde und erschöpft?
- ✔ Denken Sie daran, sich selbst etwas anzutun?
- ✔ Interessieren Sie sich weniger für Sex als sonst?

Wenn Sie wenigstens vier dieser Fragen mit Ja beantworten, könnte es sein, dass Sie an einer Stimmungsstörung leiden. Konsultieren Sie einen Arzt oder einen Psychologen, um herauszufinden, ob Sie sich deswegen in Behandlung begeben sollten.

Wann haben Sie sich das letzte Mal wohlgefühlt?

Wie lange ein Mensch schon an Depressionen leidet, können Sie feststellen, indem Sie ihm eine einfache Frage stellen: »Wann haben Sie sich das letzte Mal länger (sagen wir, einen Monat lang) wohlgefühlt – glücklich, entspannt, zufrieden?« Lautet die Antwort: »Weiß ich nicht – das ist schon so lange her«, »Oh, das ist mindestens ein Jahr her« oder »Bevor mein Vater starb, das war vor fünf Jahren«, dann wissen Sie, wie lange die Depression schon andauert.

Wenn das Leben seinen normalen Gang geht, dann wechseln sich die Stimmungen ab. Sie reichen von kurzen Phasen der Aufregung und Freude bis zu vorübergehender Verzweiflung und Schwermut. Zwischen diesen Extremen kann man auch den »Alltagsblues«, leichte Aufregung oder ein neutrales Gefühl erleben – weder positiv noch negativ. Wenn Sie dieses Auf und Ab mit einiger Regelmäßigkeit durchlaufen, werden die Menschen, die Sie kennen, lieben oder mit denen Sie zusammenarbeiten, Sie wahrscheinlich als »launisch« beschreiben. Launische Menschen sind – Sie haben es vielleicht schon geahnt – anfälliger für Ärger.

Ärger und Depressionen

Der Psychiater John Ratey und seine Kollegin Catherine Johnsons schreiben in ihrem Buch *Shadow Syndromes*, dass die meisten Menschen lieber verärgert als traurig sind. Sie stellen dar, wie Ärger unbeabsichtigt dazu benutzt werden kann, ein »träges Gehirn« auf Trab zu bringen. So können Ärger- oder Wutausbrüche eine Möglichkeit bieten, sich bei Stimmungsstörungen selbst zu therapieren.

Dies trifft meiner Meinung nach mehr auf Männer als auf Frauen zu, und das hat zwei Gründe:

- ✔ Bei Männern wird es eher akzeptiert, wenn sie ihren Ärger offen zeigen (dies gilt vielfach als Zeichen von Stärke), als wenn sie traurig oder deprimiert erscheinen (dies gilt als Zeichen der Schwäche).
- ✔ Bei Frauen gilt genau das Gegenteil: Es wird als ganz natürlich wahrgenommen, wenn Frauen depressiv sind (dies wird unter anderem mit den bekannten Gemütserkrankungen nach der Geburt, nach dem Loslassen der Kinder [empty-nest-syndrome] und in den Wechseljahren assoziiert). Das öffentliche Bekunden weiblichen Ärgers dagegen wird als ungewöhnlich und nicht damenhaft betrachtet.

Gram – ein tiefes, intensives Gefühl der Sorge oder Trauer über den Verlust eines bedeutenden Teils des eigenen Lebens – ist ein normales Gefühl. Es kann wie eine Depression wirken, ist aber etwas anderes. Wenn Sie einen geliebten Menschen verloren haben, ist es gut, wenn Sie trauern. Es bedeutet, dass Sie diesen Menschen geliebt haben und ihn vermissen – Sie müssen Ihr Leben neu ordnen, weil dieser geliebte Mensch nun nicht mehr da ist. Merkwürdig wäre es dagegen, wenn Sie in einem solchen Fall keine Trauer empfinden würden.

Als meine Schwester mit 40 Jahren nach jahrelanger Krankheit starb, war das für mich einige Monate lang in Ordnung (so dachte ich wenigstens). Dann aber entzog sich alles meiner Kontrolle: Ich weinte, wütete, trank, konnte nicht schlafen und hatte den Kopf voller merkwürdiger, düsterer Gedanken. Zu dieser Zeit schrieb ich in mein Tagebuch:

> *Im Moment bin ich ruhig, aber das kann sich wohl jeden Augenblick ändern. Als ich heute Morgen aufwachte, fühlte ich mich nicht ausgeruht und zitterte innerlich – ich war fahrig. Das steigerte sich schnell und am Frühstückstisch fühlte ich mich der Familie gegenüber in der Defensive, obwohl sich alles ganz gut anließ. Im Verlaufe des Morgens schwankte meine Stimmung hin und her, ein paar Mal brach ich sogar in Tränen aus. Ich rufe um Hilfe, aber keiner hört mich!*

Mein Zustand verschlimmerte sich über einen Zeitraum von mehreren Jahren. Niemand trauert fünf Jahre lang über den Verlust eines geliebten Menschen, egal wie sehr man ihn geliebt hat. Ich musste nun feststellen (auf die harte Tour), dass normale Trauer schnell in einen Zustand klinischer Depression umschlagen kann, die dann leider ewig dauern kann – so scheint es zumindest.

Ein dramatisches Beispiel dafür, wie lange eine Stimmungsstörung dauern kann, zeigt eine Klientin – eine sehr nette Frau Mitte 50 –, die vor einigen Jahren bei mir um Hilfe nachsuchte. Als sie auf meiner Couch Platz genommen hatte, fragte ich sie: »Wie geht es Ihnen heute?« Sie fing an, hemmungslos zu schluchzen und konnte sich die nächsten 20 Minuten nicht fassen. Meine zweite Frage war: »Wie lange fühlen Sie sich schon so schlecht?« »Sechzehn Jahre«, antwortete sie und begann wieder zu weinen. In der nächsten Pause wollte ich dann wissen, warum in aller Welt sie so lange gewartet hatte, bis sie sich Hilfe holte. Mit dem traurigsten Gesicht, das ich je gesehen hatte, antwortete sie: »Ich sagte mir immer wieder, dass es besser werden würde – aber es wurde nicht besser.«

Je depressiver man ist, desto negativer ist der Blick auf die Welt gefärbt. In extrem depressiven Phasen können Menschen sogar paranoide Züge annehmen – sie glauben dann fest daran, dass alle anderen Menschen, besonders die, die ihnen am nächsten stehen, nur darauf aus sind, ihnen zu schaden. Depressive Menschen neigen eher dazu, das Verhalten anderer Menschen negativ zu interpretieren (»Das hast du absichtlich gemacht«). Und weil sie nicht ausreichend schlafen, weniger Energie haben und sich selbst gegenüber immer kritischer werden – alles Symptome einer Depression –, müssen sie mehr kämpfen, um den an sie gerichteten Anforderungen gerecht zu werden. Das führt schnell zu Frustrationen. Wenn man eine Depression überwunden hat, ist es im Nachhinein oft frappierend, wie eine Situation, die einen sonst auf die Palme gebracht hat, jetzt gerade mal noch leichte Verstimmungen auslöst.

Der Psychologe James Averill an der Universität von Massachusetts hat bemerkt, dass nur etwa zehn Prozent aller Menschen ihren Ärger offen zeigen (indem sie etwa schreien, andere schubsen, schlagen oder Gegenstände zerstören und Menschen verprügeln). Diese Menschen tragen ihren Ärger nach außen. Die restlichen 90 Prozent machen das Gegenteil – sie halten ihren Ärger in ihrem Inneren fest.

Seinen Ärger für sich zu behalten mag Ihnen auf den ersten Blick vernünftig vorkommen, so lange, bis Sie feststellen, wie toxisch der nach innen gekehrte Ärger wirken kann. Die Checkliste für Ärger und Gesundheit in Kapitel 3 listet zahlreiche Beispiele dafür auf, wie Ärger

Menschen krank machen und sogar ihr Leben verkürzen kann. Im selben Kapitel berichte ich, dass heruntergeschluckter Ärger:

- ✔ Sie Ihrer Energie berauben kann
- ✔ Zu gesundheitsschädlichen Gewohnheiten wie übermäßigem Essen, Rauchen und Alkoholmissbrauch führen kann
- ✔ Die Wahrscheinlichkeit für riskantes sexuelles Verhalten erhöhen kann
- ✔ Sich nachteilig auf die Karriere auswirken kann
- ✔ Zu Scheidungen führen kann
- ✔ Sie aller Freude berauben kann
- ✔ Die Gesundheit der mit Ihnen lebenden Menschen schädigen kann

Ärger und Depressionen benutzen im Gehirn einen gemeinsamen chemischen Weg – einen Neurotransmitter mit dem Namen *Serotonin*. Mein ehemaliger Kollege am Medical Center der Duke Universität, Dr. Redford Williams, hat diese chemische Verbindung untersucht und argumentiert in seinem hervorragenden Buch *Anger Kills* (das er zusammen mit seiner Frau Virginia geschrieben hat), dass es sich bei dem so genannten »Feindseligkeitssyndrom« – einer von starkem Ärger und Aggressivität geprägten Verhaltensweise – tatsächlich um eine Störung handeln könnte, die durch einen Mangel an Serotonin hervorgerufen wird. Zahlreich psychiatrische Forschungen zeigen, dass ein chemisches Ungleichgewicht durch einen Serotoninmangel auch eine der Hauptursachen von Depressionen ist. Darüber hinaus wird die Knappheit dieser wichtigen Hirnchemikalie auch mit dem Rauchen, übermäßigem Appetit und gesteigerter Gewichtszunahme sowie Alkoholkonsum in Verbindung gebracht, die sowohl als Symptome für toxischen Ärger als auch für Depressionen gelten. Dies alles legt doch nahe, dass Ärgerausbrüche (nach außen gekehrter Ärger) und Depressionen (nach innen gekehrter Ärger) im Grunde zwei Seiten derselben chemischen Medaille sind.

Das Problem lösen

Was aber tun, wenn man in depressiven Stimmungen versinkt? Ganz einfach: Holen Sie sich Hilfe. Zum Glück wissen Psychiater und klinische Psychologen bei Depressionen gut darüber Bescheid, wie man sie behandelt. (Eine umfassende Darstellung von Depressionen und Behandlungsmöglichkeiten finden Sie in *Depressionen für Dummies* von Laura Smith und Charles E. Elliott, ebenfalls bei Wiley-VCH erschienen.)

Es gibt keine Königsmethode für die Behandlung von Depressionen. Ich möchte Ihr Augenmerk auf eine ganze Reihe von Therapien lenken, die für sich und in Kombination mit anderen Ihre Stimmung verbessern und Ihren Ärger reduzieren können. Je ausgeprägter Ihre Depression ist, desto eher ist zu einer Kombination verschiedener Strategien zu raten – wenn beispielsweise Menschen mit mittleren bis schweren Depressionen zu mir kommen, empfehle ich ihnen eine Kombination aus Psychotherapie und Medikamenten. Meine klinischen Erfahrungen haben mich gelehrt, dass Medikamente oder eine Psychotherapie alleine sich oft als wenig effektiv herausstellen. Es gibt für die Behandlung von Depressionen keinen Zauberspruch – sie können sich darauf verlassen, ich würde einiges dafür geben, einen zu kennen. Die Therapeuten, Patienten und ihre Familien müssen lernen, den Prozess der Genesung geduldig abzuwarten.

Auch wenn viele wohlmeinende Forscher davon sprechen, glaube ich nicht, dass die meisten Menschen sich spontan von Phasen einer klinischen Depression erholen können. Als zutreffend hat sich dagegen erwiesen, dass die Depression eine progressive Krankheit ist und immer schlimmer wird, je länger sie nicht behandelt wird. Soll heißen: Je früher ein depressiver Mensch Hilfe sucht, desto weniger wird er langfristig leiden müssen.

Ich habe auf deinen Anruf gewartet

Als ich meinen ersten depressiven Schub erlebte, suchte ich umgehend einen Psychiater auf, den ich aus meiner Zeit am Medical Center an der Duke Universität kannte. Es stellte sich heraus, dass es mich nicht so schlimm erwischt hatte, weshalb es mir nach drei oder vier Sitzungen viel besser ging. Als mein Therapeut merkte, dass ich auf dem Weg der Besserung war, sagte er mir, dass ich nun eine Entscheidung treffen müsse. Entweder könne ich jetzt aufhören und hoffen, dass die Symptome nicht mehr auftreten würden, oder aber die Therapie fortsetzen, damit ich die Gründe für meine Depression besser verstehen und sie in Zukunft vermeiden könne. Ich wählte den flacheren Weg und brach die Therapie an diese Stelle ab. Es dauerte kaum ein Jahr, da brachen alle emotionalen Stützen mit einem Mal ein und ich rief meinen Therapeuten an und bat verzweifelt um Hilfe. Seine Antwort werde ich nie vergessen: »Ich habe auf deinen Anruf gewartet.«

Die »Glückspille«: Antidepressiva

Die Neigung betroffener Menschen, bei der Behandlung ihrer Depressionen allein auf antidepressive Medikamente zu vertrauen, ist recht groß. Das liegt zum Teil daran, dass wir in einer Welt leben, in der es für alles eine Pille gibt, und die Gesellschaft uns täglich klar macht, dass man mit Tabletten alles beseitigen kann, billig und schnell.

Bei Susanne konnte man an ihrem Sinn für Humor ablesen, dass es ihr viel besser ging. Am Beginn ihrer Therapie war sie so depressiv, dass sie die meiste Zeit weinte und negativ über sich selbst sprach. Nur drei Monate später war sie eine lustige Frau. Einmal machte ich ihr ein Kompliment wegen ihres Aussehens: »Was für ein schönes Kleid, Sie sehen wirklich schick aus heute.« Ohne Umschweife antwortete sie: »Prozac – Prozac hat mich dazu gebracht, es zu kaufen!« Wir mussten beide lachen. Ein anderes Mal gefielen mir ihre interessanten Ohrringe. Auch da meinte sie: »Prozac – Prozac hat mich in diesen Laden geführt!« Wieder mussten wir lachen. Susanne hätte Ihnen sicher bestätigt, dass die Therapie sie wieder ins Leben zurückgeholt und ihr Leiden beendet hatte, aber sie wusste auch um die wichtige Rolle, die Medikamente bei ihrer Erholung gespielt hatten (Prozac ist ein Antidepressivum, ein so genannter Serotonin-Wiederaufnahmehemmer; in Deutschland heißt das Medikament Fluctin).

Patienten mit Depressionen machen oft zwei entscheidende Fehler, wenn sie Antidepressiva nehmen:

- ✔ Sie nehmen ihre Medikamente nicht lange genug, um den erwünschten therapeutischen Effekt zu erzielen. In der Regel dauert es zwei bis vier Wochen, bis man eine wie auch immer geartete Stimmungsverbesserung bemerkt, und sechs Monate, bis man die volle, dauerhafte Erleichterung erreicht, auf die man hofft.
- ✔ Sobald sie eine leichte Besserung verspüren, setzen sie die Pillen ab – und sind dann in kurzer Zeit wieder da, wo sie angefangen haben.

Gernot war ein Geschäftsmann. Er war es gewohnt, recht schnell Resultate zu erreichen. Als ich ihm erklärte, er sei in einem Maße depressiv, das den Einsatz von Medikamenten rechtfertigte, war er zwar skeptisch, aber er willigte ein. Nachdem er das verschriebene Medikament eine Woche lang genommen hatte, kam er in die Praxis und meinte: »Ich glaube, die Pillen bewirken bei mir nichts.« Ich erinnerte ihn daran, dass Antidepressiva in der Regel zwei bis vier Wochen brauchen, bis sich eine Wirkung einzustellen beginnt. In der zweiten Woche kam er wieder und war überzeugt: »Sie wirken nicht!« Dasselbe in der dritten Woche. Und so ging es weiter, bis er in der achten Woche ganz aufgeregt erschien und strahlte: »Doc, ich weiß nicht, was passiert ist, aber ich fühle mich plötzlich viel besser als in den letzten Monaten. Ich schlafe besser, ich lache mehr, ich habe mehr Energie, alles ist besser.« Plötzlich glaubte er an die Medikamente. Es war nur gut, dass er über die ganzen Wochen durchgehalten und dem Antidepressivum eine Chance gegeben hatte.

Da Antidepressiva eine sedierende Wirkung haben, können Sie sich bei Menschen jenseits der 50 stärker auswirken. Ärzte, die sich in der Gerontopsychiatrie auskennen, sind am besten in der Lage, für Ältere die richtigen Antidepressiva auszuwählen.

Alle Medikamente – sogar Aspirin – haben Nebenwirkungen. Bevor Sie Medikamente gegen Depressionen einnehmen, sollten Sie Ihren Arzt fragen, worauf Sie sich einstellen müssen, etwa Mundtrockenheit, Gewichtszunahme, eine höhere Sonnenlichtempfindlichkeit. Und schrecken Sie nicht davor zurück, Ihren Arzt anzurufen, wenn Sie bei sich ungewöhnliche Nebenwirkungen feststellen – dafür sind Ärzte schließlich da! Auch auf Wechselwirkungen ist zu achten! Zum Beispiel sollten Antidepressiva keinesfalls gleichzeitig mit Johanniskraut-Präparaten eingenommen werden, die rezeptfrei zur Stimmungsaufhellung angeboten werden.

Antidepressiva wirken nur, wenn Sie die Medikamente dann und so nehmen, wie Ihr Arzt Ihnen das gesagt hat. Wenn Sie sich an diese Anweisungen halten, sollten Sie die bestmögliche Wirkung erzielen. Antidepressiva sind nicht wie die meisten anderen Medikamente – sie werden nicht »nach Bedarf« eingenommen. Damit eine gesunde und ausgewogene Gehirnchemie wiederhergestellt werden kann, müssen Sie Ihre Pillen jeden Tag nehmen – egal wie Sie sich fühlen. Sonst können sie sich in Ihrem Gehirn nicht so weit aufbauen, dass sie Ihnen helfen.

Heilende Worte: Psychotherapie

Therapie funktioniert! Ich sage das nicht einfach nur, weil ich damit die letzten Jahrzehnte mein Geld verdient habe, ich sage es, weil auch ich von den so genannten heilenden Worten profitiert habe. Die Psychotherapie ist ein Prozess, der mein Leben nicht nur gerettet, sondern es auch zum Besseren verändert hat. Letztendlich hat sie mir mehr genutzt, als ich je erwartet hatte.

Die meisten Menschen, die an eine psychologische Beratung denken, stellen sich das traditionelle Freud'sche Szenario vor: Sie liegen auf einer Couch und gehen zurück in ihre Kindheit, um sich all ihrer schmerzvollen Erfahrungen der Vergangenheit zu entledigen (siehe den Abschnitt über die Katharsis in Kapitel 5). In unseren Tagen ist das längst nicht mehr so. Bei der psychologischen Beratung geht es primär darum, den an Depressionen (und zu viel Ärger) leidenden Menschen Einsicht in all die Faktoren zu vermitteln, die dazu beigetragen haben, sie krank zu machen, und dann so viele dieser Faktoren auszuschalten, wie nur möglich, damit sie wieder gesund werden. Ein großer Teil der in diesem Buch enthaltenen Informationen ist Teil dessen, worüber ein Therapeut mit seinem Klienten spricht. Im Zentrum sollte das stehen, was Sie *heute* in Ihrer schlechten Stimmung gefangen hält, nicht das, was Sie vor 30 Jahren gedacht, gefühlt oder getan haben.

Die *kognitive Verhaltenstherapie* (die untersucht, was Sie über das Leben und seinen Einfluss auf Ihre Stimmung denken) ist eine der bekannteren Strategien gegen Depressionen (mehr über diese wirksame Strategie erfahren Sie in *Kognitive Verhaltenstherapie für Dummies* von Rhena Branch und Rob Willson). Gedanken wie »Ich muss in allem perfekt sein, sonst liebt mich niemand« und »Es ist falsch, andere Menschen um Hilfe zu bitten – sie denken dann nur, dass ich schwach und inkompetent bin« können langsam, aber sicher in eine Stimmungsstörung hineinführen.

Wenn Sie todtraurig sind oder den sprichwörtlichen schlechten Tag haben, dann wenden Sie sich um Himmels willen an Ihre Freunde und die, die Sie lieben, und bitten Sie sie um Hilfe und Trost. Aber wenn Sie an einer klinischen Depression leiden, brauchen Sie mehr, als Ihre Freunde Ihnen bieten können.

Ein schrumpfendes Netzwerk

Aktuelle Untersuchungen weisen darauf hin, dass die typische Größe unseres sozialen Netzwerkes – die Menschen, denen wir uns anvertrauen, deren Rat wir annehmen und die uns in jedem Fall lieben – dramatisch abnimmt. Im Jahre 1985 etwa gaben die Amerikaner an, im Durchschnitt drei Freunde zu haben. Im Jahre 2006 war diese Zahl auf zwei gefallen. Noch beunruhigender ist die Tatsache, dass 25 Prozent der Befragten angaben, dass sie niemanden hatten – nicht eine Seele –, an den sie sich im Notfall wenden könnten. Und das wird in einer Zeit bekannt, in der die Zahlen der an Depressionen leidenden Menschen in schwindelnde Höhen steigen. Ein Zufall? Ich denke nicht.

Heilen durch Übung

Die Tatsache, dass regelmäßige körperliche Betätigung die Stimmung nicht depressiver Menschen verbessert und, was weit wichtiger ist, bei klinisch Depressiven zu einer Besserung führt, wird durch eine Fülle wissenschaftlicher Erkenntnisse unterstützt. Ebenfalls klar ist, dass:

- ✔ **Es keine Rolle spielt, welche Sportart Sie wählen.** Jemand fragte einmal einen Freund von mir, der ein Fitness-Studio besaß und leitete: »Welche Übung ist die beste?« Er antwortete: »Die, die Sie machen möchten.«
- ✔ **Es nicht anstrengend sein muss, um zu wirken.** Entscheidend scheint zu sein, dass Sie die gewählte Übung so in Ihr Leben einbauen, dass sie nicht nur eine Beigabe ist und Sie nur dann daran denken, wenn Sie Zeit oder Lust haben.

Wenn Sie mit Hilfe von sportlichen Übungen Ihre Stimmung verbessern wollen, scheint die beste Vorgehensweise eine Kombination der folgenden zu sein:

- ✔ Aerobe Sportarten wie Walking, Joggen oder Ausdauertraining
- ✔ Krafttraining, um Stärke zu gewinnen
- ✔ Stretching-Übungen, um geschmeidiger zu werden

Wenn Sie depressiv sind und regelmäßig Sport treiben wollen (dreimal in der Woche), können Sie Folgendes erwarten:

- ✔ Eine bessere Konzentrationsfähigkeit
- ✔ Einen besseren Schlaf
- ✔ Mehr Interesse am Sex
- ✔ Mehr Energie
- ✔ Weniger Anspannung
- ✔ Mehr Freude am Leben allgemein
- ✔ Weniger Entfremdung von den Menschen um Sie herum
- ✔ Mehr Entscheidungsfreude
- ✔ Mehr Optimismus
- ✔ Weniger Klagen über kleinere körperliche Beschwerden
- ✔ Weniger Beschäftigung mit sich selbst
- ✔ Klareres Denken
- ✔ Weniger Besessenheit
- ✔ Mehr Aktivität
- ✔ Weniger Reizbarkeit

Ironischerweise sind die Menschen, die Bewegung brauchen, weil sie depressiv sind, auch die, die am ehesten dazu neigen, früher oder später aufzugeben. Es gehört zu den Eigenheiten von Depressionen, dass sie die Betroffenen davon abhalten, Disziplin und Durchhaltevermögen an den Tag zu legen und etwas durchzuziehen. Da ist es von Nutzen, wenn man einen guten Freund hat, jemand, der versteht, wie es Ihnen emotional geht. Diese Person hat die Aufgabe, Sie auf Trab zu halten.

Depressive Menschen leben isolierter und verbringen viel zu viel Zeit allein, was nur dazu führt, dass ihre negative Stimmung anhält. Schon aus diesem Grund empfehle ich, dass Sie in einem Fitness-Studio trainieren, wo Sie Kontakt zu vielen Menschen haben. Auch wenn Sie mit niemandem reden, kann es sein, dass Sie sich besser fühlen, wenn Sie unter Menschen sind.

Einen Ersatz finden

Depressionen werden oft als das Gefühl bedeutender Verluste beschrieben. Freud nannte sie *Melancholia* – ein Gefühl des Verlustes ausgedrückt durch Trauer. Je bedeutender ein Verlust ist – wie der Tod eines geliebten Menschen oder ein Kind, das von zu Hause weggeht, oder der Verlust der besten Stelle, die Sie je hatten – desto schwerer und dauerhafter ist die daraus entstehende Depression. Eine Strategie, mit dieser Art ungewollter Veränderung der Lebensumstände zum Negativen ist das, was ich die Ersatztherapie nenne. Ich meine damit nicht, dass Sie das, was Sie verloren haben, ersetzen können (das ist wohl nicht möglich, sonst würden Sie es tun). Ich meine vielmehr, dass sie die Energie ersetzen, die Anteilnahme und das Gefühl der emotionalen Verbundenheit, die Sie in dieser früheren Beziehung, diesem Job oder der Rolle als Eltern hatten, und sie in etwas anderes mit hinüber nehmen, das eine Zukunft hat. Sonst werden Sie jeden Tag in Trauer verbringen und sich über das ärgern, was Sie gerne in Ihrem Leben hätten, anstatt das zu schätzen, was Sie haben.

Einmal bat man mich, einer jungen Frau zu helfen, die ihre 8-jährige Tochter durch eine Krankheit verloren hatte. Das Mädchen war drei Jahre zuvor kurz vor Weihnachten gestorben und die Frau hatte den ganzen Familienurlaub ruiniert, indem sie die Geschenke unter dem Christbaum hervorzog, die sie dort hingelegt hatte, als das Mädchen gestorben war. Ihre anderen Kinder waren fruchtbar traurig, und ihr Mann verbrachte seine Zeit damit, sich volllaufen zu lassen, damit er sich diesem Problem nicht stellen musste. Ich schlug ihr vor, dass sie sich überlegen könnte, für diese Geschenke einen neuen Platz zu finden (also einen Ersatz), zum Beispiel als Geschenke für Kinder, denen es nicht so gut ging. Und da kommt der Ärger ins Spiel: Sie sprang mir beinahe ins Gesicht und schrie mich an: »Das sind die Geschenke meiner Tochter und sie werden unter dem Baum liegen, wenn sie nach Hause kommt!« Sie hatte die feste Absicht, die Realität weiterhin zu verleugnen, dass ihre Tochter tot war und wollte lieber schwerste Depressionen ertragen.

Bei einem anderen Klienten verlief die Entwicklung positiver. Auch Gerd verlor seinen Sohn im Teenager-Alter aufgrund einer schweren Erkrankung. Seine Trauer wuchs sich zu einer schweren Depression aus, bis er schließlich dem Rat seiner Freunde und seiner Familie folgte und einen Psychiater aufsuchte. Interessanterweise entschloss er dann, als die Medikamente wirkten und er wieder mehr Energie aufbrachte, seine Fähigkeiten als Fotograf dazu zu nutzen, alle Kinder aus der Schulklasse seines Sohnes zu fotografieren. Er verlangte nichts dafür – es war sein Geschenk an die jungen Menschen, die gesund waren und seinen Sohn überlebt hatten. Auf diese Weise fühlte er sich ein wenig mit seinem Sohn verbunden und konnte das Gefühl des Verlustes etwas mindern. Gerd war sich bewusst, dass er seinen Sohn nie würde ersetzen können, aber er lernte im Laufe der Therapie, dass er seine Liebe auf andere junge Menschen übertragen und so sein Leben und das ihre verändern konnte.

Schatz, du brauchst einen Hund

Ich liebe Tiere, besonders Bassett-Hunde. Als einer meiner Hunde vor einigen Jahren von einem Auto angefahren wurde und starb, hat mich das ziemlich hart getroffen. Wochenlang schlich ich im Haus herum, wollte für mich sein und redete mir ein, nie wieder einen Hund haben zu wollen – es tut einfach zu weh, wenn man ein Tier verliert.

Eines Abends kam meine Frau nach Hause und fand mich im Sessel sitzend und auf den Fernseher starrend. Mit Bestimmtheit verkündete sie: »Schatz, du brauchst wieder einen Hund.« Sie fragte mich gar nicht erst, wie ich die Sache sah, sondern sagte mir einfach, was wir machen würden – und das machten wir dann auch. Bei meinen Erfahrungen mit Depressionen und der Tatsache, dass unsere Kinder schon lange aus dem Haus waren, war das eine kluge Entscheidung, die sie getroffen hatte. Damit verhinderte sie, dass aus meiner Trauer eine weitere depressive Phase entstand. Ich weiß schon, warum ich froh bin, sie geheiratet zu haben!

Teil VI

Ärger und Wut in wichtigen Beziehungen bewältigen

»Im Moment bekämpfe ich meinen Ärger, indem ich Medikamente schlucke, meditiere und meine unglaublich nervende Nachbarin nur noch selten besuche.«

In diesem Teil …

führe ich Ihnen die Auswirkungen schädlicher Wut auf drei wichtigen Beziehungsebenen vor Augen: Karriere, Familie und geliebte Menschen. Ist Ihr Arbeitsplatz ein Schlachtfeld? Versagen Sie als Elternteil? Stecken Sie in einer Liebesbeziehung, die von Ärger geprägt ist? Wenn Sie Ihr Verhalten am Arbeitsplatz verbessern, Ihr Verhandlungsgeschick auf Vordermann bringen, nicht als ständig verkrachtes Paar enden, sich gegen ungerechtfertigten Ärger impfen und die Nerven behalten wollen, wenn Ihr Partner sie verliert, dann finden Sie in diesem Teil alles, was Sie brauchen. Wenn Sie sich an die hier beschriebenen Strategien halten, können Sie Feindseligkeiten abbauen und mit allen wichtigen Partnern in Ihrem Leben harmonisch zusammenleben.

Am Arbeitsplatz

20

In diesem Kapitel

- Es geht nicht immer um Sie
- Lösungen suchen, die für beide Seiten gewinnbringend sind
- Wettbewerb ohne Konfrontation
- Pattsituationen überwinden

In diesem Kapitel werde ich mich mit der Frage beschäftigen, welche Rolle das Ärgermanagement am Arbeitsplatz spielen kann. Schließlich handelt es sich dabei um die Umgebung, in der die meisten den größten Teil ihrer Zeit verbringen. Bevor wir loslegen, sollten Sie kurz über die folgenden Fragen nachdenken:

- ✔ Erleben Sie sich am Arbeitsplatz häufig in Tagträumen versunken, anstatt Ihrer Arbeit nachzugehen?
- ✔ Sind Sie schon zu spät zur Arbeit erschienen, ohne dies vorher abgesprochen zu haben?
- ✔ Haben Sie sich schon einmal über das Privatleben eines Kollegen lustig gemacht?
- ✔ Haben Sie nach außen hin schon einmal jemandem erzählt, was für einen lausigen Arbeitgeber Sie haben?
- ✔ Haben Sie am Arbeitsplatz schon mal etwas gemacht, das einen Kollegen in schlechtem Licht erscheinen ließ?

Wenn Sie eine dieser Fragen mit Ja beantwortet haben – machen Sie sich deswegen keine Sorgen, das sind ganz verbreitete Situationen –, haben Sie das gemacht, was die Arbeitspsychologen *kontraproduktives Arbeitsverhalten* nennen. Darunter fällt jedes Verhalten eines Angestellten, das ein Unternehmen oder seine Mitarbeiter schädigen kann, vom Tratsch und Klatsch bis zur Tätlichkeit. Die Kosten dieses kontraproduktiven Verhaltens schlagen in der Industrie mit beachtlichen direkten Kosten (unter anderem durch Diebstahl; in den USA alleine 200 Milliarden Dollar) und nicht näher zu beziffernden weiteren Milliarden indirekter Kosten zu Buche (die sich aus der mangelnden Effizienz der Mitarbeiter ergeben). Und was ist der Hauptgrund für kontraproduktives Verhalten? Richtig geraten: Ärger!

In diesem Kapitel mache ich Ihnen bewusst, wie sich kontraproduktives Arbeitsverhalten äußert, welche Art Persönlichkeiten am ehesten dazu neigen, wie Sie wettbewerbsorientiert sein können, ohne kontraproduktiv zu sein, und wie Sie einen höflicheren Umgang mit Ihren Kollegen pflegen können, indem Sie sich als ärgerfreier Mitarbeiter zeigen.

Bin ich zu spät? Tut mir leid

Als stellvertretende Generaldirektorin einer Werbeagentur wusste die 51-jährige Edith, dass alle Mitarbeiter – besonders die leitenden Angestellten – an der Sitzung am Mittag teilnehmen sollten, weil dort der neue Vorstandsvorsitzende vorgestellt werden würde. Aber Edith war verärgert, und zwar schon seit Wochen, genauer, seit dem Tag, an dem die Umstrukturierung verkündet wurde und sie, wie all die anderen, erfahren hatte, dass sie einen neuen Chef bekommen würde. Edith hatte versucht, ihren Ärger nicht zu zeigen. Aber jetzt kam sie eine Viertelstunde zu spät in den prallvollen Sitzungssaal und störte die Einführungsrede ihres neuen Chefs, indem sie die ganze erste Reihe entlangmarschierte. Welch ein Auftritt! Ediths Botschaft war unmissverständlich – »Ihr könnt mich alle mal!« Niemand sagte an diesem Tag etwas zu ihrer Verspätung, aber es war auch keiner überrascht, als sie drei Wochen später ihre Kündigung einreichte (nachdem man ihr diesen Schritt nahegelegt hatte).

Kontraproduktives Arbeitsverhalten erkennen

Manchmal ist es gar nicht so leicht, kontraproduktives Arbeitsverhalten – bei sich selbst und bei anderen – zu erkennen. Das liegt zum Teil daran, dass wir es überwiegend als normales Arbeitsverhalten betrachten. Was ist schon dabei, ein bisschen zu spät zu kommen oder die Pause etwas länger auszudehnen? Dazu kommt, dass die Mehrzahl der kontraproduktiven Verhaltensweisen passiv und im herkömmlichen Sinne gewaltfrei ist. Hier ein paar typische Beispiele:

- ✔ Ein Problem nicht melden, was dazu führt, dass es sich verschlimmert
- ✔ Einen Kollegen ignorieren
- ✔ Einem Kollegen wichtige Informationen vorenthalten
- ✔ Krankfeiern, obwohl es einem gut geht
- ✔ Geschäftig tun, obwohl man nichts tut
- ✔ Einem Kollegen Hilfe verweigern
- ✔ Absichtlich zu einer Sitzung zu spät kommen
- ✔ Langsam arbeiten, wenn man weiß, dass etwas schnell erledigt werden soll
- ✔ Früher nach Hause gehen, als es erlaubt ist
- ✔ Jemanden nicht zurückrufen, obwohl man dazu verpflichtet ist
- ✔ Absichtlich Anweisungen ignorieren

In seltenen Fällen äußert sich kontraproduktives Verhalten in aktiver Zerstörung oder verletzendem Verhalten wie:

- ✔ Der absichtlichen Beschädigung von Arbeitsgeräten
- ✔ Dem Diebstahl von Eigentum des Arbeitgebers
- ✔ Beleidigenden Kommentaren zur Leistung eines Kollegen
- ✔ Der Provokation eines Streits mit einem Kollegen
- ✔ Obszönen Gesten gegenüber einem Kollegen
- ✔ Gewaltandrohungen gegenüber Kollegen
- ✔ Schlagen oder Schubsen
- ✔ Absichtlicher Verschwendung von Material
- ✔ Der Verbreitung böswilliger Gerüchte über einen Kollegen
- ✔ Gemeinen Streichen
- ✔ Bösartigem oder rüdem Verhalten gegenüber Kunden oder Klienten

Sehen Sie sich die Liste der kontraproduktiven Verhaltensweisen an und merken Sie sich, welche davon Sie in den letzten drei Wochen an den Tag gelegt haben. Kommt ein solches Verhalten bei Ihnen regelmäßig vor – sagen wir, ein oder zwei Mal in der Woche? Konzentrieren Sie sich auf eine Verhaltensweise und sagen Sie sich: »Ich werde meinen Ärger nicht mehr auf diese Art ausdrücken!« Stützen Sie sich stattdessen auf eine der in diesem Kapitel weiter hinten vorgestellten Ärgermanagement-Strategien.

Vermeidung versus Aggression

Kontraproduktives Arbeitsverhalten ist für den Arbeitnehmer eine Bewältigungsstrategie. Es ist eine Möglichkeit, mit dem Stress am Arbeitsplatz umzugehen. Die Motivation, die dahintersteckt, ist immer das Zurückschlagen. Das macht Sinn, denn die allererste Ursache solchen Verhaltens ist Ärger. Wenn Sie jemand am Arbeitsplatz ärgert, können Sie mit Hilfe kontraproduktiver Verhaltensweisen gleichziehen. Und jedes Mal, wenn Sie jemand anderen ärgern, geben Sie dieser Person einen Grund, ebenfalls kontraproduktiv zu handeln.

Meist ist kontraproduktives Arbeitsverhalten das Ergebnis eines zwischenmenschlichen Konfliktes – zwischen Kollegen, und zwischen Vorgesetzten und Mitarbeitern. Je größer der Konflikt, desto mehr kontraproduktives Verhalten ist zu erwarten. Dabei gehen Konfliktlösung und kontraproduktives Verhalten Hand in Hand.

Arbeitnehmer wählen in der Regel eine von zwei Reaktionsweisen, wenn sie sich kontraproduktiv verhalten: Vermeidung oder Aggression. Vermeidung bedeutet, dass man sich irgendwie der Erledigung einer Aufgabe entzieht – man kommt zu spät oder man ignoriert jemanden oder etwas. Aggression bedeutet, dass man die Quelle des eigenen Ärgers angreift, indem man etwa einen Untergebenen schikaniert oder einen Kunden beleidigt. Vielleicht erkennen Sie hier das alte Kampf-Flucht-Schema, das in diesem Buch immer wieder auftaucht (etwa in Kapitel 4).

Kennen Sie das?

Im Rahmen einer Umfrage wurde 74 Angestellten einer Niederlassung die folgende Frage gestellt: Wie oft haben Sie die folgenden Verhaltensweisen an Ihrem jetzigen Arbeitsplatz beobachtet? Hier sind die Top-Fünfzehn der gesammelten Antworten, beginnend mit der am seltensten beobachteten Verhaltensweise:

- ✔ Klagen über unwichtige Dinge am Arbeitsplatz
- ✔ Ohne Absprache zu spät erscheinen
- ✔ Länger als erlaubt Pause machen
- ✔ Kollegen ignorieren
- ✔ Einen Kollegen oder Klienten rüde behandeln
- ✔ Tagträumen anstatt arbeiten
- ✔ Ohne Erlaubnis früher Feierabend machen
- ✔ Geschäftig tun, ohne etwas zu leisten
- ✔ Kollegen Fehler in die Schuhe schieben, die man selbst gemacht hat
- ✔ Nach außen hin den Arbeitsplatz mies machen
- ✔ Sich beleidigend über die Leistungen von Kollegen äußern
- ✔ Sich weigern, seinen Kollegen bei Bedarf zu helfen
- ✔ Wichtige Rückrufe nicht erledigen
- ✔ Sich über Kollegen lustig machen
- ✔ Kollegen beschimpfen

Es ist interessant festzustellen, dass ich – unabhängig von der Art der jeweiligen Arbeit – jedes Mal, wenn ich diese Umfrage zum kontraproduktiven Verhalten durchführe, dieselbe Liste (mit derselben Reihenfolge) erhalte.

Person versus Organisation

Unterschiede gibt es auch in der Ausrichtung des kontraproduktiven Verhaltens. Etwa in der Hälfte aller Fälle neigen die Betreffenden dazu, sich gegen eine Person zu wenden – sie äußern sich beispielsweise abschätzig über die Leistung eines Kollegen. Die andere Hälfte des Ärgers trifft die Organisation, etwa durch die Zerstörung ihres Eigentums. In jedem Fall spaltet es den Arbeitsplatz und lenkt vom eigentlichen Ziel ab.

Aggressive Persönlichkeiten am Arbeitsplatz

Manche Menschen verhalten sich gegenüber ihrer Umwelt und ihren Mitmenschen aggressiver als andere. Mit aggressiv meine ich dabei nicht unbedingt, dass sie andere absichtlich angreifen oder sie verletzen. Sie scheinen sich vielmehr gegen die Welt zu wenden, anstatt mit dem Strom zu schwimmen. Ob das gut oder schlecht ist, hängt davon ab, welcher Art die jeweilige aggressive Persönlichkeit ist.

Sula, eine 34 Jahre alte aufstrebende junge Angestellte bei einer gemeinnützigen Organisation, ist ein klassisches Beispiel für das, was ich eine leistungsgetriebene Persönlichkeit nenne. Sie ist weit mehr als leistungsorientiert. Sie ist eine *Getriebene* – ihre gesamte Energie ist darauf ausgerichtet, in ihrem Beruf Erfolge zu erzielen. Sula ist immer völlig auf die ihr anvertraute Aufgabe konzentriert, stellt sich gerne dem Wettbewerb und verfolgt ihre Ziele konsequent und energisch. Was sie sagen will, drückt sie offen und direkt aus – auch ihren Ärger – und lässt keine Zweifel an ihren Ansichten aufkommen. Ihre Kollegen bewundern ihre Zielstrebigkeit. Sie redet nicht viel, sie arbeitet! Ärgerlich wird sie nur, wenn sich ihr Hindernisse in den Weg stellen, die sie in ihren Bemühungen um eine schnelle und effiziente Erledigung der anstehenden Arbeiten zurückwerfen. Wenn man mit ihr Schritt halten kann, ist sie der beste Freund und es lässt sich prima mit ihr zusammenarbeiten.

Birgit dagegen geht kämpferischer an ihre Arbeit heran. Auch sie ist sehr wettbewerbsorientiert, aber sie sucht im Umgang mit anderen eher die Konfrontation. Wenn irgendetwas schiefläuft, hält sie es dem Betreffenden sofort unter die Nase! Sie ist ungeduldig, angespannt und kann gegenüber ihren Kollegen ganz schön fordernd auftreten. »Ich will den Bericht heute Nachmittag auf dem Schreibtisch haben. Ausreden werden nicht akzeptiert!« Jeder im Büro wird ihnen bestätigen, dass sie eine äußerst dominante Persönlichkeit ist. Sie hat zu allem und jedem das erste und das letzte Wort. Ihr Ärger rührt, anders als bei Sula, nicht von Frustration her. Er dient vielmehr dazu, ihrer kämpferischen Persönlichkeit den nötigen Brennstoff zu liefern. Birgit erinnert mich an einen legendären Football-Trainer, von dem überliefert wird: »Er konnte in eine leere Mannschaftskabine gehen und einen Streit anfangen!«

Die leistungsgetriebene Variante der Aggressivität ist übrigens weit weniger ungesund als die kampfbetonte.

Aggressive Mitarbeiter wenden sich drei Mal so häufig direkt gegen Kollegen, während die der Vermeidung zuneigenden ihr Mütchen lieber an ihrer Arbeitsumgebung kühlen.

Welches Profil trifft auf Sie zu? Klopfen Sie mal auf den Busch und fragen Sie sich: »Warum greife ich immer meine Kollegen an, wenn ich frustriert oder gereizt bin?« oder »Warum laufe ich immer vor meinem Ärger und den Problemen weg, die ihn verursachen?« Vermeidung gründet in der Regel in Angst. Wovor haben Sie Angst – dass Sie Ihren Arbeitsplatz verlieren könnten, dass Sie die Beherrschung verlieren könnten, wenn Sie einmal angefangen haben, oder wovor? Angriffe setzen in der Regel voraus, dass man es mit einem Feind zu tun hat. Sind Ihre Kollegen wirklich Ihre Feinde? Ist das Arbeit oder Krieg? Liegt es daran, dass Sie ein streitbarer Mensch sind und deshalb alles gleich in Krieg ausartet?

Wo man suchen muss

Nicht jeder ist für kontraproduktives Arbeitsverhalten anfällig. Wenn Sie aber mit toxischem Ärger zu kämpfen haben – also intensivem Ärger, der täglich anfällt (siehe Kapitel 2) –, dann sind Sie ein Hauptkandidat. Ich schätze, dass etwa 25 bis 40 Prozent der arbeitenden Menschen dieses Profil aufweisen – und das ist ein ernst zu nehmendes Problem!

Der unzufriedene Mitarbeiter

Mitarbeiter, die kontraproduktive Verhaltensweisen an den Tag legen, zeigen oft eines oder mehrere der folgenden Anzeichen verborgenen Grolls:

- ✔ Sie scheinen sich nicht für ihre Arbeit zu interessieren.
- ✔ Sie sind während der Arbeitszeit meistens schlecht gelaunt.
- ✔ Sie leiden deutlich.
- ✔ Sie halten Distanz zu ihren Kollegen.
- ✔ Sie misstrauen ihren Vorgesetzten grundsätzlich.
- ✔ Sie erscheinen häufig abgelenkt, wenn sie eine Aufgabe zu Ende führen sollen.
- ✔ Sie verhalten sich respektlos gegenüber ihren Vorgesetzten.
- ✔ Sie begeistern sich nicht für die Zielausrichtung ihres Unternehmens.
- ✔ Sie äußern ihre Enttäuschung über ihr Gehalt und ihre Aufstiegschancen.
- ✔ Sie sind wegen allem und jedem ziemlich unzufrieden, empört und entmutigt.

Die meisten Menschen laufen nicht in der Gegend herum und erzählen jedem, der es hören will, dass sie verärgert, sauer oder verdrießlich sind. Die meisten drücken ihren Ärger subtiler und in politisch korrekten Worten aus – Ärger ist es aber trotzdem.

Herbert, ein 58 Jahre alter Stadtplaner, war ein unzufriedener Mitarbeiter, daran ließ er keinen Zweifel aufkommen. 22 Jahre war er einer Arbeit nachgegangen, die ihm Freude machte und die ihn regelmäßig für seine Bemühungen belohnte. Dann entschloss er sich, vorzeitig in den Ruhestand zu gehen. Schon lange hatte Herbert den Traum, mit seiner Familie in die Nähe des Meeres zu ziehen und sich langsam auf die Rente vorzubereiten. Zunächst schien sein Plan zu funktionieren. Er zog an die Küste und nahm eine Stelle an, die ihm etwa so viel Lohn einbrachte wie seine frühere. Nach zwei Jahren jedoch wurde das Unternehmen umstrukturiert und viele Mitarbeiter entlassen – darunter auch Herbert. Trotz aller Bemühungen konnte Herbert anschließend nur eine Stelle auftreiben, die zwar seiner bisherigen Laufbahn entsprach, aber viel geringer bezahlt war, als er seiner Meinung nach wert war. Er trat die Stelle in der Hoffnung an, dass er sicher mehr bekommen würde, wenn er hart arbeitete und seinem Arbeitgeber seine üblichen 120 Prozent zur Verfügung stellte. Es stellte sich aber heraus, dass das nicht möglich war, weil er aufgrund seiner Ausbildung – er hatte keinen Hochschulabschluss – nicht in eine höhere Gehaltsgruppe aufsteigen konnte. Er passte eben nicht in die Unternehmensvereinbarungen. In seinem Alter konnte er es sich nicht leisten zu kündigen, und einen Umzug wollte er seiner Familie auch nicht schon wieder antun. Herbert saß in der Falle! Es blieb ihm nur noch übrig, sich über alles Mögliche zu beschweren, egal wie unbedeutend es auch war. Damit machte er sich bei seinem Arbeitgeber natürlich nicht gerade beliebt, und schließlich legte man ihm nahe, mit dem Jammern aufzuhören oder zu gehen.

Herbert stand am Scheideweg. Er brauchte sofort Hilfe, keine fünfjährige Therapie auf der Couch. Ich schlug ihm also vor, mit seinem Ärger folgendermaßen umzugehen (das können Sie übrigens auch machen):

- **Akzeptieren Sie die Realität der Situation.** Herbert war zu einem großen Teil deswegen unzufrieden, weil er sich weigerte zu akzeptieren, dass er es mit einem »unverrückbaren Objekt« zu tun hatte, nämlich den Unternehmensvereinbarungen. Mit seinem Jammern und seinen Beschwerden versuchte er, seinen Arbeitgeber von diesen Vereinbarungen abzubringen und für ihn eine Ausnahme zu machen.

- **Beziehen Sie nicht alles auf Ihre Person.** Herbert war verärgert, weil er überzeugt war, dass sie die Unternehmensvereinbarungen gegen ihn richteten. Ich fragte ihn: »Müssen sich alle Angestellten an diese Vereinbarungen halten?« Er bejahte diese Frage eindeutig. Also erinnerte ich ihn: »Es geht überhaupt nicht um Sie. So sind die Dinge in diesem Unternehmen eben geregelt.« Das sah er ein.

- **Schreiben Sie Ihre Gefühle auf.** Um einen Teil des Ärgers loszuwerden, den Herbert mit sich herumtrug – und der sich dann in Form seiner Beschwerden ab und zu Luft verschaffte –, empfahl ich ihm, jeden Tag 20 Minuten lang aufzuschreiben, worüber er sich ärgerte (siehe Kapitel 9).

- **Fahren Sie Ihre Bemühungen auf ein normales Maß zurück.** Herbert musste damit aufhören, seinem Arbeitgeber 120 Prozent zu geben und ohne Bezahlung Überstunden zu leisten. Er hatte das als Mittel zum Zweck betrachtet, um am Ende eine Gehaltserhöhung zu bekommen. Ich erinnerte ihn daran, dass es nicht sein Arbeitgeber war, der ihn ausbeutete – er beutete sich selbst aus, und das ist nicht gesund!

- **Üben Sie positives Denken.** Herberts Ärger resultierte auch daraus, dass er ständig an seine berufliche Situation dachte. Die Psychologen nennen das Grübeln. Da Herbert eingestand, sich kaum richtig von diesem Problem befreien zu können, schlug ich ihm vor, etwas anderes zu suchen – etwas Positives und etwas, auf das er selbst Einfluss hatte –, über das er nachgrübeln konnte (einige Möglichkeiten finden Sie in Kapitel 4).

- **Finden Sie einen Nutzen in dem, was Sie tun.** Ich riet Herbert, über seine jetzige Stelle nachzudenken und zu überlegen, was ihm daran gefiel. Die Frage sollte also lauten: »Worüber beklagen Sie sich nicht? Mal vom Gehalt abgesehen, womit sind Sie zufrieden?« Herbert musste eine ausgewogene Sichtweise seiner beruflichen Situation finden, um einen Teil seiner verärgerten Gefühle besänftigen zu können.
- **Bringen Sie Bewegung ins Spiel.** Regelmäßige Bewegung ist eine gute Möglichkeit, nicht nur Körpergifte, sondern auch Gefühle wie Ärger loszuwerden, die Sie vergiften. Dreimal in der Woche 45 Minuten in einem Fitness-Studio können sich wundersam auf ihre Grundeinstellung auswirken.
- **Vergebung, Vergebung, Vergebung.** Was Herbert da mit sich herumschleppte, war der Ärger von gestern. Dieser Ärger belastete ihn selbst und seinen Arbeitgeber. Wenn man diese Last loswerden will, gibt es nur eine Möglichkeit: Man muss vergeben (siehe Kapitel 13). Herbert musste sich selbst dafür vergeben, dass er in den vorzeitigen Ruhestand gegangen war und damit diesen ganzen Prozess erst in Gang gebracht hatte, und er musste seinem Arbeitgeber dafür vergeben, dass dieser an einer seiner Meinung nach »archaischen« Beförderungsregelung festhielt.

Mit Hilfe dieser Maßnahmen konnte sich Herbert zwar nicht aus der finanziellen Realität seiner Stelle befreien, wohl aber seinen Ärger darüber loswerden. Er musste zwar mit weniger im Portemonnaie auskommen, aber er war jetzt kein unzufriedener Mitarbeiter mehr.

Der egozentrische Mitarbeiter

Vor einigen Jahren hatte ich das ausgesprochene Vergnügen, an der Universität von Süd-Florida die entzückende, dynamische Psychologin Dr. Lisa Penny kennen zu lernen. Von ihr lernte ich sehr viel über die Beziehungen zwischen großen Egos (der Fachausdruck dafür ist Narzissmus), Ärger und kontraproduktivem Arbeitsverhalten. Je ausgeprägter ein Ego ist, das heißt, je egozentrischer sich jemand verhält, desto eher wird er sich am Arbeitsplatz ärgern und in der Folge zu kontraproduktivem Verhalten neigen. Wenn man auch zugestehen muss, dass niemand bei seiner Arbeit gerne behindert wird (indem er etwa von anderen unterbrochen wird, ungenügend ausgebildet wird oder ohne die für die Arbeit notwendigen Hilfsmittel auskommen muss), nehmen nur auf sich bezogene Arbeitnehmer solche Einschränkungen persönlich (Warum tut man *mir* das an?) und reagieren verärgert.

Woher wissen Sie, ob Sie zu dieser Kategorie zählen? Ich hätte da einige Hinweise:

- **Sie neigen dazu, in Ihrer Arbeit aufzugehen, und wissen nicht (und kümmern sich auch nicht darum), was Ihre Kollegen tun.** Sie sind kein Teamarbeiter.
- **Sie wissen ganz genau, was Ihnen zusteht.** Sie könnten zum Beispiel Sätze sagen wie »Sie schulden mir Respekt« oder »Ich habe einen Anspruch auf diese Beförderung.«

- ✔ **Sie können sich nicht in die Lage anderer Menschen hineinversetzen, wenn Konflikte oder Meinungsverschiedenheiten auftauchen.** Sie sagen nur immer wieder, was *Sie* wollen, wie *Sie* die Dinge sehen und warum *Ihre* Lösungen die richtigen sind.
- ✔ **Sie neigen dazu, etwas hochtrabend daherzukommen – Sie fühlen sich in Bezug auf Ihre Arbeit als etwas Besonderes.** Sie erwarten von Ihren Kollegen, dass sie Ihnen den Vortritt lassen, weil Sie voller Energie sind, brillante Ideen und eine charismatische Persönlichkeit haben.
- ✔ **Sie neigen dazu, andere auszunutzen – Sie spannen andere dafür ein, dass Sie Ihre Ziele erreichen, egal, was es die anderen kostet.** Und zu allem Überfluss reagieren Sie verärgert, wenn Ihre Kollegen es nicht zu würdigen wissen, dass sie auserwählt wurden, Ihnen zu Diensten zu sein!
- ✔ **Sie sprechen viel von sich selbst.** Die Worte *ich* und *mein* kommen bei Ihnen, unabhängig vom Thema, sehr häufig vor.

Vielleicht sind Sie es ja müde, sich immer in den Mittelpunkt zu stellen Wie können Sie das ändern? Ich hätte da ein paar Vorschläge zu machen:

- ✔ Wenn Sie sich dabei ertappen, dass Sie denken wie ein egozentrischer Mitarbeiter (»Warum behindern mich all diese Leute?«), dann können Sie dem entgegenwirken, indem Sie denken »Ich bin sicher, dass die anderen genau wie ich wichtige Dinge zu erledigen haben. Das Dumme ist nur, dass wir es alle zur selben Zeit versuchen. Vielleicht könnte ich ihnen helfen und sie mir.«
- ✔ Hören Sie auf, von Ihren Kollegen zu verlangen, dass sie nach Ihrer Pfeife tanzen – das ergibt sich aus Ihrem Anspruchsdenken –, und bitten Sie stattdessen darum, dass sie Ihrem Willen folgen. Sie werden überrascht sein, wie bereitwillig man Ihnen zuhört.
- ✔ Bemühen Sie sich öfter, die Dinge aus der Perspektive anderer Menschen zu betrachten. Stellen Sie sich mehr auf Ihre Kollegen ein und interessieren Sie sich dafür, was sie denken und fühlen.
- ✔ Machen Sie sich immer wieder bewusst, dass das Leben keine Einbahnstraße ist. Je mehr Verständnis und Mitgefühl Sie für andere aufbringen, desto eher werden sie Ihnen genau so begegnen. Das ist doch kein schlechtes Geschäft, oder?
- ✔ Machen Sie es so, wie Ihre Eltern es Ihnen beigebracht haben: Sagen Sie »bitte« und »danke«, wenn Sie etwas von anderen wollen. Das macht die Zusammenarbeit angenehmer und schmiedet zusammen.

Welchen Hintergrund haben diese Menschen?

Egozentrische Mitarbeiter sind sehr oft Erstgeborene oder Einzelkinder. Die meisten sind männlichen Geschlechts. In vielen Fällen haben ihre Väter sie während der Kindheit immer wieder zur Selbstständigkeit ermutigt und ab und zu ins Portemonnaie gegriffen, um sie durch Belohnungen auf Kurs zu halten. Wer würde sich nicht für etwas Besonderes halten, wenn er für Dinge bezahlt wird, die andere Kinder ohne eine Entschädigung machen.

Verhandlungsgeschick entwickeln

Das meiste im Arbeitsalltag ist immer irgendwo eine Verhandlungssache. Diese Verhandlungen zwischen zwei oder mehr Mitarbeitern sind Bemühungen um einen Ausgleich von Interessenskonflikten. Ich kann mir ein Lächeln nicht verkneifen, wenn Unternehmen bei mir anfragen, ihre Manager und Angestellten zu schulen, damit »alle auf der gleichen Wellenlänge liegen«. Man scheint in den Unternehmen gerne davon auszugehen, dass alle Mitarbeiter gleich gestrickt sind, und ist dann überrascht (manchmal sogar verärgert), wenn das nicht der Fall ist.

Verhandlungen haben immer auch mit Gefühlen zu tun, allein schon deshalb, weil auf beiden Seiten des Tisches Menschen sitzen. Das ist aber nur dann problematisch, wenn negative Gefühle im Spiel sind. Wenn die Verhandlungspartner positiv gestimmt sind – aufgeregt, optimistisch –, dann sind sie meist kooperativ und versöhnlich. Oft findet man dann eine Lösung, von der beide Seiten profitieren, so genannte *Win-win-Lösungen*. Sind aber einer oder gar beide Verhandlungspartner in einem negativen emotionalen Zustand – verärgert, pessimistisch –, dann schenken sie sich meist nichts und machen nur sehr ungern Zugeständnisse. Gibt keiner nach, entsteht eine Pattsituation und keiner geht als Sieger vom Platz!

Verhandlungspartner reagieren auf die Gefühle ihres Gegenübers. Wenn man etwas erreichen will, beginnt man am besten mit einem Lächeln. Ob Sie es glauben oder nicht, das wirkt sich entscheidend auf die nachfolgende Entwicklung aus. Blicken Sie dagegen von vorneherein gereizt in die Landschaft, werden Sie ein hartes Stück Arbeit vor sich haben. Heben Sie zu Anfang einen Aspekt hervor, bei dem es möglicherweise eine Übereinstimmung gibt (das mag schwer sein, wenn Sie verärgert sind, aber es ist den Versuch wert). Damit haben Sie einen positiven Aspekt unter Dach und Fach gebracht, bevor Sie sich an die strittigen Punkte heranwagen. Machen Sie sich immer wieder bewusst, dass Ihr Verhandlungspartner zwar ein Gegner in der Sache, aber *keinesfalls ein Feind* ist (das ist einer der vom Ärger befreienden Gedanken, die Sie in Kapitel 25 aufgelistet finden). Und noch eines: Wenn Sie schon verärgert in eine Verhandlung hineingehen, dann sollten Sie darauf achten, dass Sie Ihren Ärger konstruktiv ausdrücken (die Einzelheiten können Sie in Kapitel 11 nachlesen).

Schaffen Sie eine positive Arbeitsumgebung

Ärger am Arbeitsplatz beschränkt sich nicht auf einzelne Mitarbeiter, einzelne Projekte oder Umstände oder ein bestimmtes Problem, etwa eine zu hohe Arbeitsbelastung. Bestimmte Gefühle entstehen im allgemeinen Kontext der gesamten Arbeitsumgebung. Und dieser Kontext (oder das Arbeitsklima) ist von Arbeitsumgebung zu Arbeitsumgebung verschieden. Gehen Sie an einen beliebigen Arbeitsplatz – eine Fabrikabteilung oder einen Konferenzraum – und wenn Sie die Menschen dort etwa fünf Minuten lang beobachtet haben, können Sie sagen, ob das Klima dort feindselig (man geht sich gegenseitig an die Gurgel), traurig (zu viele verpasste Chancen, zu viel Wechsel beim Personal), angespannt (viel Unsicherheit) oder herzlich (es ist schön hier) ist. Dafür muss man nicht studiert haben, es ist ganz einfach.

Dr. Barbara Frederickson von der Universität Michigan und ihr Kollege Dr. Marcial Losada von der Universidade Catholica de Brasilia in Brazil haben eine interessante Theorie entwickelt, die erklärt, wie sich Emotionen am Arbeitsplatz auf die Produktivität der Mitarbeiter auswirken. Anstatt sich auf ein einzelnes Gefühl wie den Ärger zu konzentrieren, betrachten sie die positiven und negativen Eigenschaften von Gefühlen und, was noch wichtiger ist, die Beziehungen dieser beiden Seiten zueinander. Diese Beziehung drückt sich in der so genannten *Positivity Ratio* aus, dem Quotienten aus positiven und negativen Anteilen. Bis jetzt haben sie Folgendes herausgefunden:

- ✔ Damit sich Mitarbeiter an ihrem Arbeitsplatz gut entfalten können, muss das Verhältnis der am Arbeitsplatz ausgedrückten Gefühle etwa 3 zu 1 zugunsten der positiven Gefühle ausfallen.
- ✔ Wird dieses Verhältnis von 3 zu 1 nicht erreicht, geraten die Mitarbeiter leicht ins Trudeln – sie beschreiben ihr Arbeitsleben als leer und unbefriedigend.
- ✔ Zu viele positive Gefühle können dagegen auch problematisch sein. Ein Minimum negativer Gefühle ist nötig, damit die Arbeitsmuster nicht unflexibel, starr, langweilig und allzu routiniert werden (was bei den Mitarbeitern Reizbarkeit hervorrufen kann). Allerdings ist es für die meisten Unternehmen kein Problem, ausreichend negative Gefühle hervorzurufen!
- ✔ Wenn negative Gefühle nutzbringend sein sollen, müssen sie angemessen sein. Die Mitarbeiter dürfen sich nicht gegenseitig verachten oder in Wut ausbrechen (lesen Sie in Kapitel 11 nach, wie Sie Ärger konstruktiv ausdrücken können).
- ✔ Positive Gefühle müssen echt sein und dürfen nicht erzwungen werden. (Aushang für alle Mitarbeiter: Von heute an müssen alle Mitarbeiter jederzeit ein Lächeln im Gesicht tragen!)

Die folgende Tabelle listet eine Reihe von Gefühlen auf, die Sie vielleicht an Ihrem Arbeitsplatz bereits beobachtet haben. Kreisen Sie zehn davon ein, von denen Sie meinen, dass sie das emotionale Klima in Ihrem Arbeitsumfeld *in der vergangenen Woche* am ehesten widerspiegeln. Es spielt dabei keine Rolle, in welcher Spalte das jeweilige Gefühl steht – wählen Sie insgesamt zehn Gefühle. Berechnen Sie anschließend die Positivity Ratio, indem Sie die Anzahl der positiven Gefühle durch die Anzahl der negativen Gefühle teilen (wenn Sie beispielsweise drei Wörter in der Spalte *Positive Gefühle* und sieben Wörter in der Spalte *Negative Gefühle* eingekreist haben, rechnen Sie einfach: 3 : 7 = 0,43). Liegt Ihre Positivity Ratio über oder unter 2,9? Liegt sie bei 2,9 oder darunter, dann werden Sie – und alle, mit denen Sie zusammenarbeiten – viel eher Ärger am Arbeitsplatz empfinden. Liegt der Wert bei 3,0 oder darüber (aber unterhalb von 11 – das wäre dann zu viel des Guten), dann arbeiten Sie in einem gesunden Arbeitsumfeld.

Positive Gefühle	**Negative Gefühle**
Amüsiert	Alarmiert
Begeistert	Ängstlich
Dankbar	Aufgebracht
Eifrig	Bedauernd
Enthusiastisch	Beunruhigt
Erfreut	Deprimiert
Erregt	Frustriert
Erstaunt	Gelangweilt
Fröhlich	Gereizt
Glücklich	Schamvoll
Großzügig	Schuldig
Hoffnungsvoll	Sorgenvoll
Liebevoll	Traurig
Nett	Unglücklich
Neugierig	Unruhig
Optimistisch	Verärgert
Verständnisvoll	Verbittert
Zufrieden	Versteinert

Wenn Sie Arbeitgeber sind, können Ihnen die folgenden Tipps helfen, eine positivere Arbeitsumgebung zu schaffen:

- ✔ Verleihen Sie den Titel »Mitarbeiter des Monats« nicht auf der Grundlage der Produktivität, sondern danach, wie positiv das Verhältnis der Mitarbeiter zu Kunden, Klienten und Kollegen ist.
- ✔ Bieten Sie Anreize dafür, eine positive Arbeitshaltung zu zeigen – Familien-Eintrittskarten für einen Vergnügungspark, Geschenkgutscheine für Restaurants oder Eintrittkarten für ein Theater oder ein Kabarett.
- ✔ Feiern Sie die Geburtstage Ihrer Mitarbeiter und lassen Sie Kuchen oder Süßigkeiten für die ganze Belegschaft bringen.

Wenn Sie Arbeitnehmer sind, können Sie Ihre Arbeitsumgebung folgendermaßen positiver gestalten:

- ✔ Grüßen Sie zu Beginn jeden Arbeitstages Ihre Kollegen mit einem freundlichen »Ich wünsche Ihnen einen schönen Tag!«
- ✔ Bringen Sie ein wenig Humor in die Gespräche und Unterhaltungen ein. Lachen signalisiert Ihren Kollegen, dass Sie es nicht böse meinen.
- ✔ Entschuldigen Sie sich, wenn Sie etwas tun, von dem Sie wissen, dass es einen Kollegen vor den Kopf stößt. Sie werden sich dann nicht nur besser fühlen, sondern auch dafür sorgen, dass Ihr Gegenüber sich wieder entspannen kann und nicht so schnell einen Groll gegen Sie hegt.
- ✔ Schließen Sie Freundschaften am Arbeitsplatz. Umfragen zeigen, dass ein Freund am Arbeitsplatz – besonders, wenn es der beste Freund ist – die Wahrscheinlichkeit erhöht, dass Sie gerne arbeiten gehen und zufriedener mit Ihrem Arbeitsplatz sind.

Die Niederländer machen es richtig

Ich habe ein Jahr in den Niederlanden gearbeitet und war fasziniert von den vielen kulturellen Unterschieden im Vergleich zu den USA. Die Niederländer sorgen beispielsweise selbst dafür, dass ihr Geburtstag angemessen gefeiert wird. Jedem, den sie an diesem Tag treffen, erzählen sie gleich »Ich habe heute Geburtstag!« Und am Arbeitsplatz versorgen sie das ganze Büro mit Kuchen und Schleckereien. Je wohler das Geburtstagskind sich fühlt und je mehr Grund es hat, seinen Geburtstag zu feiern, desto größer ist der Kuchen! Anders als die Amerikaner, die darauf warten, dass die anderen sich ihres Geburtstags entsinnen und irgendwie eine Feier auf die Beine stellen – und dann deprimiert sind, wenn keiner Notiz davon nimmt –, überlassen die Niederländer nichts dem Zufall. Das nenne ich eine kluge und kultivierte Tradition!

Höflichkeit zur Norm erheben

Am Arbeitsplatz kommt es darauf an, nett zu sein. Wenn man seine Kollegen höflich behandelt – fair, respektvoll, zuvorkommend, angenehm –, ist das die beste Garantie dafür, dass man selbst ebenso höflich behandelt wird. Umgekehrt wird allerdings auch ein Schuh daraus – sind Sie rüde und feindselig den anderen gegenüber, werden Sie diese Behandlung auch erfahren (oder man meidet Sie wie die Pest!).

Ärger ist oft ein Nebenprodukt der unhöflichen Behandlung durch andere. Diese Unhöflichkeit führt nämlich oft zu irgendeiner Form kontraproduktiven Verhaltens am Arbeitsplatz.

Wie verbreitet ist Unhöflichkeit am Arbeitsplatz? Sehr verbreitet! Etwa 90 Prozent aller Arbeitnehmer sind der Meinung, dass Unhöflichkeit am Arbeitsplatz ein großes Problem ist – auch wenn es nicht so gravierend ist wie (körperliche) Gewalt am Arbeitsplatz. Unhöflichkeit ist ein entscheidender Grund für Kündigungen. Etwa die Hälfte der Arbeitnehmer, die sich unhöflichem Verhalten ausgesetzt sehen, denkt darüber nach, sich eine andere Stelle zu suchen, und einer von acht tut diesen Schritt dann auch.

Wenn Sie Arbeitgeber sind und wollen, dass Ihre Mitarbeiter höflich miteinander umgehen, sehen Sie sich meine Vorschläge an:

- ✔ Stellen Sie klar – von oben nach unten –, dass unhöfliches Verhalten nicht geduldet wird (egal, wie das in der Vergangenheit gehandhabt wurde) und dass dies unabhängig von der Position gilt.
- ✔ Machen Sie eine Weiterbildung in höflichem Verhalten zum Bestandteil des Einstellungsverfahrens und der Probezeit.
- ✔ Halten Sie schriftlich fest, was in Ihrem Unternehmen als höflich und unhöflich gilt, und legen Sie die Konsequenzen für Letzteres fest. Beteiligen Sie die Mitarbeiter an der Erarbeitung dieser Grundsätze.
- ✔ Befragen Sie Ihre Mitarbeiter in regelmäßigen Abständen, wie es mit der Höflichkeit am Arbeitsplatz aussieht.
- ✔ Fordern und fördern Sie *konstruktive* Kritik, den *konstruktiven* Ausdruck von Ärger und einen *konstruktiven* Wettbewerb.

Wenn Sie Arbeitnehmer sind und daran interessiert sind, an Ihrem Arbeitsplatz höfliches Verhalten zur Regel zu machen, haben Sie dazu folgende Möglichkeiten:

- ✔ Handeln Sie nach dem Grundsatz »Was du nicht willst, was man dir tu, das füg auch keinem andern zu.«
- ✔ Üben Sie konstruktive Kritik an Ihren Kollegen – sagen Sie ihnen, wie Sie ihre Aufgaben Ihrer Meinung nach besser machen können!
- ✔ Wenn Sie glauben, dass an Ihrem Arbeitsplatz zu viel Unhöflichkeit herrscht, ergreifen Sie die Initiative, etwas daran zu ändern. Warten Sie nicht darauf, dass jemand anders anfängt.
- ✔ Machen Sie Ihren Kollegen deutlich, dass Sie jederzeit höflich behandelt werden möchten, und wehren Sie sich, wenn dies nicht der Fall ist.
- ✔ Erinnern Sie sich und Ihre Kollegen daran, dass es bei der Höflichkeit nicht darauf ankommt, wer Recht hat – wichtig ist der gegenseitige Respekt.
- ✔ Achten Sie immer darauf, dass Ihre Kollegen das Gesicht wahren können, und sprechen Sie Probleme und Kritik unter vier Augen an. Das erspart unnötige Peinlichkeiten.

- ✔ Seien Sie optimistisch und unterstellen Sie Ihren Kollegen in ihren Bemühungen immer die besten Absichten. Entscheiden Sie bis zum Beweis des Gegenteils im Zweifel immer für den Angeklagten.
- ✔ Wenn Sie einen Kollegen kritisieren müssen, seien Sie so höflich und tun das von Angesicht zu Angesicht – wenn Sie das nicht können, sagen Sie lieber gar nichts!

Sprechen Sie sich aus, aber erheben Sie nicht die Stimme

Ärger bricht sich immer Bahn – wenn nicht in Worten, dann in Ihren Bemühungen, das auszuleben, was Sie fühlen. Dieses Ausleben von Gefühlen ist genau das, worum es beim kontraproduktiven Verhalten am Arbeitsplatz geht.

Anstatt die *Stimme zu erheben*, sollten Sie sich *aussprechen* und sagen, was Sie denken und fühlen. Die Psychologen nennen das *sich behaupten*. Als sich selbst behauptender Mitarbeiter geben Sie den anderen ein direktes Feedback unter vier Augen (»Ich möchte hier höflicher behandelt werden«), das Ihre Gefühle widerspiegelt (»Ja, ich bin verärgert, und dazu habe ich jedes Recht«), die positiven und die negativen Aspekte einer Situation berücksichtigt (»Wissen Sie, ich arbeite gerne hier, aber ...«) und ein positives Ergebnis im Auge hat – und das alles ohne ein Anzeichen von Aggressivität.

Selbstbehauptung drückt sich mehr im Handeln aus denn als Haltung. Wenn Sie sich nicht regelmäßig selbst behaupten und für Ihre Interessen eintreten, werden Sie von Ihren Kollegen und Vorgesetzten schließlich als schwach wahrgenommen (als ein Fußabtreter oder einer, den man herumschubsen kann) und weder respektiert noch ernst genommen. Sie laden andere geradezu ein, Sie schlecht zu behandeln. Haben Sie schon mal jemanden sagen hören: »Mann o Mann, ich bewundere diese Frau – sie ist so ein Mäuschen.«

Wie spricht man mit anderen, wenn man sich behaupten will? Sehen Sie sich die folgenden Tipps an (mehr dazu finden Sie in den Kapiteln 4, 5, 8 und 11):

- ✔ **Übernehmen Sie die Verantwortung und beginnen Sie Ihre Sätze mit dem Wort Ich.** Ein paar Beispiele: »Ich muss mit Ihnen über etwas sprechen, das mich stört«, »Ich möchte Ihnen sagen, was ich über die Sitzung heute morgen denke«, »Ich habe den Eindruck, Sie verstehen nicht, wovon ich ausgehe.«
- ✔ **Fangen Sie mit einer positiven Aussage an.** Ein paar Beispiele: »Ich gehe mal davon aus, dass Sie wissen, wie gerne ich hier arbeite, aber ...«, »Ich bin so fair einzuräumen, dass Sie in der Vergangenheit immer fair zu mir waren, aber ...«
- ✔ **Reden Sie nicht lange um den heißen Brei herum und kommen Sie zum Punkt.** Sagen Sie möglichst genau, was Sie stört – und ärgert. Sagen Sie nicht einfach: »Ich bin verärgert!« Sagen Sie Ihrem Gegenüber genau, warum.

- **Appellieren Sie an das Mitgefühl Ihres Gegenübers.** Ein paar Beispiele: »Ich weiß nicht, ob Sie sich bewusst sind, wie Ihre Äußerungen bei mir angekommen sind«, »Ich gehe davon aus, dass Sie mich nicht absichtlich verärgern wollten, aber ...«, »Ich weiß nicht, wie Sie sich fühlen würden, wenn ich mit Ihnen in einem solchen Ton reden würde, aber mich regt das auf.«
- **Meiden Sie Schimpfwörter.** Niemand möchte beschimpft werden, nicht einmal die Person, die Sie beschimpft. Abgesehen davon, weiß niemand mehr, was Sie eigentlich wollen, wenn Sie Ihre Botschaft mit Schimpfwörtern anreichern.
- **Bleiben Sie am Ball.** Erwarten Sie nicht, dass Sie mit einem Akt der Selbstbehauptung die Welt verändern können. Ändern Sie Ihre Gesprächsführung und die Welt wird Ihnen folgen. Vertrauen Sie mir.

Zu Hause

21

In diesem Kapitel

- Die Nachteile von Druck und Drohgebärden
- Zusammenarbeiten statt konkurrieren
- Wie man in den Wald hineinruft ...
- Familien-Prioritäten setzen: Tugenden versus Aufgaben
- Den Zusammenhalt in der Familie fördern

Können Familien Konflikte ohne Kämpfe austragen? Natürlich. In diesem Kapitel zeige ich Ihnen, was gesunde Familien machen, um destruktiven Ärger möglichst zu vermeiden – den Ärger, der allzu oft in häuslicher Gewalt endet. Keine Sorge ... manchmal reicht es auch aus, regelmäßig zusammen zu Abend zu essen.

Sehen wir uns Familie Schmidt an. Mutter, Vater und eine Tochter im Teenageralter – eine Familie in Schwierigkeiten. Der Ärger beherrscht den Familienalltag beinahe überall. Sie regen sich auf, sie schreien sich an und versuchen mit Nachdruck, vom jeweils anderen das zu bekommen, was sie wollen. Ihrer Zukunft als Familie sehen sie ohne jegliche Hoffnung entgegen. Die Mutter sucht nach wie vor nach einer friedlichen Beilegung der Konflikte, aber der Vater hat resigniert. Die meiste Zeit verbringt er außer Haus, und wenn er mal da ist, verliert er die Beherrschung. Die Tochter liegt mit ihren Eltern ständig im Clinch.

Vor langer Zeit haben die Schmidts beschlossen, dass der Ärger ihrer Tochter das Problem ist, das gelöst werden muss. Sie haben sie von einer Beratungsstelle zur nächsten geschleppt, ohne Erfolg. Nicht interessiert hat sich die Familie bisher für ihre eigene Dynamik – die Art, wie sie miteinander kommunizieren und umgehen. Was diese Familie braucht, ist »Ärgermanagement mal drei«.

Wenn es in Familien Ärger gibt, geht es oft um Machtkämpfe. Machtkämpfe sind das Gegenteil von Zusammenarbeit. Sie verschwenden die Ressourcen einer Familie – Energie, Zeit, Geld – und hinterlassen oft Feindseligkeit und Groll. Die Familienmitglieder sind so stark in Grabenkämpfe verwickelt, dass sie die Tatsache aus den Augen verlieren, dass die Familie den Krieg verliert. Beziehungen zerbrechen – jeder kämpft für sich selbst. Auf die Unterstützung der anderen können sie nicht mehr zählen. Die Familie besteht nur noch dem Namen nach.

In diesem Kapitel gebe ich Ihnen einige praktische Tipps, die verhindern können, dass Sie so enden wie die Schmidts. Ich erzähle Ihnen von Familien, die konstruktiv mit Ärger umgehen können (siehe Kapitel 11) und intime, von Liebe geprägte Beziehungen aufbauen (siehe Kapitel 22). Und dazu zeige ich Ihnen, wie Sie den Ärger in der Familie durch effektive Erziehung minimieren können.

Es gehören immer zwei dazu: Verärgerte Dialoge vermeiden

Wenn sich ein verärgertes Familienmitglied vor Ihnen aufbaut, ist es am einfachsten, Gleiches mit Gleichem zu vergelten und Ärger mit Ärger zu beantworten. Was sich dann entwickelt, nennt die Psychologin und Autorin Harriett Lerner den Ärgertanz (in ihrem Bestseller *Dance of Anger*). Dieser Tanz hat etwas vom Tango, einem Tanz, der Dramatik und Leidenschaft verkörpert.

Wenn Sie den Ärgertanz nicht tanzen wollen, haben Sie zwei Möglichkeiten:

- ✔ **Sie können sich heraushalten und im Endeffekt sagen: »Danke, aber ich passe.«** Teenager fangen beispielsweise oft Streit mit ihren Eltern an, um aufgestaute Anspannungen abzubauen, die wiederum meistens aus Problemen herrühren, die sie mit Gleichaltrigen haben. Und was machen die meisten Eltern? Sie springen voll darauf an – zunächst, indem sie ihrem Kind sagen: »Du solltest dich nicht so fühlen«, und dann, wenn das nichts bringt, indem sie selber Ärger zeigen. Am besten machen Sie Folgendes: Zeigen Sie Sympathie, aber lassen Sie sich nicht auf den Ärger Ihres Gegenübers ein. Lassen Sie den Ärger da, wo er ist, und machen Sie ihn sich nicht zu eigen. Er wird sich so schneller abschwächen.

- ✔ Sie können einen anderen Tanz tanzen, einen weniger dramatischen – Sie können anfangen, die Gefühle Ihres Gegenübers anzuerkennen und ihm eine Chance geben, sie zu verarbeiten. Sehen Sie sich das folgende Beispiel an:

  Eltern: Hallo, wie war's in der Schule?

  Teenager: Lass mich in Ruhe. Mann, jedes Mal, wenn ich zur Tür hereinkomme, fragst du mich, wie ich mich fühle!

  Eltern: Du klingst, als wärst du verärgert.

  Teenager: Bin ich auch. Aber ich will nicht drüber reden, okay?

  Eltern: Das ist okay. Wenn du später drüber reden willst, weißt du, wo du mich findest. Ich fühle mich manchmal auch so – und will dann erst einmal selbst damit klarkommen.

  Teenager: (lauter werdend) Aber ich bin nicht du! Außerdem würdest du es nicht verstehen. Du verstehst mich nie.

  Eltern: (nicht lauter werdend) Natürlich bist du nicht ich – das wollte ich damit auch nicht sagen. Du hast deine eigene Art, mit Ärger fertig zu werden. Ich wollte nur mein Mitgefühl ausdrücken.

  Teenager: Diese dämliche Jenny – sie meint immer, sie wäre etwas Besseres. Ich könnte sie umbringen, sie bringt mich auf die Palme.

  Eltern: Also über Jenny hast du dich geärgert. Was hat sie diesmal angestellt?

  An diesem Punkt beginnen die beiden, einen Dialog über Ärger zu führen anstatt einen verärgerten Dialog.

Lachen Sie nie jemanden aus, der seinen Ärger äußert

Manchen Menschen fällt es schwer, ihren Ärger auszusprechen. Sie sollten deshalb keinesfalls lachen, wenn Ihr Gegenüber schließlich den Mut findet zu sagen: »Das hat mich geärgert.« Wenn Sie jemanden auslachen, der seinen Gefühlen Ausdruck verleiht, wirken Sie abweisend und zeigen damit, dass Sie ihn verachten. Das ist dann die zerstörerischste Art, innerhalb eine Familie miteinander zu kommunizieren. Dass jemand da ist, der zuhört, wenn man verärgert ist, ist nicht nur allgemein wichtig, sondern auch ein entscheidender Faktor für ein verständnisvolles Miteinander in der Familie. Wenn wir einander mehr zuhören würden, wenn wir verstimmt sind, könnten wir uns vielleicht öfter ersparen zuzuhören, wenn wir wütend werden.

Ärger von oben nach unten bekämpfen

Familienmitglieder – Eltern und Kinder gleichermaßen – lernen durch Vorbilder. Wenn ein Kind miterlebt, dass die Eltern toben und rasen, fluchen und sich in blinder Wut schlagen, dann lernt es diesen schlechten Umgang mit Ärger. Genau so lernen Eltern, die ihren Kindern erlauben, jedes Mal auszuflippen, wenn sie nicht ihren Willen bekommen, sich genau so zu verhalten – sie lernen, sich wie ein Kind zu benehmen.

Es sind die Eltern, die im eigenen Zuhause den Ton bestimmen, und sie müssen auch die Hauptverantwortung dafür übernehmen, dass Ärger konstruktiv und zivil ausgedrückt wird. (Sie können Ihre Kinder für die Unordnung in ihren Zimmern verantwortlich machen, aber nicht für den Ärger in Ihrem Haushalt.)

Leider waren meine Eltern schlechte Vorbilder für einen vernünftigen Umgang mit Ärger – meine Mutter schrie gewöhnlich und mein Vater benutzte die Fäuste. Keiner der beiden konnte vermeiden, im anderen die schlechtesten Seiten zum Vorschein zu bringen. Ich wollte nicht so werden wie sie und schlug deshalb ins andere Extrem – ich verlegte mich aufs Schmollen. (Jetzt wissen Sie, warum ich vom Ärger so fasziniert bin.)

Das Zuhause ist eine Art Übungslabor, ein Klassenraum, in dem man die wichtigen Dinge des Lebens und die Kunst des Überlebens lernt. Eine der wichtigsten Erfahrungen, die Kinder zu Hause machen können, ist, zu lernen, wie man Konflikte zwischen Familienmitgliedern überlebt – und sogar davon profitiert. Konflikte gehören zum Familienleben dazu, schon allein, weil jedes Familienmitglied unterschiedliche Interessen, Persönlichkeitsmerkmale, Temperamente, Werte, Vorlieben, Abneigungen und Ängste hat. Will man relativ harmonisch zusammenleben, muss darüber innerhalb der Familie ständig verhandelt werden. Der Hauptunterschied zwischen gesunden und ungesunden Familien ist die jeweilige Strategie zur Bewältigung dieser Konflikte – nicht etwa das Auftreten von Konflikten überhaupt.

Wie schafft man es aber als Eltern, in Konfliktfällen einen gesunden Ton anzuschlagen? Die folgenden Tipps sollen Ihnen helfen, mit dem Ärger besser umgehen zu lernen, der im Rahmen von Familienkonflikten entsteht:

- ✔ **Akzeptieren Sie Konflikte und Ärger.** Sie sollten Konflikte innerhalb der Familie nicht missbilligen, unter den Tisch kehren oder die Aufmerksamkeit von Problemen ablenken. **Denken Sie daran:** Ärger ist ein Signal, dass etwas schief läuft und wieder gerade gerückt werden muss. Sie *brauchen* diese Signale – wenn es sie nicht gäbe oder Sie nicht darauf achten, wächst der Ärger nur.
- ✔ **Sprechen Sie ganz normal über Ärger.** Machen Sie Ärger nicht zu einem Tabuthema, das zwar mit Händen zu greifen ist, über das aber niemand spricht.
- ✔ **Unterscheiden Sie bei Ärger und Konflikten zwischen verschiedenen Stufen.** Helfen Sie Ihrer Familie, zwischen Verstimmungen, Verärgerung und Wut zu unterscheiden (lesen Sie dazu Kapitel 2). Die ersten beiden Stufen sind normal, die dritte nicht.
- ✔ **Bleiben Sie ruhig.** Wie sollen Ihre Kinder lernen, sich zu beherrschen, wenn Sie es nicht fertig bringen? Sie sind erwachsen – selbst wenn Sie merken, dass es Ihnen schwer fällt, Ruhe zu bewahren, können Sie davon ausgehen, dass Sie das immer noch besser können als Ihre Kinder.
- ✔ **Betrachten Sie Ärger und Konflikte als eine Möglichkeit, etwas dazuzulernen.** Treten Sie einen Schritt zurück, schauen Sie sich in die Augen und lernen Sie etwas über Ihr Gegenüber – das führt zu mehr Nähe (indem Sie Ihr wahres Selbst miteinander teilen).
- ✔ **Denken Sie nicht an Strafe** – es geht um die Lösung eines Problems. Anstatt sich gegenseitig vorzuwerfen, dass man sich ärgert, sollten Sie zwei einfache Fragen stellen:
  - Worüber ärgere ich mich?
  - Was möchte ich tun?

  Die erste Frage zielt auf die Problemstellung, die zweite auf eine Lösung. Wenn Ihr Gegenüber das Problem kennt, aber keine Lösung dafür findet, können Sie ihm dabei helfen – am besten ist eine Lösung, die es überflüssig macht, dass einer der Beteiligten seinem Ärger in hässlicher Weise Luft machen muss.
- ✔ **Suchen Sie Lösungen, von denen alle Seiten profitieren (Win-win-Lösungen).** Niemand sieht sich gerne als Verlierer – am wenigsten jemand, der sich gerade ärgert. Das verstärkt den Ärger nur! Suchen Sie bei Ärger in der Familie nach Lösungen, die allen Beteiligten das Gefühl vermitteln, dass sich auch für sie etwas zum Positiven verändert hat – und wenn es nur die Tatsache ist, dass auch sie *Gehör gefunden* haben. Dazu ist es am besten, ohne Aggressionen an die Sache heranzugehen. Es geht nicht darum, das bessere Stück vom Kuchen zu ergattern (»Ich gewinne, du verlierst!«), Fronten aufzubauen oder die anderen unterzubuttern.

Hört mir denn keiner zu?

Eine der besten Methoden, bei Heranwachsenden toxischen Ärger abzubauen, ist nach meiner Erfahrung, sie dazu zu bringen, über ihre Gefühle zu sprechen und ihnen aufmerksam zuzuhören. Aus diesem Grund halte ich mir den Fahrplan für meine Ärgermanagement-Kurse in Schulen möglichst offen. Zunächst einmal frage ich jeden, der da sitzt: »Wie geht es dir? Hast du dich seit dem letzten Mal viel geärgert?« Darauf baue ich dann auf. Wenn die Kinder mir erst einmal vertrauen, öffnen sie sich und erzählen mir alles Mögliche, was sie sonst niemandem anvertrauen. Versuchen Sie, für Ihre Kinder auch ein guter Zuhörer zu sein – Sie werden überrascht sein, was sie alles mit Ihnen teilen.

Mal etwas Neues versuchen: Alte Muster aufbrechen

Von Albert Einstein stammt die folgende Definition: »Verrückt sein ist, wenn man immer und immer wieder dasselbe macht und jedes Mal ein anderes Ergebnis erwartet.« Menschen sind Gewohnheitstiere, und das gilt auch für Familien. Familien entwickeln mit der Zeit gewisse vorhersagbare Verhaltensmuster, die eine Eigendynamik entwickeln. Das betrifft die Entscheidungsfindung, die Lösung von Problemen, die Reaktionen auf einschneidende Veränderungen der Lebensumstände und die emotionalen Reaktionen untereinander.

Wenn sich solche Muster eingeschliffen haben, folgt man ihnen gewissermaßen reflexartig und ohne darüber nachzudenken, auch wenn sie nicht zum Erfolg führen. Familien neigen dazu, sich heute ebenso zu verhalten, wie sie es gestern getan haben, die Effektivität spielt dabei keine Rolle. Ich bin sogar der Meinung, dass zumindest ein Teil des Ärgers, den Familienmitglieder empfinden, daher kommt, dass sie genau wissen, dass ihre Verhaltensmuster nicht funktionieren.

Warum also nicht zur Abwechslung mal etwas Neues ausprobieren? Ein Beispiel: Als meine Kinder noch zu Hause wohnten und wir regelmäßig mit dem Auto in Urlaub fuhren, blieb es nicht aus (wir wussten das vorher), dass mein Sohn sich ärgerte, wenn wir Musik laufen ließen, die seine Schwester mochte, und meine Tochter ärgerte sich, wenn wir Musik laufen ließen, die ihr Bruder mochte, und ich war dann verstimmt, weil die beiden sich ständig deswegen beackerten. Meine Frau und ich konnten sagen, was wir wollten, die beiden waren nicht zufriedenzustellen. Wir kamen in diesem Punkt nicht weiter! Eines Tages hatte ich dann zwischen Virginia und Florida eine brillante Idee: Wir würden etwas machen, was wir noch nie vorher gemacht hatten. Jeder von uns durfte für jeweils eine halbe Stunde wählen, welche Musik gespielt wurde, und das sollte dann so lange weitergehen, bis wir am Ziel ankamen. Und wissen Sie was? Alle waren einverstanden. Von da an gab es keinen Streit mehr darüber, welche Musik unterwegs gehört wurde – jeder von uns hatte gewonnen. Das mag sich nach einer Kleinigkeit anhören, aber für das emotionale Klima im Auto war es ein Segen!

In welchen Situationen gibt es in Ihrer Familie am häufigsten Anlass zu Ärger? Machen Sie sich bewusst, wie die einzelnen Familienmitglieder sich in diesen Situationen verhalten. Überlegen Sie dann, wie Sie Ihre eigene Reaktionsweise verändern können. Wenn die Situation das nächste Mal auftritt, können Sie die Initiative ergreifen und einmal anders an das Problem herangehen. Haben Sie keine Angst vor kreativen Ideen. Überraschen Sie Ihre Familie, indem Sie etwas Unvorhergesehenes tun, und beobachten Sie, wie die anderen darauf reagieren – manchmal muss nur einer aus der üblichen Routine ausbrechen und alle anderen folgen dann seinem Beispiel. Tun Sie so, als wären Sie ein Wissenschaftler, der mit Hilfe eines Experiments herausfinden will, wie man in einer Familie Harmonie herstellen kann. Wenn es beim ersten Mal nicht funktioniert, probieren Sie etwas anderes aus. Experimentieren Sie so lange, bis Sie gefunden haben, was Sie suchen.

Nicht nur Eltern können versuchen, etwas am Alltagstrott zu ändern. Als Kind (besonders als Teenager) weiß man, wie die Familie tickt, und kennt die Punkte, die immer wieder Ärger verursachen. Warum nicht die Initiative ergreifen und mal etwas anderes versuchen? Wer weiß, wofür es gut ist?

Kannst du verstehen, warum ich so verärgert bin?

Ich habe die Kinder in meinen Ärgermanagement-Kursen in weiterführenden Schulen gefragt, wie sie erzogen werden. Das traurige, wenn auch nicht überraschende Ergebnis war, dass nur 18 Prozent von einem bestimmten Erziehungsstil berichteten. Die überwiegende Mehrheit der Kinder beschrieb ihre Eltern als unbeteiligt (32 Prozent), selbstherrlich (32 Prozent) und freizügig (18 Prozent). Und doch fragen alle – einschließlich der Eltern –, warum diese Kinder so voller Ärger stecken.

Eine Frage des Erziehungsstils

Sie haben Ihre eigene Art, sich anzuziehen, das Haus zu gestalten oder einen Brief zu unterschreiben – und Sie haben Ihre eigene Art, Ihre Kinder zu erziehen. Das wirkt sich nicht nur darauf aus, wie heftig die Konflikte in Ihrer Familie sind, sondern unter anderem auch auf die Gefühle Ihrer Kinder, ihre Schulnoten, ob sie mit dem Rauchen anfangen oder ob sie sich auf unsicheren Sex einlassen.

Ich unterscheide vier Erziehungsstile. Vielleicht finden Sie sich in einem der hier beschriebenen Erziehungsstile wieder (vergessen Sie dabei aber nicht, dass auch Mischformen mit unterschiedlichen Anteilen möglich sind):

✔ **Bestimmter, verbindlicher Stil:** Wenn Sie Ihre Kinder bestimmt erziehen, sind Sie in hohem Maße am Leben Ihrer Kinder beteiligt und schrecken nicht davor zurück, ihr Verhalten in einem gewissen Maße zu kontrollieren. Sie wissen genau, was Ihre Kinder tun und mit wem sie es tun. Sie sind in ihrem Leben physisch präsent und interessieren sich für Aktivitäten, die ein Gefühl der Zugehörigkeit und des Zusammenhalts vermitteln. Vor allem fördern Sie das Gefühl der Autonomie (die Fähigkeit und Freiheit der Selbstbestimmung), das mit den Jahren zunimmt, und machen Ihren Kindern klar, dass Freiheit mit Verantwortlichkeit einhergeht. Sie halten nicht viel von Strafen – Drohungen, Streit, Ultimaten – als ein Mittel, Ihre Kindern auf Kurs zu halten.

Was können Sie von Ihren Kindern erwarten? Sie werden kooperativ und gut gelaunt sein, in der Schule gut abschneiden, ein hohes Selbstwertgefühl haben, Selbstkontrolle aufbringen und sich ihren Aufgaben mit Ausdauer widmen.

✔ **Freizügiger Stil:** Wenn Sie Ihre Kinder freizügig erziehen, steht außer Frage, dass Sie Ihre Kinder lieben. Sie wollen Ihren Kindern der beste Freund sein. Damit das gelingt, stellen Sie keine hohen Anforderungen, grenzen ihren sozialen und emotionalen Spielraum nur wenig ein und überlassen ihnen die Erziehung im Wesentlichen selbst. Sie räumen ihnen viel Freiheit ein und gestatten ihnen Autonomie in Bereichen, in denen sie nicht selbst zum Erfolg kommen können. Sie setzen keine Zeiten fest, wann Ihre Teenager zu Hause sein müssen – Sie haben das Gefühl, sie wissen, wann es an der Zeit ist, nach Hause zu kommen.

Freizügigkeit hört sich auf dem Papier prima an, aber Kinder, die so groß geworden sind, neigen zu impulsivem Verhalten, sind launenhaft, trotzig, rebellisch und unsozial und zeigen wenig Selbstkontrolle. Ihre Beziehung zu den Eltern ist oft durch eine Mischung aus Feindseligkeit und Abhängigkeit gekennzeichnet – sie können in einer Minute äußerst anhänglich sein und im nächsten Augenblick unverschämt fordernd.

✔ **Selbstherrlicher Stil:** Selbstherrliche Eltern sind oft selbst von Ärger geplagt. Wenn Sie selbstherrlich erziehen, fordern Sie einiges von Ihren Kindern und äußern laut Kritik und verhängen Strafen, wenn diese Ihren Erwartungen nicht entsprechen. Im Gespräch mit Ihren Kindern kommt es nicht zu einem wechselseitigen Austausch von Ideen und Bedürfnissen – die Devise lautet »So lange du die Beine unter meinen Tisch stellst, machst du, was ich will.« Sie sind mit Sicherheit kein guter Zuhörer. Autonomie kommt gar nicht in Frage.

Ihre Kinder leben in Angst und neigen dazu, ihre negativen Gefühle zu unterdrücken oder auszuleben. Ob Sie das wahrhaben wollen oder nicht, Ihre Kinder betrachten Sie als herb, kalt und abweisend. Wie Sie auch, suchen sie ihr Heil oft in Gewalt – Aggression –, wenn sie ihren Kopf durchsetzen wollen. Besonders Jungen zeigen ein hohes Maß an Ärger außerhalb ihres Zuhauses – in der Schule und gegenüber Gleichaltrigen.

✔ **Unbeteiligter Stil:** Unbeteiligte Eltern sind nur dem Namen nach Eltern. Wenn Sie diesen Erziehungsstil pflegen, können Sie auf die Frage, wo Ihre Kinder gerade sind und was sie machen, immer nur antworten: »Weiß ich nicht. Ich bin nicht sicher.« Und das ist die traurige Wahrheit. Sie nehmen Ihre Kinder nicht an, wissen nicht, wie ihr Leben aussieht, sind weder Tag noch Nacht für sie da und kümmern sich nicht um sie. Was Ihre Kinder machen, machen sie mit anderen Menschen, nicht mit Ihnen.

Kinder, die bei unbeteiligten Eltern groß geworden sind, zeigen eine weitgehende Entfremdung, sowohl von Erwachsenen als auch von Gleichaltrigen. Sie nutzen ihren Ärger oft, um andere auf Distanz zu halten. Sie sind emotional unberechenbar und neigen zu Wutanfällen. Und sie haben nur begrenzte soziale Fähigkeiten und Problemlösungskompetenzen. Zusammengefasst: Kinder, die sich selbst ohne Liebe großziehen, sind meist auf verlorenem Posten.

Wenn es darum geht, zu Hause – in Ihrem Zuhause und dem Ihrer Kinder – wenig Ärger aufkommen zu lassen, dann ist der bestimmte Erziehungsstil dazu am besten geeignet. Sehen wir uns zum Beispiel Friedel und seine Frau Lea an. Die beiden haben zwei Kinder, beide im Teenager-Alter. Friedel und Lea ermutigen ihre Kinder, sich an vielfältigen Aktivitäten zu beteiligen – Schulsport und Vereinssport, Chor, Orchester, Kirche –, und sind immer da, wenn sie Unterstützung brauchen. Jeden Abend sitzen sie zum Essen zusammen und unterhalten sich über Gott und die Welt, was am Tag so passiert ist und mit wem sie zusammen waren, ihre Probleme und auch über schwierige Dinge wie den Selbstmord eines Schülers an ihrer Schule. Friedel und Lea streiten auch schon einmal mit ihren Kindern, aber sie respektieren sie immer, und das gilt auch umgekehrt. Wenn es irgendwie geht, werden Entscheidungen, die die Familie betreffen, auch von allen gemeinsam getroffen, auch wenn Friedel und Lea das letzte Wort haben. Offenbar fühlen sich die Kinder in ihrem Zuhause wohl – sie bringen Freunde mit nach Hause, die dann auch an den Familienaktivitäten teilnehmen. Ärgern Friedel und Lea sich auch über ihre Kinder? Sicher. Und ärgern sich die Kinder auch über ihre Eltern? Natürlich. Aber das kommt selten vor. Und wenn, dann führt der Ärger nie zu Rissen, Respektlosigkeiten oder gar Gewalt.

Joshua, ein Freund von Friedels und Leas Sohn, hat eine ganz andere Beziehung zu seinen Eltern. Joshuas Eltern gehen sehr hart mit ihm ins Gericht. Sie verlangen, dass er in der Schule gut abschneidet, streiten sich mit ihm darüber, mit wem er seine Freizeit verbringt, bestehen darauf, dass er an Aktivitäten ihrer Wahl teilnimmt, und schränken seinen Bewegungsspielraum weitgehend ein. (Anders ausgedrückt, sie sind selbstherrlich.) Joshua befindet sich emotional in einem Konflikt – er liebt und hasst seine Eltern. Deshalb verbringt er so viel Zeit wie möglich außer Haus und beschwert sich bei anderen ständig über seine unmöglichen Eltern. Joshua ist ein intelligenter Junge, aber in der Schule schneidet er eher schlecht ab – das ist seine Rache an seinen Eltern. Er raucht, trinkt und hat sein Auto mehr als einmal zu Schrott gefahren. Er und seine Eltern stecken in einem Teufelskreis des Ärgers und sehen keine Ende.

Ist der selbstherrliche Erziehungsstil das schlimmste Erziehungsszenario? In gewisser Hinsicht schon, aber im Grunde ist er nicht schlimmer als die anderen beiden (der freizügige und der unbeteiligte).

Erziehung ist kein statischer Vorgang. In den ersten Jahren brauchen Kinder viel direkte Kontrolle, allein schon aus Sicherheitserwägungen. Einer meiner Nachbarn erzählte mir einmal von einer Diskussion, die er mit seinem 2-jährigen Sohn wegen der Gefahr hatte, der man sich aussetzt, wenn man den Finger in eine Steckdose steckt. Er berichtete, er habe dem Kleinen den Unterschied zwischen Wechselstrom und Gleichstrom erklärt, damit er wisse, wie Strom funktioniert. Dann fragte er mich, wie ich reagieren würde, wenn mein Sohn Chris seinen Finger in eine Steckdose steckte. »Das ist ganz einfach«, antwortete ich, »ich haue ihm auf die Finger und sage *Nein*!«

Wenn die Kinder dann größer werden und besser auf sich selbst aufpassen können, ist es sinnvoll, die Zügel etwas lockerer zu lassen und indirekter mitzuverfolgen und Einfluss darauf zu nehmen, was sie denken, fühlen und tun. Teenager sollten zum Beispiel in Gespräche über

Ausgehzeiten, Sex, Drogen, Alkohol, Zigaretten, den Unterschied zwischen Gut und Böse und Ähnliches mehr mit einbezogen werden. Eltern sollten sie ermutigen, sich ihre eigene Meinung über das zu bilden, was in der Welt vorgeht und welchen Platz sie in dieser Welt einnehmen wollen. Sie sollten ihnen nach und nach erlauben, wichtige Entscheidungen selbst zu treffen, sonst werden sie sich Zeit ihres Lebens nicht entscheiden können oder falsche Entscheidungen treffen. (Oft erlebe ich mit, wie Kinder – durchaus kluge Kinder – aus selbstherrlichen Elternhäusern nach der Schule die Universität besuchen. Das erste Jahr dort vergeht meist damit, dass sie all das tun, was sie zu Hause nie tun – oder gar erwähnen – durften, manchmal mit katastrophalen Folgen.)

Wenn Kinder erwachsen sind, ist es natürlich sinnvoll, die Zügel weitgehend loszulassen. Wo führt es schließlich hin, wenn Sie Ihrer 33-jährigen Tochter sagen, wie sie ihr Leben führen soll? Interessieren Sie sich weiter für das Wohlergehen Ihrer Kinder, stehen Sie ihnen als Vertraute und Berater zur Seite und unterstützen Sie ihre Bemühungen, ihr Leben zu meistern. Aber sagen Sie ihnen um Gottes willen nicht, was sie tun sollen!

Den besten Weg finden Eltern, die wissen, wann sie von einem Erziehungsstil in den nächsten wechseln müssen.

Halten Sie eine Familiensitzung ab und betrachten Sie unterschiedliche Erziehungsstile. Bitten Sie jedes Familienmitglied, den Erziehungsstil aufzuschreiben, der jeweils zu den beiden Elternteilen passt. Gibt es Übereinstimmungen oder gehen die Meinungen auseinander? Fordern Sie die Familienmitglieder auf, ihre Einschätzung jeweils mit Beispielen zu erläutern. Halten Sie sich mit Kommentaren zurück, bis jeder seine Einschätzung vorgetragen hat, und eröffnen Sie dann die Diskussion. Nehmen Sie keine Verteidigungshaltung ein oder rechtfertigen sich – das entspricht nicht dem Sinn dieser Übung. Sie sind unter Umständen überrascht, was sich da auftut.

Videospiele und Ärger

Eine Maßnahme, mit der Familien von Ärger geprägtes aggressives Verhalten bei ihren Kindern reduzieren können, ist die Beschränkung der Zeit, die sie mit Videospielen verbringen dürfen, insbesondere wenn sie von Gewalt bestimmt sind. Eine Studie mit 227 Studenten einer großen Universität im amerikanischen Mittelwesten kam zu dem Ergebnis, dass Aggressivität – die Neigung eines Menschen, sich anderen gegenüber feindselig zu verhalten – eine deutliche Beziehung zu der Zeit aufwies, die die Probanden mit dem Spielen gewaltsamer und weniger gewaltsamer Videospiele verbrachten. Es ergaben sich auch Verbindungen zwischen dem Konsum von Videospielen und kriminellem Verhalten wie vorsätzlicher Sachbeschädigung und Angriffen auf Personen in der Absicht, sie zu verletzen. Am stärksten waren diese Verbindungen bei den männlichen Probanden, nicht zuletzt, weil diese mehr Zeit mit Videospielen verbrachten als die weiblichen Probanden (wobei in dieser Studie nicht geklärt werden konnte, ob das Videospielen aggressiv macht oder die von vorneherein aggressiveren Probanden zu vermehrtem Videospiel neigten).

Die Macht der Eins

Dr. Robert Mauers Buch *One Small Step Can Change Your Life* hat eine einfache, aber tiefgründige Botschaft: Wenn Sie in Ihrem Leben wichtige Änderungen vornehmen wollen, denken Sie in kleinen Schritten. Ich nenne das »die Macht der Eins«. Wenn Sie heute anfangen, dann konzentrieren Sie sich auf eine – und nur eine – Sache, die geeignet ist, zu Hause ein ärgerfreies Umfeld zu schaffen. Es kommt nicht darauf an, welche Sache das ist, Hauptsache, sie wirkt dabei mit, Ihrer Familie Zusammenhalt und Harmonie zu verleihen, und Sie sind gewillt, so lange durchzuhalten, bis sich etwas zum Besseren wendet. In den folgenden Abschnitten werde ich Ihnen zeigen, womit Sie anfangen können.

Ein Essen am Tag

Psychologen weisen immer wieder darauf hin, dass Familien, die einmal am Tag gemeinsam zum Essen zusammensitzen, besser miteinander klarkommen als Familien, in denen das nicht der Fall ist. Zugegeben, alle Familienmitglieder an einem Ort zur selben Zeit zum selben Zweck zusammenzubekommen, kann in unserer heutigen gestressten Welt schon eine schwierige Aufgabe sein. Dennoch gibt es keinen Zweifel daran, dass das gemeinsame Essen ein Schlüssel zur Familieneinheit ist und zu einem Gefühl der Verbundenheit zwischen den Familienmitgliedern beiträgt.

Bei der gemeinsamen Mahlzeit geht es nicht ums Essen – es geht um die Gemeinschaft. Beim gemeinsamen Essen können die Familienmitglieder:

- ✔ Sich auf ihre biologischen Wurzeln besinnen
- ✔ Einen positiven Augenblick miteinander teilen
- ✔ Ideen und Gefühle äußern
- ✔ Veränderungen der Familienregeln verhandeln
- ✔ Sich etwas von der Seele reden (siehe die Kapitel 5 und 8)
- ✔ Sich gegenseitig für erreichte Leistungen loben
- ✔ Zukünftige Ereignisse planen
- ✔ Über aktuelle Ereignisse reden
- ✔ Etwas über die Familiengeschichte erfahren
- ✔ Dinge aus der Sicht der anderen sehen lernen

Wenn sie sich täglich in dieser intimen geschlossenen Runde treffen, verringert sich die Wahrscheinlichkeit, dass Familienmitglieder abdriften und sich isolieren. Darüber hinaus entsteht in Situationen, in denen sich die Beteiligten so gut kennen, wie es die tägliche Teilnahme an einem gemeinsamen Essen erlaubt, weniger toxischer Ärger.

Unsere gemeinsame Zeit ...

Mein Vater hat in Erziehungsfragen nicht allzu viel richtig gemacht, aber eines muss ich ihm zugestehen: Er hat immer darauf bestanden, dass die Familie jeden Sonntag gemeinsam im Garten arbeitete. Mein älterer Bruder hasste dieses Ritual (mich machte es glücklich!), aber er hatte keine Wahl. Also arbeitete er mit dem Rest der Familie Seite an Seite, während wir in der heißen Sonne Floridas die Kanten der Einfahrt vom Unkraut säuberten, den Rasen mähten und die Hecken schnitten. Für mich war das immer ein besonderer Tag – ein Tag nur für die Gentrys. Das waren auch die wenigen Tage, an denen wir meinen Vater nicht müde, im Streit mit meiner Mutter oder verärgert erlebten. Wir arbeiteten alle zusammen und nachher spielten und aßen wir zusammen. Das war immer eine schöne Zeit!

Ein Abend in der Woche

Versuchen Sie, einen Abend in der Woche mit der ganzen Familie zu verbringen. Dabei können Sie dasselbe erreichen wie beim täglichen gemeinsamen Essen, Sie können sogar mehr in die Tiefe gehen. An solchen Abenden können Sie ungelöste Spannungen innerhalb der Familie ansprechen – oder auch einfach zusammen Spaß haben.

Rudi, ein Mann in den mittleren Jahren, der nach Ausbrüchen häuslicher Gewalt eine Ärgermanagement-Therapie absolviert hat, hat angefangen, sich einmal in der Woche mit der Familie zusammenzusetzen und über seinen Ärger und die Folgen für die Familie zu sprechen. Diese Abende sind schwierig für Rudi, weil er jahrelang geleugnet hatte, ein Problem mit seinem Ärger zu haben. Schwer ist es auch deshalb, weil er die Gefühle seiner Frau und seiner Kinder so oft verletzt hat. Beim ersten Zusammensitzen fing Rudi damit an, den anderen einzugestehen, dass er ein Problem mit seinem Ärger hat. Dann berichtete er, was er in der Therapie über sich selbst gelernt hatte. Sein Sohn kam dann damit heraus, dass er stets Angst vor Rudi hatte und deshalb immer den Kontakt zu seiner Mutter gesucht hatte. Er schilderte, wie er und seine Schwester immer wachsam waren, wenn Rudi im Haus war, und wie angespannt und ängstlich sie wurden, wenn die Zeit näher rückte, dass Rudi bald nach Hause kommen würde.

Schließlich erzählte seine Frau, dass sie von Beginn ihrer Ehe an immer wieder Dinge – wichtige, persönliche Dinge – vor Rudi verheimlicht hatte, weil sie Angst hatte, dass er vor Wut in die Luft ging. Nach einer zwei Stunden andauernden Diskussion war Rudi in Tränen aufgelöst und empfand tiefe Reue. »Das ist gut«, ermutigte ich ihn. »Sie *sollten* sich auch schlecht fühlen, weil Sie all die Jahre mit Ihrem Ärger die Menschen verletzt haben, die Sie lieben – das ist nun Ihr Anreiz, mit dem Ärgermanagement weiterzumachen.« Sich seinem Problem zu stellen und seiner Familie die Möglichkeit zu geben, sich dazu zu äußern, war vielleicht das größte Geschenk, das Rudi seiner Familie je gemacht hat – aber auch sich selbst.

Ein Tag im Monat

Einen Tag im Monat als Familie gemeinsam zu verbringen, ist nicht viel Zeit, wenn man bedenkt, dass man damit ein gesundes emotionales Klima schaffen kann – schließlich entspricht das nur drei Prozent eines Jahres! An einem solchen Tag kann die Familie aus ihren erstarrten Schemata ausbrechen und neue Interessengebiete erschließen oder neue Erfahrungen zusammen machen – etwa eine Rafting-Tour, einen Besuch in einem Museum, eine längere Fahrrad-Tour oder ein Besuch einer größeren Sportveranstaltung. Dabei sollte jeder einmal entscheiden, was gemeinsam unternommen wird, damit jeder die Chance erhält, etwas Aufregendes und Interessantes zum Familienleben beizusteuern.

Genießen Sie die gemeinsame Zeit, denn Freude ist die emotionale Antithese zum Ärger!

Eine Woche im Jahr

Familien, die zusammen Urlaub machen, bleiben auch zusammen. Es ist immer wieder erstaunlich, wie eine gemeinsame Woche die Familienbande wiederbeleben, Beziehungen festzurren, die Blutsbande wiederherstellen und an all die schönen Erlebnisse erinnern kann, die man über die Jahre zusammen hatte. Eine solche Woche kann für eine Familie ein wahrer Jungbrunnen sein. Sie erinnert daran, dass man jenseits des geschäftigen Alltagstreibens, das den Rest des Jahres vorherrscht, nie wirklich alleine ist – die Familie ist immer da, wenn man sie braucht. Eine Woche im Jahr ist die Zeit, in der eine Familie heilen kann, in der positive Emotionen wieder aufgefrischt und der alte Groll ausgeräumt werden kann (siehe die Kapitel 12 und 13). In dieser Zeit werden Vergangenheit, Gegenwart und Zukunft eins und es bietet sich Ihnen die Chance, den Zusammenhalt neu schätzen zu lernen, den die Familie Ihrem Leben gegeben hat.

Vor kurzem traf ich einen Mann, der im Alter von 62 Jahren immer noch jedes Jahr mit der ganzen Familie – Kinder und Enkel – zusammen Urlaub macht. Er erzählte mir, dass sie sich zuerst regelmäßig in seinem Haus getroffen hätten. Dann stellten sie aber fest, dass sie dort zu viel ablenkte – jeder musste zwischendurch mal kurz irgendwo hin und andere Leute treffen. Also beschlossen sie, an anderen Orten gemeinsam Urlaub zu machen, damit sie gezwungen waren, ihre Zeit gemeinsam zu verbringen.

In intimen Beziehungen

22

In diesem Kapitel

- Gewalt in intimen Beziehungen
- Sich einen klaren Kopf verschaffen
- Liebende wie Fremde behandeln
- Nicht ausflippen bringt Vorteile
- Hilfe suchen

Millionen Menschen leben, lieben und leiden in intimen Beziehungen mit einem verärgerten Ehepartner, Kind, Elternteil, Verwandten oder engen Freund.

Bettinas 14-jährige Tochter kann sehr charmant und kooperativ sein, aber auch jäh unkontrolliert in Wut ausbrechen. Mehr als einmal musste Bettina die Polizei rufen – das war schwierig für sie, weil sie ihre Tochter innig liebt. Bettina hat Angst vor dem Temperament ihrer Tochter, und dazu hat sie allen Grund. Sie ist auf jeden Fall ein Opfer einer von Liebe und Ärger geprägten Beziehung – sie liebt, ihre Tochter steckt voller Ärger.

Ähnlich geht es Ellen mit ihrem zweiten Ehemann. Auf der einen Seite verteidigt sie ihn bereitwillig, indem sie sagt: »Er ist nicht gewalttätig oder so was.« Gleichzeitig erzählt sie aber jedem, wie jähzornig er ist und wie oft er ihre Gefühle verletzt, wenn er sie anschreit oder mit seinen Sprüchen bewirkt, dass sie sich klein und dumm vorkommt. »Er ist nicht dumm«, protestiert sie. »Er hat nur schlechte Laune.«

Ellen ist wie Bettina ein Opfer – und sie ist depressiv.

In diesem Kapitel geht es um Fragen des Ärgermanagements in verschiedenen intimen Beziehungen. Sie können hier lernen, wie Sie es vermeiden, Teil einer vom Ärger dominierten Paarbeziehung zu werden. Dabei steht im Vordergrund, wie man gesunde Grenzen setzt, wie man seinen Ärger mitteilt, ohne Verachtung zu zeigen, und wie man im Kopf auf eine gesündere Beziehung hinarbeitet. Darüber hinaus weise ich Sie auf die psychischen Fallen hin, die Sie im Umgang mit den Menschen, die Sie am meisten lieben, oft davon abhalten, eine Besserung herbeizuführen. Im Vordergrund dieses Kapitels steht aber die Erkenntnis, dass missbräuchlicher Ärger eine Sache ist, ein Opfer zu sein aber eine ganz andere.

Von Liebe und Ärger geprägte Beziehungen

Wenn Sie an häusliche Gewalt denken, was kommt Ihnen dann in den Sinn? Die meisten denken dabei an einen Mann und eine Frau, die ihren Ärger und ihre Wut aneinander auslassen. Was aber, wenn Sie diese Art Auseinandersetzungen mit Ihrem alten Vater haben, der Sie ein Leben lang klein gemacht und beschimpft hat? Würden Sie dann auch von häuslicher

Gewalt sprechen? Ich schon. Und was, wenn Sie heftige Auseinandersetzungen dieser Art mit Ihrer Schwester oder einem engen Freund haben? Ist das für Sie häusliche Gewalt? Für mich schon.

Worauf ich hinauswill, ist Folgendes: Wir müssen unsere Definition von häuslicher Gewalt auf jede enge, intime Beziehung ausweiten, die auf der Liebe zu einem verärgerten Menschen gründet. Menschen, die in solchen Beziehungen leben, haben es am schwersten, den Ärger in den Griff zu bekommen, weil sie nicht einfach weggehen können (zumindest fällt es nicht leicht) und weil man in einer auf Liebe aufbauenden Beziehung bereit ist, mehr zu ertragen als in Beziehungen zu Fremden.

Gewalt durch Intimpartner

Über Gewalt durch Intimpartner (engl.: *intimate-partner violence*) spricht man noch nicht lange. Der Begriff zielt auf jede Handlung, die dazu führt, dass eine Person körperlich, emotional oder sexuell von einer anderen Person verletzt wird, mit der sie zusammentrifft. Opfer dieser Form der Gewalt können sowohl Männer als auch Frauen sein.

Gewalt durch Intimpartner ist wahrscheinlich auf Ärger zurückzuführen. Großangelegte Studien legen nahe, dass eines von fünf Mädchen auf weiterführenden Schulen Gewalt in dieser Form erlebt. Das ist nicht gerade das, womit man rechnet, wenn man an die erste Liebe denkt.

Wie wirkt sich Gewalt durch Intimpartner auf den Menschen aus? Die Opfer dieser Form der Gewalt sind für die folgenden Ausprägungen selbstzerstörerischen Verhaltens anfälliger:

- ✔ Hoher Zigarettenkonsum
- ✔ Komasaufen
- ✔ Fahren in angetrunkenem Zustand
- ✔ Kokainkonsum
- ✔ Ungesunde Gewichtskontrolle (Diätpillen, Abführmittel)
- ✔ Frühe sexuelle Aktivität (vor dem 15. Lebensjahr)
- ✔ Ungeschützter Sex (wechselnde Partner, kein Gebrauch von Kondomen)
- ✔ Ungewollte Schwangerschaft
- ✔ Selbstmord

Ärger in der Ehe

Die Ehe ist die vielleicht intimste Beziehung von allen. Sie gründet auf Vertrauen, beiderseitigem Respekt, sich ergänzenden Interessen, gemeinsamen Werten und andauernder Liebe. Viele Ehen sind von diesem Ideal allerdings weit entfernt. Paare, die als Neuvermählte noch im Glück schwelgten, finden sich plötzlich in einer von Ärger geprägten Ehe wieder.

Alle sind betroffen

Mein Frau ist Vorsitzende des Programms America's Junior Miss, das den erfolgreichsten High-School-Absolventinnen die Möglichkeit eröffnet, sich um ein Universitätsstipendium zu bewerben. Die teilnehmenden Mädchen sind alle außergewöhnlich intelligent, talentiert, ausgeglichen, körperlich fit und können sich gegenüber Erwachsenen gut artikulieren – nicht die Sorte Mädchen, bei denen man denkt, sie könnten eine von Gewalt geprägte intime Beziehung haben.

Als ich sie allerdings fragte, wie ihre Erfahrungen mit Gewalt durch intime Partner aussahen, fand ich Folgendes heraus:

- ✔ 40 Prozent von ihnen hatten schon einmal eine von Liebe und Ärger geprägte Beziehung.
- ✔ 25 Prozent hatten gerade eine Beziehung mit jemandem, der ein Ärgerproblem hatte.
- ✔ 27 Prozent waren von jemandem, mit dem sie ausgegangen waren, schon einmal körperlich angegriffen worden (geschlagen, geschubst oder geohrfeigt).
- ✔ Über 50 Prozent waren schon übel verbal beschimpft worden.
- ✔ Fast 60 Prozent kannten ein gleichaltriges Mädchen, das Opfer von Gewalt durch intime Partner war.

Und das waren die Mädchen, die aus »gutem Haus« stammten, die klügsten und besten mit den besten Erfolgsaussichten im Leben. Wenn Sie je daran gezweifelt haben, dass es unter Teenagern schon zu Gewalt durch intime Partner kommen könnte, sollten Ihnen diese Zahlen zu denken geben.

Mit Ärger in der Ehe meine ich hier nicht das Paar, das sich gelegentlich übereinander ärgert. In welcher Ehe kommt das nicht vor? In diesem Kapitel geht es vielmehr um die Ehen, deren emotionaler Umgangston so stark durch Ärger geprägt ist, dass die Partner *kaum noch anders* miteinander umgehen können.

Wenn Sie ausprobieren wollen, ob Sie und Ihr Ehepartner als verärgertes Paar gelten, stellen Sie sich die folgenden Fragen (jeweils in Bezug auf sich selbst und Ihren Partner)

- ✔ Ärgern Sie sich wenigstens einmal am Tag?
- ✔ Ordnen Sie die Intensität Ihres Ärgers auf der 10er-Skala (der Wert 1 entspricht schwachem Ärger, während 10 für sehr intensiven Ärger steht) bei 7 oder höher ein?
- ✔ Wenn Ihr Ärger provoziert worden ist, dauert er dann länger als eine halbe Stunde an?
- ✔ Haben Sie sich jemals gegenseitig geschubst, angerempelt oder geschlagen, wenn Sie verärgert waren?
- ✔ Hat Ihr Ärger jemals bei Ihnen Angst oder Depressionen hinterlassen?
- ✔ Würden Sie sagen, dass Sie mehr Ärger erleben, seit Sie verheiratet sind?

- ✔ Machen Sie sich Sorgen wegen Ihrer Stimmung?
- ✔ Fluchen Sie häufig, wenn Sie miteinander streiten, oder gebrauchen Sie Schimpfworte?
- ✔ Haben Sie jemals dem anderen gegenüber verächtlich reagiert – ihn herabgesetzt, erniedrigt oder abgewertet?
- ✔ Stellen Sie mittlerweile in Frage, dass Sie Ihren Partner wirklich lieben?
- ✔ Beantworten Sie Ärger mit Ärger?
- ✔ Müssen Sie bei Meinungsverschiedenheiten immer das letzte Wort haben?
- ✔ Verlangen Sie viel voneinander?
- ✔ Haben Sie das Gefühl, aufgrund Ihrer Ehe Ansprüche auf bestimmte Dinge zu haben?
- ✔ Würden Sie sagen, in Ihrer Ehe spielt Konkurrenz eine Rolle?
- ✔ Würden Sie Ihren Partner als impulsiv bezeichnen?
- ✔ Neigen Sie dazu, Ihren Partner in Unterhaltungen zu dominieren?
- ✔ Packt Sie im Straßenverkehr gelegentlich die Wut?
- ✔ Haben Sie schon einmal erwogen, sich wegen der Probleme in Sachen Ärger beraten zu lassen?

Wenn Sie diese Fragen drei Mal oder öfter mit Ja beantwortet haben, sollten Sie sich als verärgertes Paar betrachten. Wie können Sie das ändern? Nutzen Sie die Lösungen, die ich Ihnen im weiteren Verlauf dieses Kapitels und auch in den übrigen Kapiteln anbiete.

Ärger zwischen Eltern und Kindern

In den Beziehungen zwischen Eltern und Kindern ist Ärger eigentlich natürlich angelegt. Als Eltern ist es Ihre Aufgabe, Ihr Kind zu einem anständigen, zivilisierten Erwachsenen zu erziehen (siehe Kapitel 21) – eine bestenfalls Ehrfurcht gebietende Aufgabe! Sie verlangt unter anderem, dass Sie dem Verhalten Ihrer Kinder Grenzen und Beschränkungen entgegensetzen müssen. Das frustriert und verärgert Ihre Kinder unter Umständen. Die Kinder sehen ihre Aufgabe zum Teil darin, sich gegen ihre Eltern auf Schritt und Tritt zur Wehr zu setzen, was wiederum die Eltern ärgert. Und so geht es in normalen Familien 20 Jahre lang hin und her.

In manchen Fällen jedoch gerät das Miteinander von Eltern und Kindern (der so genannte *Sozialisationsprozess*) aus dem Gleis. Der Ärger zwischen beiden Seiten wird zu stark, dauert zu lange an und führt zu gegenseitigen Verletzungen.

Während meiner Kindheit und Jugend war mein Vater ein Mann voller Ärger – er zeigte das, was ich in Kapitel 2 episodische Wut nenne. Wenn wir gerade miteinander Spaß hatten, konnte er schon im nächsten Augenblick bedrohlich ausrasten. Die ganze Zeit – sogar noch als Erwachsener – fragte ich mich, womit ich ihn wohl so verärgert haben konnte. Die Antwort auf diese Frage kam dann lange nach seinem Tod von meiner Mutter: »Weißt du«, erklärte sie mir, »dein Vater wollte eigentlich keine Kinder, aber ich wollte.« Warum war mein Vater all die Jahre so voller Ärger? Weil wir da waren – nicht weil wir irgendetwas getan hatten, was ihn ärgerte, einfach nur, weil wir geboren wurden.

Nicht nur aus Eltern bricht der Ärger heraus. Viele Eltern werden auch Opfer des Ärgers ihrer Kinder. Eine Mutter brachte ihren 15-jährigen Sohn zu mir in die Ärgermanagement-Therapie. Sie beschrieb anschaulich, was sein Verhalten bei ihr auslöste: »Ich erlebe das ganze Spektrum. Ich ärgere mich selbst furchtbar, ich werde hysterisch, manchmal bin ich völlig kaputt, und dann sind da noch die quälenden Schuldgefühle. Ich frage mich immer und immer wieder, was ich nur gemacht habe, dass er sich so entwickelt?«

Reif ist man nur, wenn man sich auch so verhält

In einer gesunden, bewährten und reifen Ehe haben sich beide Partner selbst im Griff. Das ist der Schlüssel zu einer stabilen Ehe. Der Ehemann überlasst es nicht seiner Frau, seinem unverhältnismäßigen Ärger Grenzen zu setzen, und die Frau umgekehrt auch nicht. In unreifen Ehen leben die Partner ihre Gefühle ungehemmt aus und richten ihre Beziehung damit am Ende zugrunde. Das erklärt vielleicht, warum viele Ehen heute im Durchschnitt nur noch fünf Jahre halten – eine traurige, aber logische statistische Entwicklung.

Ärger in verwandtschaftlichen Beziehungen

Ärger unter Verwandten findet sich schon in der Bibel. Denken Sie nur an Kain und Abel. Kain, der das Gefühl hatte, Gott habe Abel lieber als ihn (wie es ältere Geschwister oft in Bezug auf ihre jüngeren Geschwister denken), wurde von seinem Ärger übermannt und erschlug seinen Bruder in rasender Eifersucht.

Wie oft spielt sich dieselbe Dynamik in den Familien unserer Zeit ab? Zu oft. In den letzten Jahren hat man sich viel mit Mobbing und seinen Auswirkungen auf die Opfer beschäftigt – ein geringes Selbstwertgefühl, Depressionen, Drogenkonsum, schlechtes Abschneiden in der Schule. Dabei war der Blick vorwiegend auf das Mobbing unter Gleichaltrigen außerhalb der eigenen Familie gerichtet, insbesondere in der Schule.

Aber da fängt das Mobben nicht an – es nimmt seinen Anfang zu Hause und wird dann in die Schule und auf die Straße weitergetragen. Ein junger Mann in meinem Ärgermanagement-Kurs für Siebtklässler brüstete sich wochenlang damit, dass er seinen jüngeren Bruder schon wegen kleiner Meinungsverschiedenheiten zusammenschlug. Er gab offen zu, dass ihm das Vergnügen bereitete, und empfand keine Reue wegen der Schäden, die er dabei verursachte. Und was wurde aus diesem jungen Mann? Ich sah ihn drei Jahre später in meinem Ärgermanagement-Kurs für die Oberstufe wieder und erfuhr bei der Gelegenheit, dass er sich vor Gericht wegen eines tätlichen Angriffs verantworten musste. Raten Sie mal, wer sein Opfer war. Sein Bruder!

Wenn der Ärger von Ihnen ausgeht

Sie können von allen Ärgermanagement-Strategien, die ich in diesem Buch vorstelle, profitieren. In intimen Beziehungen liegt der Unterschied lediglich darin, dass Sie es mit Menschen zu tun haben, die Sie lieben, und nicht mit Fremden oder flüchtigen Bekannten. Die Tatsache, dass Sie sich über einen geliebten Menschen ärgern, kann ein Ansporn sein. Sie haben schließlich mehr zu verlieren als bei zu viel Ärger am Arbeitsplatz. Dort können Sie gefeuert werden, aber in intimen Beziehungen können Sie die Menschen verlieren, die Ihnen im Leben am wichtigsten sind.

In den nachfolgenden Abschnitten führe ich Ihnen vor Augen, was passieren kann, wenn Sie mit Ihrem Ärger so weitermachen wie bisher. Ich gebe Ihnen aber auch Tipps, was Sie tun können, wenn der Ärger in Ihrer intimen Beziehung von Ihnen ausgeht.

Sie könnten sich selbst fürchten und hassen

Menschen verändern sich in intimen Beziehungen – die einen zum Guten, die anderen zum Schlechten. In einer von Liebe und Ärger geprägten Beziehung können Sie sich schließlich zu einer Person entwickeln, die Sie selbst fürchten und hassen. Vielleicht waren Sie am Beginn Ihrer Beziehung gar nicht verärgert, aber mit der Zeit entwickelten Sie sich dazu, weil Sie versuchten, sich zu verteidigen und »für einen ausgeglichenen Spielstand zu sorgen«. Eine solche Entwicklung vollzieht sich nicht über Nacht, aber sie passiert immer wieder.

Sigrid, eine junge, verheiratete Frau Ende zwanzig hatte alle paar Tage einen Wutanfall. Ihren Ehemann hatte sie dabei schon mehrere Male angegriffen, er hatte Angst vor ihr. Ihre Familie drängte sie, sich helfen zu lassen. Schließlich willigte sie ein. Während einer unserer ersten Sitzungen befragte ich Sigrid zu ihren Eltern – was waren sie für Menschen? Sie antwortete wie aus der Kanone geschossen: »Meine Mutter, die ist noch schlimmer als ich.« Sie erzählte, dass ihre Mutter immer übertrieben pingelig war und sich ärgerte, wenn Sigrid ihre Aufgaben nicht perfekt erledigte. »Sie meinen, sie verhielt sich so wie Sie sich gegenüber Ihrem Mann?«, fragte ich nach. Sigrid war überrascht. Darüber hatte sie offensichtlich noch nie nachgedacht. Ohne es zu merken, hatte sich Sigrid zu der Person entwickelt, die sie am meisten liebte (und fürchtete) – ihre Mutter. Was sie in der intimen Beziehung zu ihrer Mutter gelernt hatte, hatte sie auf die Beziehung zu ihrem Mann übertragen. Nachdem ihr das klar war, hatte Sigrid die Wahl: Sie konnte weitermachen wie bisher oder etwas ändern.

Fehler kann man nicht mit Fehlern korrigieren

Ein verärgerter Partner in einer intimen Beziehung kann ein Problem sein, aber zwei sind eine Katastrophe! Ich weiß, dass Sie sich besser fühlen, wenn Sie auf Ärger mit Ärger reagieren, aber es ist der falsche Weg. Dr. James Averill, Psychologe an der Universität von Massachusetts, hat festgestellt, dass weniger als 20 Prozent der Befragten ein Triumphgefühl empfanden, nachdem sie ihrem Ärger Luft gemacht hatten. Dem stehen 60 Prozent gegenüber, die sich anschließend feindselig oder depressiv fühlten. Ein Aufeinanderprallen zweier verärgerter Menschen bringt definitiv keinem der beiden etwas.

Ich habe in meiner Praxis viele Männer erlebt, die schließlich vor Gericht endeten, weil sie ihren Ärger an einer verärgerten Frau (oder Ex-Frau) ausließen. Das folgende Gespräch illustriert, was ich meine:

Klient: Ich hab's wieder versaut. Ich wurde verhaftet und wegen tätlichen Angriffs und Körperverletzung angeklagt. Wie konnte ich nur so dämlich sein?

Ich: Wie ist es denn dazu gekommen?

Klient: Es war ziemlich verrückt. Ich war mit meinen Freunden essen und wir amüsierten uns prächtig, als meine Frau (die beiden lebten getrennt) anrief und von mir verlangte, die Kinder sofort abzuholen. Sie klang ziemlich aufgeregt.

Ich: Was haben Sie gemacht?

Klient: Obwohl meine Freunde mir rieten, nicht zu fahren, entschuldigte ich mich und verließ das Restaurant. Ich begab mich zum Friedhof, wo meine Frau mich treffen wollte.

Ich: Friedhof? Warum dort?

Klient: Ich habe keine Ahnung, aber ich fuhr hin. Als ich da war, ging meine Frau gleich auf mich los. Voller Ärger schrie sie mich an. Ich bat sie, das sein zu lassen, aber sie regte sich nur noch mehr auf. Ich nahm die Kinder und brachte sie zum Auto, da baute sich meine Frau vor mir auf – ich wurde ärgerlich und schob sie zur Seite. Dann stieg ich ins Auto und fuhr weg.

Ich: Was passierte dann?

Klient: Als ich nach Hause kam, wartete bereits die Polizei auf mich. Meine Frau hatte sich beschwert, ich hätte sie angegriffen. Also nahmen Sie mich mit und nahmen die Sache auf.

Ich: Und was haben Sie daraus gelernt? Über den Ärger, meine ich.

Klient: Zuallererst hätte ich im Restaurant bleiben und fertig essen sollen. Zweitens hätte ich mich nie einverstanden erklären sollen, sie an einem Ort zu treffen, wo keine anderen Menschen sind – Zeugen. Und dann hätte ich die Beherrschung nicht verlieren dürfen, auch wenn meine Frau offensichtlich ausgeflippt ist. Dann hätte ich jetzt nicht diesen ganzen Ärger am Hals.

Ich: Genau!

Gesunde Grenzen setzen

Grenzen sind Schranken. Sie sagen Ihnen, wann Sie zu weit gehen. Sie sagen Ihnen auch, wann Ihr Ärger maßlos wird. Wut kann man auch als Ärger bezeichnen, der die Grenzen des Erlaubten überschritten hat – den Punkt, an dem Sie ihn nicht mehr unter Kontrolle haben. Emotionale, körperliche und sexuelle Gewalt liegen ebenfalls jenseits dieser Grenze. Der Unterschied zwischen meinem Vater und mir liegt nicht darin, dass er übel drauf war und ich nicht. Er liegt vielmehr darin, dass er in seinem Ärger meine Mutter schlug, während ich (und darauf bin ich nach 40 Jahren stolz!) nie eine Hand gegen meine Frau erhoben habe, so ärgerlich ich auch manchmal war.

Die folgenden Beispiele sollen Ihnen näher bringen, was ich mit gesunden Grenzen für Ärger meine:

- ✔ **Wenn Ihr Ärger zu stark wird, hören Sie mit dem auf, was Sie gerade tun, und gehen Sie weg.** Am einfachsten stellen Sie das fest, indem Sie Ihren Ärger auf einer Skala von 1 bis 10 einordnen. Liegt er bei 7 oder darüber, sollten Sie sich auf den Weg machen.

- ✔ **Halten Sie sich an den Grundsatz, dass körperliche Gewalt in keinem Fall akzeptabel ist.** Ich habe mir das schon als kleines Kind geschworen, als ich mit ansehen musste, wie sich meine Eltern gegenseitig verletzten.

- ✔ **Legen Sie eine Obergrenze fest, wie viel Ärger Sie gegenüber einem geliebten Menschen zum Ausdruck bringen wollen.** Wenn Sie das Gefühl haben, dass aus Ärger Wut wird, *dann hören Sie auf!* Von diesem Punkt an kommt es mehr darauf an, was Sie *nicht* tun als was Sie tun. Das ist der beste Zeitpunkt für einen langen Spaziergang, für das Fitness-Studio oder die Tipps in Kapitel 6, wie Sie Ruhe bewahren können.

- ✔ **Verlangen Sie von anderen, dass sie Sie genau so respektieren, wie Sie das bei ihnen tun.** Wenn Sie Ihren Ärger gegenüber den Menschen, die Sie lieben, in Grenzen halten können, sollten Sie das auch von den anderen erwarten – andernfalls sollten Sie die Situation verlassen! Wie ich in Kapitel 21 feststelle, gehören immer zwei zu einem verärgerten Dialog. Sie können dafür sorgen, dass er nicht eskaliert, indem Sie sich im richtigen Moment zurückziehen.

- ✔ **Behalten Sie einen normalen Ton bei.** Egal, was Sie einem geliebten Menschen mitteilen wollen, wenn Sie verärgert sind (es kann ja durchaus etwas sein, was derjenige hören sollte!), Ihre Botschaft geht verloren, wenn Sie laut werden. (Wie Schreien sich auf Ihre Gesundheit auswirken kann, können Sie in Kapitel 5 nachlesen.)

- ✔ **Wenn Ihr Ärger zu groß wird, lassen Sie Ihr Gegenüber das letzte Wort haben. Das setzt Ihrem und seinem Ärger ein Ende.** Das ist eine Sache, die Sie nun wirklich in der Hand haben.

- ✔ **Schrecken Sie nicht davor zurück, eine Auszeit zu verlangen, wenn Ihr Ärger zu groß wird.** Sagen Sie etwa: »Gut, weiter möchte ich an diesem Punkt nicht gehen. Wenn wir weitermachen, kann ich meinen Ärger nicht mehr konstruktiv äußern. Ich würde das Gespräch aber später gerne fortsetzen.«

Wenn Sie das Opfer des Ärgers sind

Wenn Sie den Ärger eines geliebten Menschen abkriegen, ist es für Sie am allerwichtigsten, dass Sie dabei keinen Schaden nehmen. Es ist nicht Ihre Aufgabe, das Ärgerproblem Ihres Partners zu lösen – das muss er selber tun (siehe den vorherigen Abschnitt).

Die meisten Menschen, die sich in einer von Liebe und Ärger geprägten Beziehung als Zielscheibe des Ärgers erleben, denken, sie hätten nur drei Möglichkeiten:

- ✔ Hoffen und beten, dass ihr Partner sich ändern wird
- ✔ Professionelle Hilfe in Anspruch nehmen, um einen Teil des Schadens wieder gutzumachen, den der Partner mit seinem Ärger angerichtet hat
- ✔ Die Beziehung zu beenden

Ich biete Ihnen einen vierten gangbaren Weg an: Sie können sich so verhalten, dass Sie nicht zum Opfer werden. In den nachfolgenden Abschnitten zeige ich Ihnen, worauf es dabei ankommt.

Das Zurückschlagen vermeiden

Wir leben in einer alttestamentarischen Welt. Wenn jemand, der Ihnen nahe steht, Sie verletzt, ist es ganz natürlich, dass sie ihn auch verletzen wollen. Du trittst mir vors Schienbein und ich trete dich! Auf diese Weise aber werden aus Auseinandersetzungen, an deren Anfang beide Parteien gereizt sind, schnell Fälle häuslicher Gewalt. Das Bedürfnis nach dem emotionalen Ausgleich beschleunigt das Entstehen toxischen Ärgers. Man gießt Öl aufs Feuer.

Es mit gleicher Münze heimzahlen, wenn Ihnen jemand verärgert entgegentritt, ist eine reflexartige Reaktion und damit eine Verhaltensweise, die vorhersehbar, gedankenlos und impulsiv ist und in der Regel zu nichts Gutem führt. Sie sollten stattdessen bewusst und mit Bedacht reagieren, wenn ein geliebter Mensch verärgert ist (siehe Kapitel 6).

Gehen Sie Psychofallen aus dem Weg

Wenn Sie Teil einer von Liebe und Ärger geprägten Beziehung sind, sind Sie wahrscheinlich über die eine oder andere Psychofalle dort hineingeraten. Was sind das für Fallen? Diese Fallen haben etwas mit zwei gleichstarken Gefühlen zu tun: Liebe und Ärger. Ihr Denken – feste Überzeugungen in Bezug auf Liebe und Ärger – hält Sie davon ab, das zu erreichen, worauf es ankommt: eine Beziehung, die gleichermaßen vertraut und sicher ist.

Um den Psychofallen, die ich in den folgenden Abschnitten beschreibe, ausweichen zu können, müssen Sie etwas leisten, was die Psychologen *kognitive Umstrukturierung* nennen. Anders ausgedrückt, Sie müssen Ihr Denken über Liebe und Ärger neu ausrichten. Fangen Sie damit an, die in den folgenden Abschnitten beschriebenen falschen Annahmen in Frage zu stellen. Wenn Ihr Kopf Ihnen beispielsweise sagt: »Wenn mein Mann mich nur genug liebt, wird er aufhören, ständig verärgert zu sein«, ändern Sie dieses Denken, indem Sie sich selbst sagen: »Mein Mann hat ein Ärgerproblem. Er braucht Hilfe. Ich kann das nicht für ihn tun, das muss er selbst machen. Was auch immer für seinen Ärger verantwortlich ist, ich bin es nicht. Die Antwort auf seinen Ärger liegt in ihm selbst. Seine Liebe zu mir kann das nicht alles ausgleichen.«

Die Überzeugung, dass Sie den Ärger eines anderen Menschen auslöschen können

Nach meiner Erfahrung ist die am weitesten verbreitete psychische Falle die Vorstellung, dass eine Liebesbeziehung einen anderen Menschen weniger ärgerlich machen kann. Nichts ist weiter von der Wahrheit entfernt. Sie können nichts tun, um einen geliebten Menschen von seinem Ärger zu befreien – es kommt darauf an, dass dieser Mensch selbst etwas tut! Und wenn Sie derjenige sind, der das Ärgerproblem hat, lassen Sie sich gesagt sein, dass niemand anders Sie von Ihrem Ärger befreien kann – das können nur Sie!

Almut ging vor Jahren in diese Falle und versuchte, die sporadisch auftretende Wutstörung Ihrer Partnerin mit Liebe und Unterstützung zu lindern. Sie beschrieb diesen Versuch so: »Mit ihr zu leben, war wie auf einem Vulkan zu leben – man wusste nie, wann der nächste Ausbruch kommt.« Was für Almut schließlich dabei heraussprang, war eine Einlieferung in die Notaufnahme, ein Schädelbruch und eine einstweilige Verfügung gegen ihre Partnerin.

Die Überzeugung, dass Ärger vorbeigeht, aber die Liebe bleibt

Eine andere psychische Falle hängt mit der Überzeugung zusammen, dass Ärger kommt und geht, die Liebe aber ewig währt. Das ist keineswegs so! Für einen großen – und womöglich wachsenden – Teil der Bevölkerung ist Ärger alles andere als vorübergehend (statistische Daten finden Sie in Kapitel 2). Ärger ist ein chronischer – und toxischer – Zustand. Glauben Sie mir, der Ärger wird noch da sein, wenn die Liebe längst der Vergangenheit angehört.

Die Überzeugung, dass er sich schon ändern wird, wenn er Sie liebt

Ein weiterer Mythos über Ärger und Liebe besagt, dass ein von Ärger bestimmter Mensch sich ändern wird, wenn er jemanden liebt. Das ist nicht wirklich so. Wenn die Liebe für einen Menschen auch ein Ansporn sein kann, sich seines Ärgers zu entledigen, so reicht sie als Motivation zur Veränderung lange bestehender, komplexer emotionaler Muster mit eigener Dynamik nicht aus. Ich vertrete in diesem Buch immer wieder die Überzeugung, dass ein effektives Ärgermanagement viele Facetten hat und dass das Ärgerproblem nicht mit einer einzelnen, einfachen Maßnahme gelöst werden kann.

Machen Sie den Ärger Ihres Partners nicht zum Prüfstein seiner Liebe für Sie. Gehen Sie davon aus, dass er Sie liebt – er weiß nur nicht, wie er seine Stimmungen beherrschen soll.

Die Überzeugung, dass nur die Liebe wichtig ist

Auch wenn die Beatles versuchen, uns vom Gegenteil zu überzeugen, es braucht einiges mehr als Liebe. Viele Menschen glauben, so lange sich zwei Menschen lieben, so lange kann ihnen nichts anderes etwas anhaben. Manche Menschen glauben daran selbst dann noch, wenn sie nach einem tätlichen Angriff ihres geliebten Partners aus der Notaufnahme entlassen werden.

Almut, die junge Frau, von der ich weiter vorne erzähle, brauchte eine Weile, bis sie klar denken konnte. Ihr Schädelbruch war nicht die erste ernste Verletzung, die sie von der Hand ihrer Partnerin erlitten hatte – aber es war die letzte. Diese von Liebe und Ärger geprägte Beziehung war nicht Almuts erste – aber ihre letzte.

Abgesehen von der Liebe sollten viele andere Dinge in Ihrem Leben eine Rolle spielen – Energie, Gesundheit, Ihre Karriere. (Wie Ärger Ihr Leben vergiften kann, finden Sie in Kapitel 3 dargestellt.)

Ich geh dann Geige spielen

Einer meiner liebsten Ärgermanagement-Klienten, eine unterdrückte Frau Mitte vierzig, verbrachte den größten Teil ihrer Freizeit zu Hause und ließ sich von ihrem verärgerten Mann beschimpfen. Mit der Zeit sah sie den Wochenenden angstvoll entgegen, weil sie dann 48 Stunden lang seiner erbarmungslosen, bösen Kritik ausgesetzt war.

Eines Tages erinnerte ich sie daran, dass sie früher große Freude am Geigespielen hatte und schlug ihr vor, als Teil ihres Ärgermanagement-Programms wieder Geigenunterricht zu nehmen. Das tat sie dann auch und siehe da, das Geigespielen entwickelte sich für sie zu einer neuen Zuflucht – ein paar Stunden weg vom Ärger ihres Mannes. Sie fing auch an, sich mit befreundeten Arbeitskollegen zu treffen, ging zum Reiten und besuchte hin und wieder einen Gottesdienst. All das benötigt natürlich seine Zeit und verschonte sie vom Ärger ihres Mannes. Der ist nicht sonderlich glücklich darüber, aber sie – und ich auch.

Die Überzeugung, dass Ärger nur ein Zeichen von Fürsorge ist

Die letzte psychische Falle vermittelt Ihnen den Eindruck, dass ein geliebter Mensch, der seinen Ärger über Sie ausdrückt, sich im Grunde nur um Sie sorgt. Ich liebe diese Geschichten von Eltern und Ehepartnern, die sich gegenüber den Menschen, die sie angeblich lieben, abscheulich verhalten und dann noch sagen: »Ich mache das zu deinem Besten.« Blödsinn! Verärgerte Menschen sorgen sich vor allem um sich selbst – was sie wollen, was sie erwarten, was sie fordern, was sie denken – Sie spielen da gar keine Rolle. Sie drücken ihren Ärger zu ihrem eigenen Besten aus, um Dampf abzulassen, die Anspannung abzubauen und gegen das zu protestieren, was sie als unfaire Behandlung betrachten. Wenn sie sich um Sie sorgen würden – Ihr Wohlergehen, Ihre Sicherheit, Ihre Gesundheit –, dann würden sie unverzüglich jede nur erdenkliche Maßnahme treffen, die es ihnen ermöglichte, ihren Ärger zu umgehen (siehe Kapitel 4).

Hören Sie auf, Teil des Problems zu sein

Wenn Sie keine Lösung für den Ärger eines von Ihnen geliebten Menschen sein können, dann sollten Sie auch nicht Teil des Problems sein. Beziehungen funktionieren in beide Richtungen. Der Ärger des einen wirkt sich auf den anderen aus und dessen Verhalten sich auf den Ärger des einen. Sie können keinesfalls ein Interesse daran haben, den Ärger des jeweils anderen zu unterstützen und es ihm leichter zu machen, damit bis zu einem Punkt weiterzumachen, an dem es kein Zurück mehr gibt.

Wenn jemand, der in Wut geraten ist, zu Ihnen sagt: »Ich warne dich – kein Wort mehr jetzt!«, dann nehmen Sie ihn beim Wort und schweigen Sie. Wenn jemand, der dabei ist, die Beherrschung zu verlieren, zu Ihnen sagt: »Geh mir aus dem Weg – ich muss hier raus!«, dann treten Sie zur Seite, um nicht verletzt zu werden. Es lohnt sich nicht, jemanden zu drängen, der bereits verärgert ist.

Hier habe ich einige Möglichkeiten für Sie zusammengestellt, wie Sie vermeiden können, Teil des Problems zu sein:

- ✔ **Entschuldigen Sie sich nicht für den Ärger eines anderen.** Damit ersparen Sie ihm nur, die Verantwortung für seine eigenen Gefühle zu übernehmen. Anstatt zu sagen: »Tut mir leid, dass ich dich verärgert habe«, sagen Sie besser: »Ich sehe, dass du dich über etwas ärgerst. Möchtest du darüber reden?«
- ✔ **Schweigen Sie nicht, wenn sich jemand danebenbenimmt.** Menschen, die andere mit unbegründetem und maßlosem Ärger konfrontieren, müssen darauf hingewiesen werden. Sie müssen hören, dass sie zu laut werden oder andere mit ihrem Verhalten erschrecken. Wenn Sie ruhig bleiben und die Dinge schleifen lassen, denken andere, ihr Verhalten ist in Ordnung und alles in Butter.
- ✔ **Reden Sie das Problem nicht klein.** Wenn meine Klienten von ihren Erfahrungen mit Ärger erzählen und die Intensität ihres Ärgers mit dem Wert 8 auf der 10er-Skala ansetzen, dann sage ich nur: »Na ja, Sie waren nicht verärgert – Sie waren wütend.« Meine Klienten mögen es nicht, wenn ich ihnen ihre Wut vorhalte, und fangen an, mit mir zu schachern, sie seien *nur* verärgert gewesen. Auf diese Weise tun sie so, als seien ihre Gefühle normal. Aber das lasse ich nicht durchgehen.
- ✔ **Schaffen Sie sich ein eigenes Leben.** Zu viele Menschen stellen den Ärger eines geliebten Menschen in den Mittelpunkt ihres Lebens. Alles andere wird hintan gestellt, während man sich nur um den Ärger des anderen kümmert. Verfolgen Sie Ihre eigenen Interessen. Wenn Sie Freunde haben, mit denen Sie Basketball spielen, oder Freundinnen, mit denen Sie über den letzten Hera-Lind-Roman quatschen können, haben Sie eine Ausweichmöglichkeit, wenn Ihr Partner gerade mal wieder in die Luft geht.
- ✔ **Helfen Sie der anderen Person nicht, das Gesicht zu wahren.** Wer zu viel Ärger mit sich herumschleppt, muss sich diesem Problem stellen. Hören Sie auf, nach Entschuldigungen für die Wutanfälle anderer Menschen zu suchen.
- ✔ **Lassen Sie sich nicht als Ausrede gebrauchen.** So gut wie alle meine Ärgermanagement-Klienten beschreiben anfangs die Menschen, die »sie ärgern«. Ich frage dann: »Warum haben Sie sich in dieser Situation geärgert?« Die Antwort lautet dann: »Meine Frau hat ...« Ich entgegne dann: »Ich habe nicht nach Ihrer Frau gefragt – ich wollte wissen, warum Sie sich in dieser Situation geärgert

haben.« Und jedes Mal wiederholen sie: »Ich sagte doch, meine Frau ...« Aber damit gebe ich mich nicht zufrieden. Ich wiederhole meine Frage so lange, bis sie aufhören, andere Menschen als Entschuldigung zu missbrauchen, und die Verantwortung für ihren Ärger übernehmen. Bis es nicht so weit ist, kommen wir nicht weiter.

✔ **Tun Sie so, als sei der geliebte Mensch ein Fremder.** Ich fragte einmal die Mutter, die von ihrem 16-jährigen Sohn körperlich und emotional misshandelt worden war: »Wenn das ein Junge aus einem anderen Wohnblock wäre, würden Sie sich von ihm so zurichten lassen?« »Natürlich nicht«, antwortete sie, ohne zu zögern. »Keinen Menschen auf der Welt würde ich auch nur eine Minute in meiner Gegenwart dulden, wenn er mich so behandeln würde wie mein Sohn.« Ich schlug ihr vor, dass sie von diesem Tag an ihren Sohn wie einen Fremden betrachten und behandeln sollte. Das war der erste Schritt auf ihrem Weg zur Erholung.

✔ **Bezahlen Sie keine Rechnungen mehr.** Ich glaube fest daran, dass reife, verantwortungsvolle Menschen die Folgen ihres Verhaltens tragen. Ich habe nie ganz verstanden, warum manche Eltern die Knöllchen ihrer Kinder wegen Geschwindigkeitsüberschreitungen bezahlen oder für kaputte Türen, zerstörte Telefonzellen oder beschädigte Autos aufkommen, die ihre »lieben« Kinder auf dem Gewissen haben. Die Logik ist ganz einfach: Wenn Sie bezahlen, übernehmen Sie die Verantwortung. Wenn Ihre Kinder zahlen, übernehmen sie die Verantwortung. Und das ist doch die Botschaft, die Sie vermitteln wollen, oder?

Impfen Sie sich

Der Psychologe Dr. Donald Meichenbaum von der Universität Waterloo hat als Erster mit einer Technik experimentiert, die er Stressimpfungstraining (SIT) nannte. Dieses Verfahren ist für Menschen, die in einer von Liebe und Ärger geprägten Beziehung stecken, recht vielversprechend. Obwohl Meichenbaum dabei hauptsächlich an Patienten dachte, die von ihren Ängsten überwältigt zu werden drohen, können Sie diese Technik auch dazu nutzen, sich gegen den Ärger eines geliebten Menschen zu wappnen. Betrachten Sie es einfach als eine Alternative dazu, Ärger mit Ärger zu beantworten.

Wie andere Impfungen auch – Polio, Mumps-Masern-Röteln – erhöht die Stressimpfung Ihre Widerstandskraft gegen den Stress (und seine schädlichen Auswirkungen), dem Sie als Opfer des Ärgers anderer Menschen ausgesetzt sind. SIT ist eine proaktive Technik und umfasst drei grundlegende Schritte:

1. **Machen Sie sich bewusst, wie Sie in der Regel auf den Ärger Ihres Gegenübers reagieren.**

   Sarah zum Beispiel war so lange entspannt, bis sie das Auto ihres Mannes in der Einfahrt hörte. Sofort stieg ihre Anspannung und sie wappnete sich gegen seinen Ärger, dem sie unweigerlich ausgesetzt sein würde. Sie dachte: »Bitte, lieber Gott, mach, dass er sich heute nicht ärgert.« Und sie war innerlich schon darauf vorbereitet, die Schuld für seine Gereiztheit auf sich zu nehmen (»Ich scheine nichts richtig machen zu können.«).

2. **Bewältigen Sie die Aufregung – die Kampf-Flucht-Reaktion –, die jedes von Ärger geprägte Zusammentreffen mit Ihrem Gegenüber begleitet.**

   Um die Anspannung im Vorfeld abzubauen, sagt Sarah sich:

   Ich kann damit umgehen – ich bin schon früher mit seinem Ärger fertig geworden.

   Nur die Ruhe. Keine Panik.

   Ich nehme das nicht persönlich. Sein Ärger hat mit ihm zu tun, nicht mit mir.

   Ich muss mich entspannen, entspannen, entspannen.

3. **Zielen Sie auf eine situationsspezifische Lösung.**

   An diesem Punkt muss sich Sarah ihrer Möglichkeiten bewusst werden. Soll sie so reagieren wie sonst (indem sie sich anspannt, wenn sie das Auto in der Einfahrt hört)? Oder gibt es eine andere Bewältigungsstrategie, die wirksamer ist, wenn ihr Mann die Beherrschung zu verlieren beginnt? Sie könnte zum Beispiel einfach seinen Ärger anerkennen (»Ich habe das Gefühl, dass du heute wieder verärgert bist.«). Oder sie kann seinen Ärger in Frage stellen (»Es muss schrecklich anstrengend sein, sich zu ärgern, oder?«). Sie könnte seinem Ärger Grenzen entgegensetzen (»Ich glaube nicht, dass ich mir das weiter anhören möchte.«). Sie könnte aber auch versuchen, an das Mitgefühl ihres Mannes zu appellieren (»Hast du eigentlich eine Vorstellung, wie sich dein Ärger auf mich auswirkt?«). Und schließlich könnte sie ihrem Mann ein Bonbon anbieten, um seine Aufmerksamkeit auf sich zu lenken (das ist eine gute Übung im Rahmen des Ärgermanagements) und seine Laune zu versüßen (siehe Kapitel 4).

Versuchen Sie es im Zweifelsfall mit Humor

Ich erinnere mich an eine Situation, in der mich ein Mann mit allen Mitteln zu schikanieren versuchte. Er feuerte eine feindselige, sarkastische Bemerkung nach der anderen auf mich ab und hoffte, ich würde es ihm mit gleicher Münze heimzahlen. Er gehörte wohl zu den Menschen, die solche Auseinandersetzungen liebten.

Zunächst blieb ich ruhig und versuchte zu ignorieren, was er sagte. Aber er machte so lange weiter, bis ich merkte, dass Ärger in mir hochstieg. Ich beschloss, mein Heil mit etwas zu versuchen, was mir mein Leben lang im Umgang mit Widrigkeiten geholfen hat: Humor. Ich machte Scherze über die Situation, in der wir uns befanden, und alle anderen um mich herum mussten lachen (außer ihm). Je mehr er sich aufregte, desto witziger wurde ich. Es dauerte dann nicht lange, bis er schweigsam wurde und sich aus dem Gespräch zurückzog. Kurz darauf trollte es sich dann. Der Humor hatte meinen Tag gerettet.

Weigern Sie sich, die Opferrolle zu übernehmen

Kürzlich hat mich die Geschichte eines Mannes betroffen gemacht, der sich in relativ kurzer Zeit vom Obdachlosen zum wohlhabenden, erfolgreichen Geschäftsmann gemausert hatte. Zeitweise hatten er und sein Sohn die Nächte in einer U-Bahn-Toilette verbracht, weil sie sonst nirgendwo hingehen konnten. Als er in einem Interview gefragt wurde, wie schwer es ihm nach dem Leben unter solch furchtbaren Bedingungen gefallen sei, seine Integrität wiederzugewinnen, antwortete er: »Ich glaube, Sie haben mich da falsch verstanden – ich sagte, ich war obdachlos, nicht hoffnungslos. Mein Sohn und ich haben nie unsere Hoffnung und unsere Integrität verloren. Wir wussten immer, dass wir irgendwann unseren Platz im Leben finden würden.«

So sollte es auch sein, wenn Sie sich dem Ärger eines geliebten Menschen gegenübersehen. Sicher ist dieser Ärger ein ernst zu nehmendes Problem, aber er ist kein Grund, sich zum Opfer machen zu lassen. Wenn Sie der Opferrolle entgehen wollen, sollten Sie es mit den folgenden Maßnahmen versuchen:

- ✔ **Bewahren Sie das Gefühl der Hoffnung.** Wenn man mit einem geliebten Menschen zusammenlebt, der voller Ärger steckt, kann man leicht in Hoffnungslosigkeit versinken. Damit Sie die Hoffnung nie ganz fahren lassen, sollten Sie ab und zu Zeit mit guten Freunden verbringen, die Ihnen das Gefühl vermitteln, dass Sie ein wertvoller Mensch sind.

- ✔ **Tun Sie etwas, irgendetwas, um das Gefühl der Hilflosigkeit zu vermeiden.** Üben Sie zum Beispiel die Stressimpfungstechnik, die ich weiter vorne in diesem Kapitel beschreibe.

- ✔ **Nutzen Sie die Unterstützung, die Sie haben, um sich gegebenenfalls in Sicherheit zu bringen.** Wenn Sie eine »sichere Zuflucht« brauchen, ist Scham fehl am Platz – rufen Sie einen Freund an und bitten Sie ihn um Unterstützung. Lassen Sie sich von einem Anwalt beraten. Und wenn es ganz schlimm kommt, scheuen Sie sich nicht, die Polizei anzurufen und um Schutz zu bitten.

- ✔ **Behaupten Sie sich.** Finden Sie Ihre Stimme und sprechen Sie für sich selbst. Machen Sie sich immer wieder bewusst, dass Sie ein Recht darauf haben, mit Respekt und Anstand behandelt zu werden – Sie haben es nicht nötig, für jemand anders als Zielscheibe für verbalen oder körperlichen Missbrauch herzuhalten! Es ist ein großer Unterschied, ob Sie einem geliebten Menschen sagen »Ich kann es nicht ertragen, wenn du mich so behandelst!« oder ob Sie sagen »Ich werde dieses Verhalten nicht länger hinnehmen.« *Kann nicht* hat etwas mit Fähigkeit zu tun, *werde nicht* ist eine Willensbekundung.

- ✔ **Seien Sie ehrlich zu sich selbst – geben Sie zu, dass Sie ein Problem haben.** So lange Sie leugnen, dass Sie in einer von Liebe und Ärger geprägten Beziehung leben, kommen Sie keinen Schritt weiter. Bevor Sie überhaupt daran denken können, ein Problem zu lösen, müssen Sie eingestehen, dass es da ist. In diesem Buch geht es um die Lösung von Problemen, die mit Ärger einhergehen – bei Ihnen und bei anderen –, aber Fortschritte sind erst möglich, wenn Sie sich der Wahrheit stellen.

Wenn die Lektüre dieses Kapitels (oder des ganzen Buches) Sie davor bewahrt, ein Opfer des Ärgers eines anderen Menschen zu werden, dann ist das allein schon den Preis dieses Buches wert!

Teil VII

Der Top-Ten-Teil

In diesem Teil …

Hier biete ich Ihnen zehn ebenso einfache wie schnelle Strategien an, mit denen Sie den Ärger vergangener Tage, aktuellen Ärger und den Ärger, der in der Zukunft auf Sie zukommen mag, in den Griff bekommen können. Des Weiteren stelle ich Ihnen zehn Möglichkeiten vor, wie Sie Kinder in die Lage versetzen, ihren Ärger zu bewältigen, und dabei auf Bestrafungen verzichten können. Den Autofahrern unter Ihnen möchte ich zehn Techniken für ärgerfreies Fahren ans Herz legen. (Es geht dabei nicht um den Straßenverkehr, es geht um Sie!) Und schließlich gebe ich Ihnen zehn einfache Gedanken an die Hand, mit deren Hilfe Sie schädlichen Ärger von sich fernhalten und inneren Frieden finden können.

Zehn Wege, ausgeglichene Kinder zu erziehen

23

In diesem Kapitel

- Ein positives Vorbild sein
- Die Elternrolle effektiv ausfüllen
- Kindern beibringen, die Welt zu teilen
- Nachhaltige Liebe

Eltern sein ist nicht einfach, besonders wenn es um die emotionale Entwicklung der eigenen Kinder geht. Alle Kinder sind verärgert, wenn sie auf die Welt kommen. Wenn Sie Kinder haben, werden Sie das verärgerte Schreien eines Babys schon gehört haben, wenn es sich alleine fühlt, Hunger oder Schmerzen hat. Es teilt Ihnen auf diese Weise ohne Worte mit »Ich brauche etwas!« Je lauter es schreit, desto stärker und dringender ist dieses Bedürfnis. Ihre Aufgabe – aus der Perspektive des Kindes – ist es, seine Bedürfnisse zu befriedigen, egal worum es sich handelt. Sie sind, ob Sie wollen oder nicht, der Schlüssel zum Umgang mit dem Ärger Ihres Kindes. Wenn Sie es mit den in diesem Kapitel beschriebenen Techniken versuchen, wird das nicht immer der Fall sein.

In diesem Kapitel stellt ich Ihnen zehn Ansätze vor, mit deren Hilfe Sie die Verantwortung für den Umgang mit Ärger Ihren Kindern übertragen können – genau so wie Sie ihnen das Radfahren, Fußballspielen oder Lesen beibringen. Sie werden lernen, wie man zum Gefühlstrainer avanciert und Kindern die Regeln für einen geeigneten Ausdruck ihres Ärgers beibringt oder ihnen die Fertigkeiten vermittelt, die sie in diesem wichtigen Bereich ihres Lebens brauchen. Sehen Sie es doch einmal so: Wenn Sie Ihrem Kind frühzeitig beibringen, wie es mit seinem Ärger fertig wird, braucht es dieses Buch nicht, wenn es aus dem Haus ist!

Gefühlstrainer werden

Sie lieben Ihr Kind, sorgen sich um sein Wohlergehen und wollen, dass es sein Leben erfolgreich meistert, davon gehe ich einfach mal aus. Das bedeutet aber leider nicht automatisch, dass Sie gut darauf vorbereitet sind, ein Gefühlstrainer zu sein. Keine Angst: Sie können für Ihr Kind ein guter Trainer sein. Behalten Sie nur die folgenden Tipps im Hinterkopf:

- ✔ **Setzen Sie es sich zum Ziel, ein nicht von Ärger geplagtes Kind (oder wenigstens eines, das nur in einem normalen Maß mit Ärger zu tun hat) großzuziehen, das sich zu einem emotional reifen Erwachsenen entwickeln kann.** Die meisten Eltern haben für ihre Kinder bestimmte Ziele im Auge. Diese Ziele haben aber meist mehr mit Bildung, Sport oder Popularität zu tun als mit persönlichen Eigenschaften oder Gefühlen. Viele Eltern gehen davon aus, dass sich Letzteres schon von selbst entwickeln wird, aber das ist leider nicht der Fall. Nehmen Sie sich bewusst vor, Ihr Kind so zu erziehen, dass sein Leben nicht von Ärger bestimmt wird. Nehmen Sie dieses Ziel in Ihre Stellenbeschreibung als Eltern auf und behalten Sie es immer im Hinterkopf, selbst wenn Sie der Frust packt und Sie sich am liebsten die Haare raufen würden.

- ✔ **Bleiben Sie im Umgang mit Ihrem Kind aktiv und geben Sie dem praktischen Lernen den Vorzug.** Können Sie sich einen Fußballtrainer vorstellen, der schweigend am Spielfeldrand steht und seine Spieler selbst herausfinden lässt, wie sie das Spiel am besten spielen, ohne Anweisungen zu geben oder Übungen durchführen zu lassen? Diese Vorstellung ist Ihnen sicher völlig fremd. Wie soll dann Ihr Kind lernen, mit komplexen Gefühlen wie Ärger umzugehen, wenn Sie es dabei alleine lassen? Das kann und wird es nicht leisten! Wenn Sie Trainer sein wollen, müssen Sie aktiv werden. Ihr Kind braucht Ihre Unterstützung, Ihre Geduld, Ihre Akzeptanz und Ihre Fähigkeiten. Trainer sein hat nichts mit Freizügigkeit (alles laufen lassen und nicht so genau hinschauen) oder Gleichgültigkeit (fehlende emotionale Beteiligung) zu tun.

  Sprechen Sie mit Ihrem Kind offen über seine Gefühle – auch über Ärger – und helfen Sie ihm zu verstehen, dass Gefühle zum Menschsein dazugehören. Bauen Sie auf die Informationen in Kapitel 2 auf und helfen Sie Ihrem Kind, zwischen den verschiedenen Stufen des Ärgers (zum Beispiel der Abstufung zwischen Ärger und Wut) zu unterscheiden. Machen Sie Ihrem Kind anschaulich klar, was der Unterschied ist zwischen *verletzt sein* (ein Gefühl) und sich selbst oder anderen *Verletzungen zufügen* (eine Verhaltensweise). Und stellen Sie dann mit aller Deutlichkeit klar, dass Ersteres akzeptabel ist, Letzteres aber nicht.

- ✔ **Seien Sie proaktiv und ergreifen Sie die Initiative.** In der Regel warten Eltern, bis sich ihre Kinder danebenbenehmen – und sich beispielsweise im Supermarkt schreiend auf dem Boden wälzen –, und bestrafen sie dann anschließend. Dieser Erziehungsstil ist reaktiv: »Du hast dich beim Einkaufen ganz schlimm aufgeführt. Den Rest des Tages bleibst du heute in deinem Zimmer!« Als Trainer sollten Sie proaktiv handeln. Bevor Sie in den Supermarkt gehen, sollten Sie Ihr Kind zum Beispiel noch einmal instruieren: »Wir gehen jetzt einkaufen. Denk an die Regeln, über die wir gesprochen haben. Ich will immer sehen, wo du bist, lauf nicht weg. Wenn ich dir sage, dass du etwas jetzt nicht haben kannst, und du dich ärgerst, dann erkläre mir, wie du dich fühlst, anstatt zu schreien und herumzutrampeln. Wenn du dich nicht an die Regeln hältst, gehen wir sofort nach Hause. Wenn du dich benimmst, gehen wir nachher noch zum Spielplatz auf die Schaukel! In Ordnung?« Das meine ich mit proaktiv.

- ✔ **Betonen Sie das Positive.** Ich kenne einen Ärgermanagement-Spezialisten, der etwas ganz Wichtiges macht. Er sagt seinen Klienten nicht nur, was sie nicht tun sollen, wenn sie sich ärgern – andere unterbrechen, mit dem Finger zeigen, drohen, fluchen, Sachen werfen –, sondern bietet ihnen auch eine Liste mit positiven Verhaltensweisen an, die auf Selbsteinschränkung und Zurückhaltung aufbauen. Das ist eines Trainers würdig!

  Belohnen Sie Ihr Kind – mit Lob, nicht mit Süßigkeiten –, wenn es um etwas bittet, anstatt es von Ihnen zu fordern. Bringen Sie ihm bei, auch an andere zu denken, und belohnen

Sie es, wenn es zeigt, dass es seine Lektion gelernt hat. Heben Sie hervor, wie wichtig es ist, sich zu entschuldigen, wenn man sich danebenbenommen hat – auf diese Weise lernt ein Kind auch, die Verantwortung für das eigene Verhalten zu übernehmen.

✔ **Konzentrieren Sie sich mehr auf Lösungen als auf Probleme.** Ich fürchte, die meisten Kinder (mit Sicherheit die meisten Teenager) würden mir zustimmen, wenn ich sagte: »Eltern predigen – Trainer lehren.« Was Kinder nicht brauchen, sind Erwachsene, die ihnen ihre Probleme unter die Nase halten. Sie brauchen – und suchen – jemanden, der ihnen sagt, wie sie an diese Probleme herangehen können. Wenn Sie einem Kind sagen: »Schrei nicht herum, du mischst den ganzen Laden auf!«, hat das nichts mit dem Problem zu tun (was auch immer der Grund für das Geschrei war). Wenn Sie dann verlangen, dass es aufhört zu schreien, bieten Sie keine Lösung an, die über das bloße Herausschreien des Ärgers hinausgeht.

Sagen Sie Ihrem Kind stattdessen: »An deinem Ärger sehe ich, dass du ein Problem hast. Es wäre schön, wenn du dich ein bisschen beruhigen könntest, damit ich herausfinden kann, was dein Problem ist – vielleicht kann ich dir dann helfen. Ich bin sicher, dass wir zusammen eine Lösung finden können, wenn du deinen Ärger mal einen Moment zurückstellen kannst. Also, was wolltest du mir eigentlich sagen?«

Mit Kindern, die von Anfang an auffallend impulsiv und reizbar sind, hat man es als Gefühlstrainer etwas schwerer. Sie verlangen ihren Eltern mehr Anstrengungen (sprich: nachhaltige Liebe) ab als bedächtigere und ruhigere Kinder. Vielleicht haben Sie ja mehrere Kinder mit jeweils unterschiedlichen Temperamenten.

Win-win-Lösungen

Über Jahre gerieten Klaus und seine Tochter immer wieder aneinander, wenn er nach einem langen Arbeitstag nach Hause kam. Er fragte nur: »Wie geht es dir?« Sie antwortete darauf in einem verärgerten Ton. Er antwortete dann im gleichen Ton. In der Regel entwickelten diese Dialoge eine rasante Eigendynamik und führten zu keinem guten Ende.

Eines Tages beschloss Klaus, dass er dieses Spiel nicht mehr mitmachen wollte. Als Elternteil übernahm er die Verantwortung dafür, einen Weg aus dieser für beide unbefriedigenden Situation zu finden. Es wurde ihm klar, dass seine Tochter und er beide dasselbe Ziel verfolgten – das letzte Wort zu haben. Seine Tochter war noch jung und hatte mehr Energie, diesen Kampf bis zum Letzten zu führen, aber weniger Weisheit und Bereitschaft, die Situation zu ändern als er, das war Klaus klar.

Von diesem Tag an überließ Klaus seiner Tochter immer das letzte Wort (Win), nahm sich selbst aber das Recht heraus zu entscheiden, wann es so weit war (Win). Immer wenn er merkte, dass das Gespräch in die falsche Richtung lief, signalisierte er eine Auszeit und beendete es. Seine Tochter tat es ihm gleich, und so ersparten die beiden sich weiteren Streit.

In ruhigeren Momenten achtete Klaus darauf, dass seine Tochter die richtigen Trainingseinheiten bekam: Ärger provoziert nur weiteren Ärger, in Konflikten kommt man mit einem kühlen Kopf immer weiter. Das sieht für mich wie eine Win-win-Lösung aus.

Ich habe Ihnen zugehört

Vor einigen Jahren bat man mich, auf Gemeindeebene eine Präsentation zum Thema »Umgang mit Ärger bei Kindern« zu machen. Die Veranstaltung war Teil eines umfassenderen Programms, das Eltern helfen sollte, besser mit Kindern umgehen zu lernen, die am Aufmerksamkeitsdefizit-Syndrom (ADHS) litten, Drogen konsumierten oder in Schule und Ausbildung versagten. Zu meiner Überraschung war der Saal voll mit gestresst wirkenden Eltern, die alle begierig darauf zu warten schienen, was ich zu sagen hatte.

Während ich meinen Vortrag hielt, achtete ich besonders auf einen Mann, der mich die ganze Zeit mit einem ernsten und irgendwie feindseligen Gesichtsausdruck anstarrte. Nachher bedankten sich viele Eltern bei mir für meinen Beitrag. Dieser eine Mann jedoch ging ohne jeden Kommentar und mit unverändertem Gesichtsausdruck an mir vorbei.

Einige Tage später stand ich an der Tankstelle mit der Zapfpistole in der Hand, als mich von einer der anderen Zapfsäulen her plötzlich eine Stimme ansprach: »Hallo Doc, wissen Sie, ich habe Ihnen zugehört, das mit den verärgerten Kindern und ihren verärgerten Eltern und dass wir auf uns selbst achten sollen und auf unsere Kinder. Ich bin nach Hause gegangen und habe darüber nachgedacht. Sie haben Recht. Ich muss an meinem Ärger arbeiten, bevor ich meinem Sohn mit seinem Ärger helfen kann. Danke.«

Wer hätte gedacht, dass dieser Mann verstanden hat, was ich sagen wollte?

Früh miteinander sprechen

Es ist nie zu früh, mit der Erziehung eines nicht von Ärger geplagten Kindes zu beginnen. Der emotionale Dialog zwischen Eltern und Kindern beginnt schon im Alter von drei Monaten, wenn die Kinder ihre Gefühle herauslassen, um mitzuteilen, was sie wollen. Ab diesem Moment müssen Sie darauf eingehen und ihre Seite ins Spiel bringen. Kinder sind klüger, als Sie meinen. Sie reagieren auf beruhigende Worte, »Das regt dich auf, ich weiß, aber es ist in Ordnung so«, und auf einen ruhigen Ton, noch bevor sie in der Lage sind, selbst sprechen zu lernen. (In Kapitel 5 können Sie nachlesen, warum es so wichtig ist, eine gemäßigte Tonlage beizubehalten.)

Ihre beruhigenden Worte und ihr ruhiger Ton vermitteln Ihrem Kind, dass Sie mit den Gefühlen zurechtkommen – mit seinen und mit den eigenen. Das Letzte, was Sie Ihrem Kind beibringen wollen, ist, dass Sie Angst vor seinem Ärger haben. Das wird entweder dazu führen, dass es seine Gefühle unterdrückt (damit Sie sich nicht aufregen), oder, was noch schlimmer ist, dass es auf den Gedanken kommt, Ärger dazu missbrauchen zu können, Sie und andere zu kontrollieren. Das sind nicht die Lerninhalte, die zu emotionaler Reife führen.

Als ein Kollege, der viel mit emotional gestörten Kindern arbeitet, erfuhr, dass ich an diesem Buch schreibe, forderte er mich auf: »Erzähle deinen Lesern auf alle Fälle, dass man die am schlimmsten gestörten Siebenjährigen mit nur einem bisschen professioneller Hilfe wieder auf den richtigen Weg bringen kann. Aber selbst bei einem nur wenig gestörten Teenager braucht es dreimal so viel Aufwand und Erfahrung, um überhaupt von einer Besserung sprechen zu können. Die ersten Jahre bieten die besten Chancen – sie sind immens wichtig.«

Lernsituationen schaffen

Warten Sie nicht so lange, bis der Ärger in Ihrem Kind hochkocht. Ergreifen Sie die Initiative und schaffen Sie Gelegenheiten, bei denen es lernen kann, mit negativen Gefühlen umzugehen – ich nenne das Lernsituationen. Im Folgenden habe ich einige Möglichkeiten zusammengestellt – suchen Sie sich eine aus und starten Sie einen Versuch:

- ✔ **Spielen Sie ein Spiel und lassen Sie Ihr Kind nicht gewinnen.** Fragen Sie anschließend: Wie fühlt sich das an, wenn du verlierst? Ärgerst du dich? Was glaubst du, wie andere sich fühlen, wenn sie verlieren? Ärgern sie sich? Was meinst du, sollten wir mit deinen ärgerlichen Gefühlen machen? Was denkst du, sollten wir mit den ärgerlichen Gefühlen von anderen machen? Es gibt auf diese Fragen keine richtigen oder falschen Antworten. Wichtig ist hier vor allem, dass Sie mit Ihrem Kind ins Gespräch kommen und beide über Ärger nachzudenken beginnen und wie man damit umgeht, wenn er da ist.
- ✔ **Führen Sie Ihrem Kind eine Situation vor Augen, in der es um die Verletzung eines moralischen Prinzips geht – etwa Fairplay oder Ehrlichkeit.** Fragen Sie, wie sich ein Mensch, der unfair behandelt oder belogen wird, wohl fühlt. Glaubt es, dass dieser Mensch sich ärgert? Meint es, dass der Ärger, den dieser Mensch empfindet, gerechtfertigt ist? Fragen Sie, was man mit diesen ärgerlichen Gefühlen seiner Meinung nach tun soll. Wie ist es zum Beispiel, wenn andere Kinder sich weigern, Ihr Kind mitspielen zu lassen oder wenn sein älterer Bruder ihm etwas wegnimmt und dann lügt und sagt, er hätte es nicht weggenommen.
- ✔ **Bitten Sie Ihr Kind einmal, so zu tun, als würde es sich ärgern, und ein anderes Mal, als hätte es die Gefühle eines anderen verletzt.** Was würde es der anderen Person sagen, um sie zu verletzen? Fragen Sie Ihr Kind: »Was glaubst du, wie fühlt sich die andere Person, wenn du das zu ihr sagst? Wie würdest du dich fühlen, wenn du das sagst? Bist du sicher, dass du jemanden verletzen willst, nur weil er dich geärgert hat?

Kinderbücher, in denen Ärger thematisiert wird, sind eine gute Hilfe. Meist bieten sie die eine oder andere Anregung, wie man mit Ärger umgehen kann (zum Beispiel, dass man seinen Ärger vergisst, wenn man etwas tut, was Spaß macht, oder wenn man etwas zu tun findet, zu dem Eltern Ja sagen können, anstatt es zu verbieten). Hier eine kleine Auswahl:

Aletha J. Solter: Auch kleine Kinder haben großen Kummer. Über Tränen, Wut und andere starke Gefühle, Kösel, 2000

Britta Schwarz und Manfred Topoven, Das kleine Wutmonster, Betz, 2004

Christine Nöstlinger, Anna und die Wut, Dachs-Verlag, 2002

Philippe Goossens und Thierry Robberecht, Kleiner Drache – große Wut, Sauerländer, 2004

Sandra Pepek, Das Wutz'Orn Buch, Egoth, 2005

Ein gutes Vorbild sein

Ein Kollege von mir, der viel Erfahrung im Umgang mit problembelasteten Kindern hat, erfuhr, dass ich mit Heranwachsenden arbeitete, die Ärgerprobleme hatten. Er gab mir den Rat, diesen verärgerten, auffällig gewordenen Jugendlichen bei der ersten Begegnung die folgende Frage zu stellen: »Wer in deiner Familie ärgert sich so sehr wie du?« Ohne Ausnahme nennen die Kinder sofort einen ihrer Eltern – meistens den Vater.

Sie können nicht anderen etwas beibringen, was Sie selbst nicht tun! Wenn Sie Ihr eigenes Temperament nicht zügeln können, wie können Sie dies dann von Ihrem Kind verlangen? Ob Sie das wollen oder nicht, Sie sind in den entscheidenden Jahren das Hauptvorbild Ihrer Kinder, ein gutes oder ein schlechtes. Wenn Sie also Trainer sein wollen, müssen Sie bei sich selbst anfangen.

Wenn Sie sich nicht sicher sind, ob Sie in Bezug auf den Umgang mit Ihren Gefühlen ein gutes Vorbild sind, können Ihnen die folgenden Fragen vielleicht helfen:

- ✔ Sind Sie mindestens einmal am Tag gereizt oder verärgert?
- ✔ Würden Sie die Intensität Ihres Ärgers auf der 10-Punkte-Skala bei 7 oder höher einordnen?
- ✔ Wenn Sie verärgert sind, dauert Ihr Ärger dann länger als 30 Minuten an?
- ✔ Haben Sie jemals einen anderen Menschen in Ihrem Ärger weggedrückt, angerempelt oder geschlagen?
- ✔ Haben Sie jemals einen anderen Menschen in Ihrem Ärger bedroht oder verflucht?
- ✔ Würden Sie sagen, dass Sie verärgerter sind als viele Leute, die Sie kennen?
- ✔ Haben Sie schon einmal eine Stelle wegen Ihrer Temperamentsausbrüche verloren?
- ✔ Haben Sie schon einmal einen Freund wegen Ihrer Temperamentsausbrüche verloren?
- ✔ Haben Sie schon einmal Geld für Reparaturen von Dingen ausgeben müssen, die Sie in Ihrem Ärger zerstört hatten?

Wenn Sie auch nur *eine* dieser Fragen mit Ja beantwortet haben, sind Sie wohl nicht das beste Vorbild für einen vernünftigen Umgang mit Ärger. Sie können es aber auch von der positiven Seite betrachten: Den Umgang mit Ärger zu erlernen kann für Sie *und* Ihr Kind eine positive Erfahrung sein. Sie können lernen, während Sie lehren.

Erwachsene, die keine Probleme mit ihrem Temperament haben, schildern ihre Eltern oft als liebevoll, warmherzig, nah, unkompliziert, ruhig und entspannt. Wenn Sie möchten, dass Ihr Kind zu einem ausgeglichen Erwachsenen heranreift, versuchen Sie am besten, auch so zu sein. Dann sind Sie auf jeden Fall auf dem richtigen Weg.

Gefühle mit dem Ich verbinden

Sie sollten Ihr Kind immer berichtigen, wenn es Sätze sagt wie »Er hat mich geärgert.« Bringen Sie ihm stattdessen bei zu sagen »Ich habe mich geärgert, als er ...« Denn bei der Selbstkontrolle geht es im Wesentlichen darum, die Verantwortung für die eigenen Gefühle zu übernehmen. Erst wenn Ihr Kind lernt, dass niemand sie ärgerlich machen kann, wird es sich emotional weiterentwickeln. Kinder müssen so früh wie möglich verstehen, dass niemand die Macht über ihre Gefühle hat – nicht über ihre Angst, ihren Ärger, ihre Trauer oder ihren Stolz. Diese Macht haben nur sie alleine.

Als Trainer Ihrer Kinder sollten Sie Ihre Gefühle auch so ausdrücken: »*Ich* bin frustriert, wenn du nicht auf mich hörst.«

Gefühle richtig benennen

Bevor Ihr Kind seine Gefühle angemessen und konstruktiv ausdrücken kann, braucht es das nötige emotionale Vokabular. Sie müssen ihm beibringen, so deutlich wie möglich zu beschreiben, was es empfindet, und ihm dann helfen, die richtige Ausdrucksweise für das jeweilige Gefühl zu finden.

Kleinere Kinder sind oft nicht in der Lage, mehr zu unterscheiden als »Ich fühle mich schlecht« und »Ich fühle mich gut«. Es ist Ihre Aufgabe, hier die nötige Feinabstimmung vorzunehmen, die es ihm ermöglicht, seine einzigartige Reaktion auf seine Umwelt besser verstehen zu lernen.

Lesen Sie das folgende Gespräch zwischen einer Mutter und ihrem fünfjährigen Sohn:

Mutter: Stimmt etwas nicht, Liebling?

Sohn: Ich fühle mich nicht gut.

Mutter: Meinst du, du bist krank? Oder hast du dich über irgendetwas aufgeregt?

Sohn: Ich habe mich aufgeregt.

Mutter: Gut. Sag mir doch mal, wie du dich fühlst. Wie *fühlt* sich das Aufgeregtsein an?

Sohn: Ich mag dieses blöde Puzzle nicht. Ich krieg' die Teile nicht zusammen.

Mutter: Du ärgerst dich also. Du bist ärgerlich, weil du es nicht hinkriegst.

Sohn: Ja, das ärgert mich. Ich hasse dieses blöde Puzzle.

Mutter: Ich verstehe. Manchmal ärgert man sich, wenn etwas nicht funktioniert. Das geht mir manchmal auch so.

Sohn: Du auch? Du regst dich auch auf?

Mutter: Sicher, ich kann mich auch ärgern, genau wie du.

Wenn Ihre Kinder etwas älter sind, müssen Sie ihnen beibringen, zwischen verschiedenen Stufen des Ärgers zu unterscheiden – schwach, mäßig und stark. Das lässt sich leicht erlernen, wenn man die Intensität seiner Gefühle auf einer Skala von 1 bis 10 einordnet (mehr darüber in den Kapiteln 2 und 6). Der Bereich von 1 bis 3 entspricht einer Verstimmung, 4 bis 6 ist normaler Ärger und ab 7 spricht man von Wut. Wenn Ihr Sohn seinen Ärger mit dem Wert 7 beziffert, sollten Sie ihn darauf aufmerksam machen und fragen: »Schatz, du bist nicht bloß verärgert, du bist wütend. Was regt dich so auf?«

Ursachen finden

Geben Sie sich nicht damit zufrieden herauszufinden, was Ihr Kind empfindet. Fragen Sie auch nach dem Grund. Es kann Kindern anfangs schwerfallen, die Gründe für ihren Ärger zu benennen – das fällt selbst Erwachsenen schwer. Kinder sind es nicht gewohnt, ihre emotionalen Reaktionen mit dem in Zusammenhang zu bringen, was um sie herum passiert.

Ihr Kinder könnten sich ärgern, weil…

- ✔ **jemand oder etwas ihr Selbstwertgefühl verletzt hat.** Kinder ärgern sich schnell, wenn sie jemand kritisiert, herabsetzt oder ihr Selbstwertgefühl auf andere Weise angreift. Wenn jemand – einschließlich Sie als Eltern – Ihr Kind »dumm« nennt oder als »Idiot« bezeichnet, löst das wahrscheinlich Ärger aus. Kinder ärgern sich auch, wenn sie bei einer Aufgabe versagen (etwa bei einem Diktat in der Schule). Sie sagen dann Dinge wie »Die Lehrerin hält mich jetzt für dumm.«
- ✔ **sie in irgendeiner Weise körperlich attackiert wurden.** Kinder empfinden Ärger, wenn sie körperlich angegriffen werden – geschlagen, geschubst oder angerempelt – oder sich auch nur von der Möglichkeit bedroht sehen, irgendwie Schaden zu nehmen. (Wer könnte ihnen das übel nehmen?) Achtung: Schikanen beim Spielen durch andere Kinder können auch schon den Tatbestand einer körperlichen Misshandlung erfüllen – es muss nicht ein Erwachsener beteiligt sein, damit man von Kindesmisshandlung sprechen kann.
- ✔ **sie nicht das bekommen, was sie wollen.** Alle Kinder wollen irgendetwas, und wenn sie daran gehindert werden, zu erreichen oder zu bekommen, was sie wollen, dann sind sie frustriert und schließlich verärgert. Ärger ist ihre Art zu protestieren, ihre Art zu sagen: »Ich kriege nicht, was ich will!« Ihr Kind kann sich umso mehr ärgern, wenn es glaubt, einen Anspruch auf etwas zu haben oder wenn es Schwierigkeiten damit hat, die Erfüllung eines Wunsches hinauszuschieben (»Ich will das jetzt haben!«).

- ✔ **ihre moralischen Prinzipien (ja, auch Kinder haben so etwas) verletzt wurden.** Kinder haben, wie Erwachsene auch, Werte und Überzeugungen und machen sich ihre Gedanken, wie die Welt funktionieren sollte – es sollte fair zugehen, die Menschen sollten die Wahrheit sagen, man sollte Menschen, denen es schlecht geht, zuvorkommend behandeln. Wenn diese Werte durch die Umstände verletzt werden, sind Kinder oft verärgert – »Das ist unfair!«, »Du lügst!« oder »Lass sie in Ruhe – siehst du nicht, dass sie sich nicht gut fühlt?«
- ✔ **sie sich hilflos fühlen.** Einer der Hauptgründe, warum Kinder sich ärgern, hat mit Situationen zu tun, in denen sie sich ausgeliefert, hilflos, verängstigt und verletzlich fühlen. Kinder können sich zum Beispiel ärgern, wenn ihre Eltern sich ständig streiten, weil sie dann Angst haben, dass ein Elternteil den anderen verletzt oder die Familie auseinanderbrechen könnte. Heranwachsende können mit großem Ärger reagieren, wenn ein Mitschüler sich umbringt oder an Krebs stirbt – alles Dinge, die sich ihrer Kontrolle entziehen.

Vielleicht *glauben* Sie oft zu wissen, warum Ihr Kind sich ärgert oder aufregt, aber meistens liegen Sie falsch. Verlassen Sie sich nicht auf Ihre Annahmen. Fragen Sie!

Problemlösungskompetenz vermitteln

Kinder haben Schwierigkeiten, Gefühle zu bewältigen. Das ist eine Fertigkeit, die sie noch lernen müssen. Sie können Ihrem Kind eine große Hilfe sein, wenn es darum geht, Problembewältigungskompetenzen zu erwerben.

Ihr Kind braucht Hilfe im Umgang mit den Gefühlen selbst (Ärger) und den Ursachen (Frustration). Fangen Sie damit an, dass Sie Ihr Kind fragen: »Was sollen wir deiner Meinung nach mit deinem Ärger machen?« oder »Worüber ärgerst du dich?«

Wenn Sie sich auf das Gefühl selbst konzentrieren, können Sie Ihrem Kind eine von vielen erprobten Strategien anbieten:

- ✔ Sich ablenken (die Aufmerksamkeit auf etwa anderes, am besten etwas Positives, lenken)
- ✔ Distanz zu der Situation schaffen, die den Ärger ausgelöst hat (spazieren gehen oder fahren)
- ✔ Die Anspannung durch Entspannung lösen (zehn Mal tief einatmen)
- ✔ Die emotionale Tonlage ändern (lachen)
- ✔ Mit Hilfe der Vorstellungskraft in Gedanken einen sicheren Ort finden, an den man vor seinem Ärger flüchten kann

Wenn Sie sich der Ursache des Ärgers intensiver widmen wollen, kommen folgende Strategien in Betracht:

- ✔ Der Person entgegentreten, über die man sich geärgert hat (möglichst frei von Aggressionen)

- ✔ Über die Bedenken gegen die betreffende Person mit einer neutralen Person reden
- ✔ Sich damit zufriedengeben, dass es Dinge gibt, die man nicht ändern kann
- ✔ Seine Betrachtungsweise des Verhaltens der anderen Person ändern
- ✔ Seinen Ärger aufgeben und tun, was der andere will (ich nenne das die *Was-auch-immer-*Antwort)
- ✔ Um Hilfe bei der Lösung des Problems bitten

Wenn Sie Ihrem Kind raten, seinem Ärger durch lautes Schreien oder Schläge auf einen Gegenstand, ein Kissen oder einen Punchingball Luft zu machen, dann mag das vielleicht vorübergehend Erleichterung verschaffen, aber langfristig führt es nur zu mehr Ärger und letztendlich zu mehr aggressivem Verhalten.

Die dritte Alternative wählen

Es liegt in der Natur des Menschen, dass wir anfangs – als Kinder – alle vor unserem Ärger fliehen oder kämpfen. Diese Kampf-Flucht-Reaktion ist Teil unseres animalischen Erbes. Flucht bedeutet, dass ein Kind von der Quelle seines Ärgers wegläuft (und dem Ärger selbst) und sich entscheidet, sich nicht damit auseinanderzusetzen – ihn vorübergehen zu lassen. Kämpfen bedeutet, dass das Kind die Quelle seines Ärgers attackiert, entweder verbal oder körperlich. Im Rahmen einer Studie mit Achtklässlern fand ich beispielsweise heraus, dass 26 Prozent der Kinder nach eigenen Angaben einem anderen Kind, das sich ihnen gegenüber verärgert zeigt, einfach »den Rücken zudrehen« und diese Situation zu vermeiden versuchen würden. 45 Prozent gaben an, »Gleiches mit Gleichem« vergelten und sich wehren zu wollen. Und 29 Prozent entschieden sich dafür, die Situation erst einmal zu verlassen und dann später zurückzukehren und darüber zu reden – das ist die dritte Alternative, die ich nur empfehlen kann.

Den Unterschied zwischen »haben wollen« und »bekommen« kennen lernen

Es ist im Leben normal – im Grunde sogar sehr gesund – etwas zu wollen. Kinder müssen aber so früh wie möglich lernen, dass es einen Unterschied gibt zwischen *haben wollen* und *bekommen*. Diese wichtige Unterscheidung zu treffen, fällt besonders kleinen Kindern schwer. Da sind Sie als Eltern gefragt. Ein Kind zu verwöhnen heißt im Grunde nichts anderes als ihm zu vermitteln, dass es »alles bekommt, was es will«. Verwöhnte Kinder legen mit der Zeit ein ausgeprägtes Anspruchsdenken an den Tag (»Ich bin etwas Besonderes, ich kann alles und keiner kann mit etwas abschlagen.«), das schnell in Ärger umschlägt, wenn ihre Wünsche nicht sofort erfüllt werden.

Ich saß einmal in einem Fast-Food-Restaurant, als eine Familie mit zwei Kindern zur Tür hereinspazierte. Während Vater und Sohn das Menü bestellten, suchten Mutter und Tochter einen freien Tisch. Die Tochter steuerte geradewegs auf einen Tisch am Fenster zu, aber die Mutter meinte: »Lass uns da drüben hingehen, hier sitzen wir in der prallen Sonne.« Da ging die Tochter förmlich in die Luft und schrie: »Ich setze mich hier hin. Ich will in der Sonne sitzen. Du kannst sitzen, wo du willst!« Ohne ein Wort zu sagen, trottete die Mutter – mit gesenktem Kopf – zu dem Tisch am Fenster. Als der Vater mit dem Essen kam, fragte er seine Frau: »Wieso sitzt ihr hier? Hier knallt die Sonne doch viel zu stark.« Die Mutter entgegnete (immer noch mit gesenktem Kopf): »Setzt euch einfach hin. Ich will hier jetzt keine Szene machen.«

Tun Sie Ihrem Kind einen Gefallen – sagen Sie ab und zu auch mal *nein*. Irgendwann wird es nämlich von jemandem ein Nein hören und dann sollte es wissen, wie man sich verhält, wenn man seinen Willen nicht bekommt.

Zehn Möglichkeiten, Ärger im Straßenverkehr zu bekämpfen

24

In diesem Kapitel

- Die Straße mit anderen teilen
- Den Griff lockern
- Sie könnten auch der andere Fahrer sein
- Die Reise genießen

Wenn Sie einer dieser Straßenkämpfer sind, die mit Ärger und Rachegedanken hinter dem Steuer sitzen, haben Sie Glück: In diesem Kapitel finden Sie zehn hilfreiche Ansätze, die Sie dem Ziel, Ihren Ärger aus dem Auto zu verbannen, näher bringen können. Wenn Sie dieses Kapitel gelesen haben, müssen Sie im Auto nur noch den Sicherheitsgurt anlegen, die Spiegel einstellen und die Hände auf 10 Uhr und 2 Uhr legen – schon kann's losgehen!

Hetzen Sie nicht

Als ich noch ein Kind war, pflegte mein Onkel Aubrey uns zu mehreren auf kleine Entdeckungstouren mitzunehmen, damit wir interessante Orte kennen lernen und unseren Horizont erweitern konnten. Er war ein toller Kerl, aber auf der Straße mutierte er zur Schnecke. Wir drängten immer: »Aubrey, mach hin, wir wollen heute noch ankommen!« Er antwortete immer dasselbe: »Jungs, wenn ihr es eilig habt, müsst ihr eine halbe Stunde früher losfahren.« Wo er Recht hatte, hatte er Recht.

Wenn Sie aggressiv fahren und mit den anderen Verkehrsteilnehmern keine Geduld haben, fühlen Sie sich wahrscheinlich gehetzt. Das erinnert mich an das Kaninchen in Alice im Wunderland, das immer hektisch wird und ausruft: »Oh weh! Oh weh! Ich werde zu spät kommen!« Sie haben nicht genug Zeit eingeplant und nun ist die Zeit Ihr Feind.

Wenn Ihr Kopf in Hektik verfällt, schließt sich Ihr Körper umgehend an. Alles nimmt zu – Blutdruck, Puls, Muskelspannung. Sie sind bereit zu handeln und jeden anzuspringen, der sich Ihnen in den Weg stellt. Und Sie nutzen Ihren Ärger dazu, den Weg frei zu machen!

Lassen Sie sich nicht hetzen und entspannen Sie sich. Rechnen Sie aus, wie lange es dauert, an das jeweilige Ziel zu gelangen, und rechnen Sie pro viertel bis halbe Stunde zehn Minuten extra ein. Noch besser ist es, wenn Sie fahren können, ohne auf die Uhr schauen zu müssen – bevor Sie den Zündschlüssel ins Schloss stecken, stecken Sie schnell die Armbanduhr in die Hosentasche und kleben die Uhr im Auto mit Klebeband ab. (Aber nicht schummeln und die Zeitansagen im Radio hören.)

Deshalb habe ich den Job sausen lassen

Meine Frau und ich hatten New York gerade verlassen, nachdem wir drei Tage lang mit einer großen Gesundheitsorganisation verhandelt hatten, die mich für ihre Forschungsabteilung rekrutieren wollte. Wegen eines technischen Fehlers an unserem Flugzeug mussten wir auf einem Flugplatz landen, der 45 Kilometer von unserem Zielort entfernt lag. Als wir an dem Ersatzlandeort ankamen, mussten wir ein Auto mieten, um nach Hause zu kommen. Nach Tagen des Verhandelns und geschäftiger Arbeitsessen war ich erschöpft und nicht in der Stimmung für einen solchen Hickhack.

Am Flugplatz geriet ich prompt in Wut und fuhr anschließend mit quietschenden Reifen vom Parkplatz der Autovermietung.

Als wir dann jedoch durch die ländliche Gegend fuhren und die Blue Ridge Mountains sahen, geschah etwas Wunderbares: Ich begann mich zu entspannen und meine Wut ebbte schnell ab. Was für eine friedvolle, schöne Fahrt das war!

Als mich Jahre später jemand fragte, warum ich den Job in New York nicht angenommen – wo ich jeden Tag mit der U-Bahn zu meinem Arbeitsplatz und zurück hätte pendeln müssen – und stattdessen nach Virginia gezogen und eine eigene Praxis eröffnet hatte, dachte ich einen Moment nach und antwortete: »Ich glaube, das lag an dieser unerwarteten Fahrt vom Flugplatz nach Hause – das war eine Erfahrung, die mir die Augen geöffnet hat.«

25 Jahre später genieße ich diese Fahrt immer noch.

Lassen Sie locker

Wie fest halten Sie das Lenkrad, wenn Sie fahren? Wenn Sie einen aggressiven Fahrstil pflegen, wenden Sie wahrscheinlich den »Todesgriff« an.

Lockern Sie die Hände am Lenkrad. Sie werden überrascht sein, wie viel entspannter Sie sich beim Fahren fühlen. Halten Sie das Lenkrad mit dem Kraftaufwand, mit dem Sie ein weich gekochtes Ei oder eine Kinderhand halten würden – sanft. Ihre körperliche Spannung wird sich sofort ändern. Die Entspannung, die Sie in den Händen spüren, setzt sich fort und wandert über die Arme in die Schultern und den Nacken bis hinunter ins Kreuz – Ihr ganzer Körper entspannt sich, einfach so. Versuchen Sie es mal.

Konzentrieren Sie sich auf die Fahrt, nicht auf das Ziel

Aggressive Fahrer haben den Tunnelblick. Sie konzentrieren sich nur auf das eine – auf ihr Ziel. Wenn sich ihnen als aggressivem Fahrer etwas in den Weg stellt, dann ist was los. Sie starren stur nach vorne. Im Kopf sind sie schon weit voran, die Straße hinunter und um die Ecke, noch bevor sie tatsächlich da sind. Sie sind auf einer Mission!

Kommt Ihnen das bekannt vor? Dann verpassen Sie etwas Entscheidendes: den Weg. Im Leben – auch bei der Fahrt mit Ihren Kindern zur Schule oder zum Einkauf im Supermarkt – steht immer der Weg im Vordergrund. Ziele kommen und gehen, aber der Weg geht immer weiter. Entspannen Sie sich auf dem Weg – achten Sie auf die Menschen, die Umgebung und Ereignisse, an denen Sie vorbeifahren. Wahrscheinlich ärgern Sie sich dann viel weniger.

Seien Sie der andere Fahrer

Sind Sie einer, der an dem kleinen alten Mann, der ganz langsam fährt, vorbeidonnert, die Faust reckt und lauthals aus dem Fenster schreit »Alten Säcken wie dir sollte man den Führerschein abnehmen!« oder »Mach endlich Platz, du alte Schnecke!«?

Nehmen Sie sich ein paar Sekunden Zeit und denken Sie einmal über das Folgende nach: Wenn Sie Glück haben und nicht vor lauter Ärger irgendwann gegen die Wand fahren, sind Sie irgendwann dieser alte Mann. Sie haben richtig gehört – Sie sind das, der da zusammengesunken auf dem Fahrersitz hängt, die weißen Haare über dem Lenkrad kaum zu sehen, starr nach vorne blickend, nichts um Sie herum wahrnehmend und mit 30 Stundenkilometer unterwegs, wo Sie 50 fahren dürfen. Versuchen Sie, sich an die Stelle des anderen Fahrers zu denken. Treten Sie auf seine Pedale. Und dann fragen Sie sich: »Wie wünsche ich mir, von den anderen Fahrern behandelt zu werden?« Wohl nicht mit Wut, glaube ich.

Wenn Sie so über langsamere Fahrer denken, werden Sie sich weniger ärgern:

- ✔ »Toll, dass der in seinem Alter noch fahren kann.«
- ✔ »Hoffentlich bin ich in dem Alter auch noch so unabhängig und in der Lage, selbst überall hinzukommen.
- ✔ »Vielleicht liegt darin das Geheimnis, in Würde zu altern – langsam fahren.«
- ✔ »Ich wette, der fühlt sich viel entspannter als ich.«
- ✔ »Der sieht gar nicht ärgerlich aus – vielleicht kann ich von ihm lernen.«

Nehmen Sie es nicht persönlich

Um einen Ausspruch des großen amerikanischen Philosophen Woody Allen leicht abzuwandeln: »Wir sind alle Dummköpfe auf derselben Autobahn.« Beim Fahren geht es um uns, meinen Sie nicht? Es geht nicht nur um Sie. Verkehrsrowdys sehen das natürlich anders: »Geh *mir* aus dem Weg, verdammt noch mal!«, »Schlaf nicht ein, du hältst *mich* auf, Mann – ich habe einen Termin!«, »Ich *hasse* Fahrer wie dich!«, »An *mir* kommt keiner vorbei – keine Chance.«

Denken Sie beim Fahren mehr an die anderen:

- ✔ »Ich wechsele rüber und lass *ihn* vorbei. Er hat es eiliger als ich.«
- ✔ »So wie *die* fährt, muss *sie* ziemlich gut gelaunt sein.«

- »Mann, regt *der* sich aber auf – mit *dem* möchte ich auch nicht tauschen.«
- »Früher bin ich auch so gefahren wie *die*, aber heute ist das Gott sei Dank anders.«
- »Ich glaube, *die* haben auch was Wichtiges vor.«

Fahren Sie mit Demut. Reihen Sie sich ins Glied ein – halten Sie sich nicht für jemanden, der im Straßenverkehr einen Anspruch auf Sonderbehandlung hat. Verkneifen Sie sich, die anderen Verkehrsteilnehmer in Schubladen zu stecken – Frauen, alte Menschen oder Fahranfänger am Steuer, Lastwagenfahrer und so weiter. Tun Sie nicht so, als seien Sie etwas Besonderes. Gesellen Sie sich zu den Dummköpfen und entspannen Sie sich.

Sehen Sie das Positive

Jedes Problem hat auch seine positiven Seiten. Wenn da vorne jemand langsam fährt und Sie bremsen, fühlen Sie sich vielleicht nicht so gehetzt. Das ist gut. Wenn Sie oft zu schnell fahren und plötzlich hinter einem anderen Wagen festhängen und nicht überholen können, erspart Ihnen das möglicherweise Ihr nächstes Knöllchen. Das ist gut. Wenn Sie einen anderen Fahrer beobachten, der sich »völlig ignorant« verhält, können Sie sich für einen besseren Fahrer halten, oder? Das ist gut. Wenn Sie bis zu Ihrem Ziel länger brauchen als geplant, haben Sie mehr Zeit, sich zu entspannen und auf dem Weg Ihren eigenen Gedanken nachzuhängen. Das ist gut. Sie sehen, man kann in jeder Situation etwas Positives finden.

Wenn Sie das nächste Mal kurz davor stehen, die Beherrschung zu verlieren, fragen Sie sich einfach: »Was kann daran gut sein?« Wenn Sie eine Antwort finden, können Sie sich entspannen.

Ich bin ganz gewöhnlich

Ein Klient von mir, ein Mann in den mittleren Jahren, kam im Rahmen seiner Ärgermanagement-Therapie vor kurzem zu einer überraschenden Erkenntnis über sich selbst, die, wie er sagte, seinen alltäglichen Ärger erheblich reduzierte – im Straßenverkehr, am Arbeitsplatz und zu Hause. Er erzählte mir Folgendes: »Plötzlich dämmerte mir, dass ich ein ganz gewöhnlicher Mann war, der, wie viele andere Männer auch, in einer Sackgasse lebte. Sicher, ich habe einen guten Job und einen Titel, aber ich bin immer noch ein ganz gewöhnlicher Mann. Die ganze Zeit – all die Jahre – hielt ich mich für etwas Besonderes, und ich ärgerte mich, wenn die Leute mich nicht so behandelten. Das ist jetzt vorbei.«

Sprechen Sie mir nach: Sie sind nicht meine Feinde

Wut ist ein Gefühl, das der Mensch sich für seine wahren Feinde aufhebt. Feinde sind die Menschen, die anderen mutmaßlich mit voller Absicht schaden. »Dieser Mistkerl wollte mich gerade rammen!« Er will dich fertigmachen – schlicht und einfach. Also schützen Sie sich mit Ihrer Wut.

Das Problem ist nur, dass die anderen Fahrer nicht Ihre Feinde sind. Sie kennen Sie nicht einmal – das sind Fremde. In Wahrheit denken sie überhaupt nicht an Sie – sie denken nur an sich. Es gibt keine große Verschwörung gegen Sie! Sicher, sie können einem manchmal auf die Nerven gehen, aber Feinde? Sicher nicht.

Machen wir den Lackmus-Test: Sie fahren auf der Autobahn und sehen weit und breit kein Auto. Sie erreichen eine Auffahrt, auf der ein LKW auftaucht, der auf die Autobahn auffahren will. Als Sie den LKW fast erreicht haben, zieht er plötzlich nach links auf Ihre Fahrspur. Sie steigen in die Eisen und ziehen das Auto auf die linke Spur.

Warum hat der Fahrer des LKW Sie (und sich selbst) in Gefahr gebracht und nicht gewartet, bis Sie vorbei waren? War das Absicht? Hat er nur auf den richtigen Moment gewartet, um vor Ihnen auf die Spur zu ziehen, in der Hoffnung, Sie zu erschrecken oder gar zu rammen? Oder wusste er es einfach nicht besser und hat keine Ahnung von Sicherheit im Straßenverkehr? Wenn Sie sich für die erste Antwort entscheiden, werden Sie sicher mit Wut reagieren. Wählen Sie die zweite Antwort, bleiben Sie ruhiger.

Die Entscheidung, wie Sie auf eine Situation reagieren, liegt immer bei Ihnen!

Seine Frau sagt …

Etwa ein Jahr lang hatte ich mit einem verärgerten Mann und seiner Frau an ihren Problemen gearbeitet und mit ihnen zusammen stetig Fortschritte gemacht. »Es geht uns gut, die Dinge laufen gut«, stimmten mir beide zu. »Und worauf führen Sie das zurück?«, fragte ich. Die Frau ergriff sofort das Wort und meinte: »Es liegt an der Karte, die Sie ihm gegeben haben – die, wo draufsteht ›Sie sind nicht meine Feinde‹. Er hat sie immer bei sich. Ich glaube, er merkt endlich, dass er zwar Probleme mit seiner Tochter und mir hat, aber dass wir nicht seine Feinde sind.«

Hören Sie auf, schwarz zu sehen

Die Frau vor Ihnen wird also immer langsamer – das ist nicht das Ende der Welt. Ein Mann hängt auf der Überholspur fest und hält den ganzen Verkehr auf – das ist nicht das Ende der Welt. Vor Ihnen steht einer, der nicht gleich losfährt, als die Ampel auf Grün springt – auch das ist nicht das Ende der Welt. Oder doch?

Ist Ihre Welt so zerbrechlich und angreifbar? Betrachten Sie das tägliche Hin und Her im Straßenverkehr als eine nicht enden wollende Katastrophenserie – plötzlich eintretende, unerwartete Ereignisse, die Ihnen *immensen* Schaden zufügen? Ist das genau so schlimm, wie zu erfahren, dass Sie Krebs haben? Dass Sie wegen einer Kurskorrektur auf den Aktienmarkt den größten Teil Ihrer Altersversorgung verloren haben? Dass Ihre süße kleine Tochter einen Drogendealer heiraten will? Ich kann Ihnen sagen – *das* sind Katastrophen!

Richard musste die Gefahren des Katastrophisierens auf die harte Tour kennen lernen. An einer Kreuzung überholte ihn eine junge Frau und erwischte sein neues Auto gerade noch an der Stoßstange. Es war nicht viel passiert, aber sie hatte ihn touchiert. Er sprang aus dem Auto, lief zu ihrem Auto und ließ eine ganze Schimpfkanonade auf sie herabprasseln. Kurz darauf war die Polizei am Unfallort und verhaftete Richard zu seiner großen Überraschung wegen Angriffs auf eine Person. Wie sich herausstellte, hatte die junge Frau die Polizei nicht nur wegen des Unfalls angerufen, sondern sich auch wegen Richards Wüterei beschwert. Er wurde zu einer Ärgermanagement-Therapie verdonnert, wo er sich immer noch perplex zeigte und sein aufgebrachtes Verhalten rationalisierte (»Sie hat mich doch gerammt, verdammt noch mal«).

Wenn Sie das nächste Mal am Steuer in Wut geraten, stellen Sie sich die folgenden zehn Fragen:

- ✔ Ist das schlimmer als ein terroristischer Angriff?
- ✔ Ist das so schlimm wie ein Sturm der Stärke 10?
- ✔ Ist das der Hügel, auf dem ich sterben möchte?
- ✔ Will ich mir damit den Tag verderben?
- ✔ Ist das es wert, einen Herzinfarkt zu riskieren?
- ✔ Ist das all die Energie wert, die ein Wutanfall verbraucht?
- ✔ Ist mir das schon einmal passiert und habe ich es überlebt?
- ✔ Ist das auf einer Skala von 1 bis 10 wirklich eine 100?
- ✔ Bin ich größer als das – oder ist es größer als ich?
- ✔ Ist das ein Zeichen dafür, dass das Ende der Welt bevorsteht?

Wenn Sie diese Fragen guten Gewissens mit Ja beantworten können, dann wüten Sie in Gottes Namen weiter. Wenn nicht, dann entspannen Sie sich.

Seien Sie nicht so rational

Ich kann Sie sagen hören: »Was denkt der sich eigentlich, so knapp vor dem anderen Auto auf die andere Spur zu ziehen? Er muss doch sehen, wie gefährlich das ist.« Oder der ewig gleiche Frust: »Warum fährt sie nicht endlich nach rechts, wenn sie sowieso nicht schneller fahren will? Was macht sie auf der Überholspur? Blöde Kuh!«

Die machen da einen Fehler, und der macht Sie ärgerlich. Sie versuchen nämlich zu verstehen, warum andere Menschen so fahren, wie sie fahren. Mein Rat: Lassen Sie das lieber sein und nehmen Sie die Dinge, wie sie kommen, nicht wie Sie sie gerne hätten oder wie sie sein sollten. Das Fahrverhalten des Menschen ist nicht rationaler als jeder andere Lebensbereich. Warum wählen Menschen die Politiker, die sie wählen? Warum essen Menschen, was sie essen? Warum nehmen Menschen Drogen?

Mit Ihren Überlegungen machen Sie sich nur verrückt. Erwarten Sie weniger und entspannen Sie sich mehr.

Stellen Sie sich auf Verstimmungen ein

Ärger tritt in drei Intensitätsstufen auf. Diese Stufen sehen, wie in Kapitel 2 dargestellt, folgendermaßen aus:

- ✔ **Verstimmt:** Entspricht den Werten 1 bis 3 auf der 10-Punkte-Skala. Statt verstimmt können Sie auch *genervt*, *gestört* oder *angefressen* sagen.
- ✔ **Verärgert oder ärgerlich:** Entspricht den Werten 4 bis 6 auf der 10-Punkte-Skala. Andere zutreffende Adjektive sind *aufgebracht*, *erzürnt* oder *entnervt*.
- ✔ **Wütend:** Entspricht den Werten 7 bis 10 auf der 10-Punkte-Skala. Adjektive wie *erbost*, *rasend* oder *ausgerastet* können synonym verwendet werden.

Niemand verlangt von Ihnen, dass Sie *nichts* fühlen, wenn Sie im Straßenverkehr frustriert sind. Das Problem ist nicht, dass Sie sich ärgern. Das Problem ist vielmehr, dass Sie sich *zu viel* ärgern (wütend werden). Warum geben Sie sich nicht einfach damit zufrieden, verstimmt zu sein oder einfach ärgerlich? Dann sind Sie immer noch Herr über Ihr eigenes Handeln, auch wenn Sie nicht gerade fröhlich hinterm Steuer sitzen. Wegen einer Verstimmung wird Sie jedenfalls keiner einbuchten, sonst säßen wir alle hinter Gittern.

Alles ist eine Frage des Maßes, auch der Ärger. Warum dämpfen Sie ihn nicht einfach ein wenig ab und entspannen sich?

Absoluter Unsinn

Vor einigen Jahren nahm ich an einem Workshop teil, den ein Automobilclub zum Thema *Ärger im Straßenverkehr* veranstaltete. Die dort versammelten so genannten Experten – alles Ingenieure – kamen zu dem Schluss, dass es zwei Hauptgründe gebe, warum Autofahrer am Steuer in Wut gerieten: (1) Es gibt einfach zu viele Autos auf den Straßen und (2) die Auf- und Ausfahrten der Autobahnen sind zu steil.

Das setzt natürlich voraus, dass alle Fahrer normale Menschen sind, die ihre Gefühle ausnahmslos unter Kontrolle haben. Ich stellte mir vor, wie ein Anwalt seinen Mandanten vor Gericht verteidigte: »Euer Ehren, mein Klient ist nicht schuldig – die Straße ist schuld.« So ein Blödsinn! Der Grund, warum Menschen am Steuer wütend werden, liegt darin, dass sie nicht mit ihrem Ärger umgehen können.

Zehn Gedanken, die von Ärger befreien

25

In diesem Kapitel

- Eine gesunde Sicht der Dinge
- Inneren Frieden finden
- Dem Ärger den Druck nehmen
- Dem Ärger auf den Weg helfen

Beim Ärgermanagement treffen Denken und Materie aufeinander. Es kommt darauf an, was Sie denken – das macht den Unterschied zwischen einem Leben voller Ärger und einem Leben ohne Ärger. In diesem Kapitel biete ich Ihnen zehn Gedanken an, die Ihnen den Umgang mit Ärger erleichtern – gestern, heute und morgen.

Niemand, wirklich niemand kann Sie ohne Ihr Einverständnis ärgern

Immer wenn ich jemanden sagen höre (und ich höre das oft!) »Soundso hat mich geärgert«, würde ich am liebsten zu demjenigen hinlaufen und sagen, dass dies absolut nicht den Tatsachen entspricht. Wenn Menschen diesen Satz sagen, versuchen sie damit, andere Menschen für ihre Gefühle verantwortlich zu machen. Es gibt keinen Umstand, keinen Menschen und kein Ereignis, das so viel Macht über Sie hat. Sie sind kein Auto, das andere mit Hilfe eines Schlüssels beliebig starten können, und darüber sollten Sie eigentlich froh sein!

Wahr *ist* dagegen, dass äußere Ereignisse Ihnen die Gelegenheit geben können, Ärger zu empfinden. Leider stürzen sich die meisten nur zu bereitwillig auf diese Gelegenheit. Wenn Sie wollen, können Sie sich entscheiden, nicht die Beherrschung zu verlieren. Was auch immer Sie tun, es ist allein Ihre Entscheidung.

Wenn Sie das nächste Mal die Gelegenheit haben, sich zu ärgern – und es wird in jedem Fall ein nächstes Mal geben –, dann erinnern Sie sich an diesen beruhigenden Gedanken: Niemand kann Sie mit noch so viel Ausdauer dazu bringen, sich zu ärgern, solange Sie es nicht zulassen.

Ärger kommt auf Sie zurück – genau wie Liebe

Sie kennen wahrscheinlich Sprichwörter wie »Was man sät, das erntet man auch« oder »Von nichts kommt nichts« – sie gehören zu den Weisheiten, die man von den eigenen Eltern hört. Solche Sprüche mögen im konkreten Fall nicht schmecken, aber sie haben einen Sinn: Sie erinnern daran, dass das Leben im Großen und Ganzen keine Einbahnstraße ist. Menschliche Gefühle entfalten eine Wechselwirkung. Konkreter: Ärger löst Ärger aus, Angst erzeugt Angst und eine nette Geste wird oft ebenfalls mit einer netten Geste beantwortet. Menschen reagieren so, wie man auf sie zukommt. Konfrontieren Sie sie mit Ihrem Ärger und sie werden Ihnen verärgert entgegentreten. Begegnen Sie ihnen mit Liebe, und Sie werden Liebe zurückbekommen. Gefühle sind wie ein Bumerang.

Wenn Sie von anderen Menschen positiv behandelt werden möchten, sollten Sie sich jeden Tag die folgenden Fragen stellen:

- ✔ Um wen kann ich mich heute kümmern?
- ✔ Wer braucht mein Verständnis anstatt mein Urteil?
- ✔ Wie viele nette Kommentare möchte ich anderen Menschen heute anbieten?
- ✔ Wem kann ich heute mein Mitgefühl ausdrücken?
- ✔ Wie viele Menschen kann ich umarmen, bevor die Sonne untergeht?
- ✔ Wie oft kann ich *bitte* und *danke* sagen?
- ✔ Wie glücklich sind andere Menschen, wenn sie mein lachendes Gesicht sehen?

Anschließend werden Sie feststellen können, wie schwer es Ihnen fällt, sich zu ärgern.

Es ist nur Geld

Die ganze Welt ist ein riesiger Wirtschaftsraum. Und am Ende lässt sich, ob man das sehen will oder nicht, das meiste auf Geld reduzieren – gewonnenes und verlorenes Geld. Viel zu oft regen wir uns auf und ärgern uns, weil etwas schief geht und finanzielle Konsequenzen nach sich zieht. Solange es nur um kleine Summen geht, ist man verstimmt. Übersteigt die Summe jedoch das, was man leisten kann (oder will), entbrennt der heilige Zorn.

Sie müssen sich jedoch bewusst machen, dass es nur Geld ist. Es ist kein Weltuntergang. Es bedeutet nicht, dass Ihr Leben für alle Zeiten ruiniert ist. Es ist nur Geld.

Vor Jahren, als ich mit meinem Ärger noch nicht so gut zurechtkam wie heute, regte ich mich fürchterlich auf, wenn meine Kinder anriefen und erzählten, sie seien in einen Autounfall verwickelt. Mein erster Gedanke war – leider, muss ich sagen – »Wie viel kostet mich das?« Und das Erste, was ich meine Kinder fragte, war: »Wie sieht das Auto aus? Wie groß ist der Schaden? Kann man noch damit fahren?« (Interessant ist, dass mein Vater genau so reagierte, als eines *seiner* Kinder einen Unfall hatte.) Dann überkam mich eines Tages die Erkenntnis: Viel wichtiger ist doch etwa anderes. Ich hätte fragen müssen: »Geht es dir gut? Bist du verletzt? Wie geht es dir?« Alles andere ist doch nur eine Frage von Geld und Metall.

Auf die Prioritäten kommt es an. Ich entdeckte, dass die Liebe zu meinen Kindern und die Sorge um ihr Wohlergehen viel wichtiger waren als die »Kosten« für *irgendetwas*.

Andere Menschen sind keine Feinde

Vom Standpunkt der Evolution aus gesehen erfüllt der Ärger einen Zweck. Er soll unser Überleben sichern. Die Gefühle sind als Teil in unser Nervensystem integriert, damit sie uns helfen, uns so an das Leben anzupassen, dass wir lange und gut leben. Der Ärger hat einen einzigen Zweck – er soll uns vor den Feinden schützen, die unsere Existenz bedrohen. Aber wer sind diese Feinde, und wie viele solcher Feinde haben Sie?

Wenn Ihr Kind mit einer Fünf nach Hause kommt, ist es dann Ihr Feind? Wenn sich Ihre Frau nicht mehr so für Sex begeistert, wie Sie das gerne hätten, ist sie dann Ihr Feind? Wenn jemand vor Ihnen in der Schlange an der Expresskasse elf Artikel aufs Band legt anstatt der erlaubten zehn, ist er dann Ihr Feind? Ist jeder, der Ihnen in die Quere kommt, Ihnen Unannehmlichkeiten macht oder Sie beim Kartenspiel schlägt, Ihr Feind? Wenn ja, dann ärgern Sie sich sicher andauernd.

Reservieren Sie den Feindesstatus für die Menschen, die Ihre körperliche Unversehrtheit tatsächlich bedrohen. Alle anderen sind Menschen – Söhne, Töchter, Ehepartner, Menschen, die an der Kasse stehen und sich nicht ganz an die Regeln halten –, keine Feinde. Solange die Frau, die an der Kasse in der Schlange vor Ihnen steht, sich nicht zu Ihnen herumdreht, Ihnen eine Pistole unter die Nase hält und Ihr Portemonnaie haben will, ist sie nur eine nervende Person, aber kein Feind – und somit auch nicht wert, sich über sie zu ärgern.

Das Leben ist nicht fair – auch nicht an der Spitze

Menschen sind manchmal komische Wesen. Wenn alles so läuft, wie sie es wollen, ist das Leben für sie fair. Kommt es aber anders, als sie sich das vorstellen, ist es unfair. Was fair und unfair ist, entscheidet jeder selbst. Jeder fällt da sein eigenes Urteil. Was Sie über das denken, was Ihnen passiert, bestimmt, inwieweit Sie sich ärgern. Jedes Mal, wenn Sie denken »Das ist unfair«, entsteht Ärger!

Ich stelle Ihnen die Frage, die ich mir eines Nachts stellte, als ich nach meinem Sohn sah und ihn mit einem friedlichen Gesichtsausdruck tief und fest schlafend vorfand: »Ist es fair, dass ich zwei schöne, gesunde Kinder habe und der Sohn meiner Schwester mit 13 Jahren an Krebs starb?« Ich kam zu dem Schluss, dass ein gesundes Kind zu haben nicht fairer ist als ein krankes Kind zu haben. Der Unterschied ist nur in unseren Köpfen. Und niemand ärgert sich darüber, wenn das Leben in einer Weise fair ist, die ihn begünstigt.

Es ist vielleicht am besten, wenn man gar nicht darüber nachdenkt, ob etwas fair ist oder nicht, und einfach versucht, so gut wie möglich damit zurechtzukommen – ohne jedes Urteil, denn das löst erst den Ärger aus. Versuchen Sie es.

Denken Sie daran, auch dann dankbar zu sein, wenn das Leben nicht so läuft, wie Sie es sich wünschen.

Energie sollte man nicht verschwenden

Ältere Menschen sagen oft mit Blick auf die Jugendlichen: »Energie ist eine wunderbare Sache. Wie schade, dass sie an die Jugend verschwendet wird.« Dasselbe kann man mit Blick auf den Ärger sagen. Verärgert sein kostet Energie. Ärger aufrechtzuerhalten kostet Energie. Und all das, was man tut, um seinen Ärger auszudrücken und auszuleben, kostet ebenfalls Energie. Zu viel Ärger kann schließlich zur völligen Erschöpfung führen.

Sind Sie sicher, dass Sie so viel Energie in ein Gefühl investieren wollen – oder in Gefühle überhaupt? Sie haben keinen unendlichen Energievorrat – Energie verbraucht sich wie jede andere Ressource auch. Wie Ihr Tag sich entwickelt, hängt davon ab, wofür Sie Ihre Energie einsetzen. Stecken Sie den größten Teil davon in Aufgaben, dann haben Sie am Ende des Tages das Gefühl, etwas geleistet zu haben. Stecken Sie den größten Teil davon in Ärger, fühlen Sie sich am Ende des Tages verärgert, abgeschlagen, erschöpft und unproduktiv.

So lange Sie leben, verbrauchen Sie für irgendetwas Energie. Die Frage ist, wofür Sie diese Energie verbrauchen. Setzen Sie Ihre Energie zu Ihrem Nutzen ein – um Ihr Leben besser zu gestalten – oder verschwenden Sie sie? Sie haben die Wahl.

Vitalität im Alter

Forschungen zeigen, dass Menschen mit zunehmendem Alter berichten, sich weniger und weniger intensiv zu ärgern und ihren Ärger schneller zu überwinden. Vielleicht liegt das daran, dass die Menschen, die sich ständig ärgern, früher sterben. Vielleicht haben aber auch die Menschen, die länger leben, eine der wichtigsten Lektionen im Leben gelernt: Leben zu erhalten kostet Energie. In der zweiten Lebenshälfte hat man viel weniger Energie zur Verfügung als in der ersten. Deshalb sind Menschen im Alter gezwungen, mit ihrer Energie hauszuhalten, wenn sie ihre Vitalität erhalten wollen.

Machen Sie sich nichts vor – wir sind alle Dummköpfe

Woody Allen hat Recht – wir sind alle Dummköpfe. Sobald Sie das vergessen, fängt der Ärger an. Wenn Sie sich für etwas Besseres halten als andere Menschen, laden Sie den Ärger geradezu ein. Ihr Ärger ergießt sich den Berg hinunter zu den Menschen, die Sie als unterlegen betrachten – als dümmer, einfältiger und weniger streitsüchtig als Sie. Sie sagen sich: »Die da unten haben es nicht anders verdient, wenn sie mich ärgern.«

Abgesehen vom Ärger ist die zweithäufigste Ursache kontraproduktiven Verhaltens am Arbeitsplatz – etwa üble Nachrede, verweigerte Unterstützung eines Kollegen, Diebstahl – das, was die Psychiater Narzissmus nennen (mehr darüber in Kapitel 20). Narzisstische Arbeitnehmer finden sich selbst ganz toll – sie betrachten sich als »ganz besondere« Dummköpfe, Dummköpfe, deren Meinungen mehr Gewicht haben sollten als die der anderen, und Dummköpfe, die der Meinung sind, ihre Kollegen seien nur dazu da, ihre Bedürfnisse zu erfüllen. Sie sind so eine Art Könige oder Königinnen der Dummköpfe!

Dasselbe gilt in Ehen. Dem Ehe-Experten Dr. John Gottman zufolge ist eine Ehe, in die sich Verachtung eingeschlichen hat, zum Scheitern verurteilt. Verachtung entsteht aus einem Gefühl der Überlegenheit und geht weit über eine normale Kritik am Partner hinaus. Sie zielt darauf, den anderen zu erniedrigen, zu beleidigen und psychisch zu schädigen – alles im Namen der Liebe.

Geben Sie sich damit zufrieden, ein ganz normaler Dummkopf zu sein. Dann können Sie sich entspannen.

Wie ich meinen Hass auf Versicherungen besiegte

Meine Erfahrung ist, dass Versicherungen sich sträuben, psychologische Beratungen und Therapien zu bezahlen. Sie würden lieber Tausende Euro für eine aufwändige Rückenoperation hinblättern als ein paar Hundert Kröten für unsere Bemühungen herauszurücken, unseren Klienten beizubringen, wie man gut mit seinen Schmerzen leben kann.

Über die Jahre hatte ich viele ärgerliche Gespräche mit Sachbearbeitern, die meine Rechnungen nicht bezahlen wollten. Und obwohl ich aus all diesen Grabenkämpfen siegreich hervorging, ärgerte ich mich jedes Mal, wenn ich nur daran dachte, schon wieder so ein Telefonat führen zu müssen.

In den letzten Jahren habe ich jedoch entdeckt, dass die Sache viel einfacher läuft – die Gespräche sind kürzer und angenehmer und ich kriege mein Geld schneller –, wenn ich nicht schon mit einer verärgerten, defensiven Grundhaltung in die Gespräche hineingehe. Wenn mir jetzt ein Sachbearbeiter sagt: »Diese Rechnung kann ich nicht bezahlen«, dann poltere ich nicht gleich los, sondern antworte einfach: »Oh, ich bin sicher, Sie können das. Sie arbeiten für ein großes Unternehmen und ich wette, Sie können alles erreichen, was Sie sich vornehmen. Sagen Sie mir nur, wie ich Ihnen helfen kann, meine Rechnung zu begleichen. Ich weiß, dass Ihre Zeit kostbar ist, und ich möchte nicht, dass Sie für meine Angelegenheit mehr davon aufwenden müssen als nötig. Also, wie kann ich Ihnen helfen?« Ob Sie es glauben oder nicht, das funktioniert! Und ich kann meinen Hass auf die Versicherungen zu den Akten legen.

Auf diesem Hügel wollen Sie nicht sterben

Wie im Krieg, so muss man auch im Leben immer wieder entscheiden, welche Ziele – Hügel oder Probleme – es wert sind, den Tod zu riskieren, und welche weniger wichtig sind. Je wichtiger Ihnen eine Sache ist – je mehr Gefühle Sie investieren müssen, um Ihr Ziel zu erreichen –, desto mehr Ärger werden Sie erleben, wenn Sie nicht erreichen, was Sie wollen. Mein Kollege Dr. Redford Williams von der Duke Universität stellt unzweifelhaft fest: »Ärger kann tödlich sein!« Es zahlt sich also aus, sich genau zu überlegen, welche Schlachten man schlagen will.

Beschränken Sie sich auf höchstens eine Schlacht am Tag, damit Sie auch noch an anderen Tagen kämpfen können!

Alles, was Sie durch Ärger erreichen, können Sie auch ohne Ärger erreichen

Ärger lässt sich in manchen Fällen konstruktiv nutzen (siehe Kapitel 11), aber alles, was Sie im Leben erreichen wollen, können Sie auch ohne Ärger schaffen.

Irgendwann hat der Mensch eine Verbindung zwischen dem Ärger und dem Erreichen von Zielen hergestellt. Seitdem meldet sich der Ärger automatisch, wenn sich uns Hindernisse, Herausforderungen oder Probleme in den Weg stellen. Die Psychologen nennen das *abergläubische Verstärkung* – anders ausgedrückt: Wir denken, dass der Ärger für unser alltägliches Überleben wichtig ist, obwohl es nicht so ist.

Erinnern Sie sich an das letzte Mal, als Sie sich geärgert haben. Welches Problem hat Sie dazu gebracht, sich zu ärgern? Hätten Sie sich des Problems auf andere Art annehmen können, ohne sich zu ärgern? Seien Sie ehrlich. Hat Ihr Ärger Ihre Fähigkeiten, das Problem zu lösen, unterstützt oder behindert? Ich bin bereit, darauf zu wetten, dass er sie behindert hat.

Im Verlauf der Geschichte der Menschheit hat es Zeiten gegeben, in denen der Ärger zweifelsohne einen wichtigen Zweck erfüllte – er garantierte hauptsächlich das Überleben. In unserer Zeit hat der Ärger kaum noch einen Sinn. Viel zu oft ist er nicht mehr als eine schlechte Angewohnheit, die von einer Generation an die nächste weitergegeben wird.

Im Umgang mit anderen Menschen haben Sie auf nichts Anspruch!

Wenn Sie nach der Lektüre dieses Buches nur eines gelernt haben, das Ihnen den Umgang mit Ihrem Ärger erleichtert, dann hoffe ich, dass es diese Erkenntnis ist: Sie haben keinen Anspruch auf irgendetwas. Ich glaube, dass Anspruchsdenken in unserer schnelllebigen, komplexen Welt die Hauptursache für Ärger ist.

Anspruch ist ein Begriff aus der juristischen Welt. Wenn man Anspruch auf etwas hat, hat man ein gesetzlich verbrieftes Recht darauf, dass etwas Bestimmtes passiert. Heute jedoch wenden wir diesen Begriff fast auf unser gesamtes Alltagsleben an.

Hier sind einige Beispiele für Dinge, auf die man keinen Anspruch hat:

- ✔ Ehepartner, die immer zustimmen
- ✔ Kinder, die immer gehorchen
- ✔ Ständige Beachtung von allen
- ✔ Immer eine Anstellung haben
- ✔ Eine Welt, in der es immer fair zugeht
- ✔ Billiges Benzin
- ✔ Der Respekt der Gleichaltrigen
- ✔ Eine stabile Wirtschaft
- ✔ Freiheit von Unterdrückung
- ✔ Grundsätzliche Wertschätzung der eigenen Ideen, Überzeugungen und Meinungen
- ✔ Guter Schlaf
- ✔ Beförderungen
- ✔ Ein Auto, das morgens beim ersten Versuch anspringt

Problematisch wird dieses Anspruchsdenken, weil damit die Erwartung der Verpflichtung, der Sicherheit und der Vorhersagbarkeit verbunden ist. So sollen Ihre Kinder ohne Frage immer tun, was Sie von Ihnen verlangen, weil sie Ihnen Dank dafür *schulden,* dass sie existieren. Was aber, wenn Ihre Kinder das anders sehen? Dann ärgern Sie sich.

Vergessen Sie Ihre Ansprüche und versuchen Sie, auf dem Verhandlungsweg das zu erreichen, was Sie vom Leben haben wollen – mehr Gehalt, eine Beförderung, Respekt, Liebe und Anerkennung. Sie werden sehen, das erleichtert Ihnen das Leben erheblich.

Stichwortverzeichnis

B

C

D

F

G

H

I

M

N

O

P

R

S

V

FÜR DUMMIES

Nutze die Power von NLP

ISBN 978-3-527-70707-2

NLP hilft Kommunikation mit anderen, aber auch sich selbst besser zu verstehen: Es bietet Fragetechniken, die helfen, die Kommunikation mit anderen so zu gestalten, wie Sie es wünschen.

ISBN 978-3-527-70542-9

Lynne Cooper erklärt, wie Sie mit NLP Ihre berufliche Leistung und die Ihrer Mitarbeiter verbessern können. Mit Übungen und Checklisten.

ISBN 978-3-527-70534-4

Das Übungsbuch ist gespickt mit zahlreichen Fallbeispielen, Übungen und Arbeitsblättern. Damit werden Sie NLP nicht nur verstehen, sondern im Alltag umsetzen.

FÜR DUMMIES®

JETZT GIBT'S ETWAS FÜR DIE OHREN! HÖRBÜCHER ZUM WOHLFÜHLEN

Achtsamkeit im Job für Dummies
ISBN 978-3-527-71114-7

Angstfrei leben für Dummies
ISBN 978-3-527-70401-9

Der Edle Achtfache Pfad
für Dummies
ISBN 978-3-527-70438-5

Grundlagen des Smalltalk
für Dummies
ISBN 978-3-527-71001-0

Meditation für Dummies
ISBN 978-3-527-70358-6

NLP-Grundlagen für Dummies
ISBN 978-3-527-70427-9

NLP-Praxis für Dummies
ISBN 978-3-527-70768-3

Selbstbewusst sein für Dummies
ISBN 978-3-527-70550-4

Techniker der Schlagfertigkeit
für Dummies
ISBN 978-3-527-71000-3

Wege zur inneren
Ausgeglichenheit für Dummies
ISBN 978-3-527-70402-6

ENTSPANNUNG PUR – DIE »POCKETBÜCHER FÜR DUMMIES«

Ausgeglichen leben für Dummies
ISBN 978-3-526-70559-7

Beim Golf putten, chippen und pitchen
ISBN 978-3-527-70455-2

Die kleine Segelschule für Dummies
ISBN 978-3-527-70453-8

Entspannen durch Meditation
für Dummies
ISBN 978-3-527-70460-6

Glücklich leben für Dummies
ISBN 978-3-527-70677-8

Stressmanagement für Dummies
ISBN 978-3-527-70467-5

Wohlfühl-Yoga für Dummies
ISBN 978-3-527-70461-3

Zeitmanagement im Job für Dummies
ISBN 978-3-527-70454-5

Weitere Titel aus der »... für Dummies«-Reihe finden Sie unter www.fuer-dummies.de und im Buchhandel.